골프의 정신을 찾아서

유럽 골프 인문 기행 ① 이다겸 · 최영목

suryusanbang

● 골프의 정신을 찾아서—유럽 골프 인문 기행 ⓒ 이다겸 최영묵
 〔글과 사진〕 ⓒ 이다겸 최영묵
 〔편집, 팁 텍스트, 디자인〕 ⓒ 수류산방

● Produced & Published by 수류산방 樹流山房 Suryusanbang
 초판 01쇄 2017년 08월 28일
 값 39,000원
 ISBN 978-89-91555-57-0 03920, Printed in Korea, 2017.

● 수류산방 樹流山房 Suryusanbang
 등록 2004년 11월 5일 (제300-2004-173호)
 〔03054〕 서울 종로구 팔판길 1-8 〔팔판동 128〕
 T. 82 02 735 1085 F. 82 02 735 1083
 프로듀서 박상일
 발행인 및 편집장 심세중
 크리에이티브 디렉터 朴宰成 + 박상일
 이사 김범수, 박승희, 최문석
 편집팀 전윤혜
 〔작업에 참여한 사람들(시기순)〕 김영진 변우석 송우리 심지수 김지혜 김은하 김유정 문유진 김민경 손지원
 인쇄 코리아프린테크 T. 031 932 3551-2

180-82

SEARCHING FOR THE SPIRIT OF GOLF
EUROPEAN GOLF TRAVEL

BY
LEE DAGYEOM + CHOI YOUNGMOOK
SURYUSANBANG

골프의 정신을 찾아서

유럽 골프 인문 기행 ① 이다겸 · 최영묵

suryusanbang

COLLAGE ILLUSTRATION BY SURYUSANBANG
SEARCHING FOR THE SPIRIT OF GOLF
EUROPEAN GOLF TRAVEL [LEE DAGYEOM + CHOI YOUNGMOOK]

골프의 정신을 찾아서―유럽 골프 인문 기행

골프의 정신을 찾아 나서는 여행

🌐 유럽에서 돌아온 지 꽤 지났지만 아직도 여러 골프장의 기억과 여운이 그대로 남아 있다. 늦게나마 여행 기록을 이렇게 책으로 엮은 것도 유럽 20여 개 나라의 골프장에서 마주쳤던 이런저런 인연과 아름다운 기억을 '방부' 처리하여 관심 있는 사람들과 나누고 싶기 때문이다. | 골프는 오대양 육대주 거의 모든 나라에서 대통령부터 월급쟁이까지 수천만 명이 일상적으로 즐기는 스포츠 가운데 하나다. 축구나 등산을 제외하고 골프처럼 많은 사람이 실제 경기를 하며 즐기는 스포츠는 별로 없다. 앉아서 하는 놀이 중에 최고가 마작이라면 서서 하는 놀이 중에서 최고는 골프라고 말하는 사람도 있다. 직장인들이 밤새 일을 하거나 술을 마셔도 이튿날 새벽 골프 약속을 어기는 경우는 거의 없다. 골프만이 가진 마력 같은 것이 있다는 이야기다. | 골프의 역사를 보면 실마리를 찾을 수 있다. 현대 골프의 정확한 기원은 알려져 있지 않다. 다만 몇몇 나라의 문서나 도판에서 그 기원을 추정할 수 있는데, 대략 네 가지 설이 있다.

골프는 언제 시작됐을까 : 골프 기원설 네 가지

① 첫째는 로마 기원설이다. 로마에는 그리스에서 전해진 필라 파가니카 (Pila Paganica) 라는 공놀이가 있었다. 파가니카는 굽은 막대기로 깃털을 가득 채운 가죽 공을 쳐서 목표 지점까지 가는 놀이다. 카이사르 (Gaius Julius Caesar, B.C. 100~B.C. 44년) 가 스코틀랜드를 정복했을 때 병사들이 야영지에서 파가니카를 즐겼고 이것이 전해져 골프로 발전했다는 이야기다. ② 둘째는 네덜란드 설이다. 네덜란드의 어린아이들이 실내에서 즐겨 하던 '콜프 (Kolf)'라는 경기가 13세기 무렵, 양모 등을 교역하던 스코틀랜드로 전해져 현대 골프로 발전했다는 것이다. 당시 네덜란드와 활발하게 교역이 이루어진 스코틀랜드의 항구가 세인트 앤드루스 (St. Andrews), 에든버러 (Edinburgh), 머셀버러 (Musselburgh), 노스 베릭 (North Berwick), 뮤어필드 (Muirfield) 등이었는데 지금도 이 지역에는 유서 깊은 골프장이 많

⛳ 17세기 네덜란드 사실주의 풍경화가 헨드릭 아베르캄프(Hendrick Avercamp, 1585~1634년)가 그린 〈골프 하는 두 사내가 있는 있는 겨울 풍경(A Winter Scene with Two Gentlemen Playing Golf)〉(1615~1620년).

☞ 영국의 풍경화가 폴 샌드비(Paul Sandby, 1731~1809년)가 그린 〈브런츠필드 링크스 풍경(View of Bruntsfield Links)〉(1747년)(위)과 〈브런츠필드 링크스의 마시장(Horse Fair on Bruntsfield Links)〉(1750년)(아래).

⛳ 스코틀랜드의 초상화가 찰스 리스(Charles Lees, 1800~1880년)가 1841년 세인트 앤드루스에서 열린 경기 장면을 그린 〈골퍼들(The Golfers)〉(1847년) 부분.

⛳ 아일랜드 화가 존 레버리(John Lavery, 1856~1941년)가 그린 〈골프 링크스, 노스 배릭(The Golf Links, North Berwick)〉(1920년대).

다. ③ 셋째, 스코틀랜드에서 자생적으로 발전했다는 설이다. 양치기 소년들이 나무 막대기로 돌을 쳐서 야생 토끼의 굴에 넣는 놀이에서 발전했다는 것이다. 세인트 앤드루스 골프 박물관의 자료에 따르면 골프(golf)라는 말도 스코틀랜드 고어인 '고프〔gouft(치다)〕'에서 유래한 것이다. 토끼들이 풀을 뜯어먹은 자리를 그린(green)이라고 했고, 그린과 그린 사이에 토끼들이 밟아서 평탄해진 넓은 길을 페어웨이(fairway)라고 불렀다. 사실 스코틀랜드 북쪽 해안에 가 보면 링크스(links)라 부르는 낮은 언덕이 이어지는 거친 초원이 널려 있다. 골프 코스가 발전할 수 있는 최적의 조건을 갖춘 셈이다. 게다가 링크스는 대체로 공유지였기 때문에 누구나 양떼를 방목하거나 놀이터로 이용할 수 있었다. 지금도 스코틀랜드의 주요 골프장이 퍼블릭 성격을 띠는 것과 무관하지 않다. ④ 마지막으로 중국 기원설도 있다. 1991년 중국 란저우〔蘭州(난주)〕 서북 사범 대학(西北師範大學)의 링훙링(凌弘嶸) 교수가 호주에서 열린 학회에서 "골프는 중국에서 시작되었다."고 주장한 바 있다. 링 교수에 따르면 중국에는 이미 당나라 시대 이전부터 '추이완〔推丸(추환)〕'이라 부르는, 나무 막대기로 공을 쳐서 구멍에 넣는 놀이가 있었다고 한다. 중국 골프 협회(CGA)도 2006년 기자 회견을 통해 "12세기 북송 시대 때 중국에서 골프의 원형에 해당하는 구기(球技)인 추이완이 시작되었다."며 복원한 목제 클럽과 공을 공개하기도 했다. 『환경(丸經)』이라는 골프 규약집도 남아 있고 원나라 때의 벽화〈추환도(推丸圖)〉나 명대의 〈선종행락도(宣宗行樂圖)〉를 보면 중국에서도 골프와 유사한 놀이가 널리 행해졌음을 확인할 수 있다.

한국에도 골프와 비슷한 놀이가 있었다

한국에도 비슷한 놀이가 있었고 그 기록도 남아 있다. 고려 시대 이후 한국에서 널리 행해졌던 '장치기〔擊毬(격구)〕'라는 놀이에서 골프를 떠올릴 수 있다. 장치기는 채 막대기로 공을 쳐서 구멍에 넣는 방식(골프 스타일), 말을 타고 막대기로 공을 쳐서 나무로 만든 골대〔구문(毬門)〕에 넣는 방식(폴로 스타일), 땅 위에서 뛰어다니며 공을 쳐서 구문에 넣는 방식(필드 하키 스타일) 등 세 가지가 있었다고 한다. 정조의 지시로 이덕무, 박제가, 백동수가 편찬한 『무예도보통지(武藝圖譜通志)』(1790년) 제4권에 등장하는 폴로 방식의 격구는 신라 때부터 유행한 것으로 주로 군인들이 훈련 목적으로 한 놀이였다. 필드 하키 스타일의 격구는 남자들이 겨울철 농한기에 큰 논이나 너른 마당에 모여서 즐겼다고 한다. 『조선왕조실록』의 「세종실록」에 보면 세종대왕이 1421년 겨울, 궁정(宮庭)

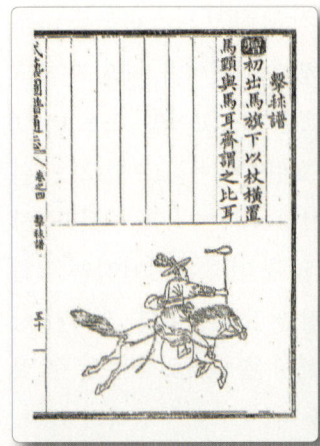 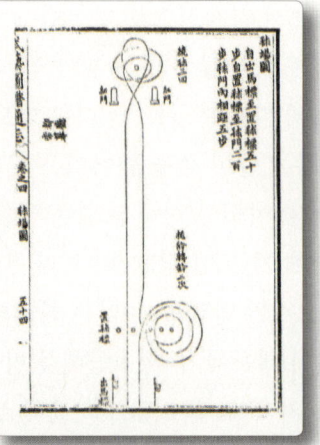

『무예도보통지(武藝圖譜通志)』(1790년) 제4권에 실린「격구보(擊毬譜)」와「구장도(毬場圖)」. 우리 나라에서 널리 행해진 '장치기[擊毬(격구)]'에서 골프를 떠올릴 수 있다. 장치기는, 채 막대기로 공을 쳐서 구멍에 넣는 '골프 스타일', 말을 타고 막대기로 공을 쳐 골대에 넣는 '폴로 스타일', 뛰어다니며 공을 쳐서 골대에 넣는 '필드 하키 스타일' 등 세 가지가 있었다.

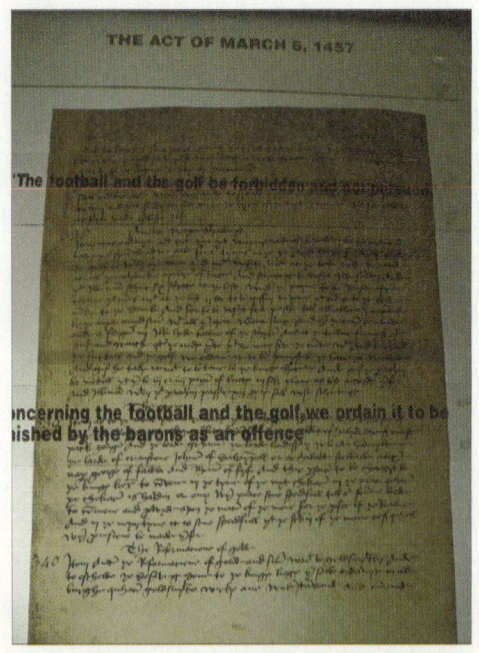

세인트 앤드루스(St. Andrews)의 영국 골프 박물관(British Golf Museum)에 전시된 '1457년 3월 6일, 스코틀랜드 의회의 골프 금지령' 문서.

에서 종친들과 '골프 스타일'의 격구를 했다는 기록이 있다. 날씨가 추워 교외에 나갈 수 없자 세종과 태상왕(태종), 종친 등이 내정(內庭)에 모여 이듬해 봄까지 이 놀이를 즐겼음을 알 수 있다. 덧붙여 채와 공에 대해서도 자세히 설명한다. | "태상왕이 임금과 더불어 비로소 신궁의 내정에서 구(毬)를 쳤다. 일기가 추워서 교외에는 나갈 수 없으므로 (내정에서) 이 놀음을 하였는데, 이듬해 봄에 이르러서야 그치었다. 〔…〕 구를 치는 방법은 편을 나누어 승부를 겨루는 것이다. (치는) 몽둥이는 모양이 숟가락과 같고, 크기가 손바닥만 한데, 물소 가죽으로 만들었으며, 두꺼운 대나무를 합하여 자루를 만들었다. 구의 크기는 달걀만 한데, 마노〔瑪瑙=마(碼)〕 또는 나무로 만들었다. 땅을 주발과 같이 파서 이름을 와아(窩兒)라 하는데 전각(殿閣)을 사이에 두고, 혹은 섬돌 위에, 혹은 평지에 구멍〔窩(와)〕을 만든다. (구를) 치는 사람은 꿇어앉기도 하고, 혹은 서기도 하여 구를 치는데, 구가 날아 넘어가기도 하고, 혹은 비스듬히 일어나기도 하고, 혹은 구르기도 하여, 각기 구멍 있는 데에 적당히 친다. 구가 구멍에 들어가면 점수(點數)를 얻게 되며, 그 절목(節目)이 매우 많다."〔『조선왕조실록』,「세종실록」 14권, 세종 3년(1421년) 11월 25일 갑신 2번째 기사.〕 | 달걀만 한 공을 물소 가죽과 대나무로 만든 채로 쳐서 주발만 한 구멍에 넣는 놀이를 하며 겨울을 지냈다는 이야기다. 이 정도라면 골프의 '한국 기원설'을 주장해도 큰 무리가 없을 듯하다. 그리 길지 않은 역사임에도 한국 남자들이 골프에 열광하고, 여자 골퍼들이 세계를 호령하고 있는 것은 한국인의 '격구 유전자' 덕분일지도 모른다.

그래도 골프 종주국은 여전히 스코틀랜드!

현대 골프가 스코틀랜드에서 시작했다는 확고한 근거는 역설적이게도 골프를 금지했다는 의회의 기록이다. 1457년 스코틀랜드 왕 제임스 2세(James Stuart II, 1430~1460년)는 국민들이 골프에 너무 몰두하여 잉글랜드와 전쟁을 앞두고 있음에도 국가 방위에 필요한 무예 연습과 신앙 생활을 소홀히 하고 있다는 이유로 "12세 이상 50세까지의 모든 국민에게 골프를 금지한다."는 칙령을 내렸다. 제임스 2세 사후에도 몇 차례 골프 금지령이 있었다. 이후 스코틀랜드가 잉글랜드와의 전쟁에서 참패한 것을 보면 금지령은 별 실효성이 없었던 듯하다. 다만 골프가 그 당시에도 중독성이 있는 놀이였다는 사실을 잘 보여 준다. | 사람들이 정신 줄을 놓고 골프에 빠져드는 것은 예나 지금이나 차이가 없다. 560여 년 전 스코틀랜드에서만 골프 금지령이 있었던 건 아니다. 한국에서도 골프는 정치적으로 늘 '동네북' 신세를 면치 못하고 있다. 참여 정부 시절에는 현직 총

↑ 1740년경 세인트 앤드루스(St. Andrews) 골프장을 그린 그림. 세인트 앤드루스의 영국 골프 박물관(British Golf Museum) 소장.

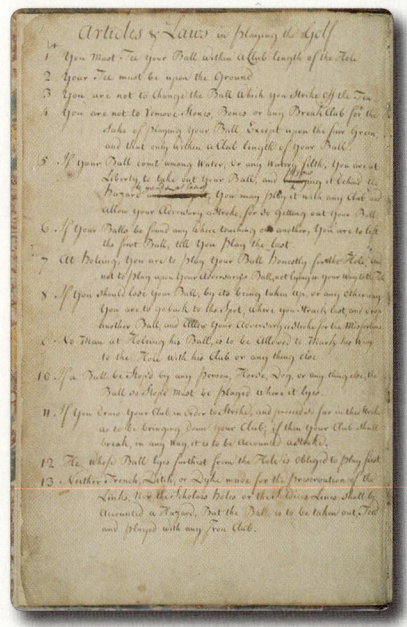

↑ 1754년 세인트 앤드루스에서 에든버러(Edinburgh) 골퍼들이 수기로 작성한 최초의 골프 규약집 『아티클 앤 로 인 플레잉 더 골프(Articles & Laws in Playing the Golf)』. 세인트 앤드루스의 영국 골프 박물관(British Golf Museum) 소장.

↑ 1867년에 열린 골프 토너먼트에 참가하기 위해 세인트 앤드루스 남쪽 에든버러 시의 항구 리스(Leith)에 모인 골퍼들.

리가 3·1절에 골프를 쳤다고 해서 언론에서 '난리'가 난 적이 있고, 이명박 정부는 전력난을 이유로 야간 골프를 금지하기도 했다. 박근혜 정부는 2013년 안보 위기 상황에서 군 장성들이 골프를 쳤다는 이유로 사실상 '공직자 골프 금지령'을 발동했고 이는 무려 3년 가까이 계속되었다. 중국의 시진핑(習近平) 주석도 2015년 4월, 부패 척결을 이유로 간부들의 골프를 금지한 바 있다. | 막대기 등으로 공과 같이 생긴 둥근 물체를 쳐서 구멍에 넣는 놀이가 여러 문화권에 존재했다고 해서, 골프 종주국인 스코틀랜드의 지위가 흔들리는 것은 전혀 아니다. 기원이 어찌되었든 15세기 이후 스코틀랜드 해안 지역에서는 수많은 사람이 골프를 즐겼고, 골프장과 용구의 규격, 골프의 규칙과 매너 등을 만들어 보급했다. 이후 골프는 영국 전역으로 급속하게 퍼져 나갔다. 1차 세계 대전 이후에는 미국에서 대중화되었고, 2차 세계 대전 이후에는 남아프리카, 독일, 에스파냐, 일본, 호주 등지로 확대되었다.

골프의 정신, 승리보다 '매너와 배려'

골프는 다른 스포츠와 달리 그 정신과 매너에 대한 규약이 일찍 제정되고 지켜져 왔다. 1754년 세인트 앤드루스(St. Andrews)에 22명의 골퍼가 모여 플레이를 할 때 '먼저 매너를 지키자'는 규약을 만들어 실천하기 시작했다. 클럽의 규칙을 사랑하고 함께 경기하는 동료를 각별히 배려해야만 골프를 통한 '공동체'가 생겨날 수 있다는 생각을 서로 확인한 것이다. 이것이 점수나 승리보다는 매너와 배려가 먼저라는 골프 정신의 시발점이다. 스코틀랜드가 골프 종주국으로 인정받는 이유도 이러한 골프 정신을 만들어 지켜 왔기 때문일 것이다. 중국의 『환경』에도 추이완은 서로 장시간에 걸쳐 한 타의 승패를 겨루는지라 선수들은 예의를 존중해야 하고, 상대방의 입장에서 플레이를 생각해야 되기 때문에 자신에게 유리하게 규칙을 해석하면 안 된다는 규정이 있다. | 이렇듯 골프는 상대를 배려하는 매너와 정확한 규칙 준수를 생명으로 여기며 시작된 스포츠다. 유럽 골프장에서 겪게 되는 모자나 벨트 착용, 엄격한 드레스 코드, 핸디캡 카드의 요구나 앞뒤 플레이어들의 규정 준수 요구가 처음에는 간섭으로 느껴져 불쾌한 경우도 있었다. 하지만 뜯겨진 잔디[Divot(디벗)]의 복구와 벙커 정리, 순서 지키기, 그린 매너, 로컬 룰 등 골프의 기본 예의는 역사 속에서 자연스레 만들어진 것이다. 실제 라운드를 하다 보면 엄격한 규칙과 매너가 필요한 이유를 알 수 있다. 재미있는 것은 의상 관련 매너의 경우 스코틀랜드의 골프장에서는 거의 신경을 쓰지 않지만 잉글랜드

골프를 즐기는 스코틀랜드 여왕 메리 스튜어트 1세(Mary Stuart I)를 그린 그림. 초창기 골프의 역사에서 메리 여왕이 남긴 일화들은 그대로 골프의 역사가 된다.

세인트 앤드루스의 '레이디스 링크(Ladies' links)'를 소개하는 사진 엽서(왼쪽). 세인트 앤드루스의 '레이디스 클럽'은 1867년 설립됐다(오른쪽 위). 1886년 열린 세인트 앤드루스 '레이디스 클럽(The Ladies' Club)'의 골프 경기 모습(오른쪽 아래).

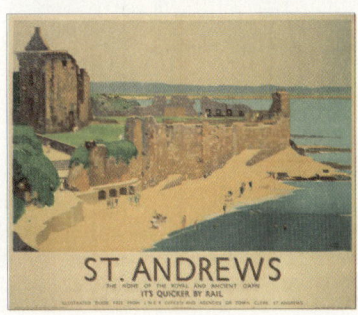 

세인트 앤드루스에서 간행한 관광 포스터들. "ST. ANDREWS : The Home of the Royal and Ancient Game"라는 슬로건이 인쇄되어 있다. 세인트 앤드루스 링크스 올드 코스의 경우, 일요일에는 시민에게 공원으로 개방한다.

쪽에서는 단호하게 지킬 것을 요구했다는 점이다.

16세기 메리 여왕이 보여 준 골프 사랑

다른 면에서 골프라는 '목동의 놀이'는 남녀노소 누구나 즐길 수 있는 게임이었다. 제임스 2세의 골프 금지령 이후 특권층만 즐기는 궁중 놀이로 존재한 적도 있었지만, 다시 모두가 즐기는 야외 놀이로 자리잡는다. 유럽에서도 코스 관리가 잘되어 있거나 널리 알려진 이른바 '세계 100대 골프장'이나 명문 클럽의 그린 피는 싸다고 할 수 없다. 예약도 어렵고 예약하지 않은 방문자가 플레이하기는 더 어렵다. 하지만 그런 골프장은 수많은 골프장 중 일부일 뿐이다. 특히 영국권 골프장의 그린 피는 천차만별이다. 형편에 따라 집 근처 동네 클럽에서도 즐길 수 있다. 세인트 앤드루스의 영국 골프 박물관(British Golf Museum)의 그림 자료들을 보면 골프 초창기에는 골프장에 오히려 여성들이 더 많았던 것 같다는 생각이 들 정도다. 최초의 여성 골퍼이자 '골프 마니아'로 알려진 스코틀랜드 여왕 메리 1세(Mary Stuart I, 1542~1587년)는 남편 단리 경(Henry Stuart, Lord Darnley, 1545~1567년)이 죽자마자 시튼 하우스(Seton House)에서 골프를 쳐 사람들을 놀라게 했다. 프랑스에서 골프를 칠 때는 육군 사관 학교 생도들을 경호원 겸 캐디로 데리고 다녔는데, 이 때 생도를 가리키는 프랑스 어 '카다(caddat)'는 훗날 캐디(caddy)의 어원이 된다. 이렇듯 메리 여왕은 골프가 유럽 대륙에 전파되는 데 많은 공을 세웠다. 실제로 유럽의 골프장에서 만난 사람들 가운데 남녀 비중을 따져 보면 별 차이가 없다. 할머니들이나 남녀 중·고등 학생들, 심지어는 초등학교에 들어가지도 않은 어린이들을 만난 경우도 있다.

세인트 앤드루스 올드 코스, 일요일엔 시민에게 개방

골프장의 운영 방식도 천차만별이다. 세인트 앤드루스 링크스(St. Andrews Links)의 경우 시작부터 퍼블릭이었고, 지금은 공공 재단인 영국 왕립 골프 협회(R&A)에서 운영한다. 올드 코스의 경우 일요일에는 시민에게 공원으로 개방한다. 영국에는 클럽 멤버들이 직접 운영하는 퍼블릭 코스가 특히 많다. 물론 사기업에서 운영하며 전통의 '아우라'를 뿜어내는 골프장도 많다. 스코틀랜드의 대표 골프장 중 하나인 턴베리 골프 클럽(Turnberry Golf Club)은 2017년 미국 대통령에 취임한 부동산 재벌 트럼프(Donald John Trump)가 인수

효창원(孝昌園) 골프장의 소년 캐디들(1920년대). 조선 총독부 철도국은 효창원에 2,123미터[2,322야드]의 9홀 골프 코스를 1919년 착공, 1921년 6월 개장한다. 식민지 한반도 최초의 골프장이다. 1924년 4월 공원으로 편입되면서 폐장했다.

1927년 세인트 앤드루스 링크스에서 티 샷을 준비하고 있는 영친왕(英親王). '망국의 한'을 골프로 달랬다는 영친왕은 1927년 유럽을 1년간 여행하는데, 이 때 스코틀랜드의 세인트 앤드루스 올드 코스에서도 라운드를 한다. 영친왕은 경성 골프 구락부 총재를 지냈고, 군자리 골프 코스 설립을 적극 지원했다.

하기도 했다. 한국의 경우 군 부대에서 운영하는 곳을 제외하고는 기업에서 만든 '폼 나는' 골프장이 대부분이다. 그러다 보니 경관이나 클럽하우스 시설에 지나치게 신경을 쓰고 이를 자랑으로 여기곤 한다. 유럽은 골프의 역사가 깊고 왕국도 많기 때문인지 '로열'과 관련된 골프장도 많고, 지역 사회와 밀착된 퍼블릭 코스나 가족 중심으로 경영하는 골프장도 적지 않았다.

한국 골프, 골프장 변천사

① **원산에 첫 골프장?** 대한 골프 협회에서 펴낸 『한국 골프 100년』(2001년)과 『사진으로 보는 한국 골프사』(2006년)에 따르면, 한국에 골프가 처음 들어온 때는 1897년 이전으로 120년이 넘는다. 1876년 체결한 강화도 조약의 결과로 조선은 부산항을 개항한 데 이어 1880년에는 함경남도 원산항을 개항한다. 이 때 조선은 관세 징수 업무를 청나라에 맡겼는데, 청나라에서는 영국인이 이 일을 담당했다. 그런 연유로 원산항 해관(세관)에 영국인들이 머무르게 되었고, 이들이 원산항 인근 야산에 6홀 규모의 골프장을 세웠다는 것이다. | 입으로만 전해지던 이 사실은 당시 경성에 거주하던 일본인 다카하타 다네오(高畠種夫)에 의해 기록된다. 동양 연료 회사 이사이자 경성 골프 구락부 회원이었던 그는 1940년 일본의 월간지 『GOLF』에 기고한 「조선 골프 소사(朝鮮のゴルフ小史)」에서 원산 해관에 골프 코스가 있었다고 주장한다. 훗날 원산 시가지를 확장하려 외인 부락(外人部落)을 철거하던 중에 '물증'이 나온다. 어떤 집 다락에서 골프 클럽 세트가 발견되었는데, 그 골프채를 포장한 종이가 1897년에 발행된 신문이었던 것이다.[조상우·정동구, 「한국 골프 코스 도입에 관한 사회사적 연구」, 『한국 체육 학회지』 51권 5호(2012), pp.27-36.] 원산 골프 코스 외에도 1913년 전후로 황해도 구미포(九美浦)에 링크스형 골프 코스가 문을 열었으며, 1925년에는 원산 갈마반도 외인촌에 리조트형 골프 코스가 들어선다.[『매일신보』 1925년 7월 31일자.]

② **효창원 골프 코스와 청량리 골프 코스** 일제의 문화 정치가 시작된 1921년, 조선 총독부 철도국은 직영하던 조선 호텔에 외국인 관광객을 유치하기 위해 효창원(孝昌園, 정조의 맏아들인 문효세자의 묘)에 전장 2,123미터[2,322야드]의 9홀 골프 코스를 개장한다. 식민지 한반도에 최초의 골프장이 문을 연 것이다. 일본인 관리나 외국인 관광객을 위한 코스였고, 골프의 정신이나 매너와는 무관한 '골프장 이식'이나 다름없었다. 코스는 좁고 불편했으며, 지나가던 사람이 골프공에 맞는 일이 비일비재했다. 효창원을 공원

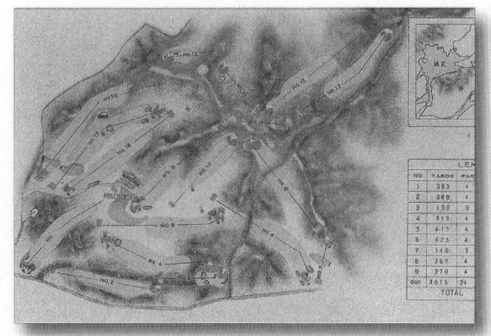

초기 군자리(君子里) 골프 코스 배치도(왼쪽). 오른쪽 군자리 골프 코스 풍경은 조선 총독부 철도국이 발간한 책 『반도의 근영(半島の近影)』(1938년)에 수록된 사진이다. 1929년 문을 연 군자리 골프 코스는 30만 평 부지에 건설한 전장 5,632미터, 파 69의 정규 코스로, 규격을 갖춘 한국의 첫 골프장이라 할 수 있다. 1945년 해방 후 문을 닫았다가 1950년 5월부터 한국 전쟁 발발 전까지 1달 동안 잠깐 개장한 적이 있으며, 1953년 '서울 컨트리 구락부(서울 컨트리 클럽)'가 창설되면서 1954년에 전장 6,172미터, 파 72, 18홀의 국제 규모 코스로 다시 문을 열었다. 이후 1972년 박정희 대통령의 지시로 서울 어린이 대공원에 자리를 넘겨 주기까지 '서울 컨트리 클럽'으로 20년 가까이 운영되었다.

연덕춘(延德春) 선수의 골프채(등록 문화재 제500호). 군자리 골프 코스에서 골프를 익힌 연덕춘은 한국 최초의 프로 골퍼로 1941년 일본 오픈에서 우승해 화제가 되기도 했다.

으로 만들자는 여론이 고개를 들었고, 결국 효창원 골프 코스는 3년을 채 버티지 못하고 1924년 12월 2일에 폐장된다. 직영에 어려움을 느낀 철도국은 청량리 의릉(懿陵, 경종과 그의 계비 선의왕후의 능으로, 현 한국예술종합학교 석관동 캠퍼스 자리)으로 코스를 옮기면서 총독부 관리와 조선인 유력자 등에게 경성 골프 구락부(京城ゴルフ俱樂部)를 설립하도록 하여 골프장 설계와 운영을 맡겼다. 이렇게 청량리 골프 코스는 최초의 '민간' 골프장이 되었다. 외국인이 아닌 한국인 이름이 골프장에 등장하기 시작한 것도 이 때부터다. 청량리 골프 코스는 전장 3,604미터[3,941야드], 파70의 18홀 정규 코스였다. 이 곳에서 1925년 전 조선 골프 선수권 대회가 홀 매치 플레이로 열렸다. 하지만 청량리 코스 역시 비좁고 겨울에 그린 관리가 안 되는 등 크고 작은 문제가 끊이지 않았다.

③ **경성 골프 구락부와 군자리 골프 코스** 1926년 순종이 붕어(崩御)하자 영친왕(英親王) 이은(李垠, 1897~1970년, 순종의 동생이자 고종의 일곱 번째 아들)이 이름뿐인 '이왕(李王)' 직위를 이어받고, 1927년 경성 골프 구락부 총재로 취임한다. 경성 골프 구락부는 일제 관료와 조선 상류층의 사교 단체로, 조선 총독부 고관부터 서울의 명사, 지방의 재산가, 조선에 거주하는 영·미인이 주축이었다.[『삼천리』 1932년 4월호』] '망국의 한'을 골프로 달랬다는 '골프광' 영친왕은 1927년 유럽의 프랑스, 독일, 영국 등지를 1년간 여행한다. 스코틀랜드의 세인트 앤드루스 올드 코스에서 라운드를 한 기록도 남아 있다. 이후 경성 골프 구락부 회원들의 간청으로 영친왕이 왕실의 능 자리를 무상으로 빌려 주고 하사금까지 보탬으로써 경기도 고양군 뚝도면 '군자리(君子里) 산림'(현 서울 어린이 대공원)에 골프장이 들어선다. 이 땅은 1904년 이래 순종의 부인 순명효황후의 능[유릉(裕陵)]이 자리했으나, 순종 서거 후 경기도 남양주의 홍유릉[홍릉(洪陵)과 유릉]으로 이전, 합장하게 되면서 빈터가 되어 이왕가(李王家)의 목장으로 쓰이고 있었다. 동네 이름이 능동인 것도 여기서 유래한다. | 1929년 문을 연 군자리 골프 코스는 30만 평 땅에 건설한 전장 5,632미터[6,159야드], 파69의 정규 코스였다. 설립 과정이나 이용자, 시설의 수준에 비추어 사실상 한국 골프장의 효시라고 할 만하다. 한국 최초의 프로 골퍼이자 1941년 한국인 최초로 일본 오픈에서 우승하여 화제가 되었던 연덕춘(延德春, 1916~2004년) 선수도 이 곳에서 본격적으로 골프를 시작했다. 클럽하우스를 비롯한 주요 시설들은 기와를 올린 전통식 건물이었는데, 한국 전쟁 당시 주한 미군이 사용하던 중 화재로 소실되었다. 이 시기를 전후하여 지방에도 골프 코스[대구(1923년), 원산(1925년), 평양(1928년), 부산(1932년)]가 생겨났다.

↟ 1936년 군자리 골프 코스 클럽 챔피언전에서 장병량 선수의 스윙 장면(오른쪽 모자 쓴 이는 김홍조 선수). 왼쪽에 한옥 클럽하우스, 오른쪽에 그늘집이 보인다.

↟ 초기 군자리 골프 코스의 클럽하우스 사진들(왼쪽 아래 사진은 1932년경). 기와를 올린 한식 건물은 일제 강점기 박람회 때 조선관으로 사용했던 건물을 군자리로 이축한 것이다. 주한 미군이 사용하던 중 난로 과열로 소실된다. ↟ 이후 1957년경의 군자리 클럽하우스. ↟ 폐장 직전의 군자리 골프 코스 전경(1972년).

④ **서울 컨트리 구락부와 군자리 골프 코스의 부활** 일본의 패망과 함께 사라졌던 국내의 골프장은 1950년 5월 군자리 골프 코스를 시작으로 다시 역사에 등장한다. 1949년 8월 15일, 정부 수립 1주년 기념 축하 연회장에서 "한국에는 골프장이 없어 휴일이면 오키나와(沖繩) 미군 부대 골프장에 다녀온다."는 주한 외교 사절의 이야기를 들은 이승만 대통령이 "당장 골프장을 건설하라."고 지시한 것. 우여곡절 끝에 복원된 군자리 코스는 한국 전쟁으로 한 달 만에 다시 문을 닫는다. 전쟁 동안 이 곳에는 미군 통신 부대가 주둔했다. 1953년 사단 법인 서울 컨트리 구락부[서울 컨트리 클럽(현 한양 컨트리 클럽)]가 창설되고 미군 부대가 이전하면서 1954년에 전장 6,172미터[6,750야드], 파72, 18홀의 국제 규모 코스로 다시 문을 열었다. 군자리 코스는 정치와 관련된 로비 장소로 안성맞춤이었다. 각 나라의 외교 사절과 미군 장성, 고위 정치인들이 모여 골프를 쳤기 때문이다.[『문화일보』 2017년 2월 27일자.] 이렇게 골프장은 고위층 접대의 장으로 서울 한복판에서 20년 가까이 운영되었다.

⑤ **없어질 뻔한 한국 최초의 클럽하우스 건물, 어린이 대공원 '꿈마루'** 지금 서울 어린이 대공원에 남아 있는 '꿈마루' 건물은 원래 서울 컨트리 클럽의 클럽하우스였다. 지하 1층, 지상 3층의 대규모 건물로 1세대 건축가 나상진(羅相晉, 1923~1973년)이 프리캐스트 콘크리트 공법[PC(precast concrete), 공장에서 미리 콘크리트로 부재(部材)를 만든 다음 현장에서 조립하는 공법]으로 1968년 설계하여 1970년에 완공했다. 당시 최고 권력자가 드나들던 골프장의 클럽하우스를 해외파나 명문대 출신이 아닌, '토종' 건축가라 이름난 나상진이 설계한 것이 이채롭다. '서울 컨트리 클럽'은 1972년 10월 유신 이후 박정희 대통령의 지시로 어린이 대공원에 자리를 넘겨 주고, 고양시에 있는 '한양 컨트리 클럽'으로 이전했다. 남겨진 클럽하우스는 한동안 어린이 대공원의 임시 전시관이나 관리 사무소로 쓰였다. 2009년 어린이 대공원은 규모가 지나치게 크고 원형이 훼손된 이 건물을 헐고 새롭게 지으려 했다. 그러나 심의 과정에서 건축가 조성룡(趙成龍, 1944년~, 성균관 대학교 석좌 교수, 조성룡도시건축 대표)에 의해 '나상진이 설계한' '국내 최초의 클럽하우스'라는 사실이 확인되었고, 건물은 조성룡의 손길을 거쳐 되살아났다. 리모델링을 하며 오히려 원형에 더 가까워진 꿈마루는 지금도 화려했던 대한민국 '최고(最古) 클럽하우스'의 자태를 간직한 채 시민들을 맞이하고 있다.

⑥ **민간 자본 골프장 시대의 시작** 서울 컨트리 클럽이 매입한 한양 컨트리 클럽은 1964

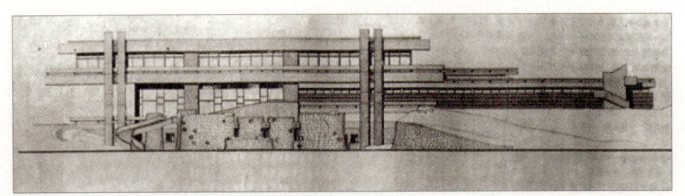

1세대 건축가 나상진(羅相晉)이 1968년 설계하여 1970년에 완공한 서울 컨트리 클럽의 클럽하우스 정면도(위)와 동쪽에서 바라본 뒷면과 측면 사진(아래). 서울 컨트리 클럽이 어린이 대공원으로 변하게 되는 1972년 이후 나상진의 죽음과 함께 잊혀진 이 건물은 2009년까지 '교양관'이라는 이름으로 엉뚱하게 이용되다가 급기야 헐릴 운명에 처하는데, 한 공무원의 기지(전문가에게 자문을 구하자는 제안)로 결과적으로는 완전 철거를 피하게 된다. 당시 자문을 맡았던 건축가 조성룡(趙成龍)에 의해 이 건물이 '나상진이 설계한' '국내 최초의 클럽하우스'라는 사실이 확인되고, 건물은 조성룡의 손길을 거쳐 되살아난다.

나상진의 클럽하우스가 건립된 후의 서울 컨트리 클럽 풍경들. 1969년 제4회 아태 아마추어 골프팀 선수권 대회가 열릴 때의 클럽하우스(왼쪽 아래). 어린이 대공원 교양관으로 쓰일 때의 모습(오른쪽 아래).

년 국내 최초로 민간 자본에 의해 문을 연 골프장이다. 이후 제주(1966년), 태릉과 뉴 코리아(1966년), 관악(1967년), 안양 베네스트(1968년, 현 안양), 양지 파인과 인천 국제(1970년), 동래 베네스트와 남서울(1971년)이 개장하는 등 1960~1970년대에만 20여 개의 골프장이 속속 들어선다. 1980년대에도 20개가 늘어 42곳에 이르지만, 여전히 골프는 일반인에게 생소한 스포츠였다. 골프 대중화의 전기를 마련한 것은 1986년의 서울 아시안 게임과 1988년 서울 올림픽이었다. 정부는 두 스포츠 제전을 계기로 골프장 설립 조건을 완화하기 시작했고, 1996년에는 국내의 골프장 수가 100곳을 넘어서며 골프는 대중의 스포츠이자 레저 산업의 한 축으로 자리잡게 된다.

⑦ **골프장 수 12위, 골프 인구 5위의 한국 골프** 이제 한국은 더 이상 골프 세계의 변방이 아니다. 2016년 리우 올림픽에서 박인비 선수가 112년 만에 부활한 여자 골프 종목에서 금메달을 차지했다. 박세리 선수가 US 오픈에서 '맨발 샷'으로 우승한 것은 벌써 20년 전의 일이다. LPGA 투어에서 활약하고 있는 한국인 선수가 미국인 다음으로 많고, 주말이면 서울 근교 골프장으로 가는 차량 행렬로 길이 막힌다. | 2015년 영국 왕립 골프 협회(R&A)에서 발표한 자료에 따르면, 지구상에는 206개국에 3만 4천여 곳의 골프장이 존재한다. 절반 이상이 북미 지역(18,145곳)에 분포하며 유럽에는 7,400여 곳이 있다. 한국의 골프장 수(447곳)는 세계 12위로, 아시아에서 일본(2,383곳), 중국(473곳) 다음으로 많다. 전 세계의 골프 인구는 6천만 명 정도로 추산된다. 그 가운데 한국의 골프 인구는 480만 명으로 세계 5위(미국 2,500만 명, 일본 900만 명, 영국 800만 명, 캐나다 580만 명)다. 우리 나라의 성인 다섯 명 중 한 명은 골프를 친다는 이야기다. | 한국 레저 산업 연구소에서 2016년 말에 발표한 것과는 다소 차이가 있다. 이 자료에 따르면 한국의 골프장 수는 517곳에 이르고, 2015년 골프장 방문객은 3,470만 명에 달했다. 10년 전에 비해 골프장 수와 이용객 수는 거의 두 배로 늘었다. 517곳의 골프장 중 214곳이 퍼블릭 코스다. 퍼블릭 코스가 크게 늘어난 것은 정부의 골프 대중화 정책과 무관하지 않다.

⑨ **한국 골프, 대중화 시대로** 한국의 골프 인구가 계속 늘어나는 데는 곳곳에 들어선 스크린 골프장의 영향도 클 듯하다. 국내에 지금과 같은 스크린 골프장이 등장한 것은 2000년대 중반 이후다. 처음에는 골프 연습장에서 대기하는 사람들에 대한 서비스 차원에서 스크린 한두 대를 내부에서 운영하는 방식이었다. 주요 골프장에서 코스 자료

서울 컨트리 클럽의 클럽하우스 건물(나상진 설계)은 지하 1층, 지상 3층 규모로 프리캐스트 콘크리트(precast concrete) 공법으로 건축됐다. 사진은 클럽하우스 건물이 어린이 대공원 '꿈마루'로 탈바꿈한 후의 풍경들로, 헐릴 뻔한 건물을 보존하면서 어떻게 현 시대에 맞게 고쳐 쓰느냐를 고민한 결과물이다. 자문과 리모델링 설계는 건축가 조성룡이 맡았다.

를 잘 제공하지 않아 코스도 적었고 화면도 조야했다. 하지만 스크린 골프장은 빠르게 늘어 2015년 무렵에는 전국 6,000여 곳에 스크린 골프장이 생겼고 총 매출액도 2조 5천억 원을 넘어섰다. | 이 정도라면 한국에서 골프는 이미 대중 스포츠다. 2010년 이후 골프장의 수가 가파르게 늘어나 경쟁이 치열해지다 보니 그린 피는 조금씩 내려가고 서비스는 좋아지고 있다. 이제 주중에 그린 피가 4~5만 원 정도 하는 곳도 흔하다. 한국의 골프 인구는 500만 명 정도 되지만 회원권을 가진 사람은 12만 명 정도에 불과하다. 골프 인구의 대다수는 평범한 주말 골퍼라는 이야기다. 골프장의 증가와 그린 피 인하, 퍼블릭 골프장의 확대 등으로 한국의 골프는 계속 대중화되고 있다. 여기에다 지난 2016년 9월부터 '부정 청탁 및 금품 등 수수의 금지에 관한 법률(김영란법)'이 시행됨으로써 접대 골프 시대는 끝이 났다.

이제 한국에서 골프의 정신을…

이 책은 영국 런던에서 포르투갈 호카 곶 유럽의 땅끝까지 유럽을 '180일'간 돌아다니면서 만난 사람들과 골프장, 동네에 관한 이야기다. 유럽의 경우 그 역사적 특성상 국가라는 경계선보다는 알프스 산맥, 피레네 산맥, 스칸디나비아 반도, 라인 강, 지중해, 이베리아 반도와 같은 지리적 특성이 문화의 차이를 만드는 경우가 많다. 동선과 이런 문화권을 고려하여 유럽 지역을 11개 부분으로 나누어 기술했으며, 차례와 구성에서는 잉글랜드를 2부분으로 나누어 총 12장이 된다. [다음의 괄호 안 숫자는 그 나라의 총 골프장 숫자다.]

- 잉글랜드(2,084)
- 웨일즈(189)
- 아일랜드(342)
- 북아일랜드(130)
- 스코틀랜드(552)
- 독일(747)-프랑스(648) 등 중부 유럽
- 벨기에(83)-네덜란드(218)-룩셈부르크(6) 등 베네룩스 3국
- 덴마크(196)-스웨덴(491) 등 북부 유럽
- 오스트리아(161)-스위스(98) 등 알프스 지역
- 이탈리아(285) 반도
- 모나코(1)-프랑스 등 지중해 지역

격월간 문화 잡지 『와이드(WIDE)』 22호(2011년 07-08월)에 표지 기사로 실린 「나상진의 교양관, 조성룡의 꿈마루」. 서울 어린이 대공원과 '꿈마루'의 역사는 우리 나라 골프 문화의 한 측면을 상징적으로 드러낸다. 조선 왕실의 능이 일제의 관광 수익을 위해 골프장이 되었다. 이승만 시대에는 미군정을 위해, 박정희 시대에는 재벌과 고위 관료를 위해 봉사했다. 독재자의 한 마디에 퇴폐 문화가 되기도 하고, 폐쇄되기도 했다. 골프장 클럽하우스가 하루아침에 어린이를 위한 교양관이 되었다. 꿈마루를 작업한 조성룡은 처음 나상진의 클럽하우스 설계에 대해서 이렇게 말한다. "예전에는 흔히들 골프 친다 하면 일반인들은 생각할 일도 없는 별세계랄까? 다른 사람들보다 우월하다는, 일종의 계급 의식. 클럽하우스에도 이해할 수 없는 분위기가 있었어요. 1980년대만 해도 경사 기와 지붕의 큰 건물에 들어가면 빅토리아풍 인테리어라든지 시대하고는 동떨어진 벽 장식들이 있고요. 운동 좋아하는 사람들이 사회적 지위를 벗어던지고 릴랙스하는 곳이라기보다는, 장소만 전원 속으로 들어갔을 뿐 또 하나의 사교 장소랄까, 귀족이라는 게 있는 시대도 아닌데 계급 의식을 표방하니까 동조하기 어렵죠. 내가 보기에는, 그런 관점에서 1968년에 나상진 선생이 이런 건물을 설계한 게 대단한 겁니다. 그런 풍조 속에서 골프장을 짓겠다는 사람이나 이용하는 사람 눈으로 보면, 이 건물은 아닌 거예요. 형태부터가 건축 사조로 보면 브루털(brutal)하거든요." [「기품 있게 늙어감에 대하여, 꿈마루」, 『웹진 민연』 2015년 10월호.] 이제 비로소 고즈넉한 공공의 휴식 공간으로 돌아온 꿈마루는 우리 나라에서 가장 먼저 생겼고 가장 단명했지만 어쩌면 가장 미래적이고도 도발적이었던 골프장 클럽하우스의 기억을, 그리고 그 위에 덧입혀진 육영 사업과 어린이 교양관의 기묘한 기억을 품어 전한다. 이 땅에서 골프 인문 기행이 이어진다면, 아마 이야기는 여기에서 시작되고 맺어질 것이다.

🌐 에스파냐(437)-포르투갈(75) 등 이베리아 반도 .

고민 끝에 책 제목을 『골프의 정신을 찾아서―유럽 골프 인문 기행』으로 정했다. 구태여 '정신'과 '인문'을 강조한 데는 나름 이유가 있다. 유럽에서 골프는 수백 년 역사 가운데 자연스레 삶의 일부로 자리 잡았다. 실제로 돌아다녀 보니 유럽, 특히 영국권의의 골프장은 지역 주민의 삶과 문화가 녹아 든 지역 공동체의 중심지였다. 스코틀랜드의 주요 골프장이 공유지였던 해안가의 모래 언덕에서 자생적으로 시작되었다는 것을 떠올릴 필요가 있다. 공유지가 사유화되거나 황무지로 전락하지 않고 게임을 통해 규칙과 매너를 배우는 공간으로 살아 남은 것이다. 골프 경기에는 심판이 따라다니지 않는다. 그렇기에 엄격한 골프 윤리와 규칙이 스스로 내면화되어 있어야 한다. 상대 골퍼를 배려하는 가운데 공동 생활의 결을 배우고, 악천후나 러프, 해저드 등 여러 악조건 속에서 끊임없이 자신과 부딪치며 삶을 돌아본다. 북해의 거친 환경 속에서 악천후와 싸우며 살아 온 켈트 인의 정신이 고스란히 담겨 있다. 결국 골프는 스포츠이자 문화고, 자신과의 싸움이면서 동시에 매너를 갖추고 동반자를 배려하는 '공동의 놀이'다. 영국권에서 골프장은 문턱이 없는 지역 사회의 '놀이 공간'인 경우가 많았다.

돌이켜 보면 우리 나라는, 1921년 골프의 '정신'도 '매너'도 갖춰지지 않은 가운데 식민 통치의 일환으로 '하필이면' 이왕가의 능 자리에 골프장이 들어섰다. 1970년대까지 한반도의 골프장은 조선 총독부, 영친왕, 이승만 대통령, 박정희 대통령이라는 '권력자'의 의지로 세워지고 운영된 고위층의 사교 공간일 뿐이었다. 최고 권력과 상류 사회의 '과시형 놀이'로 100여 년을 존속해 온 골프는 1990년대 후반에야 비로소 대중에게 한 발짝 다가서게 된다. 요즘에야 골프장에서 결혼식도 가끔 열리지만, 골프를 치지 않는 사람이 편히 놀러 가기는 사실상 어렵다. 골프장이 늘어나고 애호가가 많아지고 있음에도 골프는 여전히 대중의 일상과는 거리가 있는 것이다. 골프에 대한 사회적 담론 또한 기업체의 접대와 사행성 놀이 수준에 머물러 있다. 그렇지만 현실을 보면 골프는 수백만 명이 즐기는 대표적인 스포츠다. 변화하는 추세로 볼 때 당장은 아니겠지만, 머지않아 한국의 골프장도 누구나 즐길 수 있는 지역의 놀이 마당이자 대중의 문화 공간으로 자리를 잡게 될 것이라고 믿는다. 🌐

골프의 정신을 찾아서—유럽 골프 인문 기행
일러두기

1-0. 고유 명사의 표기는 국립 국어원 외래어 표기법을 따랐다.
2-1. 지명의 한글 표기는 각 국가 언어(원어)를 따랐으며, 원어보다 영어 지명으로 널리 알려진 지역은 원어를 먼저 쓰고 영어를 괄호 처리[예: 에스파냐(스페인)]했다.
2-2. 지명의 알파벳 표기도 원어를 우선으로 했으며, 영어 표기가 익숙한 지역은 원어 뒤에 영어를 괄호 처리[예: Österreich(Austria)]했다. 다양한 언어를 사용하는 나라의 경우 현지에서 주로 쓰는 언어와 영어를 같이 썼다. 지도나 차례 등의 경우 지면 상황에 따라 원어 표기를 생략한 경우도 있다.
2-3. 인명은 처음 등장할 때 원어와 생몰 년도를 덧붙였다.
3-1. 골프장 이름은 원어로 된 공식 명칭을 따르되, 본문에서는 줄여 쓰기[예: 로열 포트러시 골프 클럽→로열 포트러시]도 했다. 브랜드 이름의 경우 해당 브랜드의 공식 한글 표기를 따랐다.
3-2. 골프장은 일반적으로 링크스, 골프 클럽, 골프 코스라고 부른다. 컨트리 클럽이란 본래 회원들에게 골프장뿐만 아니라 수영장, 승마장, 테니스장 등의 다양한 스포츠 시설을 제공하는 곳이다. 한국의 경우 초창기부터 골프장(또는 골프장 운영 주체)을 '컨트리 구락부(俱樂部)'라고 '잘못' 부르다가 1980년대 후반 이후 '컨트리 클럽'으로 바꾸어 부른다. 대표적인 것이 경성 컨트리 구락부(1924년)와 서울 컨트리 구락부(1953년)다.
4-0. 골프장 주소와, 홈페이지 정보는 2017년 7월을 기준으로 한다.
4-1. 골프장 전장 단위는 골프장 소개란에는 '미터[야드]'로 통일했고, 본문에서는 야드를 주로 쓰는 지역에서는 '야드[미터]', 미터를 주로 쓰는 지역에서는 '미터[야드]' 순으로 표기했다.
4-2. 골프장별 홀 수는 파71이나 파73처럼 표준(파72)이 아닐 경우에만 표기했다.
5-0. 이 책에 소개된 유럽의 골프장은 모두 82개다. 골프장 이름 옆의 번호는 [장 번호-골프장 누적 번호]로, 82개 골프장의 위치와 순서를 한눈에 알아볼 수 있게 만든 체계다. 예를 들어 제1장 잉글랜드 편의 5번째 골프장인 '체스터필드 골프 클럽'의 경우 [01-005]가 되고, 제9장 독일, 오스트리아, 스위스 편의 '잘츠부르크-유겐도르프 골프 클럽'은 [09-065], 즉 9번째 장에 속하며 총 65번째 골프장이란 뜻이다. 골프장 소개가 없는 에피소드의 경우 [Ed-번호]로 표시했다.
6-0. 주석[Tip]은 편집부와 저자가 함께 작성했다. 주석은 여행·문화 정보와, 골프 정보로 나뉘며, 여행·문화 정보는 파란색, 골프 정보는 초록색으로 구분했다. 주석 상자 오른쪽 위에 약자 T(Travel), G(Golf)로 한 번 더 표시했다.
7-0. 단행본과 정기 간행물은 겹낫쇠(『』), 기사나 단문은 홑낫쇠(「」), 전시회를 비롯한 단체 공연 행사는 겹겹쇠(《》), 연극, 무용, 영화, 미술 등 개별 작품은 홑꺽쇠(〈〉)로 표기했다.
8-1. 사진은 대부분 저자가 직접 촬영한 것이며, 골프장 공식 사진을 제공받아 사용한 것도 있다.
8-2. 골프 역사와 관련된 자료 사진의 경우, 별도로 출처를 표시했다.

COLLAGE ILLUSTRATION BY SURYUSANBANG
SEARCHING FOR THE SPIRIT OF GOLF
EUROPEAN GOLF TRAVEL [LEE DAGYEOM+CHOI YOUNGMOOK]

수류산방, 〈골프의 정신을 찾아서〉, 근대 건축가 르 코르뷔지에(Le Corbusier, 1887~1965년)의 〈1929년 살롱 도톤느 전을 위한 렌더링과 콜라주〉 일부를 배경으로 콜라주, 2017년.

골프의 정신을 찾아서—유럽 골프 인문 기행

[머리말] **골프의 정신을 찾아 나서는 여행** 005
    골프는 언제 시작됐을까 : 골프 기원설 네 가지
    한국에도 골프와 비슷한 놀이가 있었다
    그래도 골프 종주국은 여전히 스코틀랜드!
    골프의 정신, 승리보다 '매너와 배려'
    16세기 메리 여왕이 보여 준 골프 사랑
    세인트 앤드루스 올드 코스, 일요일엔 시민에게 개방
    한국 골프, 골프장 변천사
        ① 원산에 첫 골프장?
        ② 효창원 골프 코스와 청량리 골프 코스
        ③ 경성 골프 구락부와 군자리 골프 코스
        ④ 서울 컨트리 구락부와 군자리 골프 코스의 부활
        ⑤ 없어질 뻔한 한국 최초의 클럽하우스 건물, 어린이 대공원 '꿈마루'
        ⑥ 민간 자본 골프장 시대의 시작
        ⑦ 골프장 수 12위, 골프 인구 5위의 한국 골프
        ⑨ 한국 골프, 대중화 시대로
    이제 한국에서 골프의 정신을…

일러두기 026
본문 차례 028
팁 차례 041
Map of 82 European Golf Course 043
List of 82 European Golf Course 044

[01]　**골프 나라 동네 골프, 런던에서 코츠월즈까지** ENGLAND 1　　045

동네 골프장에 걸어가 머리 올리기　　048
　　[01-001] **Malden Golf Club**　　050
　　몰든 골프 클럽

여우와 토끼, 사슴이 공생하는 '골프 공원'　　054
　　[01-002] **Richmond Park Golf Club**　　056
　　리치먼드 파크 골프 클럽
　　[01-003] **Hampton Court Palace Golf Club**　　058
　　햄튼 코트 팰리스 골프 클럽

도심에서 만난 세계 최고의 코스　　062
　　[01-004] **Northwick Park The Major Golf Course**　　064
　　노스윅 파크 더 메이저 골프 코스

골프의 매너　　068
　　[01-005] **Chestfield Golf Club**　　070
　　체스트필드 골프 클럽

공수래 공수거, 절벽 골프와 산악 골프　　072
　　[01-006] **Walmer & Kingsdown Golf Club**　　074
　　월머 앤드 킹스다운 골프 클럽
　　[01-007] **Surrey National Golf Club**　　076
　　서리 내셔널 골프 클럽

꿩 대신 닭? 꿩은 꿩이고 닭은 닭이다　　080
　　[01-008] **Royal St. George's Golf Club**　　081
　　로열 세인트 조지 골프 클럽
　　[01-009] **Tenterden Golf Club**　　084
　　텐터든 골프 클럽

스톤헨지 옆의 '공동체' 골프장　　086
　　[01-010] **High Post Golf Club**　　088
　　하이 포스트 골프 클럽

목장에서 필드로, 창고에서 클럽하우스로　　092
　　[01-011] **Hinksey Heights Golf Club**　　094
　　힝시 하이츠 골프 클럽

'코츠월즈'에서 보는 영국의 '속살'　　098
　　[01-012] **Feldon Valley Golf Club**　　100
　　펠든 밸리 골프 클럽

모두 퇴근한 골프장에 홀로 남다　　104
　　[01-013] **Bath Golf Club**　　107
　　배스 골프 클럽

[02] **길 위의 인생, 웨일스에서** WALES　　　　　　　　　　　　　111

원위치! 낯선 땅에서의 신고식　　　　　　　　　　　　　　114
　　[02-014] **St. Pierre Marriott Hotel & Country Club**　　116
　　세인트 피에르 메리어트 호텔 앤드 컨트리 클럽
골프 대신 샬럿 처치의 노래 듣기　　　　　　　　　　　　122
　　[Ed-001] 카디프 '처치 타운' B&B의 청년
모든 골프장은 자신만의 결을 갖고 있다　　　　　　　　　126
　　[02-015] **Wales National Golf Course**　　　　　　　128
　　웨일스 내셔널 골프 코스
　　[02-016] **Newport Sands Links Golf Course**　　　132
　　뉴포트 샌즈 링크스 골프 코스

[03] **변방과 중심, 아일랜드에서** IRELAND　　　　　　　　　　　　　137

아일랜드 인심, 공짜 골프의 즐거움　　　　　　　　　　　　140
　　　[03-017] **St. Helen's Bay Golf Club**　　　　　　142
　　　세인트 헬렌스 베이 골프 클럽

골프장도 날씨도 사람도 좋은 곳　　　　　　　　　　　　　146
　　　[03-018] **Dunmore East Golf Club**　　　　　　　150
　　　던모어 이스트 골프 클럽

천 년 성당과 '유럽의 오거스타'　　　　　　　　　　　　　154
　　　[03-019] **Mount Juliet Golf Club**　　　　　　　　156
　　　마운트 줄리엣 골프 클럽

아일랜드 하늘에 '태극기 휘날리며'　　　　　　　　　　　160
　　　[03-020] **Mount Wolseley Hotel, Spa & Country Club**　161
　　　마운트 울슬리 컨트리 클럽
　　　[03-021] **Druid's Glen Golf Club**　　　　　　　　162
　　　드루이스 글렌 골프 클럽

회원의 날에 만난 '한 손 골퍼'　　　　　　　　　　　　　　166
　　　[03-022] **Carlow Golf Club**　　　　　　　　　　　168
　　　칼로 골프 클럽

팻 할아버지가 일군 '천상의 골프장'　　　　　　　　　　　170
　　　[03-023] **The European Club**　　　　　　　　　　172
　　　디 유러피언 클럽

기네스에 취하고, 베케트에 '빠지던 날'　　　　　　　　　176
　　　[03-024] **Royal Dublin Golf Club**　　　　　　　　182
　　　로열 더블린 골프 클럽

북아일랜드의 자존심, 링크스의 교과서　　　　　　　　　184
　　　[03-025] **Royal Portrush Golf Club**　　　　　　　188
　　　로열 포트러시 골프 클럽

여전히 우울한 회색 도시의 '푸른 섬'　　　　　　　　　　192
　　　[03-026] **Royal Belfast Golf Club**　　　　　　　　195
　　　로열 벨파스트 골프 클럽

[04] 골프의 원조를 찾아 스코틀랜드에서 SCOTLAND — 199

석양이 아름다운 '세계 골프 유산' — 202
  [04-027] **Turnberry Golf Club** — 204
  턴베리 골프 클럽

왕 중 왕의 위용, 도둑 골프를 허하노라! — 208
  [04-028] **Royal Troon Golf Club** — 210
  로열 트룬 골프 클럽

널린 링크스 속의 '고수들' — 214
  [04-029] **Western Gailes Golf Club** — 216
  웨스턴 게일스 골프 클럽

골프 코스도 남탕, 여탕? — 220
  [04-030] **Royal Aberdeen Golf Club** — 222
  로열 애버딘 골프 클럽

구멍 난 하늘, 폭우에 무릎 꿇다 — 226
  [04-031] **Murcar Links Golf Club** — 228
  머카 링크스 골프 클럽

'골프 교도'의 성지 순례기 — 232
  [Ed-002] 세인트 앤드루스에서 '골프장' 찾기

골프 발상지의 아우라, '성지'를 경배하라 — 238
  [04-032] **St. Andrews Old Course** — 240
  세인트 앤드루스 올드 코스

형만 한 아우 없다고요? 천만에! — 244
  [04-033] **St. Andrews New Course** — 245
  세인트 앤드루스 뉴 코스

디 오픈 '종가'의 자부심 — 250
  [04-034] **Prestwick Golf Club** — 252
  프레스트윅 골프 클럽

기네스북이 인정한 가장 오래된 골프장 — 256
  [04-035] **Musselburgh Links, The Old Golf Course** — 258
  머셀버러 링크스

골프장 천국, 부킹은 '하늘의 별따기' — 262
  [04-036] **Gullane Golf Club** — 263
  걸랜 골프 클럽
  [04-037] **Muirfield Golf Club** — 264
  뮤어필드 골프 클럽
  [04-038] **North Berwick Golf Club** — 266
  노스 베릭 골프 클럽

[05] 다시, 잉글랜드로 ENGLAND 2   271

드라이버 샷 '국경'을 넘다   274
    [05-039] **Magdalene Fields Golf Club**   276
    막달렌 필즈 골프 클럽

〈스카버러의 추억〉, 기억하시나요?   280
    [05-040] **Ganton Golf Club**   282
    갠튼 골프 클럽

리버풀식 링크스, 2014 디 오픈 개최   286
    [05-041] **Royal Liverpool Golf Club**   288
    로열 리버풀 골프 클럽

장정 선수의 여운을 만나다   292
    [05-042] **Royal Birkdale Golf Club**   294
    로열 버크데일 골프 클럽

골프채를 사러 간 도자기 마을   298
    [05-043] **Wolstanton Golf Club**   300
    울스탠튼 골프 클럽

셰익스피어 '오가' 마을의 저녁 노을   304
    [05-044] **Belfry Golf Club**   305
    벨프리 골프 클럽

[06] 유럽 대륙, 마지노 선을 찍고 로렐라이 언덕에서 FRANCE 1, GERMANY 311

괴로운 중심, 파리를 벗어나다 314
- [06-045] **Golf Club Soufflenheim Baden-Baden** 319
  골프 클럽 수플렌하임 바덴바덴

와인 향과 달팽이 맛, 그리고 동반자 322
- [06-046] **Golf Blue Green Quetigny Grand Dijon** 324
  골프 블루 그린 케티니 그랑 디종

밀레의 '만종'을 들으며 티를 줍다 328
- [06-047] **Golf du Château de Cély** 330
  골프 뒤 샤토 드 셀리

나폴레옹이 노닐던 벙커와 숲 334
- [06-048] **Golf de Fontainebleau** 336
  골프 드 퐁텐블로

골프 코스에 담긴 민족성과 '철학' 340
- [06-049] **St. Leon-Rot Golf Club** 342
  장크트 레온-로트 골프 클럽

로렐라이 '저주'에 발병 났네 344
- [06-050] **Golf-und Land-club Köln e.V.** 350
  골프운트 란트클럽 쾰른

[07] 베네룩스, 강소국의 '숨은 진주' LUXEMBOURG, BELGIUM, NETHERLANDS   353

'작은 것'이 단단하고 아름답다   356
[07-051] **Kikuoka Country Club**   360
키쿠오카 컨트리 클럽

벨기에에서 '다국적군'과 조우하다   364
[07-052] **Royal Antwerp Golf Club**   370
로열 앤트워프 골프 클럽

'로열'의 참뜻을 아시나요?   374
[07-053] **Royal Golf Club of Belgium**   376
벨기에 로열 골프 클럽

수다쟁이 할머니와 '무너진 사랑 탑'   380
[07-054] **Amsterdamse Golf Club**   382
암스테르담 골프 클럽

이준 열사 영전에서 왕자님을 만나다   386
[07-055] **Koninklijke Haagsche Golf & Country Club**   390
코닌클리예크 헤이그 골프 앤드 컨트리 클럽

[08] 북유럽, 동화 속의 야생 골프 GERMANY, DENMARK, SWEDEN   395

브람스 소나타와 오리지널 햄버거   398
    [08-056] Hamburger Land-und Golf-club e.V.   400
    함부르크 란트운트 골프 클럽

안데르센 왕국의 인어 공주님   404
    [08-057] Odense Golfklub   408
    오덴세 골프 클럽

리얼 야생 버라이어티 골프 쇼   410
    [08-058] Københavns Golf Klub   412
    코펜하겐 골프 클럽

지상에서 가장 행복한 사람들   418
    [08-059] Simon's Golf Club   420
    시몬스 골프 클럽

소렌스탐의 나라, 클럽하우스의 일몰   424
    [08-060] Barsebäck Golf & Country Club   426
    바르세베크 골프 앤드 컨트리 클럽

'나 홀로 플레이'와 '올드 블랙 조'   432
    [08-061] Malmö Burlöv Golfklubb   434
    말뫼 불뢰브 골프 클럽

[09] 서유럽의 '사운드 오브 골프' GERMANY, AUSTRIA, SWISS 437

냉전 끝난 도시의 차가운 수중전 440
    [09-062] **Berliner Golf Club Gatow e.V.** 446
    베를리너 골프 클럽 가토

아우토반의 '폴리스 아카데미' 448
    [Ed-003] 뉘른베르크 불시착 사건

'마이스터 할머니'의 가족 골프장 452
    [09-063] **Golfanlage Gerhelm** 454
    골판라게 게르헬름

'내 어머니 레퍼토리'를 들으며 458
    [09-064] **Gut Altentann Golf & Country Club** 460
    구트 알텐탄 골프 앤드 컨트리 클럽

음악은 음악이고 골프는 골프다 466
    [09-065] **Salzburg-Eugendorf Golf Club** 468
    잘츠부르크-유겐도르프 골프 클럽

'설원 골프장'은 신기루였다 472
    [Ed-004] 리히텐슈타인을 지나며

유럽의 지붕에 '붉은 악마'를 심다 478
    [Ed-005] 융프라우요흐의 골프 홀

알프스에서 만난 '용병의 후예들' 486
    [09-066] **Golfclub Interlaken-Unterseen** 490
    골프 클럽 인터라켄-운터젠

환상의 빙하 계곡 드라이브 코스 494
    [Ed-006] 인터라켄에서 밀라노까지

[10] 로마로 통하지 않는 골프의 길 ITALIA — 501

패션 도시 밀라노의 테러리스트들 — 504
[10-067] **Green Club Golf Lainate** — 507
그린 클럽 골프 라이나테

코끼리 아저씨와 친환경 골프장 — 510
[10-068] **Associazione Sportiva e Dilettantistica Golf Club Verona** — 516
골프 클럽 베로나

쇼핑에 눈먼 '이 프로'는 무죄다 — 518
[10-069] **Circolo Golf Venezia** — 521
치르콜로 골프 베네치아

냉정과 열정, 혹은 꿈과 현실 사이 — 524
[10-070] **Circolo Golf Ugolino** — 528
치르콜로 골프 우골리노

소렌토로 돌아올 수밖에 없는 이유 — 530
[10-071] **Circolo Golf Napoli** — 533
치르콜로 골프 나폴리

골프장은 로마로 통한다 — 534
[10-072] **Circolo del Golf Roma Acquasanta** — 536
치르콜로 델 골프 로마 아콰산타

'기울어진 탑' 바로 세우기 — 538
[10-073] **Cosmopolitan Golf & Country Club** — 540
코즈모폴리턴 골프 앤드 컨트리 클럽

[11] **프로방스, 지중해에서 골프채를 씻다** MONACO, FRANCE 2   543

알프스 끝자락에서 지중해를 향하여   546
    [11-074] **Monte Carlo Golf Club**   548
    몬테카를로 골프 클럽

칸의 레드 카펫과 '그린 카펫'   550
    [11-075] **Old Course Golf Cannes-Mandelieu**   552
    올드 코스 골프 칸-망들리외

코트다쥐르 무림의 '낭만 검객'   556
    [11-076] **Royal Mougins Golf Club**   558
    로열 무쟁 골프 클럽

프로방스에서 길을 잃다   562
    [11-077] **Golf Grand Avignon**   564
    골프 그랑 아비뇽

[12] 바르셀로나에서 '유럽 필드' 땅끝까지 ESPAÑA, PORTUGAL — 569

가우디에 놀라 미스 샷 남발하다! — 572
- [12-078] Club de Golf Llavaneras — 578
  클럽 드 골프 야바네라스

'재의 목요일' 에스파냐의 빈털터리들 — 580
- [12-079] Panorámica Club de Golf — 582
  파노라미카 클럽 드 골프

복원과 재기, 나그네는 울지 않는다 — 586
- [Ed-007] 마드리드에서 톨레도까지

대서양에서의 '치유 골프' — 590
- [12-080] San Lorenzo Golf Course — 592
  산 로렌초 골프 코스

'골프 천국'에서 보낸 한 철 — 596
- [12-081] Vale do Lobo — 598
  발레 도 로보

유럽 땅끝에서 부르는 '사랑 노래' — 602
- [12-082] Oitavos Dunes — 606
  오이타보스 둔스

[맺음말] **180일 간의 유럽 골프 코스 일주** — 611
골프장 찾아보기 — 618
골프 팁 찾아보기 — 620
여행·문화 팁 찾아보기 — 620
저자 소개 — 623

팀 차례

[01] 잉글랜드 1

T-001	■TRAVEL	라운드 어바웃(round about)	049
G-002	■GOLF	트롤리(Trolly)	053
T-003	■TRAVEL	리치먼드 공원(Richmond Park)	055
T-004	■TRAVEL	햄튼 코트 팰리스(Hampton Court Palace)	059
G-005	■GOLF	스탠스(stance)	061
T-006	■TRAVEL	해로 스쿨(Harrow School)	063
G-007	■GOLF	미니 골프장(mini golf)	063
G-008	■GOLF	레이디 티(lady tee 또는 woman tee)	069
T-009	■TRAVEL	『캔터베리 이야기(The Canterbury Tales)』	072
G-010	■GOLF	헨리 코튼(Henry Thomas Cotton)	072
G-011	■GOLF	오거스타 내셔널 골프 클럽(Augusta National Golf Club)	077
G-012	■GOLF	디 오픈(The Open, 브리티시 오픈)	080
T-013	■TRAVEL	〈007 골드핑거(Goldfinger)〉	082
G-014	■GOLF	바비 존스(Bobby Jones)	083
G-015	■GOLF	잭 니클로스(Jack William Nicklaus)	083
G-016	■GOLF	파크랜드 스타일(parkland style)	085
T-017	■TRAVEL	스톤헨지(Stonehenge)	086
T-018	■TRAVEL	뉴 세븐 원더스 재단(New 7 Wonders Foundation)	089
G-019	■GOLF	『골프 먼슬리(Golf Monthly)』	089
G-020	■GOLF	로라 데이비스(Laura Jane Davies)	091
T-021	■TRAVEL	옥스퍼드와 옥스퍼드 대학	093
T-022	■TRAVEL	코츠월즈(Cotswolds District)	098
T-023	■TRAVEL	배스(Bath)	106
T-024	■TRAVEL	제인 오스틴(Jane Austen)	106

[02] 웨일스

T-025	■TRAVEL	브리스틀 해협과 세번 대교	115
T-026	■TRAVEL	웨일스 어(Welsh)	115
T-027	■TRAVEL	프린스 오브 웨일스(Prince of Wales)	115
T-028	■TRAVEL	카디프(Cardiff)	123
T-029	■TRAVEL	비앤비(B&B, Bed & Breakfast)	123
T-030	■TRAVEL	샬럿 처치(Charlotte Church)	123
G-031	■GOLF	야디지 북(yardage book)	127
G-032	■GOLF	인랜드 코스와 링크스 코스	127

[03] 아일랜드

T-033	■TRAVEL	스테나 라인(Stena Line)	141
T-034	■TRAVEL	IRA(Irish Republican Army)	141
G-035	■GOLF	업 앤드 다운(up & down)과 언듈레이션(undulation)	145
T-036	■TRAVEL	아일랜드, 아일랜드 인	147
T-037	■TRAVEL	워터퍼드(Waterford)	149
T-038	■TRAVEL	토머스타운(Thomastown)	154
G-039	■GOLF	월드 골프 챔피언십(WGC)	157
T-040	■TRAVEL	펍(Pub)	157
T-041	■TRAVEL	드루이드(Druid) 사제	163
G-042	■GOLF	한손 골퍼 협회(SOAG, The Society of One-Armed Golfers)	167
G-043	■GOLF	풍선 효과(balloon effect)	170
T-044	■TRAVEL	아일랜드 전통 음악	175
T-045	■TRAVEL	사뮈엘 베케트(Samuel Beckett)	177
T-046	■TRAVEL	『율리시스(Ulyssys)』	177
T-047	■TRAVEL	트리니티 대학(Trinity Collage)	178
T-048	■GOLF	해리 콜트(Harry Colt)	183
T-049	■GOLF	자이언츠 코즈웨이(Giant's Causeway)	184
G-050	■GOLF	타이거 우즈(Eldrick Tiger Woods)	186
G-051	■GOLF	로리 매킬로이(Rory McIlroy)	187
G-052	■GOLF	대런 클라크(Darren Clarke)	187
G-053	■GOLF	그레임 맥다월(Graeme McDowell)	187
G-054	■GOLF	프레드 데일리(Frederick Daly)	191
G-055	■GOLF	피지 스티븐슨(P.G. Stevenson)	191
T-056	■TRAVEL	『걸리버 여행기(The Gulliver's Traveles)』	193
G-057	■GOLF	도그 레그 홀(dog's leg hole)	197

[04] 스코틀랜드

G-058	■GOLF	퀄리파잉(qualifying) 골프장	215
G-059	■GOLF	커티스 컵(The Curtis Cup)	215
G-060	■GOLF	스타터(starter)	215
T-061	■TRAVEL	네스 호(Loch Ness)	220
G-062	■GOLF	분실구(lost ball) 찾기 '5분 제한의 룰'	223
G-063	■GOLF	골프 커미티(golf committee)의 운영	224
G-064	■GOLF	캐리와 런(Carry and Run)	226
G-065	■GOLF	영국 골프 박물관(British Golf Museum)	232
T-066	■TRAVEL	히스(Heath)	233
G-067	■GOLF	세인트 앤드루스의 일곱 개 골프 코스	234
G-068	■GOLF	라운드(Round)	238
G-069	■GOLF	올드 코스 예약	239
G-070	■GOLF	홀 아웃(Hole Out)	241
G-071	■GOLF	양파	241
G-072	■GOLF	왕립 골프 협회(R&A)	247
G-073	■GOLF	스윌컨 브리지(Swilcan Bridge)	249
G-074	■GOLF	US 오픈(US Open)	251
G-075	■GOLF	마스터스(Masters)	251
G-076	■GOLF	올드 톰 모리스(Old Tom Morris)	253
G-077	■GOLF	히코리 골프채(Hickory Golf Club)	256
G-078	■GOLF	펫장	259

[05] 잉글랜드 2

G-079	■GOLF	뒷땅(duff)	274
G-080	■GOLF	존 데일리(John Patrick Daly)	275
G-081	■GOLF	드라이버(Driver)와 아이언(Iron)	277
T-082	■TRAVEL	하기스(Haggis)	279
T-083	■TRAVEL	영화 〈졸업〉과 삽입곡 〈스카버러 페어〉	281
T-084	■TRAVEL	브론테 자매와 스카버러의 앤 브론테 묘지	281
G-085	■GOLF	라이더 컵(Ryder Cup)	283
G-086	■GOLF	워커 컵(Walker Cup)	283
T-087	■TRAVEL	리버풀(Liverpool)과 비틀스(The Beatles)	287
G-088	■GOLF	얼 우즈(Earl Dennison Woods)	289
G-089	■GOLF	프로골퍼 장정	292
T-090	■TRAVEL	스토크-온-트렌트(Stoke-on-Trent)	298
T-091	■TRAVEL	웨지우드(Wedgwood)	298
G-092	■GOLF	웨지(Wedge)	299
G-093	■GOLF	우드(Wood)	299
T-094	■TRAVEL	셰익스피어의 고향 마을과 '오가'	308

[06] 프랑스 1, 독일

T-095	■TRAVEL	「마지막 수업(La Dernière Classe)」	314
T-096	■TRAVEL	랭스 대성당(Cathédrale Notre-Dame de Reims)	315
T-097	■TRAVEL	콜마르(Colmar)	316
T-098	■TRAVEL	마지노 선(Maginot Line)	318
G-099	■GOLF	멀리건(mulligan)	321
T-100	■TRAVEL	빅토르 위고(Victor-Marie Hugo)	322
T-101	■TRAVEL	부르고뉴 공국(Duché de Bourgogne)	323
T-102	■TRAVEL	부르고뉴(Bourgogne) 와인	323
G-103	■GOLF	리커버리 샷(Recovery Shot)	327
T-104	■TRAVEL	바르비종(Barbizon) 파	329
G-105	■GOLF	온(On)	333
T-106	■TRAVEL	퐁텐블로 궁전(Château de Fontainebleau)	334
G-107	■GOLF	톰 심슨(Tom Simpson)	337
T-108	■TRAVEL	「황태자의 첫사랑(The Student Prince)」	340
T-109	■TRAVEL	하이델베르크 대학교(Ruprecht-Karls-Universität Heidelberg)	341
T-110	■TRAVEL	길의 나라, 독일의 가도	344
T-111	■TRAVEL	하이네(Heinrich Heine)	347

[07] 룩셈부르크, 벨기에, 네덜란드

T-112	■TRAVEL	베네룩스(Benelux) 3국	356
T-113	■TRAVEL	아돌프 다리(Pont Adolphe)	358
T-114	■TRAVEL	지브롤터(Gibraltar)와 중유럽의 지브롤터	358
T-115	■TRAVEL	모젤 와인(Mosell Wine)	361
G-116	■GOLF	워터 해저드(water hazard)	363
G-117	■GOLF	라이(lie)	363
T-118	■TRAVEL	시청 광장(라 그랑 플라스(La Grand-Place))	364

T-119 ■TRAVEL	오줌싸개 동상(Manneken-Pis)	366	
T-120 ■TRAVEL	『플란다스의 개』(A Dog of Flanders)	367	
T-121 ■TRAVEL	안트베르펜 성모 대성당(Onze Lieve Vrouwe Kathedraal)	368	
T-122 ■TRAVEL	카라바조(Michelangelo da Caravaggio)	368	
T-123 ■TRAVEL	물르(Moules)	374	
T-124 ■TRAVEL	레오폴트 2세(Leopold II)	377	
T-125 ■TRAVEL	하이네켄(Heineken)	380	
T-126 ■TRAVEL	필립스(Philips)	380	
G-127 ■GOLF	어드레스(address)	385	
T-128 ■TRAVEL	풍차 마을 잔세스칸스(Zaanse Schans)	386	
T-129 ■TRAVEL	네덜란드의 안락사, 동성애, 마약 허용	387	
T-130 ■TRAVEL	네덜란드의 해수면보다 낮은 국토	387	
T-131 ■TRAVEL	금융 자본주의의 시초가 된 네덜란드	388	
T-132 ■TRAVEL	이준(李儁)	388	
G-133 ■GOLF	어프로치(approach)	393	

[08] 독일, 덴마크, 스웨덴

T-134 ■TRAVEL	한자(Hansa) 동맹	398	
T-135 ■TRAVEL	요하네스 브람스(Johannes Brahms)	399	
T-136 ■TRAVEL	칼스버그(Carlsberg, 칼스베리)	404	
T-137 ■TRAVEL	안데르센 박물관(Hans Christian Andersen Museum)	405	
T-138 ■TRAVEL	스토레벨트 다리(Storebæltsforbindelsen)	406	
T-139 ■TRAVEL	덴마크 왕실	415	
T-140 ■TRAVEL	덴마크 복지	418	
T-141 ■TRAVEL	외레순 다리(Øresundsbroen)	424	
G-142 ■GOLF	소렌스탐(Annika Sörenstam)	425	
G-143 ■GOLF	솔하임 컵(Solheim Cup)	425	
T-144 ■TRAVEL	이케아(IKEA)	432	

[09] 독일, 오스트리아, 스위스

T-145 ■TRAVEL	브란덴부르크 문(Brandenburger Tor)	442	
T-146 ■TRAVEL	체크포인트 찰리(Checkpoint Charlie)	443	
T-147 ■TRAVEL	아우토반(Autobahn)	447	
T-148 ■TRAVEL	〈뉘른베르크의 마이스터징거〉	453	
T-149 ■TRAVEL	〈사운드 오브 뮤직〉(The Sound of Music)	458	
T-150 ■TRAVEL	잘츠부르크의 모차르트	467	
G-151 ■GOLF	어니 엘스(Theodore Ernest Els)	469	
G-152 ■GOLF	설원 골프장	472	
T-153 ■TRAVEL	노이슈반슈타인 성과 호엔슈방가우 성	473	
T-154 ■TRAVEL	신성 로마 제국(Imperium Romanum Sacrum)	474	
T-155 ■TRAVEL	파두츠 우표 박물관(Postmuseum Liechtenstein)	477	
T-156 ■TRAVEL	몽블랑(Mont blanc)	481	
T-157 ■TRAVEL	압트식 철도	481	
T-158 ■TRAVEL	알레치 빙하(Aletschgletscher)	485	
T-159 ■TRAVEL	알펜로제(Alpenrose)	486	
T-160 ■TRAVEL	스위스 칼(Swiss Army Knife)	488	
T-161 ■TRAVEL	주스텐 파스(Susten Pass)	495	
T-162 ■TRAVEL	세계의 알프스들	498	
T-163 ■TRAVEL	생 고타르 터널(Saint Gotthard Tunnel)	499	

[10] 이탈리아

T-164 ■TRAVEL	패션 도시 밀라노(Milano(Milan))	505	
T-165 ■TRAVEL	밀라노 대성당(Duomo di Milano)	506	
T-166 ■TRAVEL	단테의 동상과 시뇨리 광장	510	
T-167 ■TRAVEL	줄리엣의 집(Casa di Giulietta)	512	
T-168 ■TRAVEL	페로니(Peroni)	514	
G-169 ■GOLF	커미티드 투 그린 프로그램(Committed to Green Program)	514	
G-170 ■GOLF	업힐(uphill)	517	
T-171 ■TRAVEL	곤돌라(gondola)	518	
T-172 ■TRAVEL	베네치아의 가면	518	
T-173 ■TRAVEL	주세페 볼피(Giuseppe Volpi)	523	
T-174 ■TRAVEL	리알토 다리(Ponte di Rialto)	523	

T-175 ■TRAVEL	『냉정과 열정 사이』(冷静と情熱のあいだ)	524	
T-176 ■TRAVEL	베키오 다리(Ponte Vecchio)	526	
T-177 ■TRAVEL	우피치 미술관(Galleria degli Uffizi)	526	
T-178 ■TRAVEL	이탈리아 독립 준비 위원회	530	
T-179 ■TRAVEL	〈돌아오라 소렌토로〉(Torna a Surriento)	532	
T-180 ■TRAVEL	『로마인 이야기』(ローマ人の物語)	535	
T-181 ■TRAVEL	〈로마의 휴일〉(Roman Holiday)	535	
T-182 ■TRAVEL	라 스칼라 극장(Teatro alla Scala)	539	
T-183 ■TRAVEL	이탈리아 자동차 경주	541	

[11] 모나코, 프랑스2

T-184 ■TRAVEL	그레이스 켈리(Grace Patricia Kelly)	547	
T-185 ■TRAVEL	그랑 카지노(Grand Casino)	550	
T-186 ■TRAVEL	밉콤(MIPCOM)	551	
T-187 ■TRAVEL	우산 소나무(Italian Stone Pine)	553	
G-188 ■GOLF	드로(Draw)와 페이드(Fade)	553	
T-189 ■TRAVEL	코트다쥐르(Côte d'Azur)	556	
G-190 ■GOLF	그늘집	561	
T-191 ■TRAVEL	그라스(Grasse)	561	
T-192 ■TRAVEL	아를(Arles)	562	
T-193 ■TRAVEL	엑상프로방스(Aix-en-Provence)	562	
T-194 ■TRAVEL	방스(Vence)	563	
T-195 ■TRAVEL	생폴드방스(Saint-Paul de Vence)	563	
T-196 ■TRAVEL	앙티브(Antibes)	563	
T-197 ■TRAVEL	아비뇽 유수(Avignonese Captivity)	563	
T-198 ■TRAVEL	생 베네제 다리(Pont Saint Benezet)	565	

[12] 에스파냐(스페인), 포르투갈

T-199 ■TRAVEL	카탈루냐(Cataluña)	572	
T-200 ■TRAVEL	가우디(Antoni Gaudi)	573	
T-201 ■TRAVEL	파블로 피카소(Pablo Ruiz Picasso)	574	
T-202 ■TRAVEL	호안 미로(Joan Miro)	574	
T-203 ■TRAVEL	파블로 카살스(Pablo Casals)	574	
T-204 ■TRAVEL	성 가족 성당(사그라다 파밀리아)	576	
T-205 ■TRAVEL	카사 밀라(Casa Mila)	576	
G-206 ■GOLF	포백(4bag)과 투백(2bag)	577	
G-207 ■GOLF	톱 볼(top ball)	579	
G-208 ■GOLF	롱기스트(longest)	579	
T-209 ■TRAVEL	알람브라 궁전(Recuerdos de la Alhambra)	580	
T-210 ■TRAVEL	프란치스코 타레가와〈알람브라 궁전의 추억〉	581	
G-211 ■GOLF	베른하르트 랑거(Bernhard Langer)	581	
T-212 ■TRAVEL	파에야(Paella)	583	
T-213 ■TRAVEL	재의 수요일(Ash Wednesday)	584	
T-214 ■TRAVEL	톨레도(Toledo)	587	
T-215 ■TRAVEL	돈 키호테(Don Quixote)	588	
T-216 ■TRAVEL	포르투갈의 해외 식민지 정책	591	
T-217 ■TRAVEL	알가르브(Algarve)	591	
G-218 ■GOLF	버뮤다 잔디(Bermuda grass)	593	
G-219 ■GOLF	드라이브 샷(Drive Shot)과 드라이버 샷(Driver Shot)	595	
T-220 ■TRAVEL	세비야(Séville)	596	
T-221 ■TRAVEL	〈피가로의 결혼〉(Le Nozze Di Figaro)	597	
T-222 ■TRAVEL	〈세비야의 이발사〉(Le Barbier de Séville)	597	
T-223 ■TRAVEL	〈카르멘〉(Carmen)	597	
G-224 ■GOLF	로키 로케모어(Rocky Roquemore)	599	
T-225 ■TRAVEL	리스본(Lisbon) = 리스보아(Lisboa)	602	
T-226 ■TRAVEL	〈일 포스티노〉(Il Postino : The Postman)	603	
T-227 ■TRAVEL	『노인과 바다』(The Old Man and the Sea)	603	
T-228 ■TRAVEL	루이스 바스 드 카몽이스(Luís Vaz de Camões)	603	
T-229 ■TRAVEL	엔히크 왕자(Henrique O Navegador)	604	
T-230 ■TRAVEL	바스쿠 다 가마(Vasco da Gama)	604	
T-231 ■TRAVEL	에우로페(Europe) 여신	607	

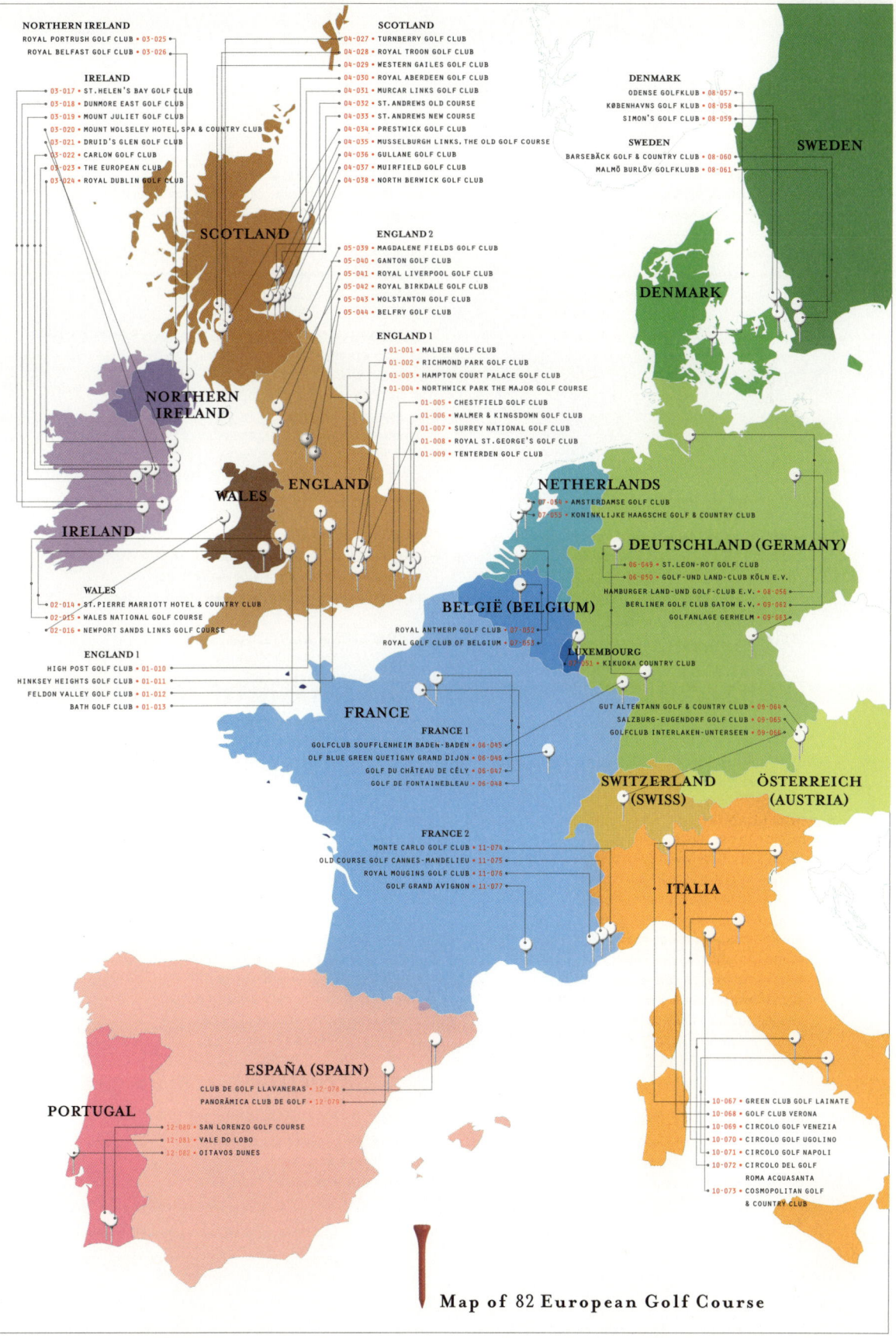

List of 82 European Golf Course

ENGLAND 1
- 01-001 • MALDEN GOLF CLUB
- 01-002 • RICHMOND PARK GOLF CLUB
- 01-003 • HAMPTON COURT PALACE GOLF CLUB
- 01-004 • NORTHWICK PARK THE MAJOR GOLF COURSE
- 01-005 • CHESTFIELD GOLF CLUB
- 01-006 • WALMER & KINGSDOWN GOLF CLUB
- 01-007 • SURREY NATIONAL GOLF CLUB
- 01-008 • ROYAL ST. GEORGE'S GOLF CLUB
- 01-009 • TENTERDEN GOLF CLUB
- 01-010 • HIGH POST GOLF CLUB
- 01-011 • HINKSEY HEIGHTS GOLF CLUB
- 01-012 • FELDON VALLEY GOLF CLUB
- 01-013 • BATH GOLF CLUB

WALES
- 02-014 • ST. PIERRE MARRIOTT HOTEL & COUNTRY CLUB
- 02-015 • WALES NATIONAL GOLF COURSE
- 02-016 • NEWPORT SANDS LINKS GOLF COURSE

IRELAND & NORTHERN IRELAND
- 03-017 • ST. HELEN'S BAY GOLF CLUB
- 03-018 • DUNMORE EAST GOLF CLUB
- 03-019 • MOUNT JULIET GOLF CLUB
- 03-020 • MOUNT WOLSELEY HOTEL, SPA & COUNTRY CLUB
- 03-021 • DRUID'S GLEN GOLF CLUB
- 03-022 • CARLOW GOLF CLUB
- 03-023 • THE EUROPEAN CLUB
- 03-024 • ROYAL DUBLIN GOLF CLUB
- 03-025 • ROYAL PORTRUSH GOLF CLUB
- 03-026 • ROYAL BELFAST GOLF CLUB

SCOTLAND
- 04-027 • TURNBERRY GOLF CLUB
- 04-028 • ROYAL TROON GOLF CLUB
- 04-029 • WESTERN GAILES GOLF CLUB
- 04-030 • ROYAL ABERDEEN GOLF CLUB
- 04-031 • MURCAR LINKS GOLF CLUB
- 04-032 • ST. ANDREWS OLD COURSE
- 04-033 • ST. ANDREWS NEW COURSE
- 04-034 • PRESTWICK GOLF CLUB
- 04-035 • MUSSELBURGH LINKS, THE OLD GOLF COURSE
- 04-036 • GULLANE GOLF CLUB
- 04-037 • MUIRFIELD GOLF CLUB
- 04-038 • NORTH BERWICK GOLF CLUB

ENGLAND 2
- 05-039 • MAGDALENE FIELDS GOLF CLUB
- 05-040 • GANTON GOLF CLUB
- 05-041 • ROYAL LIVERPOOL GOLF CLUB
- 05-042 • ROYAL BIRKDALE GOLF CLUB
- 05-043 • WOLSTANTON GOLF CLUB
- 05-044 • BELFRY GOLF CLUB

FRANCE 1 & GERMANY
- 06-045 • GOLFCLUB SOUFFLENHEIM BADEN-BADEN
- 06-046 • GOLF BLUE GREEN QUETIGNY GRAND DIJON
- 06-047 • GOLF DU CHÂTEAU DE CÉLY
- 06-048 • GOLF DE FONTAINEBLEAU
- 06-049 • ST. LEON-ROT GOLF CLUB
- 06-050 • GOLF-UND LAND-CLUB KÖLN E.V.

LUXEMBOURG & BELGIUM & NETHERLANDS
- 07-051 • KIKUOKA COUNTRY CLUB
- 07-052 • ROYAL ANTWERP GOLF CLUB
- 07-053 • ROYAL GOLF CLUB OF BELGIUM
- 07-054 • AMSTERDAMSE GOLF CLUB
- 07-055 • KONINKLIJKE HAAGSCHE GOLF & COUNTRY CLUB

GERMANY & DENMARK & SWEDEN
- 08-056 • HAMBURGER LAND-UND GOLF-CLUB E.V.
- 08-057 • ODENSE GOLFKLUB
- 08-058 • KØBENHAVNS GOLF KLUB
- 08-059 • SIMON'S GOLF CLUB
- 08-060 • BARSEBÄCK GOLF & COUNTRY CLUB
- 08-061 • MALMÖ BURLÖV GOLFKLUBB

GERMANY & AUSTRIA & SWISS
- 09-062 • BERLINER GOLF CLUB GATOW E.V.
- 09-063 • GOLFANLAGE GERHELM
- 09-064 • GUT ALTENTANN GOLF & COUNTRY CLUB
- 09-065 • SALZBURG-EUGENDORF GOLF CLUB
- 09-066 • GOLFCLUB INTERLAKEN-UNTERSEEN

ITALIA
- 10-067 • GREEN CLUB GOLF LAINATE
- 10-068 • GOLF CLUB VERONA
- 10-069 • CIRCOLO GOLF VENEZIA
- 10-070 • CIRCOLO GOLF UGOLINO
- 10-071 • CIRCOLO GOLF NAPOLI
- 10-072 • CIRCOLO DEL GOLF ROMA ACQUASANTA
- 10-073 • COSMOPOLITAN GOLF & COUNTRY CLUB

MONACO & FRANCE 2
- 11-074 • MONTE CARLO GOLF CLUB
- 11-075 • OLD COURSE GOLF CANNES-MANDELIEU
- 11-076 • ROYAL MOUGINS GOLF CLUB
- 11-077 • GOLF GRAND AVIGNON

ESPAÑA & PORTUGAL
- 12-078 • CLUB DE GOLF LLAVANERAS
- 12-079 • PANORÁMICA CLUB DE GOLF
- 12-080 • SAN LORENZO GOLF COURSE
- 12-081 • VALE DO LOBO
- 12-082 • OITAVOS DUNES

잉글랜드1　01
골프 나라 동네 골프,
런던에서 코츠월즈까지

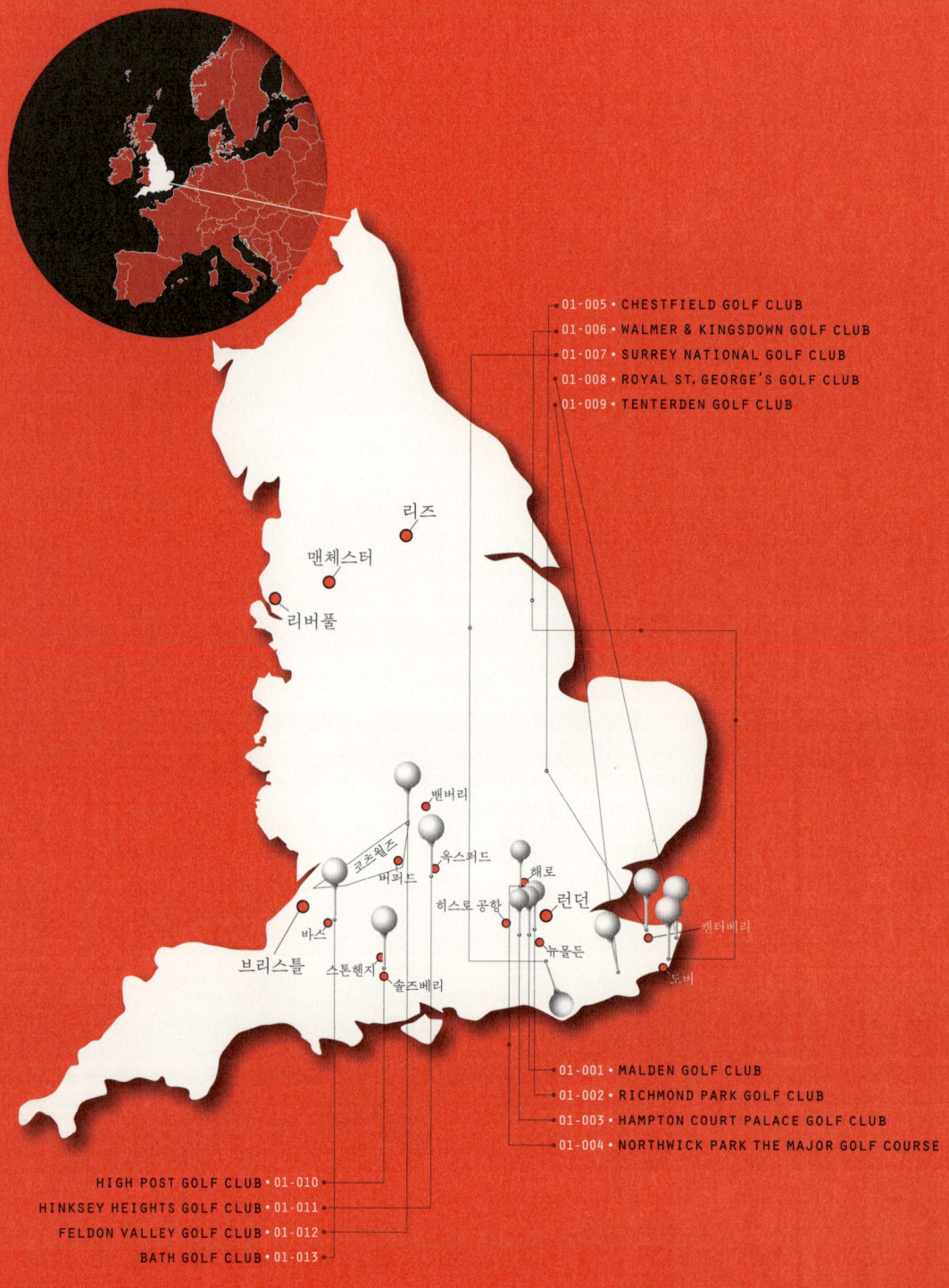

잉글랜드 1

01
골프 나라 동네 골프, 런던에서 코츠월즈까지

동네 골프장에 걸어가 머리 올리기
01-001
몰든 골프 클럽 Malden Golf Club

여우와 토끼, 사슴이 공생하는 '골프 공원'
01-002
리치먼드 파크 골프 클럽 Richmond Park Golf Club

01-003
햄튼 코트 팰리스 골프 클럽
Hampton Court Palace Golf Club

도심에서 만난 세계 최고의 코스
01-004
노스윅 파크 더 메이저 골프 코스
Northwick Park The Major Golf Course

골프의 매너
01-005
체스트필드 골프 클럽 Chestfield Golf Club

공수래 공수거, 절벽 골프와 산악 골프
01-006
월머 앤드 킹스다운 골프 클럽
Walmer & Kingsdown Golf Club

01-007
서리 내셔널 골프 클럽 Surrey National Golf Club

꿩 대신 닭? 꿩은 꿩이고 닭은 닭이다
01-008
로열 세인트 조지 골프 클럽
Royal St. George's Golf Club

01-009
텐터든 골프 클럽 Tenterden Golf Club

스톤헨지 옆의 '공동체' 골프장
01-010
하이 포스트 골프 클럽 High Post Golf Club

목장에서 필드로, 창고에서 클럽하우스로
01-011
힝시 하이츠 골프 클럽 Hinksey Heights Golf Club

'코츠월즈'에서 보는 영국의 '속살'
01-012
펠든 밸리 골프 클럽 Feldon Valley Golf Club

모두 퇴근한 골프장에 홀로 남다
01-013
배스 골프 클럽 Bath Golf Club

[01] 골프 나라 동네 골프, 런던에서 코츠월즈까지
뉴몰든(New Malden), 잉글랜드(England)
[01-001] 몰든 골프 클럽(Malden Golf Club)

동네 골프장에 걸어가 머리 올리기

🌐 우리는 여정을 골프의 본향인 스코틀랜드가 아닌 런던에서 시작했다. 아무리 소싯적 역마살로 다져진 몸이라 해도 자가 운전 해외 여행은 처음이었다. 영국식의 오른쪽 운전대는 공포 그 자체였다. 비단 반대로 붙어 있는 운전대뿐 아니라 **라운드 어바웃**(round about)이라 불리는, 유럽식 로터리 시스템이며 우리와는 반대로 흘러가는 차량 좌측 통행 등에 적응하는 데는 시간이 필요했다. 런던 남서부의 뉴몰든(New Malden)에서 대략 2~3주 체류하며 적응 기간을 갖기로 했다. 긴 호흡의 여행이었기에 워밍업이 필요했다. 영국 여행을 해 봤거나 런던과 인연이 있는 사람이라면 '뉴몰동[뉴몰든(New Malden)]'이라는 별칭에 익숙할 것이다. 20여 년 전부터 한국 주재원들이 모여 살면서 형성된, 런던 남서쪽 서리(Surrey) 지역의 한국인 집단 거주지다. 이후 조기 유학 열풍을 타고 기러기 엄마들이 학군이 좋은 이 곳으로 몰려들면서 규모가 커졌다. 우리가 찾았을 무렵에는 유학생이나 단기 체류자를 포함해서 2만 명이 넘는 한국인이 거주하고 있다고 했다. 우리가 원하는 모든 한국식 인프라가 있었다. 숙소, 식당, 물품 판매점, 각종 미디어, 차량 렌트와 보험까지, 모든 것을 '뉴몰동'에서 갖추었다. 물론 영국 골프장에 대한 워밍업이 급선무였다. 사전 부킹 없이 장기간 다녀야 하는 여행 일정이기에 얼마나 많은 골프장이 우리에게 당일 라운드 기회를 줄지도 알 수 없었고, 처음 가는 골프장에서 캐디 없이 플레이하는 것도 겁이 났다. 언제나 캐디에게 거리를 묻고 캐디가 추천하는 채를 잡고 캐디가 알려 준 방향으로 어드레스를 하는 '온실 속' 골프를 즐겨 온 탓이다.

우리와는 반대인 우측 운전대와 좌측 차량 통행에 적응하는 데는 시간이 필요했다.
몰든 골프 클럽(Malden Golf Club) 입구.

라운드 어바웃 (round about)

TIPS
T-001
■ TRAVEL
□ GOLF

회전식 원형 교차로. 차량의 흐름이 중앙의 원을 중심으로 한 방향으로 돌게 되어 있다. 신호등이 필요 없다. 통행량은 많은데 도로가 좁은 경우 효과적이다. 20세기 초반 프랑스 파리에서 처음 도입했으나 지금은 영국과 호주, 뉴질랜드 등에서 널리 사용한다. 한 마디로 '소통형 교차로'다. 운전자들은 각자의 판단에 따라 먼저 도착한 차량을 우선으로 주변 차량과 호흡을 맞춰 속도를 조절해 진입과 진출을 해야 한다. 모든 운전자에게 이성적 판단과 양보 정신이 요구된다. 신호등이 없고 강제로 멈출 필요도 없기 때문에 여러모로 친환경적이다. 규칙은 매우 단순하지만 일단 익숙해지면 사고율도 낮다. 서울에서는 잠수교에서 이러한 교차로를 볼 수 있다.

01-001

NEW MALDEN
ENGLAND

몰든 골프 클럽
MALDEN GOLF CLUB

ⓘ 1926년 개장, 18홀, 5,756미터 (6,295야드)
ⓘ 주소: Traps Lane, New Malden, Surrey, KT3 4RS, UK
ⓘ 홈페이지: http://www.maldengolfclub.com

"영국에서 제일 좋은 건 출근했다가도 날씨가 너무 좋으면 언제라도 골프장으로 달려갈 수 있다는 거죠. 예약하지 않아도 되고, 동반자가 없어도 되고, 실력이 없어도 되고, 그저 시간과 약간의 돈만 있으면 됩니다." 차를 렌트하러 들렀던 카 센터 사장님이 '골프 여행자'라는 우리의 이야기를 듣더니 눈을 반짝이며 용기를 준다. 곧바로 차에 장착된 네비게이션으로 근처 골프장을 검색해 보니 우리 숙소에서 반경 4킬로미터 안에 두 군데의 골프장이 잡혔다. 영국에는 골프장이 지천에 깔려 있는 듯했다. 어디서건 차로 10분이나 20분쯤 이동하면 골프장 두어 군데는 쉽게 만날 수 있다. 국토면적으로 보면 영국(잉글랜드, 웨일스, 스코틀랜드, 북아일랜드)은 남북한을 합한 것보다 조금 큰 섬이다. 그런데 골프장 수는 아일랜드까지 합한다면 2,700곳이 넘는다(현재 한국에서 운영 중인 골프장은 450곳이 좀 넘는다). 게다가 산악 지형이 드문 영국에는 인구도 비교적 고루 분포해 있다. 우리 나라 수도권 골프장에서 주말마다 벌어지는, 부킹을 향한 총구 없는 전쟁 따위는 있을 리 없다. 웬만한 골프장에서는 1인 라운드도 가능하다.

골프 역사의 땅 영국, 어느 골프장에서 대망의 '머리를 올릴' 것인가? 영국에 오기 전부터 우린 꽤 오랜 기간 이 문제로 고민을 했다. 스코틀랜드에 있는 '최초'의 골프장, 세인트 앤드루스로 할 것이냐, 잉글랜드 '최고'의 명문, 로열 세인트 조지로 할 것이냐, 상상만으로도 가슴이 설레는 옵션이었다. 하지만 늘 그랬듯이 시나리오는 시나리오일 뿐이었다. 결국 우리는 숙소에서 500미터쯤 떨어진 **몰든 골프 클럽**(Malden Golf Club)

주택가 한쪽에 자리 잡고 있는 몰든 골프 클럽. 슬라이스 난 공을 찾으러 가보면 어느 집 정원에 공이 떨어져 있다.

영국 골프장 신고식을 치른 날. 처음으로 캐디 없이 야디지 북을 보며 우왕좌왕, 좌충우돌 '홀로 서기' 골프를 시작했다.

에서 영국 골프장 신고식을 치렀다. 그야말로 우왕좌왕, 좌충우돌이었다. 처음 한국에서 골프를 시작하고 머리 올릴 때만큼이나 정신없이 18홀이 흘러갔다. 직접 **트롤리**(trolly)를 끌고 공을 찾아다니며 거리를 감지하고 그린을 공략하는 일련의 모든 진행이 생소했다. 그럭저럭 구력 5년을 넘기고 있었지만 '골프공을 때리는' 행위를 제외하고는 모든 게 처음 해 보는 일들이었던 것이다. 하지만 무엇보다 생소했던 것은 코스 중간중간에 민가를 만날 때였다. 철통 보안 우리네 골프장에서는 경험하지 못했던 광경들이 연출되었다. 슬라이스(slice) 난 공을 찾으러 가 보면 자신의 정원에서 나무를 다듬고 있는 할머니와 마주치고, 옆 집 2층에서 꼬마가 손을 흔들고, 어느 집 저녁 음식 냄새가 후각을 자극하기도 했다. 그랬다. 영국에서 골프는 일상 공간 깊숙한 곳, 그냥 동네 언저리에 오래된 느티나무처럼 자리잡고 있었다. 골프는 그들의 생활 속에 자연스럽게 스며들어 있는 놀이이자 문화이고, 역사였다.

트롤리(Trolly)

TIPS
G-002
□ TRAVEL
■ GOLF

골프 가방을 싣고 다닐 수 있게 만든 이동 수레다. 풀카트(pull cart)라고도 불린다. 우리 나라에서는 빠른 진행과 골퍼의 편리를 위해 거의 전동 카트를 이용하지만 유럽의 골프장에서는 대개 골퍼들이 각자 트롤리에 골프 가방을 직접 끌고 다닌다.

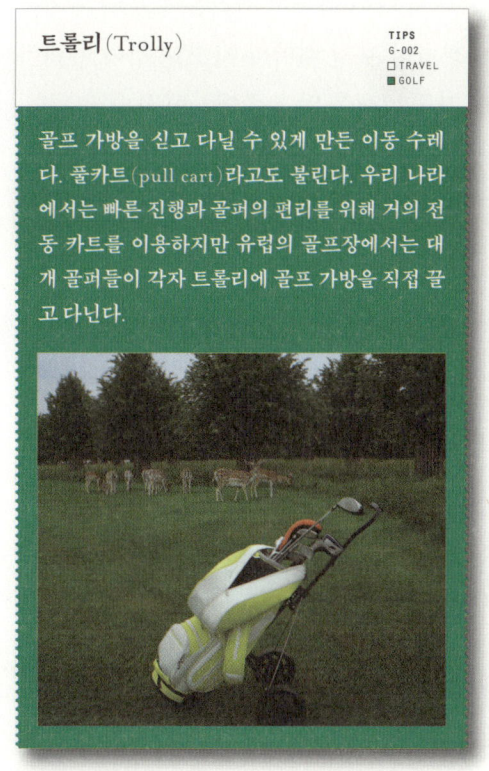

골프장에서 트롤리를 5천 원 정도에 대여하거나 개인트롤리를 구매해 사용한다.

[01] 골프 나라 동네 골프, 런던에서 코츠월즈까지
런던(London)과 런던 근교(Kingston-upon-Thames), 잉글랜드(England)
[01-002] 리치먼드 파크 골프 클럽(Richmond Park Golf Club)
[01-003] 햄튼 코트 팰리스 골프 클럽(Hampton Court Palace Golf Club)

여우와 토끼, 사슴이 공생하는 '골프 공원'

🌍 양치기들이 들판에 양을 풀어 놓고 무료한 시간을 달래기 위해 토끼 굴에 돌멩이를 쳐 넣기 시작한 놀이가 변형되어 골프가 되었다는 설이 있다. 작품 같은 조경과 매끈한 잔디를 자랑하는 한국 골프장에서는 믿거나 말거나 레퍼토리 중의 하나였다. 하지만 영국 골프장에 시시때때로 출몰하는 토끼떼와 여우를 마주칠 때면 골프의 양치기 기원설은 그럴 듯해 보인다. 런던 도심 주택가에서 날이 저물면 거리를 활보하는 여우를 볼 수 있다. 처음에는 길거리에 나뒹구는 신발이 보일 때마다 사고 흔적이 아닌가 싶어 섬뜩해 하곤 했는데 알고 보니 여우들이 가죽 냄새를 맡고 주택가에서 물고 온 신발을 떨어뜨려 놓은 것이라고 했다. 하기는 도심의 좁고 구불구불한 구도로의 불편을 감수하면서도 역사의 흔적에 손대지 않으려는 나라, 오히려 엄청난 도심 통행료를 징수해 도심 교통량을 줄이는 정책을 쓰는 나라가 영국이다. 국민 1인당 녹지 보유율 1위라는 영예는 그냥 얻어진 것이 아니다.

런던 시내에 자리 잡은 골프장 순례에 나섰다. **리치먼드 공원**(Richmond Park)은 그 역사가 13세기 에드워드 1세(Edward I, 1239~1307년) 때로 거슬러 올라가는, 런던에서 가장 큰 공원이다. 그 안에는 누구나 편안하게 골프를 즐길 수 있는 퍼블릭 골프장도 있다. 리치먼드 공원의 골프장 [리치먼드 파크 골프 클럽(Richmond Park Golf Club)]은 광활한 공원 덕에 초록의 바다다. 여기저기 토끼들이 뚫어 놓은 굴이 보이고 여우의 뒷모습도 보인다. 스낵 바 앞에서 라운드를 준비하고 있었다. 얼핏 보니 야윈 개 한 마리가 숲에서 튀어나와 스낵 바를 물끄러미 바라보고 있다. 진돗개와 닮은 모습이었고 몹시 배가 고파 보였다. 측은지심이 발동해 골프 가방에서 비스킷을 꺼내 던져 주었더니 오히려 비스킷을 피해

리치먼드 공원 (Richmond Park)

TIPS
T-003
■ TRAVEL
□ GOLF

런던 남서쪽에 위치한 리치먼드 공원은 2,360에이커(9.55km²) 규모의 왕실 공원이자 국립 자연 보호 구역(National Nature Reserve)이다. 런던에서는 가장 크고 영국에서는 두 번째로 큰 도심 공원으로 여의도 면적의 3배가 넘는다. 13세기 에드워드 왕이 이 곳을 사냥터로 쓰면서 영국 왕실과 인연을 맺게 되었다. 헨리 7세(Henry VII, 1457~1509년) 때 리치먼드라는 이름을 얻었으며 1625년에 찰스 1세(Charles I, 1600~1649년)가 런던에 창궐한 흑사병을 피해 궁정을 옮겨왔다가 1634년에 이 곳을 사슴 공원으로 지정했다. 곧이어 이 영지에 담을 치고 목축을 제외한 경작을 금했기 때문에 수백 년 동안 개발되지 않을 수 있었다. 지금도 사슴을 비롯해 4만 종이 넘는 동식물들이 야생 상태로 서식한다. 리치먼드 공원에 골프 코스가 마련된 것은 1923년인데, 우리에게는 윈저 공으로 잘 알려진 에드워드 8세(Edward VIII, Duke of Windsor, 1894~1972년)에 의해서다. 윈저 공은 이 공원 안에서 태어나 어린 시절을 보냈으며, 왕실 사냥용 사슴을 키우던 방목장을 골프장으로 개발했다. 오늘날 공원 안에는 골프장 외에도 사이클과 낚시, 승마와 럭비 등을 위한 각종 체육 시설도 마련되어 있어 런던 시민의 휴식처이자 여가 시설로 사랑받고 있다.

런던에는 여우가 많다. 저녁 산책길에서도 자주 마주친다. 여우들은 사람을 보면 피하지만 가끔 어린 아이들을 해치는 사고를 일으키기도 한다.

01-002

LONDON
ENGLAND

리치먼드 파크 골프 클럽
RICHMOND PARK GOLF CLUB

ⓘ 1924년 개장, 36홀, 8,307미터 [9,085야드]
ⓘ 주소: Roehampton Gate, Priory Lane, London, SW15 5JR, UK
ⓘ 홈페이지: http://www.richmondparkgolfclub.org.uk/

🏌 도시 속 야생이 공존하는 리치먼드 파크 골프 클럽은 광활한 공원 덕에 초록의 바다다.
☞ 러프에 들어간 공을 되찾기는 하늘의 별따기.

01-003

KINGSTON-UPON-THAMES
ENGLAND

햄튼 코트 팰리스 골프 클럽
HAMPTON COURT PALACE GOLF CLUB

ⓘ 1895년 개장, 18홀, 5,956미터 (6,514야드)
ⓘ 주소: Home Park, Kingston, Kingston-upon-Thames, Surrey, KT1 4AD, UK
ⓘ 홈페이지: http://www.hamptoncourtgolf.co.uk

번개처럼 숲 속으로 달아나 버렸다. "동물 사랑이라면 어디에서도 빠지지 않는 영국이라는데 유기견이 많네…." 의구심을 뒤로 하고 플레이에 열중했다. 다섯 번째 홀 쯤 지났을까, 티 샷(tee shot)을 마치고 이동하려는데 전방 5~6미터쯤 떨어진 곳에서 아까 그 녀석이 유유히 코스를 가로지르고 있었다. 입에는 방금 사냥한 토끼를 한 마리 물고 있었다. 런던에는 과연 여우가 많다. 리치먼드 공원에서 마주쳤던 그 놈도, 새벽녘 시내 한복판을 무단 횡단하던 그 녀석도 모두 여우였다. 저녁 산책길에서도 자주 마주친다. 영국의 수도이자 최대 도시인 런던에도 야생이 깊숙이 공존하고 있는 것이다.

이튿날에는 한국인이 많이 찾는다는 **햄튼 코트 팰리스 골프 클럽**(Hampton Court Palace Golf Club)으로 향했다. 템스 강을 건너자마자 바로 좌회전을 하면, 중세풍의 비밀 정원 같은 곳에 들어서게 된다. 멀리 사슴떼가 몰려다니는 모습이 보이고 상의를 벗은 사람들이 일광욕을 즐기며 배회하기도 한다. 런던의 대표적 관광 코스의 하나가 된 **햄튼 코트 팰리스**는 1514년 어느 추기경이 저택으로 축성했으나 헨리 8세(Henry VIII, 1491~1547년)의 노여움을 살까 두려워 '자발적으로' 헌납했다는 아름다운 궁전이다. 말도 많고 탈도 많고, 뭣보다 스캔들도 많았던, 하지만 영국의 역사에서 빼놓을 수 없는 헨리 8세는 이 궁전의 부시 공원(Bushy Park)을 사슴 사냥터로 애용했다고 한다. 그런 역사 덕분에 현재 이 골프장의 '주인'은 사슴이다. 코스 내에는 여전히 많은, 사슴 300여 마리가 몰려다니며

햄튼 코트 팰리스
(Hampton Court Palace)

TIPS
T-004
■ TRAVEL
□ GOLF

햄튼 코트 팰리스는 런던 서쪽 템스 강변에 있다. 14세기 십자군 기사단의 영지를 1514년에 토마스 울시(Thomas Wolsey, 1473~1530년) 주교가 점유하고 7년에 걸쳐 장대한 르네상스 식 궁전을 지었다. 몇 년 지나지 않아 울시 주교는 정적 관계였던 헨리 8세에게 궁을 고스란히 바쳐야 했고, 헨리 8세는 다시 대대적으로 수리하여 수천 명에 이르던 왕실 사람들이 모두 들어갈 만큼 규모를 확장했다. 따라서 햄튼 궁정은 튜더

왕조의 주요 사건이 일어난 역사적 무대였는데, 앤 불린과 헨리 8세의 여러 비들, 여왕 메리 1세와 엘리자베스 1세 등이 모두 이 곳을 거쳤다. 찰스 1세가 반역죄로 폐위되어 감금된 곳도 여기였다. 18세기 이후부터는 잘 사용되지 않았고 지금은 일반에 공개되어 관광 명소가 되었다. 내부의 테니스 장은 지금까지 사용되는 가장 오래된 경기장이다. 2012년 런던 올림픽 때는 로드 사이클 경기장으로 이용되기도 했다.

햄튼 코트 팰리스 골프 클럽(Hampton Court Palace Golf Club)의 '주인'인 300여 마리의 사슴들과 조인. 자연 속의, 자연의 일부로서의 골프. 우리는 거칠고 투박한 그 매력에 빠져들고 있었다.

자유롭게 서식하고 있다. 이 때문에 사슴의 배설물도 지천이다. **스탠스**(stance)에 배설물이 걸리거나 공이 배설물 위에 낙하해 있는 걸 보면 말 그대로 '대략 난감'이다. 깨끗하게 관리된 골프장에 익숙한 대한의 골퍼들은, 일단 그 배설물과 친해져야 한다. 무엇보다 사람을 두려워하지 않는 이 사슴들은 골퍼의 풀 스윙(full swing)을 심리적으로 방해한다. 바로 그린(green) 앞에서 수십 마리가 떼를 지어 풀을 뜯고 있으니 행여나 내가 친 공에 저 값비싼 녹용을 달고 있는, 귀한 사슴이 다치지나 않을까 걱정이 앞서는 것이다. 아니나 다를까 남편이 그린 전방 100야드 앞에서 어프로치 한 볼이 그린 근처에 있던 사슴을 향해 날아가고 있었다. "어어… 어… 어…." 그저 이 소리밖엔 낼 수 없었다. "볼이요!"라고 외쳐 봐야 사슴들이 알아들을 리 없으니. 풀을 뜯다 공에 엉덩이를 강타 당한 사슴은 깜짝 놀라 펄쩍 뛰어 올랐다. 그러나 그뿐이었다. 고개를 빤히 들고 '사슴의 눈'으로 우리를 쳐다보더니 몇 걸음 옆으로 옮겨 계속 잔디를 뜯어먹기 시작했다. 저러고 기다리다가 행여나 우리가 근처에 가면 사정없이 공격하는 것이 아닐까 하는 걱정은 그야말로 기우였다. 사슴은 우리에게 관심도 없었다.

외부의 존재라고는 사람도 동물도 뵈지 않는 숲 속의 잘 다듬어진 잔디, 전동 카트, 친절한 캐디 언니, 그늘집의 삶은 달걀, 클럽하우스의 김치 전골에 익숙한 우리로서는 동네 한복판의 도심 공원에서 야생과 엎치락뒤치락 해야 하는 골프장이 낯설었다. 하지만 그 낯설음은 머지않아 '감동'으로 바뀌었다. 자연 속의, 자연의 일부로서의 골프. 거칠고 투박하지만 시간이 갈수록 그 매력에 빠져들고 있었다. 🌐

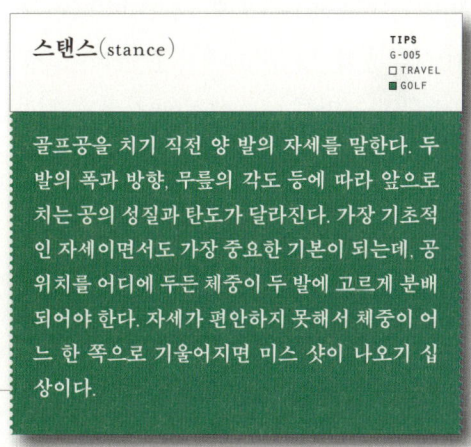

스탠스(stance)

TIPS
G-005
☐ TRAVEL
■ GOLF

골프공을 치기 직전 양 발의 자세를 말한다. 두 발의 폭과 방향, 무릎의 각도 등에 따라 앞으로 치는 공의 성질과 탄도가 달라진다. 가장 기초적인 자세이면서도 가장 중요한 기본이 되는데, 공 위치를 어디에 두든 체중이 두 발에 고르게 분배되어야 한다. 자세가 편안하지 못해서 체중이 어느 한 쪽으로 기울어지면 미스 샷이 나오기 십상이다.

[01] 골프 나라 동네 골프, 런던에서 코츠월즈까지
해로(Harrow), 잉글랜드(England)
[01-004] 노스윅 파크 더 메이저 골프 코스(Northwick Park The Major Golf Course)

도심에서 만난 세계 최고의 코스들

🌐 **해로**(Harrow)는 런던 시내에서 북서쪽으로 차로 한 시간쯤 거리에 있는 소도시다. 평원 지대인 이 도시의 딱 하나 있는 구릉 위에 **해로 스쿨**(Harrow School)이 자리 잡고 있다. 그런 탓에 다리품을 팔지 않고도 근처 어디서든 해로 스쿨의 '고결한' 몸을 우러러 감상할 수 있다. 이튼 칼리지(Eton College)와 함께 영국의 최고 명문 학교로 꼽히는 이 곳은 윈스턴 처칠(Winston L. Spencer-Churchill, 1874~1965년)이 수학한 곳으로도 유명하다. 하지만 뭐니뭐니 해도 영화 〈해리 포터(Harry Potter)〉 시리즈의 촬영지로 더 유명하다. 물론 교육열 높은 한국 맹모들의 노력으로 한국 학생들이 해마다 늘고 있다는 소식도 들을 수 있었다.

우린 만날 사람이 있어 해로 스쿨 근처의 웨스트민스터 대학(University of Westminster, Harrow Campus)에 들렀다. 오늘은 골프를 쉬며 도심을 배회해 볼 심산이었다. 대학에서 전에 여러 차례 신세를 진 목사님을 만났다. 대학 근처 노스윅 공원(Northwick Park)에 미니멀한 골프 코스가 있다고 귀띔해 주셨다. 개장을 한 지 오래되지는 않았지만 가면 '놀라운 보물'을 발견할 수 있을 것이라는 의미심장한 말씀도 덧붙였다. 오후 5시가 다 되어 가고 있었지만 '직업 의식'이 꿈틀꿈틀 발동하기 시작했다. 안 되면 나인 홀 플레이라도 해 보자는 심산으로 노스윅 파크로 향했다. 노스윅 파크라는 이름에서 눈치챌 수 있듯이 곳은 골프 클럽이라기보다는 도심 속의 골프 테마 파크 같은 곳이다. 옛 것에 열광하는 영국답지 않게 현대적 인도어 골프 시설과 네온이 빛나는 펍 바(pub bar)며 레스토랑을 갖춘 신세대형 골프 공원이었다. 숍은 널찍하고 물건이 많았다. 인도어 레인지(indoor range)도 이후 영국에서 본 것들을 통틀어 가장 규모가 크고 깔끔했다. 퍼팅 연습장과 **미니 골프장**에서는 어린이나 노약자도 여러 방식으로 게임을 즐기고 있었다.

해로스쿨 (Harrow School)

TIPS T-006
■ TRAVEL
□ GOLF

런던 북서쪽에 위치한 영국을 대표하는 사립 학교다. 1243년부터 지역의 가난한 학생들을 위해 운영되다가 1572년 정식 학교로 설립되었다. 윈스턴 처칠을 비롯하여 8명의 영국 수상, 시인 바이런(George G. Byron, 1788~1824년) 등을 배출하며 이튼 칼리지와 함께 영국의 2대 명문으로 꼽힌다. 학생들은 모두 기숙사 생활을 하며 정규 과목 이외에도 다양한 예체능 교육을 받는다. 60만 평 부지에는 9홀 골프장을 비롯해 거의 모든 스포츠 시설을 갖추고 있다. 전교생은 800여 명, 1년 등록금은 약 6천만 원이고 남학생만 다닐 수 있다.

미니 골프장 (mini golf)

TIPS G-007
□ TRAVEL
■ GOLF

골프가 넓은 잔디와 오랜 연습을 필요로 하는 운동이라는 제약에서 벗어나 누구나 쉽고 즐겁게 골프를 경험하도록 만든 퍼팅 위주의 골프 게임이다. 골프와 마찬가지로 18홀을 정식 풀 코스로 하며 공과 퍼터만 가지고 경기를 할 수 있다. 게임 룰과 경기장 규격은 국제 미니 골프 협회(WMF)에서 권장하고 승인한다.

웨스트민스터 대학은 런던 도심 리젠트 가에 본부가 있지만, 외곽 해로 캠퍼스의 규모가 가장 크다.

01-004
HARROW
ENGLAND

노스윅 파크 더 메이저 골프 코스
NORTHWICK PARK THE MAJOR GOLF COURSE

ⓘ 2008년 개장, 9홀, 1,650미터 (1,804야드)
ⓘ 주소: Playgolf Northwick Park, Watford Road, Harrow, Middlesex, HAI 3TZ
ⓘ 홈페이지: http://www.playgolf-london.com/

무엇보다 중요한 것은 US 오픈, 브리티시 오픈, 라이더 컵 등이 열리는 세계 최고 랭킹의 골프장 아홉 곳의 시그너처 홀(signature hole)을 그대로 복제한 **더 메이저 골프 코스**(The Major Golf Course)를 만날 수 있다는 점이다. 디자인 저작권 문제를 의식했는지 'Inspired by'라는 우회적 표현을 쓰기는 했지만 이용자 입장에서는 그저 고마울 따름이다. 세계 최고의 홀들을 한 곳에서 경험해 볼 수 있으니 말이다. 흡사 김태희의 눈, 한가인의 코, 이나영의 입술, 송혜교의 얼굴형과 전지현의 머리카락, 한채영의 몸매를 조합한 미인을 알현하는 셈이다. 첫 번째 홀은 US 오픈이 열린 리비에라(Riviera Country Club, California, US, 1948년)의 6번 홀, 두 번째 홀은 워커 컵(Walker Cup)이 열린 갠튼(Ganton Golf Club, North Yorkshire, England, 2003년)의 14번 홀이다. 세 번째 홀에서는 US PGA가 열린 오크 힐(Oak Hill Country Club, New York, US, 1980년/2003년/2013년)의 6번 홀, 네 번째 홀에서는 라이더 컵(Ryder Cup)이 열린 더 벨프리(The Belfry, England, 1989년/1993년/2001년)의 9번 홀을 모두 볼 수 있었다. 다섯 번째 홀에 이르자 우리가 방문할 예정이었던 명문 로열 버크데일 골프 클럽(Royal Birkdale Golf Club)의 12번 홀이 펼쳐졌다. 여섯 번째 홀인 로열 트룬 골프 클럽(Royal Troon Golf Club)의 18번 홀을 지나 드디어 미국의 오거스타(Augusta National Golf Club, Georgia, US)의 유리알 그린을 만났다. 마스터스가 열리는 오거스타의 12번 홀과 16번 홀은 실로 둘 다 무시무시했다. 아직 골프 내공이 약한 탓인지 빈약한 기억력 탓인지 어느 골프장을 가서 플레이를 해도 시간이 지나고 나면 18홀이 온전히 기억나는 경우는 거의 없었다. 하지만 이 곳의 한 홀 한 홀은 기억하려 하지 않아도 저절로 입력이 되었다. 영국과 미국의 대표 홀들을 모아 놓았으니 어쩌면 당연한 일이다. 세계 최고의 코스를 모아 놓은 '종합 선물 세트'인 셈이다. 오픈한 지 오래되지 않았는데도 잔디나 관리 상태도 최상이었다. 나중에 찾아 보니 더 메이저 골프 코스는 이미 2009년 영국 최고의 나인 홀 골프 코스로 뽑히기도 했고 『더 타임스』와 『골프 다이제스트』에서 여러 번 집중 소개를 한 바 있었다.

어찌 보면 골프장의 18홀은 하나의 큰 프레임에 함께 담긴 18막의 스토리다. 아무리 긴 극에서도 한 번의 클라이막스를 만들기 위해 기승전결의 단계를 거치고, 주연을 빛내기 위한 조연들이 다수 등장하듯 골프 코스도 결국 하나의 절정을 향해 달려가는 것이다. 골퍼는 리듬을 타면서 설계자의 의도를 가늠하고, 코스와 소통을 시도하고 때로

☞ 노스윅 파크(Northwick Park)는 골프를 주제로 한 도심 속 테마 파크에 가깝다. ☞ 노스윅 파크(Northwick Park)의 더 메이저 골프 코스는 복제된 코스지만 링크스 항아리 벙커는 무시무시했다.

는 반발하고 때로는 순응하며 스스로 18홀을 완성해 간다. 바흐와 모차르트, 베토벤의 교향곡 주제부를 모아서 만든 메들리 음악이 명곡이 되기는 어렵듯이, 세계 최고의 시그너처 홀만 모아 놓은 골프 코스도 짜릿한 이벤트 공간으로서는 훌륭했지만 감동적이지는 않았다. 🌐

[01] 골프 나라 동네 골프, 런던에서 코츠월즈까지
체스트필드(Chestfield), 잉글랜드(England)
[01-005] 체스트필드 골프 클럽(Chestfield Golf Club)

골프의 매너

🌐 '골프는 매너에서 시작해서 매너로 끝난다.' 다행이다. 구력 10년에 100파를 못 하고 있는 타고난 몸치도 매너만 수양하면 골프의 시작과 끝을 함께 할 수 있다는 말이 된다. 머리를 올리던 날부터 '볼은 못 쳐도 매너는 좋아야 한다'며 혹독한 에티켓 교육을 받았던 터라 그간 골프 매너를 걱정해 본 적은 거의 없었다. 특히 골프라는 운동은 젠틀맨 스포츠라서 **레이디 티** 등 여러 가지로 여성 골퍼를 배려한다. 여성은 클럽하우스에서 모자를 써도 무방하고 반바지도 입을 수 있는 등 치외 법권 영역이 많다. 벙커나 디벗(divot) 손질 등 기본 에티켓만 준수하면 동반자들의 심기를 거슬리게 할 일이 없었다. 하지만 골프의 본고장에서, 게다가 어느 골프장을 가더라도 이방인으로 주목을 받는 입장에서는 행동 하나하나가 조심스러웠다. 뒤에 다른 팀이 따라온다 싶으면 진행 속도를 빨리 했고, 페어웨이에서는 남의 디벗까지 일일이 수리하는가 하면, 벙커에 들어갔다가 벙커 전체를 다 정리하고 나오는 경우도 많았다.

그럼에도 우리는 벌써 한 번씩 에티켓 문제로 영국인의 지적을 받은 터였다. 남편은 런던 근교 한 골프장에서 티오프에 앞서 화장실을 찾느라 클럽하우스로 들어가면서 모자를 벗지 않아 할아버지 회원들에게 집단 지적을 받았다. 나도 골프화를 신고 클럽하우스에 생수를 사러 들어갔다가 지적을 받은 적이 있었다. 과거, 골프화에 쇠 징이 박혀 있었을 시절에는 실내 카펫 훼손을 우려하여 클럽하우스 내에서 골프화 착용을 금지했다. 하지만 플라스틱 징으로 바뀐 요즈음에도 그렇게 깐깐하게 굴어야 하는지 볼멘소리를 하며 나온 기억이 있다. 골프화를 신고도 클럽하우스 출입에 큰 제약이 없던 한국과는 완전히 달랐다. 한편으로 피부색 다른 우리에게 유독 텃세를 부리는 게

🏌️ ☞ 영국에서 가장 오래된 클럽하우스가 있다는 말을 듣고 물어물어 찾아간 체스트필드 골프 클럽. 모두의 골프가 즐거울 수 있도록 '체스트필드 매너'를 만들고 지키는 회원들의 모습이 인상적이다.

레이디 티
(lady tee 또는 woman tee)

TIPS
G-008
☐ TRAVEL
■ GOLF

각 홀에는 나무로 된 티를 꽂고 티 샷을 하는 티잉 그라운드가 여러 군데 있다. 가운데 있는 것이 레귤러 티이고, 그것을 기준으로 뒤에 있는 것이 백 티, 앞에 있는 것이 프런트 티다. 프런트 티에서 치는 것이 그린 홀까지가 가장 가깝다. 동반자들이 나이와 실력, 성별이 제각각일 때 여성 아마추어들이 주로 이 곳을 사용하므로 레이디 티라고도 부른다. 색깔별로 나누어 놓은 곳도 있는데 그 경우 레이디 티는 대개 레드 티가 된다.

01-005

CHESTFIELD
ENGLAND

체스트필드 골프 클럽
CHESTFIELD GOLF CLUB

ⓘ 1924년 개장, 18홀, 5,720미터 (6,255야드)
ⓘ 주소: 103 Chestfield Road, Chestfield, Whitstable, CT5 3LU, UK
ⓘ 홈페이지: http://www.chestfield-golfclub.co.uk

아닌가 싶기도 했다. 하지만 뒤이어 필드에서 들어온 젊은 청년 팀이 맥주를 시키러 가는데 골프화를 아예 레스토랑 입구에 벗어 놓고 양말만 신은 채 들어가는 모습을 보고 나자 인종 차별에 대한 괜한 피해 의식은 지울 수밖에 없었다. 골프는 깐깐한 영국인의 성격이 그대로 반영된 스포츠이기도 하다. 원리 원칙에 충실하고, 약속을 중시하고, 예의와 범절, 양심과 정직을 생명처럼 생각한다.

한 차례씩 매너 불량 '전과'가 있어 영국 할아버지 회원들을 슬슬 기피하던 무렵, 영국 골프 매너를 제대로 배울 기회가 찾아왔다. 런던의 동쪽, 잉글랜드 남동부에 **체스트필드 골프 클럽**(Chestfield Golf Club)이라는 시골 골프장이 있다. 영국에서 가장 오래된 클럽하우스가 있다는 말을 듣고 물어물어 찾아간 곳이었다. 마침 그 날은 여성 회원 챔피언십이 개최되고 있었다. 역시나 우리에게 이목이 집중되었다. 15세기 초에 건축되었다는 통나무 클럽하우스에서 샌드위치를 먹는데 옆 테이블의 회원들과 자주 눈이 마주쳤고, 그 때마다 할머니들이 먼저 인사를 건넸다. 시골 골프장일수록 이방인의 출입이 드물다 보니 유독 우리에게 관심이 있나 보다. 그렇게 생각을 하며 티박스로 갔다. 그런데 플레이를 하다 보니 필드에서 만나게 되는 앞 팀, 뒤 팀, 혹은 스쳐 지나가는 다른 홀 경기자들도 다들 먼저 인사를 건네는 것이었다. 슬라이스 난 볼 위치를 알려 주고, 못 찾으면 직접 달려와 찾아 주기도 했다. 경우에 따라서는 어디서 왔느냐, 어떻게 왔느냐, 골프장은 마음에 드느냐는 등 다소 냉랭한 잉글리시답지 않게 지대한 관심을 숨김없이 드러냈다. 길을 묻거나 해 보면 친절하게 가르쳐 주는 영국인은 많다. 하지만 체스트필드 골프장에서 만난 사람들은 상상 이상이었다. 알고 보니 그것이 체스트필드 골프장이 주도하는 일종의 골프 문화, 골프 매너라고 했다. 이 곳 회원들은 그것을 '체스트필드 매너(Chestfield Manner)'라고 스스로 명명하고 상대에게 친절하고 게스트를 따뜻하게 맞아 주자는 대대적인 캠페인을 펼쳤다고 한다. 그런 이유로 '체스트필드 매너'는 유명하다. 덕분에 우린 오랜만에 맘 편안한 라운드를 즐겼고 훗날 다시 한 번 방문하고 싶은 골프장 리스트에 체스트필드를 곧바로 올려 놓았다. 무엇이 골프장을 명문으로 만들까? 골프 매너가 골프장 랭킹도 바꿀 수 있다는 사실을 새삼 확인한 날이다. 🌐

[01] 골프 나라 동네 골프, 런던에서 코츠월즈까지
켄트(Kent)와 서리(Surrey), 잉글랜드(England)
[01-006] 월머 앤드 킹스다운 골프 클럽(Walmer & Kingsdown Golf Club)
[01-007] 서리 내셔널 골프 클럽(Surrey National Golf Club)

공수래 공수거, 절벽 골프와 산악 골프

🌐 우측 운전대와 좌측 통행에 조금 자신이 생겼다. 런던 권역을 벗어나 멀리 남동부 캔터베리(Canterbury)를 거쳐 도버(Dover) 해협 쪽으로 가 보기로 했다. 캔터베리에는 영국 성공회 '본좌' 캔터베리 대성당이 있고 도버 해협 절벽 위에는 제2차 세계 대전과 관련이 있는 골프장이 있다. 캔터베리는 제프리 초서(Geoffrey Chaucer, 1343~1400년)의 『**캔터베리 이야기**(The Canterbury Tales)』(1387~1400년)의 무대이자 대성당으로 유명한 곳이다. 캔터베리 대성당은 그 자체로 영국 성공회의 상징이고, 성공회를 대표하는 곳이다. 영국 문학의 효시라 칭송받는 초서의 『캔터베리 이야기』는 캔터베리 대성당에 참배하러 가는 각계 각층의 영국인 31명의 이야기를 정리한 것이다. 초서가 쓰다가 죽었기 때문에 『캔

『캔터베리 이야기』(The Canterbury Tales)』(1387~1400년)
TIPS T-009
☑ TRAVEL
☐ GOLF

14세기 말 제프리 초서(Geoffrey Chaucer, 1343~1400년)가 중세 영국의 떠도는 이야기들을 엮은 미완성의 책이다. 캔터베리 성당으로 순례를 떠나는 31명의 순례자들이, 가는 길에 지루함을 피하려고 각자 이야기를 하는 방식이다. 이야기는 유쾌한 것부터 음탕한 것까지 다채롭고 인간 세상의 부조리와 모순을 다루지만 궁극적으로는 삶에 대한 낙관적 자세와 유머를 잃지 않는다. 당시 영국의 풍속과 사상을 잘 나타냈으며 중세 문학이 낳은 가장 눈부신 성과 가운데 하나로 평가받는다.

헨리 코튼(Henry Thomas Cotton, 1907~1987년)
TIPS G-010
☐ TRAVEL
☑ GOLF

잉글랜드 출신의 프로 골프 선수. 잉글랜드의 체셔에서 태어나 13살 때 형과 함께 골프에 입문했고, 17세에 프로 선수가 되었다. 대공황이 세계를 휩쓸었을 때가 그의 전성기로, 디 오픈에서 세 번 우승하면서 명성이 높아졌고, 디 오픈과 US 오픈, 마스터즈에서 모두 다섯 차례 우승했다. 1980년 골프 명예의 전당에 이름을 올렸다. 은퇴 후에는 골프 교습서를 저술하고 청소년의 골프 교습을 후원하는 등 교육 분야에서 활발하게 활동하면서, 그 때까지 대우가 좋지 않던 프로 골퍼 처우 개선에 기여했다.

캔터베리 대성당(위)에서 30분 정도 달려 도버(아래)에 이르니 날씨가 좋아져 유명한 백색 절벽이 한눈에 들어온다.

01-006
DOVER
ENGLAND

월머 앤드 킹스다운 골프 클럽
WALMER & KINGSDOWN GOLF CLUB

ⓘ 1909년 개장, 18홀, 5,917미터 (6,471야드)
ⓘ 주소: The Leas, Kingsdown, Deal, Kent, CT14 8EP, UK
ⓘ 홈페이지: http://www.kingsdowngolf.co.uk

터베리 이야기』는 아직도 끝나지 않은 셈이다. 멀리서도 거대한 성당의 위용을 느낄 수 있었다. 간단하게 먹을거리를 준비해 가지고 우리도 '참배'를 하러 성당으로 갔다. 아쉽게도 오전에는 입장을 할 수 없어 주변을 배회하며 사진만 찍고 돌아섰다. 캔터베리 대성당에서 30분 정도 달려서 도버에 다다르니 날씨가 좋아졌다. 멀리 유명한 백색 절벽(White Cliff)이 반짝이며 아름다운 항구의 진면목을 드러내고 있었다. 도버 항을 느긋이 돌아볼 여유는 없었다. 백색 절벽에 있는 **월머 앤드 킹스다운 골프 클럽**(Walmer & Kingsdown Golf Club)을 들를 계획이었기 때문이다. 월머 앤드 킹스다운 골프 클럽은 1909년에 건설되었는데, 2차 세계 대전 때 클럽하우스가 군사 기지로 사용되면서 골프장 전체가 초토화되었다. 전쟁 이후 1949년에 파 72/18홀 회원제 골프장으로 다시 개장했고, 영국의 골퍼 **헨리 코튼**(Henry Thomas Cotton, 1907~1987년)을 포함한 많은 선수의 매치 플레이 경기를 주관하기도 했다. 거센 바닷바람을 피하기 위해서인지 클럽하우스는 길게 낮은 포복을 하고 있었다. 평일인데도 주차장에는 빈 자리가 별로 없었다. 날은 개었지만 바람은 점차 거세지기 시작했다. 플레이하는 사람들을 잠시 구경하다가 프로 숍으로 갔다. 클럽 챔피언십이 있는 날이라 게스트는 라운드를 할 수 없다고 했다. 오늘은 가는 곳마다 '출입 금지'였다. 그냥 돌아가기도 아쉬워 런던으로 가는 길목에 있는 다른 골프장을 찾기로 했다.

2차 세계 대전 당시 군사 기지로 사용되었다는 월머 앤드 킹스다운 클럽하우스는 언덕 아래 낮은 포복을 하고 있다. 코스에는 2차 대전의 상흔이 남겨진 벙커도 있는데 아쉽게도 클럽 챔피언십 날이라서 직접 확인할 수 없었다.

클럽 챔피언십 참가자들. 각자의 스코어카드 기재와 사인에 예민하다.

01-007
SURREY
ENGLAND

서리 내셔널 골프 클럽
SURREY NATIONAL GOLF CLUB

ⓘ 1999년 개장, 18홀, 파73 / 6,271미터 (6,858야드)
ⓘ 주소: Rook Lane, Chaldon, Surrey, CR3 5AA, UK
ⓘ 홈페이지: http://www.surreynational.co.uk/

서리 내셔널 골프 클럽(Surrey National Golf Club)에 간 이유는 순전히 그 이름 때문이다. 영국의 주요 골프장 가운데 성인의 이름(세인트 앤드루스, 세인트 조지 등)이 들어 있거나 왕이 하사하신 '로열' 칭호를 받은 곳(로열 트룬, 로열 리버풀, 로열 포트러시 등)은 예외 없이 명문 중의 명문 골프장이다. 그런 연고로 '내셔널'이 붙은 골프장도 상당한 수준일 것이라고 짐작했다. 영국에 내셔널이라는 말이 이름에 들어 있는 골프장은 거의 없기도 했다. 미국의 **오거스타**(Augusta)에도 '내셔널'이 붙어 있다는 생각이 확신에 쐐기를 박았다. 하지만 영국 골프장에서 '내셔널'이란 명칭에는 별다른 의미가 없었다. 국립도 왕립도 수호 성인이 '하사한' 것도 아니고 그냥 골프장 사장의 의지가 표현된 것 같았다. 게다가 서리 내셔널 골프 클럽은 1999년 개장한 '초짜'였다. 하지만 이 골프장은 영국에서 보기 드문 '산악형' 골프장이다. 개장 이듬해인 2000년 『타임 매거진(Time Magazine)』에서 그 해의 골프장으로 선정했고 이후 명성을 얻고 있다. 우선은 영국에서 처음으로 험준한 산악 코스를 만났다는 점에서 기분이 좋았다. 오랜만에 한국의 골프장에 온 느낌이었다. 하지만 코스에서 우리는 거의 초죽음이 되었다. 파 73에 전장

오거스타 내셔널 골프 클럽
(Augusta National Golf Club)

TIPS
G-011
☐ TRAVEL
■ GOLF

미국 조지아 주 오거스타에 위치한 골프장이다. 1933년 문을 연 오거스타는 바비 존스(Bobby Jones, 1902~1971년)가 설립에 참여한 곳으로 전장 7,435야드의 18홀 코스다. 해마다 그린 재킷으로 상징되는 마스터즈 대회를 개최하는 곳으로 유명하며, 대회 기간에는 8만여 명의 갤러리가 모인다. 회원을 동반하지 않으면 경기를 할 수 없으며, 회원 수는 300여 명으로 가입 절차도 까다롭다. 회원 자격에 암묵적 차별도 존재하는데 대부분 백인에다 기업 최고 경영자들이고 여성은 가입할 수 없었다. 하지만 2012년 콘돌리자 라이스 전 국무 장관과 투자 회사 레인워터의 파트너인 금융인 달라 무어 등 두 여성을 회원으로 받아들이면서 성차별의 오랜 장벽이 무너졌다.

✍ ☞ 영국에서는 보기 힘든 '산악형' 골프장인 서리 내셔널 골프 클럽(Surrey National Golf Club). 전장이 길고 홀간 이동이 험난한 데다 페어웨이 굴곡이 심해 체력 소모가 극심했다.

6,858야드의 챔피언십 코스로 길고, 홀 간 이동이 험난한 데다가 페어웨이 굴곡이 심해 체력 소모가 극심했다. 일단 클럽하우스에서 내려다보이는 18홀 그린과 분수의 풍경부터가 지금까지 다녀 본 여타 골프장과는 사뭇 다른 분위기였다. 플레이를 시작했다. 1번, 2번…5번, 홀을 더해 갈수록 산세도 험준해져, 트롤리를 끌고 이동하기가 힘겹다. 홀 간 이동은 힘들지만 그래도 티 샷을 날리는 기분은 최상이다. 대부분의 티잉 그라운드가 언덕 아래(downhill)로 샷을 하도록 설계되어 있기 때문이다. 잘 관리된 넓은 페어웨이가 눈 아래에 깔려 있고, 파란 하늘을 가르며 날아가는 볼을 보다 보면 비거리가 엄청 늘었다는 착각이 들기도 했다. 직접 트롤리를 끌고, 거리 보고, 공 찾고, 디벗 손질하고, 라이(lie)도 보는 일에 아직도 적응이 되지 않았다. 그동안 한국에서 얼마나 '날로 먹기' 골프를 쳤는지 비로소 깨닫기 시작했다. 새삼스레 한국의 캐디님들께 고마움과 존경심을 느끼게 되었다. 대접받기 좋아하는 한국 골퍼들을 네 명씩이나 건사하고 다니며 얼르고 달래고 밀고 당기고 그 날의 라운드를 리드하는 한국의 캐디 '언니'들은 누가 뭐래도 독보적인 '전문가 집단'이다. 네 사람의 공 다 봐 주고, 4인분 피치 마크(pitch mark) 다 손질하고, 4인분 클럽 다 챙겨 주고, 썰렁한 농담 4인분 다 받아 주고. 그야말로 멀티 태스킹의 귀재들이다. 🌐

[01] 골프 나라 동네 골프, 런던에서 코츠월즈까지
캔터베리(Canterbury), 잉글랜드(England)
[01-008] 로열 세인트 조지 골프 클럽(Royal St. George's Golf Club)
[01-009] 텐터든 골프 클럽(Tenterden Golf Club)

꿩 대신 닭? 꿩은 꿩이고 닭은 닭이다

🌏 **로열 세인트 조지 골프 클럽**(Royal St. George's Golf Club)은 두 말할 필요가 없는 잉글랜드 최고의 골프장이다. 영국에 가서 골프를 친다면 누구나 한번 들러보고 싶어 하는 스코틀랜드의 세인트 앤드루스 올드 코스와 견줄 만한 골프장 중 하나다. 스코틀랜드 골프장에서만 독점 개최되던 '**디 오픈**(The Open)'을 잉글랜드 최초로 개최했고 이후에도 무려 14번이나 디 오픈이 열린 곳이기도 하다. 당연히 우리도 꼭 가 보고 싶었다. 하지만 비지터는 부킹 자체가 불가능하다고 했다. 그러나 우리에게는 현장 박치기 원칙이 있었다. 뉴몰든에서 로열 세인트 조지 골프 클럽이 위치한 켄트(Kent) 주의 샌드위치(Sandwich)까지는 그리 멀지 않았다. 예상대로 비지터가 이 골프장에서 플레이를 하는 것은 사실상 불가능했다. 그만치 회원의 자부심과 자존심이 대단한 골프장이었다. 스코틀랜

디 오픈
(The Open, 브리티시 오픈)

TIPS
G-012
☐ TRAVEL
■ GOLF

세계에서 가장 오래된 골프 대회로 1860년에 창설됐다. 예선 면제 조건에 든 정상급 선수들과 지역 예선을 거친 선수들이 출전하며 1995년부터 미국 PGA 투어의 공식 대회로 인정됐다. 전통적으로 스코틀랜드와 잉글랜드의 링크스 코스를 대회장으로 쓴다. 미국이 프로 골프를 주도하면서 다른 나라들에서는 이 대회를 '브리티시 오픈'이라 부르기도 하지만 스코틀랜드에서는 정통성과 역사성을 내세워 여전히 '디 오픈(The Open)'이라는 이름을 고수하고 있다.

📷 스코틀랜드가 독점 개최하던 '디 오픈'을 1894년에 잉글랜드 최초로 개최한 로열 세인트 조지 골프 클럽은 지금까지 무려 14번의 디 오픈을 개최했다. 1894년 디 오픈에서 우승을 차지한 선수는 테일러(J. H. Taylor, 1871~1963년)였다.

01-008

SANDWICH
ENGLAND

로열 세인트 조지 골프 클럽
ROYAL ST. GEORGE'S GOLF CLUB

ⓘ 1887년 개장, 18홀, 파70 / 6,587미터 (7,204야드)
ⓘ 주소: Sandwich, Kent, CT13 9PB, UK
ⓘ 홈페이지: http://www.royalstgeorges.com

우뚝 솟아오른 4번 홀 벙커는 영국에서 가장 키가 큰 벙커로 기념 촬영을 위해서라도 벙커에 공을 빠뜨려 주어야만 하는 로열 세인트 조지 골프 클럽(Royal St. George's Golf Club)의 명물이다.

드의 명문 클럽들은 대체로 운영이 유연하고 비지터에게 친절하지만, 런던 근교의 명문 골프장은 그야말로 골프 '변방'의 자존심으로 똘똘 뭉친 것 같다. 로열 세인트 조지 골프 클럽은 윌리엄 레이들로 퍼브스(William Laidlaw Purves, 1842~1917년)가 설계해 1887년 개장했다. 파 70, 전장 7,204야드[6,587미터]에 이르는 전형적인 링크스 코스다. 골프광이었던 스코틀랜드인 퍼브스가 세인트 클레멘트 교회탑에서 해안선을 보면서 영감을 얻어 이 골프 코스를 만들었다고 한다. 그는 이 골프장이 '세인트 앤드루스 사우스'가 되기를 원했지만 이름은 잉글랜드의 수호성인 '세인트 조지(St. George)'의 차지가 되었다. 개장 후 7년 만인 1894년 잉글랜드 최초로 디 오픈을 개최했고, 15년이 지난 후에는 빅토리아 여왕의 아들이자 영국 왕립 골프 협회(R&A) 회장이기도 했던 에드워드 7세(Edward VII, 1841~1910년)가 '로열'의 칭호를 부여함으로써 명실상부한 잉글랜드 최고의 코스가 되었다.

로열 세인트 조지 골프 클럽은 오래된 역사와 다부진 자존심에 기인한 다양한 스토리를 품고 있기도 하다. 토미 밀스(Tommy Mills)라는 골프광은 1888년의 어느 주말에 로열 세인트 조지 골프 클럽에 갔다가 너무나 감동한 나머지 1932년 세상을 떠날 때까지 샌드위치의 벨 호텔(The Bell Hotel)에서 살면서 골프만 쳤다는 이야기도 있다. [출처 : John Barton, 『Golf Digest』, July 2011.] 이 골프장은 영화의 무대로도 유명하다. 1964년 작, 숀 코너리(Sean Connery, 1930년~)가 주연한 〈007 골드 핑거(Goldfinger)〉의 무대가 이 곳이었다. 그런데 시나리오 원작자가 골프장 회원이었는데도 이 골프장에서 촬영을 허락하지 않아 다른 곳에 세트를 지어 찍었다고 한다. 플레이를 못한 것이 다행일지도 모른다. 로열 세인트 조지는

〈007 골드핑거(Goldfinger)〉
(1964년)

TIPS
T-013
■ TRAVEL
□ GOLF

이언 플레밍(Ian L. Fleming, 1908~1964년)의 동명 소설에 기초한 007시리즈의 세 번째 작품으로 영국을 대표하는 배우 중 하나인 숀 코너리가 제임스 본드 역을 맡았다. 1964년 개봉되었으며 금괴 밀수 업자 골드핑거의 음모를 막는 내용이다. 최초로 무기를 장착한 본드카가 등장했으며 숀 코너리를 제임스 본드로 성공적으로 안착한 작품이라는 평을 받는다.

지독한 바람과 벙커, 난해한 코스로도 둘째 가라면 서러운 곳이기 때문이다. 골프 천재 **바비 존스**도 이 곳에서 86타(16오버)를 기록한 적이 있고, **잭 니클로스**는 전성기였던 1981년에 83(13오버)타를 기록하여 주말 골퍼로 전락한 역사가 있다.

로열 세인트 조지 골프 클럽은 이언 플레밍의 원작『007 골드핑거』에서 주요 배경으로 등장하여 유명하지만, 영화(위)에서는 촬영 허가를 받지 못해 다른 곳에다 세트를 지어 촬영했다고 한다.

바비 존스(Bobby Jones, 1902~1971년)
TIPS G-014 □TRAVEL ■GOLF

미국 애틀랜타 출생으로 본명은 로버트 타이어 존스(Robert Tyre Jones). 14세 때 아마추어 경기에 첫 출전했다. 21세부터 아마추어 골퍼로 US 오픈 4회, 디 오픈 3회, US 아마추어 5회, 브리티시 아마추어 1회 등 주요 경기에서 우승하며 세계를 제패했다. 28세로 은퇴한 뒤 변호사로 삶을 꾸려갔으며 1930년 오거스타 내셔널 골프 클럽을 만든 후 1934년 주요 메이저 대회인 '마스터즈'를 창설했다.

잭 니클로스(Jack William Nicklaus, 1940년~)
TIPS G-015 □TRAVEL ■GOLF

잭 윌리엄 니클로스(Jack William Nicklaus)는 미국의 프로 골프 선수다. 남자 프로 골프 4대 대회인 US 오픈, 브리티시 오픈, 마스터즈, PGA 챔피언십을 모두 석권했다. 2005년 은퇴하기 전까지 총 115번 우승했다. '20세기 최고의 골퍼'로 꼽힌다. 골프 코스 디자인 회사 니클로스 디자인(Nicklaus Design)을 설립하고 골프 웨어, 골프 용품 등 골프와 관련된 사업에도 진출해 큰 성과를 냈다.

01-009

TENTERDEN
ENGLAND

텐터든 골프 클럽
TENTERDEN GOLF CLUB

- 1920년 개장, 18홀, 파70 / 5,487미터 (6,001야드)
- 주소: Woodchurch Road, Tenterden, Kent, TN30 7DR, UK
- 홈페이지: http://www.tenterden.golf

텐터든 골프 클럽(Tenterden Golf Club) 라커룸에서는 회원 간의 돈독한 커뮤니티를 엿볼 수 있었다. 베스트 스코어를 갱신한 회원을 축하하고 특정 벙커를 정해 자선 기금을 모금하는 이벤트가 진행 중이었다.

로열 세인트 조지에서 나와 솔즈베리(Salisbury)로 가는 중간에 **텐터든 골프 클럽**(Tenterden Golf Club)이라는 표지판이 보였다. 지배인 할아버지의 나비 넥타이가 인상 깊었다. 작지만 정갈하게 정리된 클럽하우스와 회원 간의 아기자기하고 돈독한 커뮤니티가 엿보이는 라커룸은 자료 수집 차원에서 계속 플래시 세례를 받았다. 텐터든 골프 클럽은 1905년 개장한 **파크랜드 스타일**, 18홀 파 70, 전장 6,001야드[5,487미터]의 평범한 시골 골프장이었다. 파 70에 전장 7,211야드[6,594미터]인 로열 세인트 조지에 비하면 '손바닥'만 한 골프장이기도 했다. 잉글랜드 최고 골프장의 '위용'을 보고 온 직후라서 코스 구성이나 주변의 '액세서리'는 지극히 평범해 보였다. 실제로 플레이를 해보니 페어웨이의 굴곡이 심하지 않은 평지형 코스인데 홀 간 간섭이 많아 동선이 복잡한 것이 가장 문제였다. 전장이 그리 길지 않아 화이트 티에서 계속 티 샷을 하다가 회원 할아버지 한 분에게 지적을 받았다. 할아버지는 본인이 다음 홀로 이동해서도 내가 레이디 티에서 티 샷을 하는지를 계속해서 감시했다. 티잉 그라운드는 골퍼 자신의 선택 사항인것을…. 잉글랜드 골프장에서 만난 영국 할아버지들은 골프에 관한 한 필요 이상으로 깐깐했다. 🌐

파크랜드 스타일
(parkland style)

TIPS G-016
☐ TRAVEL
■ GOLF

초기의 골프 코스들은 모두 링크스 타입으로, 해안선을 따라 자연스럽게 생긴 모래 구릉에 형성되었고, 나무도 거의 없었다. 골프가 점차 내륙으로 퍼져 가면서 목가적 분위기의 경관을 가지게 되었다. 나무와 덤불이 풍성해지고 잔디도 잘 깔리게 된 것이다. 파크랜드 코스는 언뜻 보아 영국의 시골 대저택에 딸린 공원과 비슷한 모습으로, 페어웨이가 숲 사이로 좁고 길게 나며 아주 잘 다듬어져 있다. 대개의 PGA 투어는 파크랜드 코스에서 열린다.

🍃 텐터든 골프 클럽의 진입로는 떡갈나무 숲이 터널처럼 울창했다.

[01] 골프 나라 동네 골프, 런던에서 코츠월즈까지
솔즈베리(Salisbury), 잉글랜드(England)
[01-010] 하이 포스트 골프 클럽(High Post Golf Club)

스톤헨지 옆의 '공동체' 골프장

그 유명한 잉글랜드 '거석 유적' 스톤헨지(Stonehenge)는 솔즈베리(Salisbury)에 있다. 오늘은 영국 고대 문화의 정취를 느끼면서 플레이를 하기로 했다. 집을 나설 때만 해도 햇살이 눈부셨지만 잠시뿐이었다. 엄청난 바람을 동반한 폭풍우를 벗삼아 솔즈베리 쪽으로 달렸다. 솔즈베리는 런던 서남부 평원의 아담한 도시다. 이 도시에는 인간적(?) 규모의 아름다운 솔즈베리 대성당이 있고 시의 외곽 10분 정도 거리에 비인간적(?) 규모의 스톤헨지가 자리 잡고 있다. '하늘의 돌'이라는 의미의 스톤헨지는 널리 알려진 선사 시대 거석 유적이다. 이집트의 피라미드와 페루의 마추픽추, 멕시코 아스텍의 달의 피라미드, 크메르의 앙코르와트, 이스터 섬의 모아이, 한국의 고인돌 등과 비슷한 고대 거석 문화의 일부로 보는 학자가 많다. 솔즈베리로 진입하기 직전 라운드어바웃에서 직진하면 멀리 '하늘의 돌'이 보이기 시작한다. 이 도로에서 보이는 스톤헨지의 모습이 가장 아름답지만 잠시만 볼 수 있다. 주차장에 차를 댄 후 표를 끊고 지

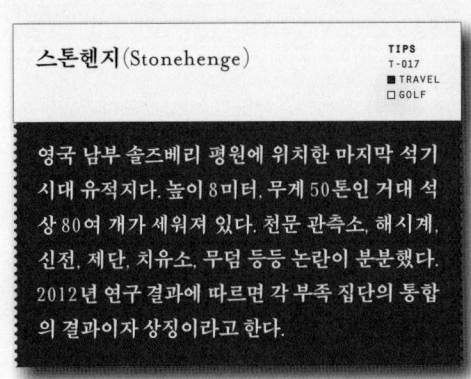

스톤헨지(Stonehenge)
TIPS
T-017
■ TRAVEL
□ GOLF

영국 남부 솔즈베리 평원에 위치한 마지막 석기 시대 유적지다. 높이 8미터, 무게 50톤인 거대 석상 80여 개가 세워져 있다. 천문 관측소, 해시계, 신전, 제단, 치유소, 무덤 등등 논란이 분분했다. 2012년 연구 결과에 따르면 각 부족 집단의 통합의 결과이자 상징이라고 한다.

솔즈베리로 진입하기 직전 라운드 어바웃에서 직진하면 멀리 '하늘의 돌' 스톤헨지가 보인다. 이 도로에서 보이는 스톤헨지의 모습이 가장 아름답지만 잠시만 볼 수 있다.

01-010
SALISBURY
ENGLAND

하이 포스트 골프 클럽
HIGH POST GOLF CLUB

ⓘ 1922년 개장, 18홀, 5765미터 [6,305야드]
ⓘ 주소: Great Durnford, Salisbury, Wiltshire England, SP4 6AT, UK
ⓘ 홈페이지: http://www.highpostgolfclub.co.uk

하 통로를 거쳐 스톤헨지에 갈 수 있다. 훼손을 우려하여 보호선을 설정해 놓았기 때문에 근접해서 만져 보거나 포옹해 보는 것은 불가능하다. 스톤헨지는 기원전 3천년경에 건설되었고 멀리 웨일스 산악 지대 등지에서 돌을 가져왔다는 사실 정도가 밝혀졌다. 누가 만들었는지, 왜 만들었는지, 본래의 형태가 어땠는지는 알려진 바 없다. 첨단 과학을 이야기하지만 21세기 인간이 아득한 과거 인류의 역사에 대해서 아는 것은 별로 없다. 골프의 명확한 기원이나 발전 과정도 마찬가지다. 영국인은 스톤헨지에 큰 자부심을 가지고 있다. 스위스의 **뉴 세븐 원더스 재단**이라는 곳에서 2007년 7월 7일 '신세계 7대 불가사의'를 발표하여 인터넷이 시끄러웠던 적이 있다. 당시 스톤헨지도 후보 중의 하나였기 때문에 영국인도 관심이 많았다. 하지만 스톤헨지는 중국의 만리장성, 인도의 타지마할, 브라질 리우의 예수상, 이탈리아의 콜로세움, 멕시코 치첸이트사, 요르단의 고대 도시 페트라에 밀려 탈락했다. 이 이벤트를 주관한 뉴 세븐 원더스 재단은 한국에서도 유명해진 단체다. 2011년 말 제주도를 '세계 7대 자연 경관'으로 발표했기 때문이다. 이 재단은 실체가 불분명하고 선정 과정에서 각종 이권을 개입시키는 등의 문제로 지탄의 대상이 되고 있기도 하다. 문화 유산이나 자연 경관뿐 아니라 골프장에도 순위를 매기는 데 혈안이 된 사람들이 있다. 행복이 성적순이 아니듯 문화 유적이나 골프장의 가치도 사실 순위와는 관계가 없다.

뉴 세븐 원더스 재단
(New 7 Wonders Foundation)

TIPS
T-018
■ TRAVEL
□ GOLF

스위스 취리히에 본부를 둔 민간 단체로 캐나다계 스위스인 버나드 웨버가 창설했다. 첫 사업은 1999년부터 2007년까지 전화와 인터넷으로 진행한 '신세계 7대 불가사의' 선정이었다. 다음에는 '세계 7대 자연 경관' 선정 작업을 벌였는데 2011년 제주도가 후보에 오르면서 문제가 되기도 했다. 이 재단에서 벌이는 사업이 돈벌이를 위한 사업이라는 의혹이 끊이지 않았으며 선정 과정의 불투명성과 거액 요구 등으로 '사기' 의혹을 받고 있다.

『골프 먼슬리(Golf Monthly)』

TIPS
G-019
□ TRAVEL
■ GOLF

1911년 영국의 아마추어 골프 챔피언 해럴드 힐튼(Harold Hilton, 1869~1942년)이 창간하여 세계에서 가장 오랫동안 발간되고 있는 월간 골프 전문지다. 현재 영국에서 나오는 골프 잡지 가운데 가장 많이 판매된다.

스톤헨지와 5분 거리에 있는 하이 포스트 골프 클럽(High Post Golf Club)은 회원들이 직접 운영하는 지역 공동체 골프장이다.

스톤헨지와 5분 거리에 **하이 포스트 골프 클럽**(High Post Golf Club)이라는 골프장이 있다. 하이 포스트 골프 클럽은 스톤헨지 근처에 있는 골프장이라 들렸지만 그리 오래되거나 엄청난 규모를 자랑하는 곳은 아니다. 큰 기대를 하지 않았는데 의외로 관리며 운영도 잘 되어 있었고 코스 설계도 좋았다. 각 홀의 변화가 예측하기 어렵고 홀별 난이도와 강약 템포도 자연스러워 골퍼 입장에서는 아주 만족스러운 코스였다. 페어웨이와 러프의 구분도 확실하고 페어웨이도 넓어 자신의 골프 스코어가 거의 그대로 드러나는 정직한 코스이기도 하다. 잡지 『**골프 먼슬리**(Golf Monthly)』에서 '숨겨진 보석 코스(hidden gem)'로 선정한 적도 있는 골프장이었다. 메이저급은 아니더라도 영국의 지역 대회나 예선전 등 중상급의 대회를 많이 유치하고 있다. 여자 라커룸에서는 브리티시 여자 오픈(The Girl's British Open Amateur Championship)에 참가했던 낭랑 19세 시절의 날씬한 **로라 데이비스**(Laura Jane Davies, 1963년~)의 사진을 볼 수 있다. 발랄했던 로라의 사진을 보면 세월의 변화를 느끼게 된다. 특이한 것은 골프장 업무를 회원들이 교대로 하고 있었다는 점이다. 회원들이 직영하는 지역 공동체형 골프장이었다. 두 노인이 클럽하우스에서 친절하게 비지터들을 맞이하고 있었다. 최근에 잔디에 벌레가 생겨 걱정이라는 당직 할아버지 회원은 유난히 우리에게 관심이 많아 이것저것 물어 보셨다. 동양인이 이 골프장까지 찾아오는 경우는 거의 없었나 보다. 🌏

> **로라 데이비스**(Laura Jane Davies, 1963년~)
>
> TIPS
> G-020
> ☐ TRAVEL
> ■ GOLF
>
> 로라 제인 데이비스는 잉글랜드 출신 여자 프로 골프 선수다. 1985년 프로 데뷔 후 1987년 US 오픈 우승을 비롯 현재까지 정상급 여자 선수로 활약하고 있다. 공격적인 플레이와 장타로 인기가 높다. 가장 멀리 날린 기록은 1996년 378야드. 현재 LPGA 투어 20승, 세계 통산 84승을 기록하고 있으며 한국에서도 잘 알려져 있다.

LPGA의 대표 장타자인 로라 데이비스와 젊은 시절 연고가 있었던 골프장인 듯. 여자 라커룸에 전시된 19세의 날씬한 로라 데이비스의 사진들.

[01] 골프 나라 동네 골프, 런던에서 코츠월즈까지
옥스퍼드(Oxford), 잉글랜드(England)
[01-011] 힝시 하이츠 골프 클럽(Hinksey Heights Golf Club)

목장에서 필드로, 창고에서 클럽하우스로

🌏 영국 골프장을 돌아다니다 보니까 가장 낯선 광경 중의 하나가 홀로 골프를 치러 오는 사람들이다. 네 명 꽉꽉 채워 팀을 만들고 캐디 언니까지 합세해 시끌벅적한 골프를 즐기던 우리네 눈에는 따분하기 그지없는 모습이다. 혼자서 고스톱 치는 사람을 보고 있는 것과 비슷하다. 언젠가 선배 한 분이 자신의 골프 인생에서 가장 억울했던 순간이 미국에서 혼자 골프 치다가 홀인원을 했을 때라고 말한 적이 있다. 정말, 혼자 플레이하다 홀인원을 한다면 얼마나 '원통'할까? 동반자도 그립고, 한국 음식도 그리워지던 무렵 **옥스퍼드**(Oxford)로 향했다. 옥스퍼드셔(Oxfordshire) 주에 가까이 갈수록 점점 낮아지는 먹구름이 예사롭지 않았다. 우리는 이미 수시로 쏟아지는 장대비에 익숙해지고 있었다. 옥스퍼드 일대 한인 골프계를 '접수'하셨다고 한국에까지 소문이 난 '무림고수'와 동반 골프가 예정되어 있었다. 옥스퍼드 시내가 한 눈에 내려다보이는 **힝시 하이츠 골프 클럽**(Hinksey Heights Golf Club)으로 향했다. 본래는 목장으로 사용되던 부지였으나 대처 수상(Margaret H. Thatcher, 1925~2013년)이 대차게 영국 경제 부흥을 추진하던 그 시절, 농가 생산성이 상대적으로 떨어지자 수많은 목장 주인이 멀쩡한 목장에 벙커를 파고 그린을 다져 골프장 사장으로 전업하기 시작했다고 한다. 힝시 하이츠 골프 클럽도 그 시절에 탄생한 골프장이었다. 농가의 창고가 클럽하우스가 되고, 축사가 프로 숍과 관리동이 된 모양새였다.

그 곳에서 우리를 기다리던 고수는 왼쪽 발목 부상으로 절뚝거리며 우리를 맞이했다. 왼쪽 발목 인대가 늘어나 2개월 만에 처음 채를 꺼냈다며 18홀을 제대로 걸어 다닐 수나 있을지 걱정이라고 했다. 그 말은 '겸양'의 표현이었다. 1번 홀부터 우리를 궁지로

옥스퍼드와 옥스퍼드 대학

TIPS T-021
■ TRAVEL
□ GOLF

옥스퍼드셔의 중심 도시인 옥스퍼드에는 세계적으로 이름난 옥스퍼드 대학(The University of Oxford)이 있다. 런던에서 서북쪽으로 80킬로미터 정도 떨어진 템스 강 상류의 이 지역은 원래 작은 마을이었는데 12세기 무렵부터 영국의 학자들이 모여들어 강의와 연구를 하기 시작했다. 1249년 영국에서 최초로 칼리지(유니버시티 칼리지)가 개교했다. 학생들과 교수들은 모두 칼리지에서 기숙하며 연구했고, 많은 칼리지는 교회의 건물을 빌려서 썼다. 옥스퍼드에 이렇게 대학교가 생기기 시작한 것은 파리 대학교에서 영국인의 입학을 허가하지 않았기 때문이라고 한다. 앵글로 색슨 시대부터 각 시대별로 수많은 칼리지와 교회, 도서관, 박물관과 기숙사 등이 곳곳에 들어서면서 도시가 형성되었기 때문에 중세를 중심으로 영국의 시대별 건축물이 어우러져 매우 아름다운 경관을 이루는데, 시인 매튜 아놀드가 이를 보고 명명한 '꿈꾸는 첨탑의 도시(city of dreaming spires)'는 옥스퍼드를 가리키는 다른 이름이 되었다. 현재 40여 개의 칼리지가 도시 곳곳에 흩어져 있으며, 크라이스트 처치(Christ Church Cathedral), 애쉬몰리언 박물관(Ashmolean Museum), 래드클리프 카메라(Radcliffe Camera) 등 옥스퍼드 관광의 주요 명소들도 거의 대학과 관련된 장소들이다. 15만 명 정도의 인구가 있는데 대학생과 교수가 2만 명이 넘으며, 도시의 주된 산업도 교육과 연구 관련 분야가 대부분을 차지하는 대표적인 대학 도시다. 영화 〈해리 포터〉의 주무대이기도 하다.

▶ 대처 수상의 경제 부흥 시절, 상당수 목장이 골프장으로 변신했다. 힝시 하이츠 골프 클럽(Hinksey Heights Golf Club)처럼 농가의 창고는 클럽하우스가 되고, 축사는 프로 숍과 관리동이 되었다.

01-011

OXFORD
ENGLAND

힝시 하이츠 골프 클럽
HINKSEY HEIGHTS GOLF CLUB

- 1995년 개장, 36홀, 11,091미터 (12,129야드)
- 주소: South Hinksey, Oxford, OX1 5AB, UK
- 홈페이지: http://www.oxford-golf.co.uk

몰아가기 시작했다. 왼쪽 발목 부상으로 체중 이동을 지탱하기 힘들었기에 피니시 때엔 몸이 거의 앞으로 튕겨 나가며 기우뚱하는 이상한 자세였지만, 2개월 만에 처음 꺼냈다는 클럽에서는 불꽃이 튀었다. 어떻게 저런 자세로 저 거리와 방향이 구현될까, 도저히 믿지 못할 진기명기가 펼쳐졌다. 세찬 바람과 함께 다시 비가 쏟아지기 시작했다. 코스는 첫 홀부터 가파른 경사의 오르막으로 시작되어 비바람에 정면으로 맞서며 이어졌다. 굿 샷은 고사하고 앞으로 나아가기도 힘들었다. 기존 목장의 초원을 그대로 살리다 보니 경사도 심했다. V자 계곡의 페어웨이도 자주 출몰했다. 현기증을 느낄 만큼 고도가 높았다. 꼭대기 홀에 오르자 **옥스퍼드 대학**을 비롯하여 옥스퍼드 시내 전경이 한 눈에 들어왔다. 강호의 고수는 한 치의 흔들림도 없이 마지막 홀까지 깃발을 날렸다. 아, 우리는 스코어 따위는 잊기로 했다. 이역만리에서 한국인 고수를 만난 것만으로도 충분히 즐거웠다.

강호의 고수는 마지막 홀까지 깃발을 날렸다. 왼쪽 발목 인대 부상 때문에 기형 피니시 자세를 연출했지만 여전히 싱글을 유지하는 진정한 고수의 면모를 지켰다.

잠시 잊고 있었던 긴장감과 경쟁심이 다시 차올랐고, 둘만의 과묵한 라운드에서는 좀체 들을 수 없었던 '굿 샷', '나이스 인'도 목이 터져라 외쳐댔다. 한국에서 떠나올 때 선언했던, '골프는 자기와의 싸움'이라는 말을 취소하고 싶어졌다. 역시 골프의 참 맛은 사람들과 만나 어울리는 데 있다. 🌐

둘만의 침묵 라운드가 오랜만에 왁자지껄해지며 우리 여정에 새로운 에너지를 주었던 힝시 하이츠 골프 클럽(Hinksey Heights Golf Club). 꼭대기 홀에 오르자 옥스퍼드 대학을 비롯하여 옥스퍼드 시내 전경이 한 눈에 들어왔다.

[01] 골프 나라 동네 골프, 런던에서 코츠월즈까지
옥스퍼드셔(Oxfordshire), 잉글랜드(England)
[01-012] 펠든 밸리 골프 클럽(Feldon Valley Golf Club)

'코츠월즈'에서 보는 영국의 '속살'

🌏옥스퍼드에서 하루를 머물기로 했기에 여유가 있었다. 라운드를 하다 비가 너무 심하게 올 때는 클럽하우스에서 윔블던 테니스 대회 중계를 보며 빗줄기가 잦아들기를 기다리기도 했다. 어렵게 18홀 수중전을 끝내고 나니 억울하게도 비가 그치며 해가 기울었다. 결국 대학과 교회를 비롯한 옥스퍼드 시가지 구경을 포기하고 고색창연하기로 유명한 소도시 버퍼드(Burford)로 갔다. 영국에 오기 전 자칭 영국 전문가들이 하나같이 옥스퍼드 근처를 지날 일이 생기면 반드시 들러 보라고 강력하게 추천한 곳이었다. 버퍼드에 도착하니 어둑어둑해졌다. 400년이 넘었다는 아름다운 여인숙(Inn)을 숙소로 정하고 근처 레스토랑에서 식사를 했다. 28일간 숙성했다는 소고기 스테이크 맛이 일품이었다. 먹을 음식 없기로 유명한 영국에도 나름의 요리가 있다는 사실을 처음 확

코츠월즈(Cotswolds District)
TIPS
T-022
■ TRAVEL
□ GOLF

잉글랜드 글로스터셔 주에 있는 비도시 자치구로 영국의 옛 전원 풍경이 그대로 남아 있는 아름다운 마을 지역이다. 많은 영국 사람이 은퇴 후 살고 싶어하는 곳이다. 중세 시대 이 지역에서 생산된 양모 제품이 전 유럽에 명성을 떨쳤다. 코츠월드의 주택과 교회들은 문화 유산이 되어 그대로 남아 있고 지금도 양 목장을 운영해 전통을 계속 이어 가고 있다. 석회암으로 지어진 건물들이 넓은 구릉지와 함께 아침저녁으로 빛과 색을 달리해 신비롭고 아름다운 풍경을 연출한다.

🍃 코츠월즈 지역(Cotswolds District)의 마을에는 오래된 성당과 각종 오피스, 우체국, 상점, 민가와 같은 건물들이 그대로 남아 있다. 스윈든(Swindon) 마을을 제외한다면 별로 꾸며 놓은 곳도 없이 옛 모습 그대로다.

01-012
OXFORDSHIRE
ENGLAND

펠든 밸리 골프 클럽
FELDON VALLEY GOLF CLUB

ⓘ 1991년 개장, 18홀, 파71 / 5,697미터 (6,230 야드)
ⓘ 주소: Lower Brailes, Nr Banbury, Oxfordshire, OX15 5BB, UK
ⓘ 홈페이지: http://www.feldonvalleygolf.co.uk

'양 우리가 있는 언덕'이라는 뜻의 코츠월즈(Cotswolds)는 자연스럽게 형성된 잉글랜드의 '민속촌'이라고 할 수 있다.

인했다. 이튿날 버퍼드를 기점으로 스노힐(Snowhill), 바이버리(Bibury) 등 '찜'하고 온 도시와 버튼 온 더 워터(Bourton-on-the-Water), 스토 온 더 월드(Stow-on-the-Wold), 스윈든(Swindon) 등 **코츠월즈**(Cotswolds) 지역을 돌아다니기로 했다. 코츠월즈 지역은 영국인이 가장 사랑하고, 가장 아름다운 마을로 꼽는 지역이라고 한다. 지명 '코츠월즈'란 '양 우리(cots)가 있는 언덕(wolds)'이라는 뜻이다. 영국 중부 일대의 전형적인 영국의 시골 마을들이다. 산업혁명의 거센 파고 속에서도 이 지역이 중세의 풍경을 그대로 유지할 수 있었던 이유는, 간단하다. 이 지역에서 석탄이 나지 않았기 때문이다. 덕분에 철도가 부설되지 않았고, 그러다 보니 비좁은 마차 길 이외에는 교통망이 없는 오지가 되어 버린 것이다. 자연스럽게 형성된 잉글랜드의 '민속촌'이라고나 할까. 한나절 차편으로 코츠월드 여기저기를 돌아다녔다. 우리는 차 안에서, 내려서, 혹은 차를 갓길에 무단 정차해 놓고서, 비명을 지르며 사진 찍기에 여념이 없었다. 규모가 크거나 웅장한 건물이며 유적

◓ 잉글랜드의 민속촌 코츠월즈와 인접한 펠든 밸리 골프 클럽(Feldon Valley Golf Club). 경치 좋은 시골 분위기에 제철 맞은 체리가 주렁주렁 열렸다.

을 좋아하고 기대하는 사람들에게는 사실 그리 대단할 것이 없는 지역이다. 마을에는 오래된 성당과 각종 오피스, 우체국, 상점, 민가와 같은 건물들이 그대로 남아 있다. 그나마 스윈든 마을을 제외한다면 별로 꾸며 놓은 곳도 없다. 관광객들은 '인산인해'였다. 특히 일본 사람이 많았다. 섬나라 간의 동질감일지도 모르겠다. 일본인과 영국인은 모두 정원 가꾸기를 좋아하고 운전대도 우측이다. 파스텔 톤의 코츠월즈는 볼수록 아늑하고 아름다웠다. 모든 생각을 놓고 며칠 쉬고 싶은 생각이 든다. 녹음이 우거진 숲 속 혹은 엄청난 나무 사이사이에 갈색이나 회색 톤으로 지은, 2층 건물들은 거의 '완벽하게' 조화를 이루고 있다.

사정이 이러하다 보니 골프장을 찾는 일은 뒷전이 되게 생겼다. 본연의 임무를 저버릴 수 없어 뒤늦게 근처의 코츠월즈 다운 골프장을 검색했다. 밴버리(Banbury)에서 하나가 포착되었다. 1992년 개장한 **펠든 밸리 골프 클럽**(Feldon Valley Golf Club)이다. 고맙게도 '2-fore!-1'(한 사람만 그린 피를 내고 두 사람이 골프를 칠 수 있는 서비스)이 가능하고 즉시 부킹을 할 수 있다는 점이 고려되었다. 하지만 옥스퍼드셔에서 밴버리의 펠든 밸리 깊숙한 곳에 있는 골프 클럽을 찾아가는 길은 험난했다. 복잡한 샛길이 많아서 수차례를 '링반데룽(Ringwanderung, 환상방황(環狀彷徨))'에라도 빠져든 듯 빙빙 돌다가 이제 그냥 돌아가고 싶어질 무렵에야 겨우 골프장에 도착할 수 있었다. 다행히 플레이는 가능한 시간이었다. 펠든 밸리 골프 클럽은 전장 6,230야드[5,697미터]에 불과하지만 파71이기 때문에 결코 짧다고 할 수 없다. 그래도 경치 좋은 시골 마을 분위기에 젖어 우선 마음부터가 편했다. 코츠월즈 시골에서 흔히 볼 수 있는 골프장이었지만 굴곡이나 주변의 경관은 감탄사가 절로 나왔다. 거의 자연 그대로의 러프와 아름드리 나무로 우거진 울창한 숲이 골프장 전체를 휘감싸고 있었다. 몇몇 홀에서는 거친 러프를 가로질러 샷을 해야 했기 때문에 비거리가 짧은 나에게는 대단히 위협적이면서도 스릴이 있었다. 친 곳에서 보면 러프에 빠진 듯한데, 가 보면 공이 있는 경우도 많았다. 클럽하우스는 화려하지 않았지만 중후한 맛이 있었고, 프런트나 레스토랑의 직원들도 밝고 친절해서 플레이를 마친 후 여운이 남는 곳이었다. 이래저래 코츠월즈는 영국에서도 가장 오래 머물고 싶은 곳이었다. 🌍

[01] 골프 나라 동네 골프, 런던에서 코츠월즈까지
배스(Bath), 잉글랜드(England)
[01-013] 배스 골프 클럽(Bath Golf Club)

모두 퇴근한 골프장에 홀로 남다

🌏 "난 오징어 짬뽕." "난 김치 전골." "빠가사리 매운탕." "감자 수제비." "해물 파전." "으~ 해물 파전에 막걸리 한 잔, 오케이?" 유치하지만 절실한 대화가 오가고 있었다. 영국에서 골프 여행자로 산 지 두 달이 넘었는데 그 동안 비가 전혀 오지 않은 날은 손꼽을 정도였다. 차라리 천둥 번개를 동반한 비라면 낙뢰 위험을 핑계 삼아 하루 골프 일정을 접었겠건만, 빗줄기가 쏟아지다가도 언제 그랬냐는 듯 금방 화창한 얼굴을 드러내는 하늘의 변덕에 거의 하루도 쉬지 않고 비옷과 우산을 챙겨 다니며 우중 골프를 감행해 왔다. **배스**(Bath)로 가는 날도 어김없이 먹장 빛 하늘이 비를 뿌려댔다. 바스는 잉글랜드 남서부 끝자락에 위치한 소도시로, 'Bath(목욕)'라는 이름 그대로 물이 유명한 곳이다. 로마 식민지 시절에는 '고대식 리조트'였다. 고속 도로에서 멀리 바스의 실루엣이 보일 무렵부터 탄성이 흘러나왔다. 지금까지 경험했던 잉글랜드와는 전혀 다른, 마치 다른 나라에 온 듯한 느낌이었다. 건축 양식 자체가 로마풍이라 화려한 석조 건물이 많았고 멀리 언덕 위에 빼곡히 들어선 그림 같은 집들이 눈부셨다. 바스는 아주 오래 전 리어왕의 아버지가 문둥병을 고친 도시이고, 소설가 **제인 오스틴**(Jane Austen, 1775~1817년)이 살았던 도시이기도 하다. 영국인에게 『오만과 편견』의 작가 오스틴은 대단한 존재다. 셰익스피어(William Shakespeare, 1564~1616년) 다음으로 영향력이 있는 작가라는 조사 결과도 있다. 『오만과 편견』은 널리 알려져 있듯이 '오만'한 남자와 그 남자에 대하여 일반적으로 '편견'을 갖는 여자 이야기를 다룬 소설이다. 베넷 가의 다섯 자매가 주인공이다. 한국 최고의 여성 작가였던 박경리(朴景利, 1926~2008년) 선생의 『김약국의 딸들』의 주인공도 다섯 자매다. 전자는 희극으로, 후자는 비극으로 끝나지만 묘하게 비슷한 구석이 있다.

배스(Bath)는 건축 양식 자체가 로마풍이라 화려한 석조 건물이 많았고 멀리 언덕 위에 빼곡히 들어선 그림 같은 집들이 눈부셨다. 로만 배스의 내부 온천탕과 외관. 유서깊은 배스 대성당(Bath Abbey) 내외부.

배스 시내의 5천 채가 넘는 건물은 모두 유네스코 세계 유산 목록에 등재되어 있다.

배스(Bath)

TIPS T-023
■ TRAVEL
☐ GOLF

런던에서 서쪽으로 1시간 반쯤 떨어진 소도시로, 영국에서는 도시 전체가 유네스코 세계 문화유산으로 지정된 유일한 도시다. 로마인이 영국을 점령했던 고대에 이 곳에 천연 유황 온천수가 분출하는 것을 보고 목욕탕을 지었다. 로마의 목욕법은 따뜻한 물 속에 몸을 불린 뒤 때를 미는 방식이었다고 한다. 로마 시대에 번성해 많은 유적을 남겼지만 이후 오랜 세월 쇠퇴하다가 18세기에 앤 여왕이 다녀가면서 영국인에게 비로소 인기를 얻게 되었다. 배스는 경제적으로 크게 성장하던 근대기에 영국의 부유한 귀족과 자본가의 고급 휴양시설이 많이 들어서면서, 여러 시대 양식이 공존하는 아름다운 도시가 되었다.

제인 오스틴(Jane Austen, 1775~1817년)

TIPS T-024
■ TRAVEL
☐ GOLF

18세기 영국의 여성 소설가. 영국 중산층 여성의 삶을 섬세하고 재치 있게 그렸다. 대표작으로는 『오만과 편견』, 『이성과 감성』 등이 있으며 여러 차례 영화로 만들어졌다. 36세가 되어서야 필명으로 『이성과 감성』을 출판했고 이후에도 모든 작품을 필명으로 출판했다. 제인 오스틴은 햄프셔의 시골 스티븐턴에서 가난한 목사의 7남매 중 여섯째로 태어났고 그곳에서 자랐으나 1801년 배스로 이사를 가게 된다. 표면적 이유는 아버지의 요양이었으나, 부모의 내심은 결혼을 하지 못한 두 딸의 연애사에 있었다. 당시 배스에서는 귀족과 부호들이 밤마다 무도회를 열었다. 제인 오스틴은 배스에서 4년밖에 머물지 않았지만 이 때의 사교계 경험이 많은 소설의 밑천이 되었다.

01-013
BATH
ENGLAND

배스 골프 클럽
BATH GOLF CLUB

- 1880년 개장, 18홀, 5,948미터 (6,505야드)
- 주소: Sham Castle, Golf Course Rd, Bath, BA2 6JG, UK
- 홈페이지: http://www.bathgolfclub.org.uk

산등성이에 위치한 코스는 고도가 높아질수록 비바람의 영향이 컸다. 페어웨이의 굴곡은 엠보싱 화장지의 확대판이었다. 어느 한 군데 스탠스가 편한 곳이 없었다. 전반적으로 곡선이 부드러운 골프장이었지만 까다로운 레이아웃이었다.

1880년에 개장한 **배스 골프 클럽**(Bath Golf Club)은 높은 산등성이에 있었다. 클럽하우스 옆에는 로마 시대의 성곽이 유적으로 보존되어 있고 코스 곳곳에 돌담이 길게 늘어서 있었다. 홀을 거듭할수록 고도가 높아지면서 바스 시내의 깊은 속내를 보여 주기도 했다. 좋은 골프장에만 가면 더욱 심해지곤 하는 비바람 때문에 정신을 차릴 수가 없었지만 홀마다 슬쩍슬쩍 드러나는 고대풍 건물들은 오히려 보이는 실체 그 이상을 상상하게 했다. 울타리처럼 로마 시대 돌담이 드리운 10번 홀이 가장 인상적이었다. 특히 이 홀은 고도상으로도 가장 높은 곳이라 비바람의 영향이 유난히 컸다. 페어웨이의 굴곡은 엠보싱 화장지의 확대판이었다. 어느 한 군데 스탠스가 편한 곳이 없었다. 전반적으로 곡선이 부드러운 골프장이었지만 만만치 않은 레이아웃이었다. 비바람 때문에 스코어는 형편없었다. 드라이버가 150야드밖에 나가지 않았고 그린에선 볼이 물에 떠서 미끄러지는 느낌이었다. 변덕스러운 바람을 따라 사방에서 빗방울이 들이쳤다. 그립이 미끄러지고 비에 젖은 옷이 몸에 척척 감겼지만 꿋꿋하게 18홀을 마쳤다.

오후 5시가 넘어 시작한 골프는 밤 9시 무렵에야 끝났다. 프로 숍도 모두 퇴근해 버리고 골프장에 인기척이라고는 없었다. 비에 젖은 옷을 갈아입을 라커룸은 물론이고 화장실마저 잠겨 있었다. 잉글랜드 골프장의 낯선 풍경 중 하나다. 저녁 7시 정도만 되면 골프장 직원들이 모두 퇴근해 버린다. 아직 플레이 중인 손님들은 알아서 플레이를 마치고 알아서 집으로 돌아간다. 같은 영국이라도 스코틀랜드 쪽 골프장의 경우는 펍이나 레스토랑이 다소 늦은 시간까지 손님을 받는데, 잉글랜드 골프장들은 그와 달리 특별한 경우가 아니면 '칼 같이' 문을 닫는다. 미리 라커룸 등의 비밀 번호를 알아 둬야 봉변을 피할 수 있다. 야간 우중 라운드를 마치고 나니 한국 골프장 생각이 더욱 간절해졌다. 후끈한 탕에 몸을 담그고 나와 뽀송뽀송해진 기분으로 돼지고기 송송 들어간 김치 전골에 '맥사(맥주와 사이다를 섞은 음료)' 한 잔의 추억을 떠올리며, 역시 한국 골프장이 최고라는 '오만'한 '편견'에 사로잡혔다. 🌏

Bath Golf Club

웨일스　02
길 위의 인생,
웨일스에서

WALES

- 02-014 • ST. PIERRE MARRIOTT HOTEL & COUNTRY CLUB
- 02-015 • WALES NATIONAL GOLF COURSE
- 02-016 • NEWPORT SANDS LINKS GOLF COURSE

웨일스 02
길 위의 인생, 웨일스에서

원위치! 낯선 땅에서의 신고식　02-014
세인트 피에르 메리어트 호텔 앤드 컨트리 클럽
St. Pierre Marriott Hotel & Country Club

골프 대신 샬럿 처치의 노래 듣기　Ed-001
카디프 '처치 타운' B&B의 청년

모든 골프장은 자신만의 결을 갖고 있다　02-015
웨일스 내셔널 골프 코스
Wales National Golf Course

02-016
뉴포트 샌즈 링크스 골프 코스
Newport Sands Links Golf Course

[02] 길 위의 인생, 웨일스에서
쳅스토(Chepstow), 웨일스(Wales)
[02-014] 세인트 피에르 메리어트 호텔 앤드 컨트리 클럽(St. Pierre Marriott Hotel & Country Club)

원위치! 낯선 땅에서의 신고식

🌐 영국에 와서도 한동안 UK(the United Kingdom), GB(Great Britain), 영국, 영연방, 잉글랜드 등 그간 무심히 '영국'으로 혼용하던 이름들 때문에 혼란스러웠다. 이 개념들이 명확히 이해된 것은 잉글랜드에서 웨일스로 '국경'을 넘어가면서였다. 우리가 흔히 부르는 영국의 공식 명칭은 '더 유나이티드 킹덤 오브 그레이트 브리튼 앤드 노선 아일랜드(the United Kingdom of Great Britain and Northern Ireland, 그레이트 브리튼 북아일랜드 연합 왕국)'다. 세계에서 이름이 가장 긴 국가다. 이를 줄여서 UK(the United Kingdom)로 부른다. 브리튼(Britain)이나 GB라고 할 때는 잉글랜드, 웨일스, 스코틀랜드만을 포함한다. UK는 GB에 북아일랜드까지 합친 것이다. 영국 연방은 영국 본국과 과거 대영제국 식민지 국가 연합체다. 현재 54개국이 회원국이며 인구는 17억에 달한다. '해가 지지 않는 나라'였던 대영제국의 '포스'가 지금도 이어지고 있는 셈이다.

우리는 잉글랜드의 브리스틀(Bristol)에서 웨일스로 건너갔다. 잉글랜드와 웨일스는 **브리스틀 해협**으로 나뉘어 있기 때문에 바다 위로 제법 긴 다리[세번 대교(Severn Bridge)]를 건너야 한다. 다리를 건너자 등장하는 모든 표지판에는 영어와 웨일스 어가 병기되어 있었다. **웨일스 어**는 영어식 알파벳 구성 논리로는 소리를 만들 수 없는 조합이었다. 'Tollau ewch i'ch lon(Toll get in lane).' 이런 식이다. 우리는 브리튼 섬 안에 존재하는 완전히 다른 언어와 민족의 땅에 도착한 것이었다. 웨일스는 현재 영국의 한 지방이지만 합병 이전까지 독자적인 문화를 유지하면서 살았던 켈트 족의 나라였다. 1284년 영국에 병합된 후 **황태자**[프린스 오브 웨일스(Prince of Wales)]의 땅이 되었다. 아직도 영어와 웨일스 어가 공용어로 사용되고 웨일스 사람은 성격도 켈트 족답게 호탕하고 따뜻하며

브리스틀 해협과 세번 대교

TIPS
T-025
■ TRAVEL
□ GOLF

런던에서 서쪽으로 1시간 반쯤 거리에 있는 브리스틀 해협(Bristol Channel, 웨일스 어 Môr Hafren)은 잉글랜드와 웨일스 사이를 흐르는 세번(Severn) 강이 대서양과 만나는 만입부다. 해협의 잉글랜드 쪽 항구가 브리스틀인데, 12세기부터 영국의 주요 항구였으며 신대륙 개척, 노예 무역이 활발해지면서 영국의 가장 크고 주요한 무역항으로 성장했다. 지금도 시내 곳곳에 그러한 과거의 흔적을 보여 주는 역사적 건축물이 많이 남아 있고, 영국에서 살기 좋은 도시 가운데 수위에 꼽힌다. 브리스틀과 웨일스의 카디프(Cardiff)를 연결하는 다리가 세번 대교(Severn Bridge, 웨일스 어 Pont Hafren)다. 2차 대전 종전 직후 다리를 세우자는 의견이 나왔으나 자금을 모으고 실현하는 데 20년 넘게 걸려 1966년에 개통했다. 세번 대교의 길이는 1.6킬로미터이고, 웨일스까지 이어지는 세 개의 다리를 합치면 그 길이가 3킬로미터에 가깝다. 브리스틀 해협은 조수 간만의 차가 세계에서 가장 크고 풍력이 센 곳이기 때문에 강한 바람에도 버틸 수 있는 방식으로 현수교가 건설되었다. 이후 바로 옆에 제2세번 대교(Second Severn Bridge)가 개통했다.

웨일스 어 (Welsh)

TIPS
T-026
■ TRAVEL
□ GOLF

'킴라그(Cymraeg)'라는 이름의 웨일스 어는 웨일스와 몇몇 국가에서 웨일스 이민자들이 사용하고 있다. '웨일스 어 진흥원'이 밝힌 통계(2011년)에 따르면 약 56만 명, 즉 웨일스 인구의 20% 정도가 이 웨일스 어를 쓰는 것으로 집계됐다. 한때 웨일스 어는 영어에 비해 격하되어 차별을 받았으나 20세기 동안 꾸준한 노력으로 웨일스의 모든 초등 학교에서 의무적으로 웨일스 어를 배우도록 하고 있다. 또 모든 공무원도 웨일스 어를 공문서에 쓰도록 하고 있다. 웨일스 어는 영어에서 전혀 쓰지 않는 발음도 많고, 단어도 완전히 다르며, 문법적으로는 동사-주어-목적어가 기본 어순이 된다. 하지만 원형 그대로의 웨일스 어는 많이 사라지고 영어의 영향으로 영어와 웨일스 어가 섞인 말을 더 많이 쓰는데, 웨일스에서 통용되는 이런 영어를 웽글리시(Wenglish)라고 한다. 어떻든 웨일스 어를 쓰는 인구는 점점 줄고 있다.

프린스 오브 웨일스
(Prince of Wales)

TIPS
T-027
■ TRAVEL
□ GOLF

영국 황태자. 잉글랜드 왕 에드워드 1세가 13세기 웨일스와 전쟁에서 승리한 후 전쟁 중에 태어난 황태자를 "웨일스의 왕자(Prince of Wales)"라고 부른 것이 유래가 되어 지금은 영국의 황태자를 부르는 말이 되었다.

02-014

CHEPSTOW
WALES

세인트 피에르 메리어트 호텔 앤드 컨트리 클럽
ST. PIERRE MARRIOTT HOTEL & COUNTRY CLUB

ⓘ 1962년 개장, 36홀, 11,666미터 (12,758야드)
ⓘ 주소: St Pierre Park, Chepstow, Wales, NP16 6YA, UK
ⓘ 기타: 메리어트 호텔 투숙객에게는 할인이 있으며 호텔 부속 골프장이라 시기에 따른 패키지나 이벤트 상품이 많다.
ⓘ 홈페이지: http://www.marriott.com/hotels/travel/cwlgs-st-pierre-a-marriott-hotel-and-country-club

술과 노래를 좋아한다. 그것만으로도 잉글랜드보다 훨씬 호감이 가는 곳이다. 하지만 웨일스에 입성한 첫 날 골프장과 숙소를 잡느라 혹독한 신고식을 치렀다. 영국은 5~7자리의 문자나 숫자를 조합한 우편 번호를 사용한다. 신기한 것은 이 5~7자리 부호가 거의 주소나 다름 없이 전국 어디라도 대문 앞까지 정확히 찾아갈 수 있도록 세분화된 코드라는 점이다. 면적은 남한의 2.5배 정도지만 우편 번호 개수는 우리의 75배나 된다고 하니 정교할 수밖에 없다. 세분화된 우편 번호와 네비게이션 덕분에 우리는 편안한 여행을 이어가고 있었다. 웨일스에서 일이 터졌다. 골프장 홈페이지에 우편 번호가 잘못 기재되어 있을 것이라고는 꿈에도 몰랐다. 덕분에 우리는 엉뚱한 곳까지 산 넘고 물 건너 바다 건너 헛걸음을 치고 말았다. 알고 보니 중간에 잘못 들어간 숫자 하나가 산도 많고 길도 험한 웨일스에서 왕복 3시간 거리의 오차를 발생시킨 것이다. 더 어이가 없었던 것은 우리가 찾는 골프장이, 브리스틀에서 웨일스로 건너오는 다리 위에서 내려다보며 "어, 저기도 골프장이 있네."라며 꼭 집어 반가워했던, 바로 그 골프장이었다는 사실에 있었다.

왔던 길을 되돌아가 세 시간 만에 **세인트 피에르 메리어트 호텔 앤드 컨트리 클럽**^(St. Pierre Marriott Hotel & Country Club)에 도착했다. 단단히 화가 난 남편은 곧바로 프런트로 달려갔다. 어떻게 골프장 홈페이지에 자사 우편 번호가 잘못 기재될 수 있느냐며 강력하게 항의했다. 정작 프런트의 직원은 갑자기 박장대소를 했다. "우와~, 거기 엄청 먼 곳인데 거기까지 갔다 왔다고요? 우하하하!" 그러더니 "이 봐. 아 글쎄, 이 사람이 우리 홈페이지 우편 번호가 잘못되어 있어서 세 시간이나 돌아왔다지 뭐야. 껄껄껄!" 하며 다른 직원들까지 불러댄다. 잉글리시였다면 분명 다른 반응을 보였을 것이다. 빈틈없는 그들은 잔뜩 미안한 표정으로 이야기했을 것이다. "너 얼마나 고생을 했니? 정말 유감이다. 우리가 얼른 수정을 해 놓겠다." 어쩌면 미안함의 표시로 요금까지 깎아 주었을지도 모른다. 그러나 터프한 켈트의 후예들은 그저 껄껄 웃으며 먼 길 돌아온 이의 면전에서 농담을 해 대더니 어깨를 툭툭 쳤을 뿐이다. 화난 얼굴로 프런트를 향했던 남편은 미소를 띠며 돌아왔다. "사람 사는 게 다 그렇지, 뭐. 가끔 실수도 하는 거고, 너무 빈틈이 없으면 인간미가 없지 않냐?" 이후 웨일스에서 만난 사람들의 성향은

대략 비슷했다. 잉글랜드와 웨일스, 잉글리시와 웨일스 인 사이에는 '건널 수 없는 강'이 존재하는 것 같다. 단적인 예로 웨일스와 스코틀랜드는 월드컵에도 따로 출전한다. 맨체스터 유나이티드의 라이언 긱스(Ryan Giggs, 1973년~)의 이야기는 널리 알려져 있다. 긱스는 잉글랜드 출신 아버지와 웨일스 출신 어머니 사이에서 태어나 잉글랜드 대표로 유소년기를 보냈다. 그런데 부모가 이혼할 때 긱스는 어머니의 나라인 웨일스를 선택한다. 덕분에 긱스는 단 한 번도 월드컵 본선에 나가지 못한다. 베컴(David Beckham, 1975년~)과 긱스가 함께 미드필드 좌우를 누볐다면 월드컵 역사가 달라졌을 것이라고 아쉬워하는 잉글랜드 축구팬도 많았다고 한다.

세인트 피에르 메리어트 컨트리 클럽(St. Pierre Marriott Hotel & Country Club)은 부대 시설이 잘 갖추어진 리조트형 파크랜드 골프장이다. 원래 교구 소유의 땅이었다가 사슴 사냥을 할 수 있는 영주의 저택으로 개발되었던 것을 메리어트 호텔에서 인수한 것이다. 골프장은 18홀 규모의 코스가 둘이다. 1962년에 오픈한 올드 코스와 1975년에 오픈한 매턴(Mathern) 코스가 있다.

세인트 피에르 메리어트 컨트리 클럽에서 가장 인상적인 것 가운데 하나는 코스를 가득 채우고 있는 아름드리 나무들이었다. 프로 숍 매니저에게 물어 보니 족히 400년이 넘는 할머니 밤나무들이라고 했다.

우여곡절 끝에 찾아간 **세인트 피에르 메리어트 호텔 앤드 컨트리 클럽**은 이름 그대로 메리어트(Marriott) 호텔에서 운영하는 리조트 형 골프장이다. 리조트 형 골프장 대부분 그렇듯이 페어웨이는 넓고 코스의 난이도는 높지 않았다. 하지만 챔피언십 대회를 여러 번 치른 골프장답게 코스가 웅장하고 관리도 철저해 보였다. 코스를 가득 채우고 있는 아름드리 밤나무들에서 뿜어 나오는 카리스마는 대단했다. 둘이 함께 양팔을 가득 벌리고 안아 봤자 나무 둘레의 반에도 미치지 못했다. 잉글랜드에서는 보기 힘들었던 워터 해저드의 변화도 볼거리였다. 프로 숍 맞은편에 있는 고색창연한 교회가 분위기를 주도하다 보니 50년도 안 된 골프장이지만 위엄이 있어 보였다. 어김없이 우중 골프가 이어졌다. 이 날은 아주 인상적인 두 장면이 기록되었다. 12번 홀 그린에서 만난 무지개와 18번 홀에서 만난 저녁 노을이 주인공이었다. 하지만 그토록 빼어난 골프장보다 더 기억에 남는 것은 긴 객지 생활에 지친 우리를 무장 해제시킨 웨일스 사람들의 호탕한 웃음이었다. 역시 사람이 골프장보다 아름답다. 🌐

[02] 길 위의 인생, 웨일스에서
카디프(Cardiff), 웨일스(Wales)
[Ed-001] 카디프 '처치 타운' B&B의 청년

골프 대신 샬럿 처치의 노래 듣기

🌏 영국에서는 도심이나 유명 관광지가 아니면 호텔을 찾기 어렵다. 골프장 위주로 움직이는 우리의 동선은 도심과는 거리가 멀었다. 자연스레 가정식 민박 개념인 **비앤비**(B&B, Bed & Breakfast)나 게스트하우스에 투숙하는 경우가 많았다. 하늘도 우중충하고 비도 자주 뿌리지만 영국의 7~8월은 휴가철인지라 주말에는 숙소 잡기 전쟁을 벌여야 했다. 웨일스에서 비는 더 심해졌다. 폭우를 핑계로 그간의 피로라도 풀자는 심산으로 웨일스의 수도 **카디프**(Cardiff, 웨일스어 Caerdydd)의 성 근처 게스트하우스에 짐을 풀고 3일을 내리 쉬었다. 그저 먹고, 자고, 산책하고, 먹고, 자고, 인터넷 하면서 보냈다. 다행히 잉글랜드에 비해 숙박비가 싸고 음식도 맛이 좋았다.

카디프에서 우리는 '처치 타운(Church Town)'이라는 게스트하우스에 머물렀다. 처음에는 이름만 보고 뭔가 종교 커뮤니티 형 숙소인 듯해서 그냥 지나쳤다. 하지만 금요일 저녁, 카디프 성으로 모여든 관광객들 때문인지 근처에 빈 방이 없었다. 어쩔 수 없이 되돌아가 문을 두드린 '처치 타운'은 알고 보니 카디프가 낳은 세계적인 팝페라 가수 **샬럿 처치**(Charlotte Church, 1986년~)의 이름에서 따온 상호였다. 실제로 샬럿 처치의 부모가 운영하는 게스트하우스였다! 그녀의 어린 시절 사진들이 다이닝 룸에 거의 도배가 되어 있었다. 샬럿 처치는 1998년 12살 때 발표한 데뷔 앨범 《천사의 목소리(Voice of Angel)》가 발매와 동시에 300만 장이 넘게 판매되면서 전 유럽을 놀라게 한 팝페라 가수다. 그녀는 여섯 살 때 〈리처드 앤드 주디 쇼(Richard and Judy Show)〉라는 노래 자랑 프로그램 담당 PD에게 전화를 걸어 자신의 노래를 들려 주었을 만큼 당돌했던 모양이다. 결국 TV 프로그램에 출연하게 되었고 곧바로 영국의 시청자를 사로잡는다. 그리고 몇 달 후 소니

카디프(Cardiff)

TIPS T-028
■ TRAVEL
□ GOLF

카디프(Cardiff, 웨일스어 Caerdydd)는 웨일스의 수도이자 가장 대표적인 도시다. 기원전 1세기경 로마 사람이 이 곳에 성을 쌓고 머물기 시작했고, 지금의 윤곽은 1090년경 노르만 사람들이 다진 것이다. 성 주위를 둘러싼 해자와 매우 높은 성벽, 그리고 아주 좁은 입구 등 외적의 침입이 거의 어려운 전형적인 방어형 요새의 모습을 갖추고 있다.

비앤비 (B&B, Bed & Breakfast)

TIPS T-029
■ TRAVEL
□ GOLF

영국 문화권의 민박형 숙박 형태의 일종이다. 침상과 아침을 제공한다는 뜻이다. 개인 가정에서 여유 객실을 활용해 운영하기 때문에 토속적 음식과 인간적인 소통이 가능한 체험형 숙박 형태이기도 하다. 현지의 호텔보다는 비교적 가격이 저렴하지만 한국의 민박집보다는 훨씬 비싸다.

샬럿 처치(Charlotte Church, 1986년~)

TIPS T-030
■ TRAVEL
□ GOLF

웨일스에서 태어나 6살 때 TV 쇼에 등장한 후로 수많은 공연과 방송을 통해 널리 이름을 알린 팝페라 가수다. 12살인 1998년에 데뷔 음반 《천사의 목소리(Voice of Angel)》를 발매하여 300만 장의 판매고를 기록하며 크로스오버적 인기를 누렸다. 이후 1999년 《샬럿 처치(Charlotte Church)》, 《드림 어 드림(Dream A Dream)》까지 연속 히트하며 영국과 미국에서 판매고 800만 장을 넘기는 엄청난 성공을 거둔다.

비앤비 처치 타운 하우스의 실내에는 샬럿 처치의 어린 시절 사진들이 거의 도배가 되어 있다.

뮤직 UK 책임자에게 발탁되어 즉석에서 레코딩 계약을 체결한다. 대단한 행운아이기도 하다. 데뷔 앨범 《천사의 목소리》는 영국 클래식 앨범 차트 1위에 오르는가 하면 팝 차트에서도 3위를 차지한다. 샬럿은 지금도 세계에서 가장 영향력 있는 여성 보컬리스트 중의 하나다. 잘생긴 게스트하우스의 매니저 총각이 우리를 방으로 안내해 주면서 대뜸 물었다. "골프 치세요?" "어떻게 알았어요?" "입고 있는 옷이 골프 웨어잖아요. 신발도 그렇고, 등에는 빈폴 골프(Beanpole Golf)라고 크게 써 있고요. 근데 왜 빈폴(Beanpole)이에요?" "그냥 상표 이름이에요." "난 또…, 빈폴이 원래 키 크고 마른 사람을 뜻하는데 보아 하니 키도 작은데 무슨 키다리 골프 클럽 회원인가 했어요. 그 빈폴이 아니군요. 하하하!" "뭐 저도 처치 타운 하우스(Church Town House)라는 간판 때문에 이 게스트하우스에 가면 밤새 기도만 해야 하는 것이 아닌가 걱정하며 들어왔어요. 처치가 그 처치가 아니었군요. 하하하!"

비앤비 '처치 타운 하우스'. 팝페라 가수 샬럿 처치의 부모가 카디프에서 운영하는 게스트하우스다. 처음엔 '처치'라는 이름 때문에 종교 커뮤니티 형 숙소로 오해했다.

이렇게 말을 튼 총각과의 농담은 3일 내내 이어졌다. 잘생긴 청년은 샬럿 처치가 카디프로 올 때마다 늘 자기가 차려 준 아침을 먹는다며 자랑하기도 했다. 나이는 22살이고 컴퓨터 공학을 전공했다는 그 청년은 아르바이트로 현재의 매니저 일을 하고 있다고 했다. 하지만 아침마다 게스트하우스 손님들을 건사해야 하는 신분인데도 매일 새벽 9홀 골프를 꾸준히 즐기고 있는 골프 마니아였다. 한국에 대해서도 아는 것이 많았다. 동생이 일본에 유학 가 있는데 한국에서도 1년 정도 연수를 했다며 2002 월드컵 이야기, 삼성 노트북 이야기를 꺼내더니 한국의 여자 골프 선수 이야기까지 이어졌다. 나를 프로 골프 선수로 착각한 모양이었다. 하긴 비 오는 날 젖은 골프 웨어를 입고 골프화를 신은 채 숙소를 찾은 동양 여인이 심상치는 않았을 것이다. 슬리퍼로 갈아 신은 내 맨 발엔 양말 자국이 박세리 선수만치 선명하게 남아 있었고, 모자를 벗으면 이마만 하얗고 나머지는 검게 그을린 모습이 예사롭지 않았을 것이다. 무엇보다 한국에서 왔다지 않는가. 이 열혈 골프 청년은 LPGA를 주름잡는 한국 낭자 군단을 떠올렸음에 틀림없다. 이튿날 아침에도 새벽 골프를 나갔다가 물에 빠진 생쥐가 되어 철수했다는 매니저는 날마다 우리를 대신해 날씨 걱정을 했다. "매일 비가 와서 어쩌냐, 웨일스 골프장은 잉글랜드와는 달라서 꼭 경험해 봐야 하는데…. 웨일스는 산이 많고 힘해서 골프장도 매우 도전적이다. 잉글랜드와는 완전히 다른 골프를 즐길 수 있는데 너무 아쉽다." 늘 이런 내용이었다. 이래저래 우리는 웨일스 일정을 대폭 늘렸고 그가 추천한 골프장도 찾아다녔다. 잉글랜드 안의 '작은 섬' 웨일스는 자연도 사람도 골프장도 잉글랜드와는 전혀 다른 곳이었다. 🌐

비앤비 처치 타운 하우스의 매니저 청년 리처드(Richard), 컴퓨터 공학을 전공하는 학생인 동시에 열혈 골프 마니아였다.

[02] 길 위의 인생, 웨일스에서
헨슬(Hensol)과 뉴포트(Newport), 웨일스(Wales)
[02-015] 웨일스 내셔널 골프 코스(Wales National Golf Course)
[02-016] 뉴포트 샌즈 링크스 골프 코스(Newport Sands Links Golf Course)

모든 골프장은 자신만의 결을 갖고 있다

🌐 처음 이 여행을 기획할 때는 유럽 일대와 미국의 골프장을 속속들이 경험해 보고 어느 지역 어떤 골프장이 제일 좋은지 직접 검증해 보겠다는 당찬 각오가 있었다. 오래지 않아 그것이 얼마나 어리석은 생각이었는지 깨닫게 되었다. 어느 골프장이 제일 좋냐는 질문은 이제 막 말을 시작한 갓난아기에게 '엄마가 좋아, 아빠가 좋아?'라고 묻는 것만큼이나 유치한 일이다. 엄마는 엄마라서 좋고 아빠는 아빠라서 좋다. 잘나가는 골프장은 당연히 그 유명세 값을 해서 좋고, 이름 없는 골프장도 다른 골프장이 흉내 낼 수 없는 나름대로의 색깔과 향기가 있어 좋다.

한국에서와는 달리 우리는 달랑 스코어 카드 한 장에 **야디지 북**(Yardage Book) 한 권을 들고 직접 코스에 대한 전략을 세우고 채를 선택하고 트롤리를 끌고 필드를 누볐다. 덕분에 어느 골프장에 가더라도 별다른 사전 정보 없이 필드와 직접 대면하는 '전투'에 익숙해지고 있었다. 처음에는 하루가 멀다 하고 트롤리를 끌고 18홀을 걷는 것만으로도 힘에 부쳐 12홀 정도에 이르면 하체가 후들거리곤 했지만 서서히 종아리 근육이 단단해지는 등 이력이 붙기 시작했다. 몸만 적응하면 걷는 골프의 매력에 푹 빠지게 된다. 캐디 없이 이렇게 스스로 끌고 지고 걷는 골프의 장점은 선입견 없이 코스를 만나고 한 홀 한 홀 몸으로 알아 갈 수 있다는 점이다. 흡사 가이드를 동반한 패키지 여행과 혼자 배낭 메고 다니는 자유 여행의 차이와 비슷하다. 혹은 상대방 집안이며 개인 신상을 속속들이 알고 만나는 선과 마음 고생 속에서 하나씩 하나씩 상대를 알아 가는 연애의 차이와도 같다. 비록 힘도 들고 시간도 걸리지만 지지고 볶으며 18홀을 뒹굴다 보면 어느 새 골프장은 아주 오래 전부터 알고 지냈던 '친구'처럼 느껴진다.

야디지 북 (yardage book)

TIPS G-031
☐ TRAVEL
■ GOLF

골프장의 전체 디자인과 홀의 배치, 홀별 거리와 공략 포인트 등을 정리해 놓은 조그마한 책자. 길을 얼마나 잘 아느냐가 운전 실력으로 이어지듯, 코스 정보량은 골프 실력과 직결된다. 우리 나라에서는 주로 코스 정보를 캐디에게 얻는데, 야디지 북에는 모든 중요한 정보가 담겨 있고, 주요 대회를 앞둔 많은 프로는 야디지 북을 직접 만들어 사용하기도 한다. 아래는 '골프운트 란트클럽 쾰른'에서 받은 야디지 북.

인랜드 코스와 링크스 코스

TIPS G-032
☐ TRAVEL
■ GOLF

골프장이 스코틀랜드에서 처음 생겼을 때는 해안가의 천연 모래 둔덕이나 목초지 등 일명 '링크스(links)'라고 불리는 지형에서 주로 골프를 했기 때문에, 해안을 끼고 만들어진 코스를 링크스 코스라고 한다. 나무가 거의 없고 모래톱의 기복이 심할 뿐 아니라 강한 바다 바람까지 더한 거친 자연 환경이 경기에 많은 영향을 준다. '인랜드(inland)' 코스는 이후에 골프장이 내륙에도 지어지면서 생겨났다. 주로 호수나 하천을 끼고 만들어지는데 구릉, 숲, 못, 개천, 벙커 등을 모두 의도에 따라 설계하고 인공적으로 조성하기 때문에 난이도가 날씨 등 자연 조건이 아니라 코스 설계에 따라 결정된다. 위 그림은 인랜드 코스인 웨일스 내셔널 골프 코스의 코스 맵.

못난 사람이건 잘난 사람이건 나름대로 매력을 갖고 있듯 골프장도 마찬가지다. 한국에서 꾸역꾸역 5년의 구력을 채우는 동안 전국의 주요 골프장 40여 곳에서 100번 이상 라운드를 했다. 누군가 내게 그 골프장의 순위를 매기라고 하면 주저하지 않고 손가락을 접으며 탑 랭킹을 꼽곤 했다. 돌이켜 생각해 보니 난 그 골프장들을 제대로 겪어 보지도 못하고 대충 겉만 핥았기 때문에 오히려 고민도 없이 순위를 한 줄로 세울 수 있었던 것 같다. 하지만 이 곳에서 나는 준비 없이 골프장을 만나고 있었다. 지나던 길에 우연히 들른 골프장도 있고, 낯선 누군가의 추천을 통해 찾아가는 골프장도 있다. 사전 정보가 없어 선입견이 있을 리 없고 캐디가 없기 때문에 모든 것을 자신의 생각, 판단에 의지해야 했다. 직접 몸으로 만날 수밖에 없는 골프장에서 18홀 플레이를 마치고

02-015
HENSOL
WALES

웨일스 내셔널 골프 코스
WALES NATIONAL GOLF COURSE

ⓘ 2003년 개장, 36홀, 12,682미터 (13,869야드)
ⓘ 주소: Hensol Park, Hensol, Vale of Glamorgan, CF72 8JY, UK
ⓘ 홈페이지: http://www.vale-hotel.com/golf

베일 리조트(Vale Resort) 내에 자리한 웨일스 내셔널 골프 코스(Wales National Golf Course)는 웨일스 최상위권의 멤버십 골프 코스다. 오픈한 지 15년도 채 되지 않은 젊은 코스. 파크랜드 스타일의 미국식 설계다. 홀마다 아름드리 나무들이 우거져 홀과 홀 사이를 완전히 차단하기 때문에 옆 홀에서 싸움이 나도 전혀 모를 정도로 간섭 없이 경기할 수 있다. 베일 리조트에는 웨일스 내셔널 골프 코스 외에도 호수를 끼고 있는 레이크 골프 코스(Lake Golf Course)가 있다.

웨일스 내셔널 골프 코스 여성 라커룸에 붙어 있던 공지. 웨일스 여성 클럽 챔피언십에서 우승한 여성 회원들을 축하해 주기 위한 모임의 공지문이다.

나면 순위나 평가를 떠나 어떤 골프장과도 나름의 방식으로 정이 든다.

웨일스에서의 달콤한 날들이 끝나 갈 무렵, 우리는 극과 극이라고 할 수 있는 두 골프 코스를 체험했다. **웨일스 내셔널 골프 코스**(Wales National Golf Course)와 **뉴포트 샌즈 링크스 골프 코스**(Newport Sands Links Golf Course)다. 객관적으로는 동등한 선상에서 도무지 비교할 수 없는 골프장이다. 베일 리조트(Vale Resort)에 속해 있는 웨일스 내셔널 골프 코스는 웨일스에서 최상위권으로 꼽히는, 영국 전체를 통틀어서도 전장이 긴 골프 코스 중 하나다. 블루티의 경우 7,450야드[6,812미터]에 달하니, 챔피언십 사이즈의 **인랜드 코스**다. 심지어 파5인 607야드[555미터]의 두 번째 홀은 웨일스에서 가장 긴 홀이다. 베일 리조트는 또 다른 코스인 레이크 골프 코스(Lake Golf Course)를 포함해서 총 36홀 규모의 골프장에 대규모 호텔과 스파, 기타 레저 위락 시설을 빠짐없이 갖추고 있다. 골프장의 잔디 상태는 완벽했고 매 홀 나무들이 우거져 홀 사이의 독립성도 훌륭하게 보장되어 있었다. 한국에 옮겨 놓으면 곧바로 탑 10 클럽이 될 만했다.

반면 뉴포트 샌즈 링크스 골프 코스는 웨일스에서 아일랜드로 건너가는 길목에 있다. 그저 아일랜드로 가는 카페리(car ferry) 시간이 많이 남아 찾아간 9홀 3,089야드[2,825미터]의 골프장이었다. 잔디 상태는 엉망이었지만 바다를 끼고 펼쳐진 전망이 좋았다. 그 곳에도 리조트가 들어서는 모양인지 9홀을 추가하는 공사가 한창이었다. [공사가 끝난 현재는 18홀, 파71에 전장 6,053야드(5,535미터)의 정규 골프 코스가 되었다.] 덕분에 클럽하우스는 컨테이너 박스 수준이었고 점심을 해결할 수 있는 메뉴는 초콜릿 바뿐이었다. 1번 홀 티 박스에 서면 모든 홀이 한 눈에 내려다보인다. 전 홀에서 몇 명이 라운드 하고 있는지 헤아릴 수 있을 만큼 모든 홀이 나무 한 그루도 없이 개방되어 있고, 조금이라도 샷이 휘면 옆 홀에 민폐를 끼치기 십상이었다. 하지만 눈부신 바다를 끼고 펼쳐진 전형적인 **링크스 코스**답게 홀마다 방향을 바꿔 가며 바람이 휘몰아친다. 덕분에 앞뒤 팀의 볼이 서로 남의 홀을 넘나들다 보니 어느 새 모두가 친구가 된다.

웨일스의 최상위권 챔피언십 코스인 웨일스 내셔널 골프 코스와 카페리 시간 때문에

02-016
NEWPORT
WALES

뉴포트 샌즈 링크스 골프 코스
NEWPORT SANDS LINKS GOLF COURSE

ⓘ 1925년 개장, 18홀, 파71 / 5,535미터 (6,053야드)
ⓘ 주소: Golf Course Road, Newport, Pembrokeshire, SA42 0NR, UK
ⓘ 홈페이지: www.newportsands.co.uk/golf

뉴포트 샌즈 링크스 골프 코스(Newport Sands Links Golf Course)는 지극히 영국적인 스타일로 80년의 역사를 지닌 코스다. 잔디 상태는 좋지 않았지만 방향을 예측할 수 없게 휘몰아치는 바람에서 정통 링크스의 냄새가 물씬 풍겼다.

뉴포트 샌즈 링크스 골프 코스는 나무 한 그루 없어 조금이라도 볼이 휘면 남의 경기에 민폐를 끼치기 십상이었다. 하지만 그 사정은 라운드 중인 모든 이가 마찬가지인지라 9홀을 마치고 나니 앞 팀, 뒷 팀, 옆 팀이 다 친구가 되었다.

얼어 걸린 9홀의 뉴포트 샌즈 링크스 골프 코스. 객관적으로는 비교할 수 없는 두 골프장이지만 누군가 묻는다면, "다 좋았습니다!"라고 말할 것 같다. 세계 100대 골프장의 품격도 대단하지만 이름 없는 시골길 목장 옆 골프장에도 100대 골프장이 흉내낼 수 없는 나름대로의 아우라와 향기가 있다. 🌐

Newport Sands Links Golf Course

아일랜드 03
변방과 중심,
아일랜드에서

골프의 정신을 찾아서―유럽 골프 인문 기행 03 〔아일랜드〕

IRELAND & NORTHERN IRELAND

아일랜드

03
변방과 중심, 아일랜드에서

아일랜드 인심, 공짜 골프의 즐거움	03-017 세인트 헬렌스 베이 골프 클럽 St. Helen's Bay Golf Club
골프장도 날씨도 사람도 좋은 곳	03-018 던모어 이스트 골프 클럽 Dunmore East Golf Club
천 년 성당과 '유럽의 오거스타'	03-019 마운트 줄리엣 골프 클럽 Mount Juliet Golf Club
아일랜드 하늘에 '태극기 휘날리며'	03-020 마운트 울슬리 컨트리 클럽 Mount Wolseley Hotel, Spa & Country Club
	03-021 드루이스 글렌 골프 클럽 Druid's Glen Golf Club
회원의 날에 만난 '한 손 골퍼'	03-022 칼로 골프 클럽 Carlow Golf Club
팻 할아버지가 일군 '천상의 골프장'	03-023 디 유러피언 클럽 The European Club
기네스에 취하고, 베케트에 '빠지던 날'	03-024 로열 더블린 골프 클럽 Royal Dublin Golf Club
북아일랜드의 자존심, 링크스의 교과서	03-025 로열 포트러시 골프 클럽 Royal Portrush Golf Club
여전히 우울한 회색 도시의 '푸른 섬'	03-026 로열 벨파스트 골프 클럽 Royal Belfast Golf Club

[03] 변방과 중심, 아일랜드에서
웩스퍼드(County Wexford), 아일랜드(Ireland)
[03-017] 세인트 헬렌스 베이 골프 클럽(St. Helen's Bay Golf Club)

아일랜드 인심, 공짜 골프의 즐거움

🌐아일랜드로 가게 된 것은 우연이었다. 잉글랜드의 한 클럽하우스에서 기네스를 마시다 영국까지 와서 기네스의 고향 아일랜드에 가지 않는 것은, 소금 없이 삶은 달걀을 먹는 것만큼이나 가슴 칠 일이라고 애통해 하는 주당 남편 덕에, 그리고 '아일랜드의 골프장이 아주 좋다'는 주변의 훈수 몇 마디에 아일랜드 행은 급물살을 타기 시작했다. 아일랜드 골프장에 대한 별다른 정보가 없다는 것이 문제였다. 잉글랜드를 돌아다니는 동안 틈틈이 정보를 모아 보려 했지만 여의치 않았다. 결국 로슬레어(Rosslare, 아일랜드어 Ros Láir)라는 아일랜드 남쪽의 아담한 포구에 닿을 때까지도 우리는 아일랜드에 대한 안내 책자 한 권 없는 상태였다. 아일랜드 공화국 남쪽 끝에서 북쪽 끝 벨파스트에 이르기까지 소도시 숙소나 관광 안내소에서 제공하는 리플릿에 의존하며 장님 코끼리 만지듯 아일랜드 필드를 돌아다니게 된 것이다. 첫날부터 문제가 생겼다. 웨일스의 피시가드(Fishguard, 웨일스 어 Abergwaun)에서 **스테나 라인**(Stena Line)의 초고속 카페리에 오르면서 미처 환전을 못한 탓이다. 가진 건 영국 파운드와 신용 카드뿐인데 카드를 쓸 수 있는 호텔들은 휴가 시즌 금요일 저녁이라 빈 방이 없었고 B&B에서는 신용 카드나 파운드화를 받지 않았다. 영국과 아일랜드를 대략 비슷한 문화권이고 왕래가 잦은 항구 주변이니 파운드는 문제 없이 통용될 것이라는 생각은 그야말로 착각이었다. 잉글랜드와 아일랜드는 가깝고도 먼 나라였다.

가까운 곳에서 긴 역사를 공유해 온 두 나라는 미묘한 갈등 구조를 가진다. 세계에서 가장 권위 있고 공정하다고 자부하는 영국 BBC도 북아일랜드 문제나 **IRA**(Irish Republican Army, 아일랜드어 Óglaigh na hÉireann) 관련 보도만은 지독히 편파적이었다는 것은 널리 알려진 사

스테나 라인(Stena Line)

TIPS
T-033
■ TRAVEL
□ GOLF

아일랜드 섬을 드나드는 배편은 스테나 라인, 아이리시 페리 등이 있다. 그 가운데 스테나 라인은 세계에서 가장 큰 페리 운영 회사 가운데 하나다. 본사는 스웨덴의 항구 도시 예테보리(Göteborg)에 있으며 선박으로 사람과 자동차, 물류를 운송하고 석유 시추선을 보유하는 등 다양한 사업을 하고 있다. 1962년 덴마크와 스웨덴을 잇는 선박 운영을 시작으로 지금은 스칸디나비아 반도와 영국 일대의 8개 국가에 19개 노선을 운영하고 있다. 2011년 11월 우리 나라 회사와 합작 법인을 세워 속초와 러시아를 연결하는 카페리를 취항하기도 했다.

IRA(Irish Republican Army)

TIPS
T-034
■ TRAVEL
□ GOLF

아일랜드 공화국군. IRA는 조금 복잡한 배경을 가지고 있다. 원래 IRA는 1919년에 아일랜드 독립의 아버지로 일컬어지는 마이클 콜린스(Micheál Eoin Ó Coileáin, 영어 Michael John Collins, 1890~1922년)를 수장으로 창설되어 아일랜드 공화국의 독립 전쟁을 이끌었다. 창설 당시 병력은 너무도 열악하여 주로 게릴라 전술을 펼칠 수밖에 없었으나 대영제국 군대가 그들의 독립 의지를 말살할 수는 없었다. 그러나 1921년 아일랜드가 독립하게 된 영국-아일랜드 조약의 내용을 두고 내부에 분열이 생겨 아일랜드 내전의 희생을 치렀다. 조약의 내용을 인정하는 편은 아일랜드 군대에 편입되었으나, 저항한 이들이 IRA의 이름으로 북아일랜드의 독립을 주장하며 공화국 의회를 부정했다. 1969년에 IRA는 다시 급진파와 온건파로 분열했는데, 테러 등으로 세계의 뉴스를 장식하며 알려진 것은 주로 급진파의 무력 행사로, 이들을 PIRA라고 부른다. IRA를 대표하는 신페인당이 1994년 휴전을 선포하고 이후 1999년 북아일랜드 자치 정부가 수립되면서 IRA는 2005년 무장 해제를 선언했다.

웨일스에서 마지막 순간까지 골프를 치느라 환전을 못한 채 아일랜드 행 스테나 라인(Stena Line) 카페리를 타게 되어 고생을 자초하게 된다. 초고속 대형 카페리였지만 파도가 심해서인지 멀미하는 승객도 많았다.

03-017

COUNTY WEXFORD
IRELAND

세인트 헬렌스 베이 골프 클럽
ST. HELEN'S BAY GOLF CLUB

ⓘ 1993년 개장, 18홀, 6,140미터 (6,715야드)
ⓘ 주소: Kilrane, Rosslare Harbour, Co. Wexford, Ireland
ⓘ 홈페이지: http://www.sthelensbay.ie

실이다. 영국과 아일랜드 두 나라 관계는 한일 관계와 비슷하다. 한국이 지구상의 유일한 분단국이라는 말은 사실이 아니다. 아일랜드도 엄연한 분단국이다. 아일랜드는 12세기부터 1921년 아일랜드 공화국이 독립할 때까지 영국의 지배를 받았다. 아일랜드 인들은 영국의 지배에서 벗어나기 위해 1919년부터 2년 넘게 영국과 독립 전쟁(Irish War of Independence)을 벌인다. 그 결과 1921년 12월 26일 아일랜드 섬의 32개 주 중에서 26개 주는 아일랜드 공화국으로 독립했고, 6개 주는 영국령 북아일랜드가 되었다. 한때 국제 뉴스를 곧잘 장식했던 IRA 무력 행동은 영국령의 북아일랜드까지 되찾기 위한 아일랜드 사람들의 저항이었다. 지난 2005년 IRA의 무장 해제 선언 이후 두 나라 사이의 긴장은 한결 완화되었다.

우리가 도착한 아일랜드 남쪽의 웩스퍼드(County Wexford, 아일랜드어 Loch Garman)와 인근의 워터퍼드(County Waterford, 아일랜드어 Phort Láirge) 주는 일조량이 많고 온난해서 아일랜드에서도 이름난 휴양지였다. 리조트형 골프 클럽 수십 개가 흩어져 있다. 아일랜드에서 처음 찾은 골프장은, 로슬레어에서 어렵사리 파운드를 숙박비로 받아 준 맘씨 좋은 B&B 아주머니가 추천한 **세인트 헬렌스 베이 골프 클럽**(St. Helen's Bay Golf Club)이었다. 토요일이라 골프장은 만원(full booking)이었다. 매니저는 바로 옆에 붙어 있는 부설 퍼블릭 코스를 추천했다. 하지만 우리가 먼 곳에서 왔으며 아일랜드에 오래 머물 수 없는 상황이라 이왕이면 좋은 코스에서 치고 싶다고 사정했더니 이리저리 스타트 홀 눈치를 살피다가 지금 곧바로 티 오프를 하라며 등을 떠밀었다. 팀과 팀 사이에 살짝 여유가 생긴 틈을 타 끼워 준 것이다. 그린 피도 받지 않겠다고 했다. 이후에도 아일랜드에서는 호사가 이어졌다. 영국과는 확연히 다른 모습이었다. 동양인의 출몰이, 그것도 골프장에의 출현이 이례적인 모양이었다. 가는 곳에서마다 이방인에 대한 지대한 관심을 드러냈고, 해 줄 수 있는 최선의 것을 제공하려 애쓰는 모습이 역력했다. 겉으로 보면 친절하지만 도무지 그 속내를 알 수 없는 영국인에 비하면 화끈하고 술 좋아하고 정 많은 사람들이었다. 한국 사람들과 확실히 '코드'가 맞았다. 세인트 헬렌스 베이 골프 클럽은 1993년에 개장한 전형적인 리조트형 골프장이다. 온 가족이 놀러와 모두 기분 좋게 플레이 할 만한 수준의 평이한 홀들이 이어졌다. 장애라고 할 만한 것은 오직 바닷바람뿐이었

세인트 헬렌스 베이 골프 클럽은 대개의 리조트형 골프장이 그러하듯 온 가족이 놀러와서 모두 기분 좋게 플레이할 수 있는 평이한 홀들이 이어지지만 마지막 세 홀은 바다를 끼고 흐르며 드라마틱한 코스를 완성한다.

다. 거의 전 홀이 바다 쪽으로 열려 있었고, 그린도 말 그대로 '만주 벌판'이었다. 영국을 순회하는 사이 나름 눈이 높아진 터라 긴장이 풀렸다. 후반 16번 홀까지 대체로 평범하고 무료했다. 행여나 우리를 배려해 준 직원이 뒤따르는 팀에게 항의라도 받을세라 염려해 거의 초고속 플레이를 이어갔다. 하지만 마지막 세 홀은 바다를 끼고 흐르며 드라마틱하게 전개되었다. 왼쪽으론 파도가 부서지고, 바닷바람이 머리카락을 날리며 정신없이 뺨을 때리고, 귓가의 바람 소리에 정신이 혼미할 지경이었다. 갑자기 나타난 코스의 **업다운**(업 앤드 다운)과 **언듈레이션**이 이전 홀까지 기고만장해 있던 내 스코어 카드를 초토화시켰다. 앞 팀도 너나할 것 없이 몇 방씩 오비(OB, 장외)를 날리고 있었다. 충분히 긴장하고 임했다면 마지막 세 홀의 성적과 묘미를 동시에 즐길 수 있었을 것이다. 어디에도 만만한 골프장이 없다는 사실을 아일랜드로 오자마자 실감했다. 모든 골프장은 나름대로 비장의 무기를 숨기고 있다. 장갑을 벗고 마지막 홀 그린에서 내려오는 그 순간까지 절대로 방심해서는 안 되는 것이 골프다.

업 앤드 다운(up & down)과 언듈레이션(undulation)

TIPS G-035
□ TRAVEL
■ GOLF

모두 페어웨이의 고저 기복을 말한다. 업 앤드 다운은 홀의 전체 형상에서 오르막 내리막의 변화가 심할 때를 말하고, 언듈레이션은 미묘한 굴곡이나 바닥의 울퉁불퉁함을 가리킨다. 그 정도에 따라 코스의 난이도가 달라지거니와 이 지형의 기복을 어떻게 활용하거나 극복할 것인가가 경기의 즐거움이 되기도 한다.

[03] 변방과 중심, 아일랜드에서
워터퍼드(County Waterford), 아일랜드(Ireland)
[03-018] 던모어 이스트 골프 클럽(Dunmore East Golf Club)

골프장도 날씨도 사람도 좋은 곳

아일랜드 인에게는 세 가지 '비극'이 있다고 한다. 첫째 아일랜드 섬이 영국 옆에 있다는 점이다. 때문에 한때 식민지가 되었고 현재도 상대적으로 평가절하되고 있다는 것이다. 둘째 국토가 너무 아름답다는 점이다. 그래서 주변국들의 침략 대상이 되었다. 셋째 술을 너무 좋아한다는 점이란다. 그래서 세상 시름을 술로 너무 쉽게 털어버린다는 것이다. 그러나 그들의 비극이 우리에게는 희극이 되었다. 첫째, 영국에 비해 저렴한 비용으로 환대받으며 여행할 수 있다는 점이다. 둘째, 국토가 아름답다 보니 곳곳에 절경의 골프장이 많다는 점이다. 셋째, 영국보다 술과 음식이 맛있고 어디를 가나 저녁 시간이 흥겹다는 점이다. 지금도 아일랜드에서 만났던 사람들을 생각하면 기분이 좋아진다.

아일랜드는 수도 더블린을 비롯한 큰 도시들이 모두 북쪽에 있기 때문에 남쪽으로 내려올수록 동양인을 구경하기 어려운 모양이었다. 아일랜드 남쪽 끝에서 여정을 시작한 우리는 뜻하지 않은 환대를 받았다. 시골 동네에서는 우리 승용차를 보고 아이들이 손을 흔들며 소리를 질러 대기도 했다. 갑자기 구경거리가 되어 버리기도 했지만 싫지만은 않았다. 아이리시는 천성이 친절하고 따뜻한 사람들이다. 이방인들에게도 먼저 말을 걸고 술 한 잔 걸치면 함께 어깨동무하고 함께 사진을 찍는 정도는 예사다. 물론 어느 나라를 가더라도 길을 묻는 여행객이나 사진을 찍어 달라고 부탁하는 관광객을 외면하는 이들은 거의 없다. 하지만 여행객에게 먼저 다가와 어디를 가냐고 물어 보고 어느 지역에 어느 골프장을 꼭 가 보라고 손수 메모해 주는 것은 그리 흔치 않다. 사진을 찍어 주겠다고 먼저 나서더니 우리 표정이며 포즈까지 되잡아 주는 아저씨, 자기들

아일랜드, 아일랜드 인

TIPS
T-036
■ TRAVEL
□ GOLF

아일랜드 사람들은 게일 어(Gaels)를 쓰는 켈트 족의 일파로, 철기 시대부터 꾸준히 이 섬으로 흘러 들어와 정착했다. 이들은 굉장한 영웅 신화를 간직하고 정령 숭배의 다신교를 믿었으며, 기원전 7세기 경에는 고대 왕국을 세웠다. 5세기 이후 로마 가톨릭이 전파되어 아일랜드에는 가톨릭 신자가 많다. 8세기부터 11세기까지는 바이킹의 공격에 시달렸고, 그들의 세력이 약해지려는 무렵인 12세기 말에 헨리 2세의 잉글랜드 군이 침략해 잉글랜드의 식민지가 되었다. 오랜 저항으로 이들을 몰아냈지만 1534년 잉글랜드 헨리 8세의 대대적 침략으로 20세기 초까지 식민 통치를 받았다. 따라서 8세기 이후로 끊임없이 침략을 받고 이를 퇴치하느라 시달려야 했다. 특히 잉글랜드 침략자와 그에 협력한 지배 계급들은 주로 장로교였고, 가톨릭 교도들에게 이루 말할 수 없는 탄압을 가했다. 19세기에 대기근이 들었을 때 아일랜드 사람의 인구가 거의 반으로 줄 정도로 아사하는데도 수탈의 강도를 높이는 등 지배층은 자신들의 이익을 챙겼다고 한다. 이 때 많은 사람이 미국으로 이민을 갔고, 이러한 차별이 오히려 민족 감정을 자극해 아일랜드 사람들의 독립 운동을 이끌었다. 아일랜드 인들은 민족 운동의 일환으로 가톨릭을 신봉한다.

아일랜드 남쪽 끝에서 북상하는 여정을 선택한 우리는 가는 곳마다 환대를 받았다. 북쪽에 몰려 있는 대도시에 비해 남쪽 지방에서는 동양인의 출현이 하나의 '사건'이었던 모양이다. 독사진을 찍고 있는 프레임 안에 거침없이 뛰어드는 아일랜드 인들이 도리어 반갑고 고마웠다. ☞ 도대체 이 동네를 어떻게 알고 찾아 오게 되었냐며 반겨 준 B&B 아줌마.

♪ ☞ 18번 홀 그린에 상주하며 어프로치와 벙커 샷을 연마하던 8살 동네 꼬마 골퍼들이다. 18번 홀 그린으로 다른 팀이 들어올 때마다 그들의 볼 위치를 알려 주는 친절로 누구의 제재도 없이 18홀 그린에서 자신들만의 플레이를 이어 갔다.

사진도 찍어 달라고 아우성치는 학생들도 있었다. 온 동네를 수소문해서 좋은 골프장을 알아 주는 B&B 할머니도 유럽을 통틀어 아일랜드 외에는 없었다. 두 번째 행선지는 최남단의 휴양지 **워터퍼드**(Waterford)였다. 동선이 복잡해지는데도 워터퍼드의 **던모어 이스트 골프 클럽**(Dunmore East Golf Club)을 찾아간 것은 관광 안내 리플릿의 골프장 항공사진 한 장 때문이었다. 푸른 바다와 붉은 절벽, 그 위를 덮은 초록 골프장. 환상적이었다. 게다가 워터퍼드는 오래 전 바이킹이 아일랜드에 정착한 도시로 포구가 발달해 있고 '서니 사우스 이스트(Sunny South East)'라는 수식어가 붙을 만큼 일조량이 풍부한, 대표적인 휴양지다. 이 곳에서도 우린 특별 대우를 받았다. B&B 아줌마는 도대체 이 동네를 어떻게 알고 찾아 오게 되었냐며 반겨 주었고, 골프장 매니저는 코스의 업다운이 원체 심하다며 전동 카트를 무료로 내줬다. 석유를 넣어 사용하는 전동 카트의 승차감은 경운기에 가까웠다. 우리는 털털거리는 소음을 달고 코스를 누볐다. 이목이 집중될 수밖에 없었다. 하늘에서 내려다본 골프장의 모습과 실제 플레이하면서 보게 되는 모습은 크게 달랐다. 항공 사진과 같이 웅장하지는 않았다. 하지만 바다를 향해 도전적

워터퍼드(Waterford)

TIPS
T-037
■ TRAVEL
□ GOLF

아일랜드 동남쪽의 워터퍼드는 아일랜드에서 다섯 번째로 큰 유서 깊은 도시다. 지명은 옛 노르드 어로 '양의 피요르드', 또는 '바람의 피요르드'에서 유래했다. 바이킹들이 세운 레지널즈 타워(Reginald's Tower)는 아일랜드 전역에서 가장 오래된 건축물이며 도시의 중심이다. 역사적으로 아일랜드의 관문이어서 17세기에 잉글랜드의 크롬웰(Oliver Cromwell, 1599~1658년)이 아일랜드를 침공한 것도 이 곳을 통해서였다. 19세기에는 조선업이 크게 융성했다.

던모어 이스트 골프 클럽
DUNMORE EAST GOLF CLUB

ⓘ 1993년 개장, 18홀, 5,550미터 (6,070야드)
ⓘ 주소: Dunmore East, Co. Waterford, Ireland
ⓘ 홈페이지: http://www.dunmoreeastgolfclub.ie

⛳ 일조량이 풍부한 휴양지 워터퍼드의 던모어 이스트 골프 클럽. 바다를 향해 도전적으로 샷을 날려야 하는 몇몇 홀은 매우 인상적이었다.

'서니 사우스 이스트(Sunny South East)'라는 수식어가 붙을 만큼 일조량이 풍부한, 아일랜드의 대표적 휴양지인 워터퍼드에는 요트가 정박 중이다. 천 년 전에는 바이킹의 해적선이 정박해 있었다.

으로 샷을 날릴 수 있는 몇 홀은 아주 인상적이었다. 무엇보다 18홀 내내 푸른 하늘 아래에서 소나기 걱정 없이 플레이를 할 수 있다는 사실이 즐거웠다. 카트 소음 때문인지 낯선 이방인이기 때문인지, 라운드를 마치고 클럽하우스 레스토랑에서 점심을 먹는데 다른 팀들이 모두 아는 척하며 한 마디씩 인사를 건넨다. "나도 17번 홀에서 공을 분실했어요. 돌아 보니 당신도 공을 찾고 있던데 어떻게 되었어요?" "우리는 매일 여기서 골프 치는 동네 친구들이에요." 어디를 가더라도 여행객은 영원한 이방인이다. 사전 준비를 하고 가건 무작정 가건 큰 차이는 없다. 정보가 없이 갈 경우 오히려 선입견 없이 사람들을 만날 수 있어 좋다. 아무리 현지인이 친절해도 여행객은 주눅 들고 외롭기 마련이다. 우리도 여행이 길어지면서 몸도 지치고 의기소침해지고 있었다. 하지만 아일랜드에서만큼은 '징한' 아이리시 덕분에 편안한 여행을 즐길 수 있었다. 특히 골프와 술을 곁들인 현지인들과의 만남은 큰 즐거움이었다.

[03] 변방과 중심, 아일랜드에서
킬케니(County Kilkenny), 아일랜드(Ireland)
[03-019] 마운트 줄리엣 골프 클럽(Mount Juliet Golf Club)

천 년 성당과 '유럽의 오거스타'

🌐 우리는 사실 국가나 도시에 대한 별 정보 없이 현지에서 그 때 그 때 해결한다는 기분으로 여행을 시작했다. 하지만 명색이 유럽 골프장 순례인지라 미국 골프 다이제스트 사에서 낸 『국가별 베스트 골프 코스 리스트』만큼은 보물처럼 챙기고 다녔다. 아일랜드 남쪽 끝에서 북아일랜드 끝까지 종단을 하기로 결정한 후 아일랜드 베스트 코스 주소와 우리 동선의 교차점을 찾기 시작했다. 그렇게 해서 처음 포착한 곳이 킬케니(Kilkenny, 아일랜드 어 Cill Chainnigh) 주의 **토머스타운**(Thomastown)'이라는 중세 유럽 분위기가 물씬 풍기는 마을이었다. 아일랜드 내 코스 순위 7위, 잭 니클로스 설계, '유럽의 오거스타' 라는 애칭을 가지고 있다는 **마운트 줄리엣 골프 클럽**(Mount Juliet Golf Club)이 그 곳에 있었

토머스타운(Thomastown)

TIPS
T-038
■ TRAVEL
□ GOLF

토머스타운이 속한 킬케니 주 일대에는 켈트 족의 고인돌 등 선사 시대 유적지로부터 켈트 족 지배층이 세운 중세의 성과 수도원 유적이 곳곳에 많이 남아 있다. 널리 알려진 킬케니 맥주도 수도사들이 주조하던 것이다. 특히 12세기에 세워진 저포인트 수도원(Jerpoint Abbey)은 아일랜드를 대표할 만한 시토회 수도원으로, 국가 기념물로 지정되어 있다. 이 곳에 13세기에 노르만 용병들이 들어와 세운 중세 성곽 마을이 토머스타운이다. 지금도 성과 수도원의 잔해가 시내에 남아 있다.

킬케니 주(County Kilkenny)의 중세 마을 토머스타운(Thomastown)은 거칠지만 목가적인 분위기였고 이런 분위기는 사람들에게도 그대로 묻어 있었다.

03-019

COUNTY KILKENNY
IRELAND

마운트 줄리엣 골프 클럽
MOUNT JULIET GOLF CLUB

ⓘ 1991년 개장, 18홀, 6,675미터 (7,300야드)
ⓘ 주소: Thomastown, Co. Kilkenny, Ireland
ⓘ 홈페이지: http://www.mountjuliet.ie/golf

다. **월드 골프 챔피언십**(WGC), 아메리칸 익스프레스 챔피언십 등이 여러 차례 열렸기 때문에 유명한 골퍼들이 이미 발도장을 찍고 간 곳이다.

토머스타운은 마을 어귀부터 분위기가 심상치 않았다. 오래된 성당 석조 건물의 잔해가 곳곳에 눈에 띄었다. 심지어 골프 코스에도 성모상을 모시고 있었다. 국민의 90%가 가톨릭 교도임을 고려해 본다면 옛 수도원이나 성당 터임을 어렵지 않게 짐작할 수 있었다. 민가는 안동 하회마을과 같은 고풍스러운 분위기였고 외곽 농가에서는 집집이 말도 몇 마리씩 기르고 있었다. 검게 그을린 사람들의 분위기도 달랐다. 외지인에게는 다소 난해한 일방 도로를 갈 때면 터프한 현지 운전자들이 우리 차를 거의 장애물 취급하며 두 갈래로 피해 다녔다. 길을 물어 보려 마을 중심의 **펍**(Pub)에 들렀다. 백인임에도 거무튀튀하다는 표현이 딱 들어맞는 와일드한 아저씨들이 왁자하게 술을 마시다 갑자기 고요해지며 새까맣게 그을린 동양 여자에게 일제히 주목했다. '실례, 실례, 아이고 쑥스러워라.' 주인으로 보이는 사람에게 숙소를 물었다. 영어를 전혀 못하는 아저씨의 아일랜드 어는 도무지 알아들을 수가 없었다. 천 명이나 살까 싶은 소읍

월드 골프 챔피언십(WGC)　　TIPS G-039　□ TRAVEL　■ GOLF

미국 프로 골프(PGA) 투어 사무국이 아닌 1999년 결성된 '국제 프로 골프 투어 연맹(International Federation of PGA Tous)'에서 주관하는 프로 골프 대회. 컷오프(1, 2라운드에서 상위 선수만 남기는 과정)가 없는 대신 출전 자격이 까다롭다. '액센추어 매치플레이 대회'는 세계 랭킹 64위까지만 출전 자격을 주고 'NEC 인비테이셔널'은 국가 대항전 대표 선수만 출전시킨다. '아메리칸 익스프레스 챔피언십' 역시 엄선된 70명 이내의 선수만 나설 수 있다. 'EMC 월드컵'은 세계 랭킹에 따라 출전권을 딴 24개국에서 2명씩 출전해 겨루는 국가 대항전이다.

펍(Pub)　　TIPS T-040　■ TRAVEL　□ GOLF

펍은 퍼블릭 하우스의 줄임말로 아일랜드 문화의 상징이기도 하다. 도시의 골목마다, 그리고 아주 작은 시골 마을에도 펍이 있고, 저녁마다 일을 마친 동네 사람들이 모이는 장소가 된다. 주로 남자들의 모임 장소이기는 하지만 가족이 함께 모이기도 하고, 청소년과 아이들도 드나들 수 있다. 물론 청소년의 음주는 금지된다.

🏌 마운트 줄리엣 골프 클럽(Mount Juliet Golf Club)에서는 비가 계속 됐지만 질퍽거리는 곳 없이 배수 관리가 잘 되어 있었다. '유럽의 오거스타'라는 애칭에 걸맞게 그린은 딱딱하고 빠른, 이른바 '유리알'이었다.

이었다. 주유소도 따로 없어 길가에서 셀프 주유기 한 대를 간신히 찾아냈다. 우선 허기진 차에 기름을 채웠다. 워낙 시골 마을이고 폭우 시즌이라서 숙소 잡는 데 어려움은 없으리라는 우리의 예상은 빗나갔다. B&B 10여 군데를 찾아가 봤지만 빈 방은 없었다. 날은 어두워지고, 비는 내리고 말은 안 통하고…. 거의 노숙을 해야 할 형편이었다. 영국 권을 돌아다니다 보면 흔히 마주치는 것이 B&B 간판이지만 막상 빈 방을 구하기는 쉽지 않다. 생각해 보면 그럴 만도 하다. B&B 한 집에 방이 많아야 서너 개가 고작이다. 그러니까 한 소도시에 B&B가 열 군데 있다고 쳐도 수용할 수 있는 인원은 한국의 모텔 하나 수준인 거다. 천신만고 끝에, 하느님이 보우하사, 밤 12시가 다 되어 토머스타운 외곽에서 맘씨 좋은 노부부가 사는 아담하고 멋있는 B&B에 안착할 수 있었다. 은퇴한 예술가 분위기의 노인 부부가 꾸리는 아담한 농장이었다. 큰 어미 말과 망아지가 텃밭에서 풀을 뜯고 있었다. 여전히 비는 퍼붓고 있었다. 숙소를 찾아 헤매느라 밤 12시가 되도록 저녁 식사도 못 한 상태였다. 베란다에 버너를 설치하고 냄새가 방에 밸까 봐 노심초사, 부채질을 해 가며 안남미〔(安南米)=인디카 쌀. 인도차이나 반도의 안남 지방(프랑스 지배하의 베트남을 지칭). 태국, 필리핀 등지에서 생산되는 쌀로 전 세계 쌀의 90%를 차지한다. 한국, 중국, 일본 등에서 생산되는 자포니카 쌀은 10%밖에 되지 않는다.〕만도 못한 쌀로 밥을 지었다. 맨밥에 고추장만으로도 꿀맛이었다.

소음이라고는 찾을 수 없는 절대 고요에 취해 다음 날 아침 10시가 넘을 때까지 잤다. 할머니가 준비해 주신 아침 식사로 에너지를 충전하고 바로 마운트 줄리엣으로 향했다. 마운트 줄리엣은 세계적 수준의 골프장다운 외관을 갖추고 있었다. 클럽하우스로 사용하고 있는 석조 건물은 약 200년 전에 어느 백작이 지은 저택을 개조한 것이라 했다. 코스는 길고 험했지만 전체적으로 선이 곱고 결이 부드러워 부담은 없었다. 계속 내리는 비에도 질퍽거리는 곳은 없었고 그린 주변에는 다양한 형태의 해저드가 자리 잡고 있었다. '유럽의 오거스타'라는 별칭에 걸맞게 그린은 딱딱하고 빨랐다. 비에 흠뻑 젖었지만 워낙 아름다운 코스라서 힘든 줄도 모르고 라운드를 마쳤다. 오랜만에 만난 한국인 취향의 파크랜드 골프장이었다. 영국권 골프장을 경험하면서 우리 나라 골프장들이 얼마나 미국의 영향을 많이 받았는지 새삼 느꼈다. 덕분에 어디서든 미국식 코스 설계를 만나면 왠지 한국에 온 것처럼 편안해지기도 했다. 🌐

[03] 변방과 중심, 아일랜드에서
칼로(County Carlow)와 위클로(County Wicklow), 아일랜드(Ireland)
[03-020] 마운트 울슬리 컨트리 클럽(Mount Wolseley Hotel, Spa & Country Club)
[03-021] 드루이스 글렌 골프 클럽(Druid's Glen Golf Club)

아일랜드 하늘에 '태극기 휘날리며'

🌐 드루이스 글렌 골프 클럽은, 칼로(Carlow, 아일랜드어 Ceatharlach) 주에 있는 **마운트 울슬리 컨트리 클럽**(Mt. Wolseley Hotel, Spa & Country Club)에서 만난 아저씨가 '강추'한 골프장이다. 1번 홀에서 티 오프를 준비하던 우리 뒤로 회색 눈동자를 가진 아저씨 한 분이 등장했다. 우리 앞 팀으로 부킹되어 있었지만 자기 팀 일행이 아직 도착하지 않았으니 개의치 말고 먼저 출발하라고 했다. 아일랜드의 이 골프장까지는 무슨 일로 왔냐고 물었다. "280일 동안 유럽 골프장을 돌아볼 야심찬 계획을 갖고 여행 중!"이라는 대답에 회색 눈동자는 하트 모양으로 바뀌었다. 감탄과 부러움에 가득 찬 눈으로 "나를 조수로 채용해 달라"던 아저씨는 더블린으로 이어지는 우리 동선에 맞춰 좋은 골프장을 추천해 주었다. 한참을 고민한 후 적어 준 메모장에 첫 번째로 등장한 골프장이 드루이스 글렌 골프 클럽이다.

드루이스 글렌 골프 클럽(Druid's Glen Golf Club)이 위치한 뉴타운마운트케네디(Newtownmountkennedy)로 이동해 하룻밤을 묵었다. 새벽에 유리창을 때리는 빗소리 때문에 걱정이 앞섰지만 다행히 골프장에 도착할 즈음 개었다. 프로 숍에 들러 야디지 북을 구입하고 스코어 카드를 받았다. 역시나 호기심 어린 표정으로 매니저가 물었다. "어디서 오셨어요?" "한국이요." "오 한국, 유명한 선수들 많지요? 혹시 당신도 프로입니까?" "아니요. 우린 그저 여행 중입니다." "먼 길 오셨으니 원하신다면 카트를 무료로 빌려 드릴게요. 우리 코스가 제법 험합니다." 덕분에 우리는 또 한 번 편안하게 전동 카트에 몸을 실었다. 골프 여행을 하다 보면 늘 비용이 문제가 된다. 혈기 왕성하던 시절의 배낭여행이 아니었기에 체력 유지를 위해서라도 먹고 자는 비용을 줄일 수는 없었다. 그러

03-020

COUNTY CARLOW
IRELAND

마운트 울슬리 컨트리 클럽
MOUNT WOLSELEY HOTEL, SPA & COUNTRY CLUB

ⓘ 1994년 개장, 18홀, 6,558미터 (7,172야드)
ⓘ 주소: Bridge St., Tullow, Co. Carlow, Ireland
ⓘ 홈페이지: http://www.mountwolseley.ie/golf

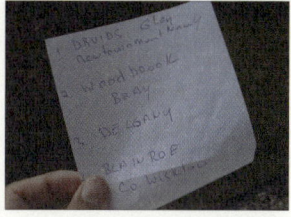

18세기 이래 영국 귀족인 울슬리 가문의 영지였던 곳을 리조트로 개발했다. 호텔로 쓰이는 저택은 19세기에 지어진 것. 18홀의 챔피언십 골프 코스는 크리스티 오코너(Christy O'Connor Jr.)가 밋밋한 울슬리 산에서 영감을 받아 설계했다고 한다. 2012년 칼로 주 최고의 골프장에 선정되었다. ☞ 마운트 울슬리 컨트리 클럽(Mount Wolseley Hotel, Spa & Country Club)에서 얻은 가장 큰 성과는 클럽 멤버 한 분에게 건네 받은 '아일랜드 우수 골프장 리스트'다. 이 작은 쪽지는 이후 우리 일정의 길잡이가 되었다.

03-021

COUNTY WICKLOW
IRELAND

드루이스 글렌 골프 클럽
DRUID'S GLEN GOLF CLUB

- 1760년 개장, 18홀, 6,425미터 (7,026야드)
- 주소: Newtownmountkennedy, Co. Wicklow, Ireland
- 홈페이지: http://www.druidsglenresort.com/golf

드루이스 글렌 골프 클럽(Druid's Glen Golf Club)은 1996년부터 1999년까지 아이리시 오픈이 열린 곳이다. 지난 2003년 '드루이스 글렌 골프 코스' 외에 또 하나의 코스인 '드루이스 헬스 골프 코스'를 개장했다.

다 보니 허리띠를 졸라매려고 한들 줄일 비용이 별로 없었다. 그것이 우리 사전에서 '전동 카트'가 사라진 이유였다. 이 날은 인심 좋은 매니저 덕에 팔자에 없는 럭셔리 라운드를 즐기게 되었다. 덕분에 힘이 남아 돌아 비거리가 늘고 퍼팅 집중력도 좋아져 스코어도 최고치에 근접했다.

이 골프장의 이름이 '드루이스 글렌'인 데는 이유가 있었다. 골프장 건설 중에 석조 **드루이드**(Druid) **사제**상이 발견되었다고 한다. 그래서 드루이드의 계곡(glen) 골프장이 되었다. 이루 말할 수 없이 아름답게 꾸민 인랜드 파크랜드 스타일의 골프장이었다. 그때까지 가 본 모든 골프장 중에서 단연 가장 컬러풀했다. 만개한 형형색색의 꽃과 명

드루이드(Druid) 사제

TIPS
T-041
■ TRAVEL
□ GOLF

드루이드 사제는 신화 속 켈트 족의 현자다. 유럽 지역에 로마의 침략으로 가톨릭이 전파되기 전에 켈트 족을 이끈 전설적 사제이자 지도자라 할 수 있다. 드루이드의 상징은 오크(떡갈나무) 지팡이로 떡갈나무는 켈트 족의 신성수였다. 드루이드는 신의 대리자이자 정치, 종교, 마법, 의술을 모두 다스리는 사제였고, 켈트 족의 정신적 지도자였다. 드루이드 사제들은 문자를 쓰지 않고 모든 지식을 구전으로 전했기 때문에 기록을 거의 남기지 않았고, 기원후 가톨릭이 들어오면서 자취를 감추게 되었는데, 아일랜드에서는 상당히 오랫동안 이어지다가 5세기 경에 모두 로마 가톨릭에 흡수되었다. 따라서 많은 아일랜드 사람은 자신이 믿는 가톨릭 안에서 드루이드를 여전히 숭배한다.

드루이스 글렌 골프 클럽의 클럽하우스인 우드스탁 하우스는 1770년에 세워졌다. 코스는 디 유러피언 클럽의 소유자이자 디자이너인 팻 루디(Pat Ruddy)가 설계했다.

도와 채도가 다른 다양한 초록 식물군이 홀마다 변화무쌍한 비주얼을 만들어 냈다. 굽이치는 계곡 물줄기를 그대로 활용하고 드러난 바위 더미를 이용하여 자연스럽게 난이도를 조정하는 홀들이 이어졌다. 어느덧 마지막 홀에 다다랐다. 큰 해저드를 건너 클럽하우스를 향해 티 샷을 날렸다. 벙커를 앞세운 오르막 그린, 또 그 앞을 가로지르는 좁은 계곡 물이 있어 끝까지 긴장을 늦출 수 없었다. 신중하게 어프로치를 하려고 몇 번을 조준하고 연습 스윙을 하는데 노란 깃발 뒤로 뭔가 눈에 익은 태극 무늬가 언뜻 스친 듯했다. 그린에 올라 자세히 보았다. 클럽하우스 앞에 아일랜드 국기와 골프장 휘장이 걸린 게양대에 태극기가 나란히 걸려 있었다. 분명히 출발할 때는 보지 못했다. 태극기가 걸린 이유가 궁금해 라운드를 마친 후 프로 숍에 다시 들렀다. "당신들을 위한 겁니다. 멀리서 온 손님들이라 환영의 의미로 걸었어요. 우리 골프장에서 국제 대회를 자주 하기 때문에 다행히 한국 국기가 있었어요." 아. 감동이었다. 집 떠나와 3개월이 지난 유랑 생활, 외국에 나오면 다들 애국자가 된다더니, 아일랜드 하늘 아래서 휘날리는 태극기를 보고 있자니 가슴이 뭉클했다. 밖으로 나와 카메라를 고정시켰다. 휘날리는 태극기의 전모를 카메라에 담기 위해 바람을 기다렸다. 골프장에서 그토록 애타게 바람을 기다려 보기는, 처음이었다. 🌏

우리를 환영하는 의미로 게양해 준 태극기. 힘차게 펄럭이는 모습을 사진에 담고자 바람을 애타게 기다렸으나 정작 필요한 순간에는 잘 불지 않았다. ☞ 계곡을 살린 블라인드 홀이 많기 때문에 안전을 위해 세컨드 샷을 완료한 후 뒷 팀에 신호를 보내 주어야 한다.

[03] 변방과 중심, 아일랜드에서
칼로(Carlow), 아일랜드(Ireland)
[03-022] 칼로 골프 클럽(Carlow Golf Club)

회원의 날에 만난 '한 손 골퍼'

🌐 더블린을 향하여 내륙으로 이동하다가 이른 시간에 길가의 칼로(Carlow) B&B를 숙소로 잡아 버렸다. 화장실이 급해서 아무 곳이나 들어간 것이다. 그나마 아일랜드는 나은 편이지만, 사실 영국에서 가장 어려운 것 중 하나가 공중 화장실 찾기다. 도심에는 그나마 유료 공중 화장실이라도 있다. 골프장 화장실도 비밀 번호를 알아야 출입이 가능한 곳이 많다. 화장실 인심은 한국이 최고인 듯하다. 급한 김에 일찍 투숙한 덕에 B&B 주인 할머니와 긴 시간 대화를 나눴다. 할머니는 온 동네 골퍼들을 수소문하여 좋은 골프장들을 추천해 주셨다. 다음 날 골프장 가기가 망설여질 정도로 폭우가 내리는 아침이었지만 할머니의 성의 때문에라도 그냥 지나칠 수는 없었다. B&B에서 멀지 않은 골프장에 도착하니 비가 그쳤다. **칼로 골프 클럽**(Carlow Golf Club)은 1899년 오픈한 27홀 골프장이다. 챔피언십 18홀(deer park course)과 2002년 오픈한 9홀(oak park course)로 이루어져 있다. 가는 날이 장날이라더니, 이 날은 칼로 골프 클럽 '여성 회원의 날'(Club Lady's day)이었다. 여성 클럽 멤버들만 골프를 칠 수 있다는 것이다. 허탈하게 걸어 나오는데 골프장 이름 아래 '월드 원 암 챔피언십'(World One Arm Championship) 2005'라는 글귀가 눈에 들어왔다. 지난 2005년에 '한 손(One Arm)' 선수 챔피언십 경기가 이 곳에서 열렸던 것이다. **한 손 골퍼 협회**(The Society of One-armed Golfers)는 1932년 스코틀랜드 글래스고에서 창립되었다. 영국, 아일랜드, 미국, 남아프리카 공화국 등지에서 1,000여 명의 회원들이 활동

☞ 칼로 골프 클럽(Carlow Golf Club)의 역사가 클럽하우스 실내의 벽면을 채우고 있다. '한 손 골퍼 챔피언십' 사진도 그 역사의 한 페이지를 장식하고 있다. ☞ 아일랜드 골프장의 특징 중의 하나는 남녀의 평등을 위해 거의 강박증 수준으로 신경을 쓴다는 점이다. 대부분 클럽에는 여성 캡틴이 따로 있고 모든 시설물도 거의 동등하게 배분되는 듯하다.

한 손 골퍼 협회 (SOAG, The Society of One-Armed Golfers)

TIPS
G-042
☐ TRAVEL
■ GOLF

한 손 골퍼 협회는 사고나 병으로 한쪽 팔을 잃은 골퍼들의 모임이다. 영국과 미국 등 나라마다 조금씩 이름이 다른 협회들이 있다. 영국의 SOAG는 영국 각 지역에 지부를 두고 아마추어 한 손 골퍼들이 회원으로 등록해 활동하고 있다. 유럽에서 열리는 가장 큰 한 손 골프 경기는 '파이트마스터 컵(Fightmaster Cup)'이다.

03-022

CARLOW
IRELAND

칼로 골프 클럽
CARLOW GOLF CLUB

ⓘ 1899년 개장, 27홀, 8,198미터 (8,965야드)
ⓘ 주소: Deerpark, Carlow, Co. Carlow, Ireland
ⓘ 홈페이지: http://www.carlowgolfclub.ie/

☞ '여성 회원의 날'이라 라운드를 하지 못하고 돌아선 칼로 골프 클럽. 코스는 비교적 평탄하고 부드러운 느낌이었다.

하고 있다. 이 협회는 매년 나라를 바꾸어 월드 챔피언십을 개최한다. 한국에서 골프라는 스포츠는 비장애인들만 즐기는 운동에 가깝다. 하지만 '종주국'은 달랐다. 팔이 한쪽뿐인 사람을 위한 대회는 물론이고 지체 장애인, 시각 장애인을 위한 골프 대회도 열리고 있다. 클럽하우스 벽을 채우고 있는 각종 장애인 골프 대회 관련 사진을 보자니 마음이 숙연해진다. 우리는 칼로 골프 클럽을 여성 회원들에게 '양보'하고 인근의 브리타스 베이(Britas Bay)로 향했다. 세계 최고 수준의 링크스 코스인 디 유러피언 클럽(The European Club)이 그 곳에 있기 때문이었다.

[03] 변방과 중심, 아일랜드에서
위클로(Wicklow), 아일랜드(Ireland)
[03-023] 디 유러피언 클럽(The European Club)

팻 할아버지가 일군 '천상의 골프장'

어느 날은 드라이버가 기가 막히게 맞는다 싶더니 여지없이 아이언 샷이 무너진다. 그린에서 퍼팅 라인이 눈에 선명하게 들어오는 날은 어프로치 샷이 들쭉날쭉해진다. 아마추어라면 누구나 경험하는 '**풍선 효과**'다. 드라이버, 아이언, 어프로치, 퍼터가 교대로 사고를 치게 마련이다. 그러나 가끔은 모든 게 잘 되는 날도 있다. 그것이 골프의 즐거움이기도 하다. 여행도 마찬가지다. 쾌적한 날씨, 좋은 골프장, 멋지고 맛있는 레스토랑, 값싸고 전망 좋은 숙소 등이 다 충족되는 날은 거의 없다. 비 오는 날 좋은 골프장을 만나거나, 다 좋았는데 숙소가 없어 노숙을 하는 상황이 발생하거나 하는 것이 일반적이다. 우리는 아일랜드의 수도 더블린 남쪽 해변 마을 위클로(Wicklow)에

풍선 효과(balloon effect)
TIPS T-043
☐ TRAVEL
■ GOLF

풍선의 한곳을 누르면 그곳은 들어가는 반면 다른 곳이 팽창되는 것처럼, 어떤 부분에서 문제를 해결하면 또 다른 부분에서 새로운 문제가 발생하는 현상을 가리키는 용어다. 골프 아마추어들이 초기에 겪는 증상으로, 드라이버 샷이 잘 맞으면 아이언 샷이 되지 않고, 아이언 샷을 가다듬으면 드라이버가 안 맞는 등 실력이 고르게 향상되지 않고 들쭉날쭉한 현상을 일컫는다.

서 날씨와 골프장, 음식과 숙소 등 모든 것이 충족되는 행복을 만끽했다. 결정적으로 만나는 사람들도 모두 친절했다. 인근의 해변 브리타스 베이(Brittas Bay)에는 아일랜드 최고 골프장 중 하나인 **디 유러피언 클럽**(The European Club)이 있다. 유난히 맑은 하늘을 올려다 보며 기분 좋게 클럽에 도착, 프로 숍에 들어섰다. 그린 피를 내고 직원에게 간단히 코스 설명을 듣고 있는데 풍채 좋은 할아버지 한 분이 말을 걸어 오신다. "일본에서 왔어요?" "아니오. 한국에서 왔습니다." "오, 한국! 미안해요. 일본에는 몇 번 가 봤는데 한국은 못 가 봤어요. 팻 루디(Pat Ruddy)라고 해요." 남다른 카리스마의 할아버지는 우리를 1번 홀로 데려가며 골프장의 탄생 배경을 쉬지 않고 말씀하시기 시작했다.

팻 루디(Pat Ruddy)가 설계하고 그의 가족이 운영하는 아일랜드 '디 유러피언 클럽(The European Club)'은 링크스 코스 대지를 찾기 위해 헬리콥터까지 타고 공중 물색을 하여 발견한 땅에 지었다고 한다. 2010년 골프 매거진 『골프 월드 UK』가 선정한 세계 100대 골프 코스 리스트에서 43위를 기록했다.

03-023
WICKLOW
IRELAND

디 유러피언 클럽
THE EUROPEAN CLUB

ⓘ 1993년 개장, 18홀, 파71 / 6,696미터 (7,323야드)
ⓘ 주소: Ardanary, Brittas Bay, Wicklow, Ireland
ⓘ 홈페이지: www.theeuropeanclub.com

디 유러피언 클럽은 1987년부터 공사를 시작해 1993년에 공식 오픈한 비교적 신생 골프장이다. 그런데도 영국과 아일랜드 골프장 순위에서 10위권에 이름을 올리고 있고, 7번홀〔파4 / 470야드(430미터)〕은 세계 100대 홀에 늘 들어간다고 한다. 유러피언 코스는 놀라웠다. 우리는 이 곳에서 신생 링크스의 진수를 경험할 수 있었다. 해변을 끼고 불쑥 솟아난 대형 사구를 요리조리 피해 가며 페어웨이가 펼쳐졌다. 페어웨이를 조금이라도 벗어나면 공을 찾기가 거의 불가능했다. 정작 내 공은 찾을 수 없지만 누군가 잃어버리고 간 공 두어 개가 밟히기도 한다. 벙커는 깊고 좁은 것도 모자라 벽면에 나무 널판자를 둘러쳐 놓았다. 18홀이 최소의 간섭도 없이 분산되어 있으면서도 블라인드 홀은 전혀 없었다. 20세기에 건설된 가장 완벽한 '21세기형 링크스'라고 할 만했다. 완벽한 잔디 관리와 변화무쌍한 디자인이 주는 충격은 신선했다. 디 유러피언 클럽은 링크스에 대한 새로운 인식과 재치와 유머가 어우러진 설계로 우리를 열광하게 했다. 가령 유러피언 코스의 경우 20홀 파77(파3 홀이 두 개 더 있음)이 기본이다. 파71의 18홀 정규 코스에서만 플레이를 해도 전장 7,000야드〔6,400미터〕가 넘는다.

라운드를 마치고 다시 프로 숍에 들렀다. 팻 할아버지께 감사의 인사를 드리고 싶어서였다. 하지만 그는 없었다. 직원에게 물어 보니 팻 할아버지는 이 골프장의 코스 디자이너이자 소유주이며 CEO란다. 1980년대 중반까지 골프 관련 저술가로 일하던 팻 루디는 몇 군데의 골프장 건설에 자문으로 참여하다가, 자신이 꿈꾸는 골프장을 직접 지어 보겠다고 결심하고 적당한 땅을 찾아 아일랜드 곳곳을 뒤지기 시작했다고 한다. 그러던 중 브리타스 베이 상공을 날던 헬기 안에서 이 곳을 내려다보고 영감을 얻어 낙점하고 바로 골프장 건설에 들어갔다. 놀라운 사실은 그가 그 때까지 단 한 번도 골프장 설계도를 그려 본 적이 없었다는 것이다. 덕분에 기존 골프장과 다르게 파격적인 요소를 골프장 곳곳에 배치할 수 있었던 모양이다. 그는 지금도 매일 코스에서 대부분의 시간을 보내고 있고, 공사 현장을 지키며 직원들을 괴롭힌다고 한다. 이러한 세세한 이야기를 내게 친절하게 들려 준 사람은 팻 할아버지의 셋째 아들 맷(Matt)이었다. 꿈을 현실로 만들어 낸 팻 루디 할아버지의 집념도 놀랍지만 현실이 된 꿈을 즐기고 가꾸는 모습이 더 아름답고 존경스러웠다.

디 유러피언 클럽에서 아름다운 라운드를 마치고 인근 해안 도시 위클로로 향했다. 위클로는 아일랜드의 '정원'이라는 애칭을 가진 아름다운 곳이다. 해안과 강을 끼고 언덕에 아담하게 자리하고 있는 이 도시는 전형적인 바닷가 휴양지다. 골목 굽이굽이가 동화처럼 알록달록하고 중세풍의 아름다운 건물들이 옹기종기 모여 있다. 인근에 성당이나 유적지도 많아 관광객이 꽤 있었다. 어렵게 해안가 언덕의 아름다운 B&B의 방을 구했다. 아저씨의 추천을 받아 아일랜드 전통이 잘 보존되어 있다는 해안가의 레스토랑으로 저녁을 먹으러 갔다. 정통 아일랜드 스테이크 맛이 일품이었다. 식사가 끝나갈 무렵에 주변이 요란해졌다. 한 중년 아줌마가 와서 간단한 앰프와 턴테이블을 설치하고 마이크 테스트를 시작했다. 무슨 파티가 열리는 것 같아서 서둘러 먹고 일어서려는데, 그냥 있어도 된다고 해서 구경을 하게 되었다. 중년 이상의 남녀노소 30여 명이 어우러져서 다양한 춤을 선보였다. 마이크를 잡은 리더 격인 아주머니가 연이어 어떤 '전형'과 '방식'을 지시했다. 집단 춤, 개인 춤, 2인 춤, 4인 춤…, 형식으로는 포크 댄스, 탭 댄스, 플라멩코에다가 다양한 군무가 이어졌다. 대체로 단순한 형식이 경쾌한 음악에 맞추어 반복되었다. 이채로운 것은 다양한 연령이 어우러져 있다는 점이다. 노인도 많았고, 부부로 보이는 이들, 아주 젊은 여자들도 있었다. 평소에 잘 아는 사람들은 아닌 눈치였다. 몇 차례 댄스가 이어지더니 삼삼오오 흩어져서 맥주나 음료수를 마시는 시간이었다. 가장 멋있어 보이는 커플에게 물었다. "지금 추신 춤이 아일랜드 전통 춤인가요?" "네. 음악도 **아일랜드 전통 음악**입니다." "모이신 분들은 같은 마을 분들인가요?" "아닙니다. 그냥 춤을 좋아하는 사람들이죠." 역시나 흥이 많은 아일랜드다웠다. 🌐

🍺 위클로(Wicklow) 마을 어귀의 펍&레스토랑에 갑자기 아일랜드 전통 음악이 흐르더니 댄스 동호회의 정모 파티장으로 변신했다. 포크 댄스, 탭 댄스, 플라멩코 등이 이어졌다. 다들 리더를 쫓아가기 급급했지만 즐거운 표정들이었다. ☞ 위클로는 '아일랜드의 정원'이라는 애칭을 가진 아름다운 해안 도시다. 중세풍의 건물과 동화 같이 알록달록한 건물들이 조화롭게 공존한다.

아일랜드 전통 음악

TIPS
T-044
■ TRAVEL
□ GOLF

아일랜드의 전통 음악은 파이프, 북, 바이올린, 하프, 아코디언, 플루트 등으로 연주되며 밴드 형식으로 구성된다. 아일랜드 음악은 농경 문화에서 비롯된 참여형 음악이다. 춤추기 좋은 흥겨운 가락에 빠른 곡들이 많지만 내용에는 슬픔이 담긴 곡이 많다. 특히 하프는 아일랜드 음악에서 특별한 위치를 차지하여 중세 이후 아일랜드의 공식 상징물로 사용되어 왔다. 아일랜드 음악은 1960년대 이후 아일랜드 포크 음악으로 발전해 왔으며 지금까지도 많은 아일랜드의 젊은 뮤지션들은 물론 세계 음악계에 영향을 주고 있다.

[03] 변방과 중심, 아일랜드에서
더블린(Dublin), 아일랜드(Ireland)
[03-024] 로열 더블린 골프 클럽(Royal Dublin Golf Club)

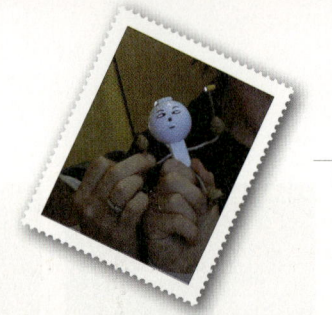

기네스에 취하고, 베케트에 '빠지던 날'

🌏 그 동안 어르신들이 주로 골프를 치는 주중 낮 시간에 골프장을 찾아다니고, 은퇴한 노인들이 주로 운영하는 B&B 위주로 숙소를 잡다 보니 만나는 사람 대다수가 노인이었다. 아일랜드의 수도이자 기네스의 고향 더블린에 입성하자마자 판도는 바뀌었다. 더블린은 젊은이들의 도시였다. 시내 템플 바(Temple Bar) 거리는 자유롭게 맥주에 취하고 아이리시 문화를 진하게 향유할 수 있는 곳이다. 계획에도 없었던 아일랜드로 우리를 이끈 것도 더블린과 기네스 맥주였다. 우리는 더블린 입성을 자축하며 무장을 해제하고 남달리 하얀 거품의 검은 기네스에 푹 빠졌다. 비가 친구처럼 내리는 더블린의 밤, 그래서 더 아름답고 찬란한 더블린의 밤! 밤거리는 젊은이들과 관광객들이 넘쳤다. 자유로운 분위기와 맛있는 음식, 거리의 예술가들과 음악, 밤이 새도록 문을 닫지 않는 바. 더블린은 잠들지 않았다. 그렇다고 깨어 있는 것도 아니었다. 모두 기네스에 취하고, 음악에 젖어 있었다. 서울처럼 불야성이지만 분위기는 사뭇 달랐다. 도시도 거리도 사람도 모두 취한 듯했지만 비틀대지는 않았다.

무슨 상 수상자 수를 헤아리는 것이 부질없기는 하지만 그래도 인구 400만 명의 이 나라에 지금까지 노벨 문학상을 받은 사람이 네 명이나 된다는 사실은 흥미롭다. 윌리엄 버틀러 예이츠(William Butler Yeats, 1865~1939년), 조지 버나드 쇼(George Bernard Shaw, 1856~1950년), **사뮈엘 베케트**(Samuel Beckett, 1906~1989년), 세이머스 히니(Seamus Heaney, 1939~2013년)가 그 분들이다. 여기에다 20세기 대표 문인 제임스 조이스(James Joyce, 1882~1941년)도 아일랜드 사람이다. 비록 걸작 『율리시스』(1922년)가 음란물 취급을 받는 등 조국과의 계속된 '불화'로 1915년 스위스로 망명한 이후 단 한 번도 아일랜드를 찾지 않았지만 말이다. 조이스의 『율

템플 바(Temple Bar) 거리는 펍을 비롯, 레스토랑, 극장, 갤러리, 상점이 모여 있는 더블린에서 가장 생기 넘치는 곳이다.

사뮈엘 베케트(Samuel Beckett, 1906~1989년)

TIPS T-045
■ TRAVEL
□ GOLF

더블린에서 태어난 사뮈엘 베케트(1906~1989년)는 트리니티 칼리지를 졸업하고 프랑스로 건너가 고등 사범 학교에서 영어를 가르쳤다. 1938년 프랑스에 정착했으며, 같은 아일랜드 출신 작가 제임스 조이스에게 깊은 영향을 받아 『피네건의 경야』(1939년)를 프랑스 어로 번역했다. 제2차 세계 대전 중에는 프랑스 레지스탕스에 참여했고 1951년부터 본격적으로 소설과 희곡을 발표한다. 현대인의 막연한 죄의식과 정체성 상실에서 오는 절망적 상황을 담은 「고도를 기다리며」(1953년)는 '부조리 극'의 원조로 꼽힌다. 1969년 노벨 문학상 수상자로 선정되었지만 수상식에 참여하지 않았다.

『율리시스(Ulyssys)』(1922년)

TIPS T-046
■ TRAVEL
□ GOLF

아일랜드 출신의 제임스 조이스가 1922년에 발표한 소설이다. 스티븐 데덜러스, 리오폴드 블룸과 그의 아내 마리언 블룸이라는 세 주인공이 더블린에서 하루 동안 겪는 에피소드를 담고 있으며, 고대 서사시 『오디세이아』의 틀을 차용해 인류의 보편적 주제에서부터 당시의 아일랜드 시대상, 민족주의와 같은 다양한 관념을 다룬다. 『율리시스』는 영문학 사상 가장 독특한 작품이자 현대 영문학의 최고 작품으로 꼽힌다. 이른바 '의식의 흐름'이라는 실험적 기법, 그리고 난해한 문제와 함축적인 문장, 은유들 때문에 읽기 가장 어려운 소설로도 꼽히는데, 조이스 자신도 "너무나 수수께끼를 많이 담았기 때문에 몇백 년 동안 학자들이 그 뜻을 밝히느라 골머리를 썩일 것"이라고 했을 정도다.

리시스』는 너무 지루했다. 이 책을 읽으려다가 던져 버린 적이 몇 번인지. 『율리시스』는 1천여 페이지, 25만 자가 담긴 엄청난 분량의 소설이지만 세 명의 주인공을 축으로 1904년 6월 16일 오전 8시부터 다음 날 새벽 2시 반까지 불과 하루도 안 되는 시간 동안의 이야기다. 지금도 아일랜드에서는 6월 16일을 소설 속 주인공의 이름을 따 '블룸의 날(Bloomsday)'로 정하고 광적으로 기념한다. 우리가 기네스에 취했던 그 거리 끝에는

트리니티 대학
(Trinity Collage)

TIPS
T-047
■ TRAVEL
□ GOLF

엘리자베스 1세가 아일랜드 왕을 겸하던 1592년에 설립된 아일랜드에서 가장 오래된 대학이다. 도서관(The Old Library) 롱 룸(Long Room)에는 9세기에 만들어진 복음서 『켈스 서(The Book of Kells)』를 포함하여 많은 고서가 소장되어 있다. 1969년 노벨 문학상을 수상한 사뮈엘 베케트를 비롯해 작가 조너선 스위프트(Jonathan Swift, 1667~1745), 시인 윌리엄 버틀러 예이츠 등이 이 대학을 졸업했다.

그 4인방 중의 하나이며, 죽을 때까지 '고도를 기다'리던 베케트가 다닌 **트리니티 대학**(Trinity Collage, 아일랜드어 Coláiste na Tríonóide)도 있었다. 그가 남긴 명언 "실패를 두려워 말고 계속 실패하라. 더 잘 실패하기 위하여(Ever tried. Ever failed. No matter. Try again. Fail again. Fail better.)"라는 글귀가 새겨진 펍에서 우리 문학의 밤은 기네스와 함께 깊어 갔다.

더블린 템플 바 거리의 끝에 아일랜드 최고의 교육 기관인 트리니티 칼리지가 자리 잡고 있다. 요새의 정문처럼 깊고 묵직한 입구가 유흥가와 대학을 구획하고 있었다.

(위에서 아래로) 조지 버나드 쇼, 윌리엄 버틀러 예이츠, 제임스 조이스, 오스카 와일드의 기념 동판들.

20세기 초 더블린의 오코너 거리(O'Connell Street)의 풍경을 담은 엽서.

더블린의 이곳저곳. 특히 템플 바 지역은 더블린 시내를 흐르는 리피 강(River Liffey, 아일랜드 어 An Life) 남쪽에 형성된 곳이다. 17세기 초 트리니티 대학의 학장 윌리엄 템플(William Temple)의 집과 정원이 있었던 것이 '템플 바' 명칭의 기원이다. 1960년대 재개발과 함께 예술가들이 정착한 이후 레스토랑과 바, 브랜드 숍, 갤러리 등이 생기기 시작했다.

03-024

DUBLIN
IRELAND

로열 더블린 골프 클럽
ROYAL DUBLIN GOLF CLUB

ⓘ 1885년 개장, 18홀, 6,647미터 (7,269야드)
ⓘ 주소: North Bull Island Nature Reserve, Dollymount, Dublin 3, Ireland
ⓘ 홈페이지: http://www.theroyaldublingolfclub.com

과음을 했는데도 다음 날 이른 아침 **로열 더블린 골프 클럽**(Royal Dublin Golf Club)으로 향했다. 1885년 개장할 당시에는 그냥 더블린 골프 클럽(Dublin Golf Club)이었다가 6년 후 '로열(Royal)' 칭호를 받았다. 영국 권 골프장에서 '로열'이라는 명칭이 들어간 물건이나 장소는 일단 신뢰해도 된다. 우리 나라처럼 위스키나 아파트 이름에 마음대로 붙였다 뗐다 하는 그런 수식어가 아니다. '국보'처럼 국가가 인증하는 고귀한 인장이 '로열'임을 골프장 수준에서도 몸으로 깨닫게 된다. '로열'에 버금가는, 혹은 능가하는 칭호는 '세인트(Saint)'다. '로열 세인트 조지'나 '세인트 앤드루스'를 떠올리면 된다. 그래서 '로열' 더블린 골프 클럽은 당연히 우리의 필수 방문 코스가 되었다. 로열 더블린 골프 클럽은 아일랜드에서 두 번째로 오래된 골프장이다. 제1차 세계 대전 때는 군 부대의 대포 사격장으로 사용되면서 폐허가 되었다가 전쟁 후 그 유명한 '골프장 설계자' **해리 콜트**(Harry Colt, 1869~1951년)에 의해 전통적인 링크스 스타일의 거칠고 도전적인 코스로 재건되었다. 전장 7,200야드[6,584미터]의 현재 챔피언십 코스는 그 후 꾸준히 리뉴얼한 것이다. 하지만 불행히도 우리가 찾아간 날은 클럽 회원의 날이었다. 연중 가장 골프 치기 좋은 호시절인데도 우리의 '불운'이 계속되고 있었다. 실패를 두려워하지 말고 계속 실패하라던 사뮈엘 베케트의 말을 떠올리면서 '눈물'을 닦았다. 🌏

로열 더블린 골프 클럽 프런트에서. 클럽 회원의 날이라고 해서 좌절했다. 쇠털 같은 골프 나날들, 한 박자 쉬어가기로 했다.

해리 콜트
(Harry Colt, 1869~1951년)

TIPS
G-048
☐ TRAVEL
■ GOLF

해리 콜트는 잉글랜드 출신의 골프 코스 설계자다. 최초의 세계적 코스 디자이너라고도 불린다. 해리 콜트는 25세 때부터 코스를 디자인했으며 영국의 스토크 파크 클럽(Stoke Park Club, 1908년), 스윈리 포레스트 골프 클럽(Swinley Forest Golf Club, 1909년), 로열 포트러시 골프 클럽, 세인트 앤드루스의 에덴 코스, 미국의 파인 밸리 등 세계적으로 아름답기로 이름난 코스들을 디자인했다. 그는 1928년 찰스 앨리슨(Charles Hugh Alison), 존 모리슨(John Morrison), 앨리스터 맥킨지(Alister MacKenzie)와 함께 골프 코스 디자인 회사(Colt Alison & Morrison Ltd.)를 세우고 세계 각지에 300개 이상의 골프 코스를 설계했다.

[03] 변방과 중심, 아일랜드에서
포트러시(Portrush), 북아일랜드(Northern Ireland)
[03-025] 로열 포트러시 골프 클럽(Royal Portrush Golf Club)

북아일랜드의 자존심, 링크스의 교과서

2005년 아일랜드 공화국군(IRA, Irish Republican Army)의 무장 해제 선언 이후 북아일랜드 모든 지역이 안전해졌다고는 하지만 이전 30년 간의 무장 투쟁, 그보다 더 오랜 반목과 갈등의 상처는 쉽게 치유될 수 있는 것이 아니다. 정치적 상부 구조의 변화만으로 하루 아침에 대중의 인식이 달라지지는 않는다. 우리는 아일랜드 분쟁의 진원지로 인식되어 온 수도 벨파스트를 스쳐 지나갔고 분쟁의 흔적이 없는 북쪽 끝 '안전한' 마을에서 북아일랜드 워밍업을 시도했다. 북아일랜드 최고 골프 코스인 **로열 포트러시 골프 클럽**(Royal Portrush Golf Club)이 이 곳에 있었다. 근처 유명 관광지인 **자이언츠 코즈웨이**(Giant's Causeway)를 돌아보고 이튿날 로열 포트러시 골프 클럽으로 향했다.

자이언츠 코즈웨이
(Giant's Causeway)

TIPS
T-049
■ TRAVEL
□ GOLF

아일랜드판 거대 주상절리로 거인의 둑길이라는 뜻이다. 6만 년쯤 전에 화산 폭발로 생긴 것으로 알려져 있다. 벨파스트에서도 투어 버스를 타고 가볼 수 있다. 북아일랜드 자이언츠 코즈웨이 해안에는 무수히 많은 육각형의 돌기둥들이 밀려오는 파도를 가로 막듯이 빈틈없이 늘어서 있다. 이 돌기둥들은 하나하나가 벌집처럼 규칙적으로 늘어서 있어 위대한 건축가가 만든 길과 제방처럼 보인다. 제주도의 주상절리와 비슷하지만 훨씬 더 넓은 지역에 비교도 안 되게 큰 규모로 펼쳐져 있다. 대략 돌기둥 수만 해도 4만 개가 넘는다. 그럴 듯한 켈트의 전설도 몇 가지가 있다. 한 거인이 사랑하는 여인을 위해 만든 길이라는 이야기와 아일랜드 거인이 스코틀랜드 거인을 무찌르기 위해 만든 길이라는 이야기가 대표적이다. 여유 있게 주상절리 아래 위를 구경하려면 적어도 서너 시간은 소요된다. 대서양 수면 위로 100미터 높이의 고원에 있는 완만한 기복의 평지 길이 주상절리 아래 위로 이어진다. 가파른 현무암 절벽은 Z자 꼴로 멀리까지 뻗어 있다. 2008년 영국의 시민 단체 '내셔널 트러스트'는 기후 온난화에 따른 해수면 상승으로 자이언츠 코즈웨이가 사라질 위험에 처했다고 경고했다. 영국의 국가 기념물로 지정되어 보호받고 있다.

자이언츠 코즈웨이(Giant's Causeway)는 로열 포트러시 골프 클럽(Royal Portrush Golf Club)에서 멀지 않다. 매년 50만 명 이상이 찾는 관광 명소이자 유네스코 세계 유산이기도 하다.

골프 여행자에게 북아일랜드는 빼놓을 수 없는 곳이다. 좋은 골프장도 많고 세계를 호령하는 선수들이 대거 배출되고 있기 때문이다. **타이거 우즈**(Tiger Woods, 1975년~)를 능가할 것으로 평가되기도 하는 **로리 매킬로이**(Rory McIlroy, 1989년~), 2011년 디 오픈 우승자 **대런 클라크**(Darren Clarke, 1968년~), 2010년 US 오픈 우승자 **그레임 맥다월**(Graeme McDowell, 1979년~)이 모두 북아일랜드 출신이다. 북아일랜드는 인구 170만 명에 면적이 경상도보다 작다. 이 좁은 나라에 120여 개의 골프장이 있고 명문 코스도 수두룩하다.

로열 포트러시는 1888년 9홀로 개장했고, 1908년 에드워드 7세(Edward VII, 1841~1919년)가 로열 칭호를 부여했다. 지난 2009년 『골프 다이제스트(Golf Digest)』는 미국을 제외한 전 세계 골프장 중에서 로열 포트러시를 1위로 선정하기도 했다. 로열 포트러시 골프 클럽은 1951년 디 오픈을 개최하기도 했다. 브리튼 섬(Britain, 잉글랜드, 스코틀랜드, 웨일스)이 아닌 곳에서 개최한 최초의 디 오픈이었다. 이후 현재까지 60년이 지나도록 디 오픈이 다시 열리지는 않았다. 여러 이유가 복잡하게 얽혀 있을 것으로 짐작할 수 있다. 디 오픈 개최 골프장이 13곳인지 14곳인지는 애매하다. 로열 포트러시를 포함하면 14곳이 맞다. 최근 북아일랜드 골프의 급성장으로 다시 이 곳에서 디 오픈이 개최될 가능성도

타이거 우즈(Eldrick Tiger Woods, 1975년~)

TIPS
G-050
☐ TRAVEL
■ GOLF

미국의 프로 골프 선수. '골프 황제'라는 별명을 가지고 있다. 골프 역사상 가장 뛰어난 선수 중의 한 사람으로 평가받는다. 1987년 12살의 나이로 30개의 주니어 토너먼트 대회에서 무패로 우승하며 주목받기 시작했다. 1996년 처음으로 PGA 투어에 참가한 후 PGA 투어 284개 대회 통산 78승(2013년까지)을 거두어 미국의 샘 스니드(Samuel Jackson Snead, 1912~2005년)가 보유하고 있는 PGA 통산 최다승(82승) 기록에 거의 접근하고 있다. 2000년 US 오픈, 브리티시 오픈, PGA 챔피언십에 이어 2001년 마스터스에서 우승함으로써 메이저 4연승을 거두는 초유의 기록을 세우며 '타이거 슬램'이라는 용어를 만들어냈다. 4번의 마스터스, 3번의 US 오픈, 3번의 브리티시 오픈, 4번의 PGA 챔피언십 등 메이저 대회를 통산 14번 우승하여 미국의 잭 니클라우스(Jack William Nicklaus, 1940년~)의 18승에 이어 역대 두 번째 최다승 기록을 보유하고 있다. 2009년 말 터진 성 추문과 부상 등으로 골프 중단을 선언했다가 2010년 4월 9일 PGA 마스터스 토너먼트에서 복귀했다.

로리 매킬로이 (Rory McIlroy, 1989년~)

TIPS G-051
☐ TRAVEL
■ GOLF

북아일랜드의 프로 골프 선수. '포스트 타이거 우즈'로 주목받는 젊은 선수다. 2007년 17세 때 프로에 데뷔했다. 2008~2009년 EPGA 두바이 데저트 클래식을 2연패하여 유럽 골프 투어 사상 일곱 번째 최연소 타이틀을 차지했고 메이저에서는 2011년 US 오픈에서 첫 우승을 달성했다. 2012년 미국 PGA와 유러피언 PGA 투어를 비롯한 각종 메이저 대회에서 다섯 번의 우승을 거두며 세계 랭킹 1위와 상금왕의 타이틀을 동시에 석권했다. 그는 현재까지 타이거 우즈와 더불어 메이저 대회에서 다수의 우승을 차지한 유일한 40세 이하 선수이자 최연소 세계 랭킹 1위를 달성한 선수다.

대런 클라크 (Darren Clarke, 1968년~)

TIPS G-052
☐ TRAVEL
■ GOLF

북아일랜드의 프로 골프 선수. 1990년 프로로 전향한 클라크는 유러피언 투어 통산 14승을 거두고 PGA 투어에서 3승, 일본 투어에서 3승 등 통산 20승 이상을 올렸다. 2000년 PGA 투어 매치플레이 챔피언십에서 전성기의 타이거 우즈를 3홀 차로 누르는 이변을 일으키기도 했다. 그 후 별다른 성적을 내지 못하다가 2011년 43세의 나이로 제140회 브리티시 오픈에서 우승하며 생애 첫 메이저 우승을 거머쥐었다. 아내와 사별하는 등 개인사가 있는데도 푸근하고 넉넉한 이미지로 북아일랜드 팬들에게 높은 인기를 얻고 있다. 2012년 대영 제국 훈장 (4등급, Officer of Order of the British Empire)을 받았다.

그레임 맥다월 (Graeme McDowell, 1979년~)

TIPS G-053
☐ TRAVEL
■ GOLF

북아일랜드의 프로 골프 선수. 2002년 프로로 데뷔하였다. 2010년 US 오픈에서 생애 첫 메이저 대회 우승을 차지하며 1970년 앤서니 재클린 (Anthony Jacklin, 1944년~) 이후 40여 년 만에 우승한 유럽 출신 선수가 되었다. 유러피언 투어에서 10승, PGA 투어에서 3승, 아시안 외 투어에서 3승 이상 거두며 유럽과 미국에서 좋은 성적을 내고 있다. 대런 클라크, 로리 매킬로이와 함께 세계 골프 대회에서 북아일랜드 열풍을 이끌고 있다.

03-025

PORTRUSH
NORTHERN IRELAND

로열 포트러시 골프 클럽
ROYAL PORTRUSH GOLF CLUB

ⓘ 1888년 개장, 36홀, 12,365미터 (13,523야드)
ⓘ 주소: Dunluce Road, Portrush, Co. Antrim, BT56 8JQ, UK
ⓘ 홈페이지: http://www.royalportrushgolfclub.com

배제할 수 없다. 로열 포트러시는 북아일랜드의 대표적 자연 유산인 자이언츠 코즈웨이에서 멀지 않은 해안가에 위치하고 있다. 신화에 따르면 자이언츠 코즈웨이는 아일랜드 거인과 스코틀랜드 거인이 벌인 전쟁에 의해 생겼다고 한다. 날씨가 좋으면 바다 건너 스코틀랜드가 보인다. 이렇듯 로열 포트러시 골프 클럽은 북아일랜드 최고의 절경을 이루며 신화를 간직하고 있는 명당에 자리잡고 있다.

로열 포트러시는 1888년 '더 컨트리 클럽(The Country Club)'이라는 이름의 9홀 코스로 개장한 뒤 이듬해 9홀을 추가하여 18홀이 되었다. 현재 이 곳은 두 개의 챔피언 코스로 운영되고 있다. 저 멀리 절벽 위에 남아 있는 고성(古城) 던루스(Dunluce)의 이름을 딴 '던루스 코스'와 '밸리(Valley) 코스'가 그것이다. 골퍼들 사이에서는 남성적이고 강한 이미지

갑작스러운 폭우를 피하라고 방공호를 연상시키는 움막을 코스 곳곳에 배치해 놓았다. ☞ 잃어버린 공을 찾기 위해 러프를 뒤지다 보면 마치 옥수수 밭에 들어와 있는 기분이 들 만큼 길고 드센 풀이 각 홀을 포위하고 있다.

1888년 개장한 로열 포트러시 골프 클럽(Royal Portrush Golf Club)은 아름다운 북아일랜드의 해안을 그대로 간직한 골프장이다. 1895년 영국 본토 바깥에서 열린 첫 번째 브리티시 여자 오픈과 1951년 역시 영국 본토 밖에서 열린 첫 번째 디 오픈의 개최지이기도 하다. 링크스 랜드와 그린이 조화롭고, 거친 러프와 가시금작화가 펼쳐진 자연을 페어웨이로 고스란히 옮겨 놓은 '던루스 코스'가 유명하다.

의 던루스 코스의 정통성을 더 인정하는 분위기다. 실제로 이 코스 설계를 맡았던 해리 콜트는 자신의 작품 중 최고의 걸작으로 던루스를 꼽은 적이 있다. 영국식 링크스 코스들이 늘 그렇듯 그저 생긴 모양 그대로 페어웨이를 얹어 놓고 사람 키를 훌쩍 넘는 깊은 벙커를 파고, 그것도 모자라 벙커의 가장자리는 마치 찌그러진 깡통을 연상시킬 만큼 얄궂은 모양으로 뜯어 놓았다. 게다가 바다에서 불어오는 차갑고 습한 바람은 시도 때도 없이 비를 뿌려 댄다. 갑작스러운 폭우를 피하라고 방공호를 연상시키는 움막을 코스 곳곳에 배치해 놓았다. 코스 전체에 깔려 있는 러프의 길이도 상상을 초월한다. 잃어버린 공을 찾기 위해 러프를 뒤지다 보면 마치 옥수수 밭에 들어와 있는 기분이 들 만큼 길고 드센 풀이 각 홀을 포위하고 있다. 홀마다 생김새와 주변 경관의 특성을 살린 애칭이 있다. 5번 홀은 '하얀 바위(White Rocks)', 12번 홀은 '둑길(Causeway)', 13번 홀은 '암초군(Skerries)'처럼 각 홀에서 볼 수 있는 대표적인 조형물이나 경관에서 따오거나 아니면 '프레드 데일리(Fred Daly's, 4번 홀)', '해리 콜트(Harry Colt's, 6번 홀)', '피지 스티븐슨(P.G. Stevenson's, 7번 홀)'처럼 골프장과 인연이 있는 사람의 이름을 붙여 헌정하는 경우도 있었다. 북아일랜드 골프장의 자존심과 같은 로열 포트러시에서 플레이를 마치고 보니 빗물에 젖고 눈물에 젖은 초라한 스코어 카드만 덜렁 남았다. IRA보다 더 무서운 골프장이었다. 왜 로열 포트러시를 '링크스의 가장 완벽한 표본'이라 부르는지, 왜 로열 포트러시는 세계 10대 골프장에서 이름이 빠지지 않는지 뼈저리게 공감할 수 있었다. 🌐

프레드 데일리(Frederick Daly, 1911~1990년)

TIPS
G-054
☐ TRAVEL
■ GOLF

포트러시 출신 프레드 데일리(1911~1990년)는 1947년 호이레이크(Hoylake)의 로열 리버풀 골프 클럽에서 열린 디 오픈에서 우승한 골프 선수다. 그는 2007년 아일랜드 출신 파드리그 해링턴(Padraig Harrington, 1971년~)이 디 오픈에서 우승하고, 북아일랜드 출신 그레임 맥다월이 2010년 US오픈에서 우승하기까지 양국을 통틀어 메이저 대회에서 우승을 차지한 유일한 아일랜드 선수였다.

피지 스티븐슨(P. G. Stevenson, 1906~?년)

TIPS
G-055
☐ TRAVEL
■ GOLF

1906년 포트러시에서 태어나 어려서부터 로열 포트러시 골프 클럽에서 캐디로 일하기 시작했다. 1922년부터 55년 동안 이 골프 클럽의 클럽 메이커이자 강사, 국제 대회 개최 때 아일랜드 대표로 활동했으며, 1946년에는 골프 코스 설계에 참여하기도 했다. 로열 포트러시의 던루스 코스 7번 홀과 밸리 코스 18번 홀이 각각 그의 이름을 딴 것이다.

[03] 변방과 중심, 아일랜드에서
벨파스트(Belfast), 아일랜드(Ireland)
[03-026] 로열 벨파스트 골프 클럽(Royal Belfast Golf Club)

여전히 우울한 회색 도시의 '푸른 섬'

아일랜드를 떠날 때가 되었다. 골프 성지 스코틀랜드로 출항하는 카페리를 타기 위해서는 '무서운' 벨파스트(Belfast)로 갈 수밖에 없었다. 벨파스트는 아일랜드 어로 '강 입구의 모래 둔덕(The sandy ford at the river mouth, Béal Feirste)'이라는 의미다. 지도에서 벨파스트가 어디에 있는지 찾아 보면 이해가 간다. 바다가 육지로 깊숙이 기어들어 온 만에 위치하고 있고 케이브힐(Cavehill)을 비롯한 여러 언덕이 도시를 둘러싸고 있다. 케이브힐은 조너선 스위프트(Jonathan Swift, 1667~1745년)가 『걸리버 여행기』를 구상한 곳이다. 과거에 벨파스트는 조선소로 세계에 이름을 날렸다. '타이타닉 호'가 1911년 이 곳에서 진수되었다. 금요일 오후 5시 무렵, 주말의 시작이라 그런지 시내 중심가 호텔 방을 가까스로 잡을 수 있었다. 호텔 내부의 복도는 수용소를 방불케 하는 다중 잠금 장치가 되어 있었다. 오랜 갈등의 상처가 모든 건물과 방에 그대로 남아 있는 듯했다. 대도시에서는 시내 중심에 숙소를 잡는 것이 여러모로 유리했다. 차에서 보니 회색의 도시 벨파스트는 다른 도시와 느낌이 사뭇 달랐다. 금요일 저녁의 활기나 화려함은 어디서도 찾을 수가 없었다. 간단히 호텔에서 저녁을 때우고 외출은 포기했다. 무서워서가 아니라 무미건조해 보이는 도시의 외관이 우리를 질리게 했기 때문이다. 같은 땅덩이, 사실상 같은 나라에 있는 더블린과 벨파스트의 분위기가 이렇게 극단적으로 다르다는 점이 생각을 복잡하게 만들었다. 호텔 바로 옆에 위치한 클럽으로는 그나마 금요일 댄스 파티를 즐기기 위한 사람들이 드나들고 있었지만 화려한 복장의 손님보다는 선글라스 쓰고 무전기 이어폰을 낀 채 서 있는 '기도' 아저씨들이 주인공처럼 보였다. 이튿날 일찍 시내를 간단히 돌아보고 골프장으로 직행했다. 골프장은 다행히 그리고 당연히 초록이었다. 로열 벨파스트 골프 클럽(Royal Belfast Golf Club)은 1881년 개장한, 아일랜드 섬에

『걸리버 여행기』(The Gulliver's Traveles)(1726년)

TIPS T-056
■ TRAVEL
□ GOLF

아일랜드 작가 조너선 스위프트가 1726년에 발표한 소설로, 주인공 걸리버의 모험 이야기를 통해 당시의 시대 상황을 적나라하게 풍자했다. 동화로 각색되어 알려진 것과 달리 실제 소설은 신랄한 현실 비판이 특징이다. 당시 영국은 토리당과 휘그당이 민중을 등한시한 채 권력 투쟁에 몰두하고 있었다. 허황된 이야기를 일삼는 과학계도 비판의 대상이 되었다. 『걸리버 여행기』는 소인국을 다룬 소설의 1부가 동화로 각색되어 아이들을 위해 많이 읽혔으며 영화로도 만들어졌다. 작가의 의도와는 무관하게 호기심과 상상력을 자극하는 작품으로 더 사랑받고 있다.

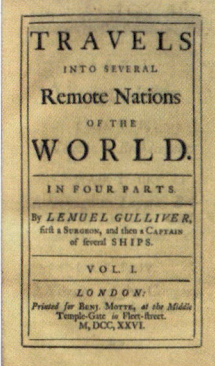

조너선 스위프트와 『걸리버 여행기』 제1판의 속표지.

벨파스트 시청. 벨파스트의 중심으로 식민지였던 1906년 완공되었다. 19세기 초 벨파스트는 아일랜드 섬에서 가장 큰 도시였고, 조선업의 흥기로 활황을 누렸다. 한 나라의 정부 청사라고 해도 손색이 없을 정도로 크고 화려한 콜로니얼리즘 양식의 건물이 당시의 분위기를 전하고 있다. 일제가 경복궁과 광화문 사이에 만들었던 조선 총독부 청사(1916년 기공, 1926년 완공, 1995~1996년 철거)와 그 외양·구조가 유사하다.

서 가장 오래된 골프장이다. 1881년 여름, 토머스 싱클레어(Thomas Sinclair)라는 사람이 스코틀랜드에 사는 친구의 초청으로 세인트 앤드루스 골프장에서 휴가를 즐기게 되었다고 한다. 골프를 처음 경험하면서 고전을 면치 못하던 그는 아일랜드로 돌아오자마자 절치부심하며 골프장을 지을 땅을 찾아 나섰고 그 해 11월에 9홀을 완성했다. 아일랜드 골프장의 역사가 시작된 것이다. 이후 아일랜드의 골프 인구는 급속도로 증가했고, 골프장 회원도 늘었다. 결국 1925년 더 넓은 부지를 찾아 현재의 위치인 크레이거바드(Craigavad)에 18홀 골프장이 완성되었다. 코스 설계자는 로열 포트러시를 설계한 해리 콜트가 맡았다. 하지만 로열 포트러시와는 스타일이 전혀 달랐다. 바다와 맞닿아 있지만 주상절리를 때리며 무섭게 부서지는 북쪽 바다(자이언츠 코즈웨이 지역)와는 달리 평온했다. 로열 벨파스트 골프장은 아일랜드에서 '로열' 칭호를 받은 네 골프장 중의 하나로 남다른 품격을 자랑한다. 특히 중후한 느낌이 나는 석조 외벽의 클럽하

벨파스트(Belfast) 시내 풍경. 사실상 같은 민족의 같은 땅덩어리인 더블린(아일랜드의 수도)과 벨파스트(북아일랜드의 수도)의 금요일 밤 분위기는 극단적으로 달랐다.

03-026

BELFAST
IRELAND

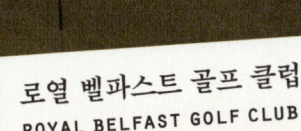

로열 벨파스트 골프 클럽
ROYAL BELFAST GOLF CLUB

- 1881년 개장, 18홀, 파71 / 5,776미터 (6,306야드)
- 주소: Station Road, Craigavad, Holywood, BT18 0BP, UK
- 홈페이지: http://www.royalbelfast.com

삽시간에 물안개가 끼면서 게임은 오리무중이 되었지만 아름다운 풍경을 만나 휴식을 얻게 되었다.

'아름다운 골퍼는 머문 자리도 아름답습니다.' 진정한 골퍼는 디벗 자리에 배토 작업까지 해 주고 남이 버린 티까지 주워 주는 법. 이젠 캐디 없는 라운드에 제법 익숙해져 몸과 마음에 여유가 생겼다.

우스는 위용이 대단했다. 내부에는 톰 모리스(Thomas Mitchell Morris, 1821~1908년)의 드라이버부터 창립 멤버들이 입었던 주황색 재킷까지 역사의 산물들이 전시되어 있었다. 바닷가 골프장임에도 링크스가 아닌 파크랜드형이라는 점도 인상적이다. 얼핏 보기에는 부담 없고 편안한 느낌을 받게 된다. 하지만 삐딱하게 누운 페어웨이와 너무 많은 벙커, 그린의 까다롭고 미묘한 라이가 사람을 끊임없이 괴롭혔다. 또한 오르막 홀과 내리막 홀이, 또 좌우 **도그 레그 홀**(dog's leg hole)이 교차하며 정신을 빼 놓기 일쑤였다. 6,306야드 [5,766미터] 파 71이라 만만해 보였지만 거리보다는 정확성을 요하는 은근히 까다로운 코스였다. 아일랜드 섬 안에서도 가장 아름다운 골프장이라는 직원의 소개를 듣고 출발했지만 풍경이 눈에 들어올 여유가 없었다. 코스에 이리저리 끌려 다녔던 전반 홀을 마치고 이제 뭔가 감을 잡았다 싶었던 후반 무렵, 청명한 하늘 아래 선명하게 보이던 수평선과 범선들이 갑자기 뿌옇게 흐려지더니 삽시간에 물안개가 코스 전체를 덮어 버렸다. 30~40분 동안 라운드를 중단해야 할 정도로 한 치 앞도 볼 수 없는 안개의 공격이었다. 난타 당한 전반 홀, 오리무중 후반 홀이었다. 무채색의 '감옥'으로 기억에 남을 뻔한 벨파스트에서 로열 벨파스트 골프 클럽을 만난 것은 축복이고 행운이었다. 어디를 가도 18홀에 초록색의 골프장 자체가 완전하게 새로운 감동으로 다가오기는 어렵다. 그럼에도 골프장처럼 갈 때마다 가는 곳마다 사람의 신명을 끌어내는 곳은 거의 없다. 나도 서서히 골프 폐인이 되어 가고 있었다.

도그 레그 홀(dog's leg hole)

TIPS
G-057
□ TRAVEL
■ GOLF

반듯하지 않고 왼쪽이나 오른쪽으로 굽은 홀. 개의 뒷다리처럼 생겼다고 해서 붙은 이름이다. 팔꿈치처럼 굽었다고 해서 영국에서는 엘보 홀(elbow hole)이라고도 부른다. 지형을 이용해서 설계하는 과정에서 생겨난 홀이므로 산이 많은 우리 나라에서도 많이 볼 수 있다. 휘어진 부분이 가로질러 칠 수 있을 듯 착시 효과를 내므로 기술뿐 아니라 자신의 실력에 대한 냉정한 판단력을 요구한다.

Royal Belfast Golf Club

스코틀랜드　04

골프의 원조를 찾아
스코틀랜드에서

골프의 정신을 찾아서—유럽 골프 인문 기행 04　[스코틀랜드]

SCOTLAND

- 04-030 • ROYAL ABERDEEN GOLF CLUB
- 04-031 • MURCAR LINKS GOLF CLUB
- 04-032 • ST. ANDREWS OLD COURSE
- 04-033 • ST. ANDREWS NEW COURSE
- 04-034 • PRESTWICK GOLF CLUB
- 04-035 • MUSSELBURGH LINKS, THE OLD GOLF COURSE
- 04-036 • GULLANE GOLF CLUB
- 04-037 • MUIRFIELD GOLF CLUB
- 04-038 • NORTH BERWICK GOLF CLUB
- 04-027 • TURNBERRY GOLF CLUB
- 04-028 • ROYAL TROON GOLF CLUB
- 04-029 • WESTERN GAILES GOLF CLUB

스코틀랜드 04
골프의 원조를 찾아 스코틀랜드에서

석양이 아름다운 '세계 골프 유산'	04-027 턴베리 골프 클럽 Turnberry Golf Club
왕 중 왕의 위용, 도둑 골프를 허하노라!	04-028 로열 트룬 골프 클럽 Royal Troon Golf Club
널린 링크스 속의 '고수들'	04-029 웨스턴 게일스 골프 클럽 Western Gailes Golf Club
골프 코스도 남탕, 여탕?	04-030 로열 애버딘 골프 클럽 Royal Aberdeen Golf Club
구멍 난 하늘, 폭우에 무릎 꿇다	04-031 머카 링크스 골프 클럽 Murcar Links Golf Club
'골프 교도'의 성지 순례기	Ed-002 세인트 앤드루스에서 '골프장' 찾기
골프 발상지의 아우라, '성지'를 경배하라	04-032 세인트 앤드루스 올드 코스 St. Andrews Old Course
형만 한 아우 없다고요? 천만에!	04-033 세인트 앤드루스 뉴 코스 St. Andrews New Course
디 오픈 '종가'의 자부심	04-034 프레스트윅 골프 클럽 Prestwick Golf Club
기네스북이 인정한 가장 오래된 골프장	04-035 머셀버러 링크스 Musselburgh Links, The Old Golf Course
골프장 천국, 부킹은 '하늘의 별따기'	04-036 걸랜 골프 클럽 Gullane Golf Club
	04-037 뮤어필드 골프 클럽 Muirfield Golf Club
	04-038 노스 베릭 골프 클럽 North Berwick Golf Club

[04] 골프의 원조를 찾아 스코틀랜드에서
턴베리(Turnberry), 스코틀랜드(Scotland)
[04-027] 턴베리 골프 클럽(Turnberry Golf Club)

석양이 아름다운 '세계 골프 유산'

🌏 벨파스트에서 쾌속 페리에 몸을 싣고 차도 싣고 두 시간 물살을 헤친 끝에 드디어 골프의 땅, 링크스의 고향, 위스키의 나라 스코틀랜드에 입성했다. 골프 '성지'인 스코틀랜드의 면적은 남한보다 조금 작고, 인구는 1/10(500만 명)이지만 골프장은 560여 곳(한국은 447여 곳) 가까이 된다. 인구 대비 골프장 수가 가장 많아 그야말로 골프의 '성지'라 할 만하다. 우리가 첫 발을 디딘 곳은 스코틀랜드 서쪽 해변의 에어셔(Ayrshire) 주. 이 곳은 세인트 앤드루스 중심의 동쪽 해안 지역과 자웅을 겨루는 골프장 밀집 지역이다. 턴베리 골프 클럽(Turnberry Golf Club), 로열 트룬 골프 클럽(Royal Troon Golf Club), 웨스턴 게일스 골프 클럽(Western Gailes Golf Club), 프리스윅 골프 클럽(Preswick Golf Club) 등 명문들이 이웃하고 있다. 그래서 에어셔 주 지역을 '골프 파라다이스'라 부르는 사람도 있다.

턴베리 골프 클럽(Turnberry Golf Club)는 1901년 오픈했지만 1, 2차 세계 대전 중에는 영국 공군의 비행장으로 쓰이기도 했다. 페어웨이 잔디 위에는 콘크리트가 덮였고 넓고 긴 활주로가 닦이면서 코스는 복원할 수 없을 만큼 망가졌다. 하지만 바다와 인접한 몇 개의 홀은 활주로 부지로 쓸 수 없어 살아남았다. 남은 홀들과 해안 절벽 근처의 나대지를 이용해 새로운 코스를 만들 수 있었다. 이것이 1949년 문을 연 절경 중의 절경, 골프장의 '자연 문화 유산'으로 불리는 턴베리의 '에일사(Ailsa) 코스'다. 당일 라운드는 기대하지도 않았다. 예약도 못했을 뿐더러 아일랜드에서 바다를 건너 골프장에 도착한 시간이 오후 4시 무렵이니 웬만한 골프장은 코스를 정리하고 문을 닫는 시간이었다. 게다가 이 곳은 2009년까지 디 오픈만 네 번을 개최한 화려한 이력을 가진 데다 에일사 코스의 명성이 하늘을 찌르기 때문이다. 최소 몇 달 전에 예약을 해야 그나마 방문자를 받아 준다는 곳이다. 하지만 모든 일이 규정대로만 돌아가는 것은 아니다. 스코틀랜드인의 대부분을 차지하는 켈트 족은 한국인과 비슷한 구석이 있다. 성격이 급하고 거칠지만 정이 많으며, 술과 골프를 좋아하고 이방인에게 친절하다. 우리의 사연을 들은 후덕한 인상의 매니저는 예약 리스트를 몇 번 뒤적거리더니 마지막 팀 뒤에 한 타임을 만들어 주었다. 친절한 스코틀랜드인의 아름다운 배려로 세계에서 가장 아름다운 코스에 족적을 남길 수 있게 된 것이다. 에일사 코스〔파 70 / 7,204야드(6,587미

벨파스트에서 쾌속 페리에 몸을 싣고 두 시간만에 골프의 땅, 링크스의 고향 스코틀랜드에 입성했다. 해안 도로변 풍경만 봐도 부드러운 능선의 링크스가 자연스럽게 그려졌다.

04-027
TURNBERRY
SCOTLAND

턴베리 골프 클럽
TURNBERRY GOLF CLUB (TRUMP TURNBERRY RESORT)

- 1901년 개장, 45홀, 12,415미터 (13,577야드)
- 주소: Maidens Road, Turnberry, Strathclyde KA26 9LT, UK
- 홈페이지: www.turnberry.co.uk/golf-breaks

터))는 우리가 처음 경험하는 정통 스코틀랜드 링크스였다. 첫 홀부터 난해했다. 3번 홀까지는 상견례라 생각하고 마음을 비웠다. 무엇보다 바다에서 불어오는 강한 바람 때문에 정신이 혼미할 지경이었다. 같은 홀인데도 티잉 그라운드와 페어웨이, 그린에서의 바람의 강도와 방향이 제각각이었다. 볼은 고사하고 쓰고 있던 모자를 건사하기도 힘들었다. 4번 홀부터 11번 홀까지는 줄곧 바다를 낀 해안 절벽 위로 코스가 이어진다. 기복이 심한 언덕과 험한 바위 곁으로 아슬아슬하게 올라앉은 좁은 페어웨이, 한쪽에서는 바다가 입을 벌린 채 오비가 나기만을 기다리고 있어 풀 스윙이 어려웠다. 특히 간판 홀인 9번 홀[파 4 / 449야드(410.5미터)]은 바다 끝 낭떠러지 위에 티잉 그라운드가 있었다. 거칠게 덤비는 파도를 발밑으로 깔고 바다를 등진 채 드라이버 샷을 날려야 했다. 바람을 고려해 바다 쪽으로 어드레스(adress. 두 발 사이의 폭을 정하고 클럽을 필드에 댄 자세)를 열어 놓고 페어웨이 왼쪽을 겨냥했다. 바람이 잦아드는 순간을 기다렸지만 달라질 기미가 보이지 않았다. 바람의 존재를 잊어버리기로 하고 심호흡을 한 후 정석대로 힘을 뺀 채 헤드의 무게로 가볍게 스윙했다. 제대로 맞은 느낌이었다. 볼은 아름다운 포물선을 그리며 정확하게 목표 방향을 향하고 있었다. 탄도가 조금 높았던 탓인지 한순간 바람의 저항을 이기지 못하고 급강하하더니 왼쪽 러프 쪽으로 떨어졌다. 샷은 뜻대로 되지 않았지만 눈앞에 펼쳐진 풍경은 그림처럼 아름다웠다. 해안 절벽의 경계를 타고 왼쪽에서는 파도가 부서지고, 바위 위에 펼쳐진 그린과 그 너머로 새하얀 등대가 손짓하고 있었다. 서쪽에 있는 제주도 산방산처럼 생긴 '에일사 크레이그(Ailsa Craig)'라는 이름의 거대한 바위섬도 주요한 볼거리다. 우리는 마지막 팀이었기 때문에 경치를

1901년 에일사 후작(Marquess of Ailsa)이 세운 턴베리 골프 클럽은 완만한 초원과 거친 모래 언덕, 해안 절벽이 어우러진 절경으로 유명하다. 제 1, 2차 세계 대전 당시 공군 비행장으로 사용됐고, 종전 후 활주로로 사용되지 않았던 절벽 옆 부지로 골프장이 옮겨가면서 완전히 새로운 코스가 되었다. 덕분에 가장 아름다운 석양과 등대를 가진 골프장으로 꼽힌다.

감상하며 여유 있게 플레이했다. 해가 기울면서 골프장의 가장 아름다운 곡선이 드러나고 있었다. 내게는 무시무시한 코스였지만 디 오픈 개최 골프장 치고는 너무 쉽다는 세간의 평가가 많았다. 특히 1994년 디 오픈 때가 절정이었다. 대회 기간 중 60대의 스코어가 무려 148번이나 나왔다. 골프장 입장에서는 자존심이 상하는 일이었을 것이다. 그래서 2009년 디 오픈을 앞두고 홀별 거리를 늘이고 페어웨이 벙커를 추가하는 등 난이도를 끌어올렸다. 수평선에 걸린 태양이 코스에 예각으로 내리꽂히며 페어웨이의 언듈레이션과 그린의 마운드(벙커나 그린 주위의 작은 둔덕)를 드라마틱하게 드러내고 있었다. 우리는 세계에서 석양이 가장 아름다운 홀, 심지어 '세계 골프 유산'으로까지 극찬을 받는 그 코스에서 일몰을 보면서 골프의 진정한 즐거움을 만끽했다.

클럽하우스와 내외부 시설. 화려한 호텔과 코스 전체를 2014년에 도널드 트럼프(Donald Trump)가 구매해 지금은 '트럼프 턴베리(Trump Turnberry)'로 이름을 바꾸었다. 그러자 디 오픈을 주관하는 R&A는 지난 2015년 턴베리 골프 클럽을 디 오픈 순회 개최지 후보에서 제외했다.

[04] 골프의 원조를 찾아 스코틀랜드에서
트룬(Troon), 스코틀랜드(Scotland)
[04-028] 로열 트룬 골프 클럽(Royal Troon Golf Club)

왕 중 왕의 위용, 도둑 골프를 허하노라!

🌏 공과 운동장만 있으면 누구나 즐길 수 있는 축구처럼 스코틀랜드에서는 누구나 골프를 할 수 있다. 그린 피가 수십만 원 하는 골프장도 있지만 경우에 따라서 거의 공짜로 칠 수 있는 퍼블릭 코스도 즐비하다. 잉글랜드, 아일랜드, 북아일랜드로 골프 투어가 길어지면서 다소 매너리즘에 빠져 있었다. 스코틀랜드에 입성하자 정신이 번쩍 들었다. 골프의 성지가 멀지 않은 데다가 말로만 듣던 정통 링크스가 즐비했기 때문이다. 게다가 디 오픈이 다가오고 있어 스코틀랜드 전체가 골프로 들썩이고 있었다. 펍에는 디 오픈을 시청할 수 있다는 광고문이 걸리고 저녁 술자리의 아저씨들은 저마다 이번 대회 우승자를 점치느라 침을 튀겼다.

로열 트룬 골프 클럽(Royal Troon Golf Club)은 턴베리와 지척에 있다. 아홉 번이나 디 오픈을 개최했고 늘 세계 100대 골프장에 이름을 올리는 명문 코스다. 늦은 시간에 도착한 탓에 일단 여장을 풀고 저녁 식사를 마쳤다. 밤 8시가 넘었지만 스코틀랜드는 백야 시즌이라 밖이 훤했다. 수평선에 걸린 태양이 한참을 더 버틸 태세였기 때문에 골프장 사전 답사에 나섰다. 직원들은 모두 퇴근을 해 버렸고, 울타리도 없는 코스는 무방비 상태로 오픈되어 있었다. 카트 길을 따라 가족이나 친구들과 산책하는 사람, 자전거를 타는 사람, 심지어 운전 면허 연습을 하는 자동차 한 대가 16번 홀 카트 길로 들어와 전진 후진을 반복하며 길 좌우의 잔디를 짓이기고 다니는 모습도 목격할 수 있었다. 압권은 홀로 캐디 백을 메고 이 홀 저 홀을 다니며 '도둑 골프'를 치는 할아버지였다. 높은 담에 철저한 보안 시스템이 가동되는 한국의 골프장에서는 상상할 수도 없는 일들이었다. 골프가 스코틀랜드 목동들의 놀이에서 비롯했다는 것은 널리 알려진 가설이

저녁의 골프장에서는 카트 길을 따라 가족이나 친구들과 산책하는 사람, 자전거를 타는 사람, 심지어 운전 면허 연습을 하는 자동차 한 대가 16번 홀 카트 길로 들어와 전진 후진을 반복하며 길 좌우의 잔디를 밟고 다니는 모습도 목격할 수 있었다.

04-028

TROON
SCOTLAND

로열 트룬 골프 클럽
ROYAL TROON GOLF CLUB

- 1878년 개장, 36홀, 12,311미터 (13,464야드)
- 주소: Craigend Road, Troon, KA10 6EP, UK
- 홈페이지: http://www.royaltroon.com

다. 확실히 이 곳에서 골프라는 것은 격리되고 관리되는 별천지에서 특별한 사람들이 즐기는 귀족형 스포츠가 아니다. 골프장은 마을 회관처럼 누구에게나 열려 있는 일상 공간의 한 부분이라는 사실을 새삼 확인할 수 있었다. 그린 피가 30만 원이 넘는 로열 트룬 골프 클럽 근처에는 자치 단체에서 운영하는 만 원짜리 시영 골프장도 있다. 겨우 걸음마를 하는 아기 골퍼부터 백발의 할아버지 골퍼까지 저마다 자기만의 방식으로 골프를 즐기고 있었다. 허름한 동네 식당에도 골퍼의 기도가 걸려 있고, 방 세 개짜리 민박집을 운영하는 아저씨도 골프를 즐기며 살 수 있다는 것이 부러웠다.

다음 날 미국 미주리에서 날아온 변호사와 그의 아들 제시와 함께 로열 트룬 1번 홀에 섰다. 이구동성으로 레이디 퍼스트를 외치는 동반자들에게 떠밀려 1번으로 티 샷을 날리게 되었다. 스타터 할아버지와 낯선 동반자들이 지켜보고 있어 압박감이 있었다. 머리를 비우고 부드럽게 스윙을 감아 탄력을 느끼는 지점에서 리드미컬하게 내리쳤다. 1년에 한 번 나올까 말까 한 불꽃 샷이 뿜어져 나왔고 스타터와 동반자들이 탄성을 질렀다. 그러나 거칠고 어려운 코스였다. 거의 모든 페어웨이가 러프로 끊어져 있어 안심하고 샷을 할 곳이 없었다. 시그너처 홀인 파3의 8번 홀은 126야드〔115미터〕로, 디 오픈이 개최된 모든 코스를 통틀어 가장 짧은 홀이다. 하지만 온 그린(On Green)은 어렵다. 이 홀의 별명인 '우포(Postage Stamp)'에서 짐작되듯 그린 사이즈가 우표만큼 작은 데다가 솥뚜껑 모양으로 솟아 있다. 티잉 그라운드에는 바람이 심하게 불고 그린 주변에는 5개의 항아리 벙커가 입을 벌리고 있다. 우리 팀도 모두 온 그린에 실패했다. 심지어 나는 항아리 벙커에서 5타 만에 탈출했다. 벙커 공포증의 시작이었다. 링크스의 잔디는 아무리 명문 코스에 뿌리를 내리고 있다 하더라도 그 태생이 거칠다. 내륙형 골프장의 잔디가 온실 속의 화초라면 링크스의 잔디는 들판의 잡초다. 소금기를 품은 바닷바람에 염장과 탈수를 반복한 토양도 딱딱하다. 뒷땅을 치면 채가 튕겨 나온다는 생각이 들 정도다. 허벅지까지 올라오는 헝클어진 머릿결 같은 러프는 볼을 삼키면 뱉어낼 줄을 몰랐다. 종잡을 수 없는 바닷바람은 모든 채의 비거리를 무력화시키고 때로는 멀쩡하게 잘 나가던 공을 해안 절벽 아래로 처박아 버리기도 한다. 아름다운 코스에서 눈물을 뿌리며 혹독한 신고식을 치렀다. 스코어는 홀을 거듭할수록 눈덩이처럼 불어

나 18홀을 마치고 나니 골프에 대한 자신감을 상실할 정도였다. 누르스름한 링크스 잔디가 석양의 조명을 받으니 그대로 황금 들녘이 되었다. 수평선에 걸린 태양이 '60도 웨지'처럼 지평선을 예리하게 깎으며 들어와 페어웨이의 굴곡을 사진처럼 현상하기 시작했다. 그린도 금가루를 뿌려 놓은 듯 잔잔하게 빛을 발하기 시작했다. 무시무시한 항아리 벙커에는 사관생도들의 앞머리처럼 딱 떨어지는 그림자가 각을 세웠다. 결코 잊을 수 없을 순간이었다. 마지막 홀에서 플레이를 마치고 오랜만에 오늘의 골프를 '복기'해 보았다. 쉽지 않았지만 그렇다고 처절하게 무너질 코스도 아니었다. 반드시 다시 도전해 보겠다고 결심하며 잊지 못할 순간을 함께한 프로 지망생 제시를 비롯한 동반자들에게 감사의 마음을 전했다.

스코틀랜드 서부 해안에 자리한 작은 마을 트룬에 있는 로열 트룬 골프 클럽은 디 오픈이 개최되는 명문 골프 클럽이다. 턴베리와는 라이벌로서 팽팽한 긴장 관계를 유지하고 있다. 자연 환경을 최대한 살리는 것이 특징인 링크스 코스 중에서도 로열 트룬은 연륜이 길지 않은 축에 속하며 코스 구성이 현대 골프 코스에 가깝다.

[04] 골프의 원조를 찾아 스코틀랜드에서
에어셔(Ayrshire), 스코틀랜드(Scotland)
[04-029] 웨스턴 게일스 골프 클럽(Western Gailes Golf Club)

널린 링크스 속의 '고수들'

로열 트룬 골프 클럽에서 엎어지면 코가 깨질 거리에 **웨스턴 게일스 골프 클럽**(Western Gailes Golf Club)이 있다. '순혈주의'를 고수하는 정통 스코틀랜드 링크스 중의 하나다. 1897년 처음 조성된 코스는 근처의 턴베리 골프 클럽이나 로열 트룬 골프 클럽에서 디 오픈이 개최될 때마다 최종 **퀄리파잉 골프장**으로 이용되기도 한다. **커티스 컵**(The Curtis Cup), PGA 챔피언십, 시니어 아마추어 챔피언십 등은 수시로 열린다. 골프장에 들어서면 주황색 지붕에 흰 외벽을 한 깔끔한 클럽하우스가 한 눈에 들어온다. 로열 트룬의 클럽하우스와 같은 권위적인 느낌은 없었다. 비지터의 플레이도 비교적 쉬운 편이었다. 코스 랭킹은 영국에서 20위권 내에 들고, 레이아웃이나 그 수준도 로열 트룬에 뒤지지 않는다고 하지만, 디 오픈 개최지가 아니기 때문에 방문자들이 그리 많지는 않은 모양이었다. 코스에서 만난 멤버들도, 클럽하우스에서 만난 직원들도 몸 둘 바를 모르게 친절했다. 자신을 헨리(Henry)라고 소개한 **스타터** 할아버지는 80세가 넘은 듯했다. 코스를 간단히 소개하며 로컬 룰 몇 가지를 알려 주셨다. 내 티샷이 알려 준 방향으로 날아가자 자신이 친 것처럼 기뻐하며 하이파이브를 해 주신다. 늘 느끼는 것이지만 낯선 골프장에서는 누군가와의 작은 인연 하나가 결정적인 골프장 이미지를 만든다. 헨리 할아버지와 하이파이브를 하며 손을 맞잡은 후, 웨스턴 게일스 골프 클럽은 내 마음 속에서 로열 트룬보다 한 단계 위의 코스로 자리잡았다.

어빈 만(Irvine Bay)의 해안선과 평행으로 놓인 철길 사이 2열 종대로 늘어선 18홀 코스는 바다와 철길 사이에 자리잡고 있기 때문에 페어웨이가 더 좁게 느껴졌다. 18홀 라운드 동안 여객용과 화물용 기차가 세 번 지나갔다. 파5 홀이 둘, 파3 홀이 셋인 파71 /

퀄리파잉(qualifying) 골프장

TIPS
G-058
☐ TRAVEL
■ GOLF

퀄리파잉 토너먼트(qualifying tournament)가 열리는 골프장. '퀄리파잉 토너먼트'란 프로 골퍼들이 PGA와 LPGA 등 투어 참가 자격을 획득하기 위해 펼치는 대회를 말한다. PGA 투어의 경우 두 번의 지역 예선과 최종전까지 세 번의 대회를 거쳐야 하며, 최종전의 경우 총 6라운드로 진행된다. 이를 학교를 졸업하는 것에 빗대어 '큐 스쿨'이라고도 부른다.

커티스 컵(The Curtis Cup)

TIPS
G-059
☐ TRAVEL
■ GOLF

미국과 영국(아일랜드 포함)의 국가 대항전으로 열리는 아마추어 여자 골프 선수권 대회 우승자에게 수여되는 컵. 1932년에 시작된 경기는 영국과 미국에서 2년마다 개최되며 6차례의 포섬(foursome) 경기[각 팀당 2명의 선수가 한 조(2인 1팀)를 이뤄 공 한 개를 번갈아 치는 방식]와 12차례의 단식 경기를 치른다.

스타터(starter)

TIPS
G-060
☐ TRAVEL
■ GOLF

첫 번째 티에서 플레이 순서를 알려 주는 사람. 적절한 시간에 적당한 방향으로 플레이어들을 출발시켜 주고 골프장 전체 플레이의 페이스를 조절해 준다.

♪ 스타터 헨리(Henry). 80세가 넘어 보이지만 계속 32세라 우기시며 우리의 플레이를 응원해 주셨다.

♪ 철도를 건너면 골프장에 진입하는 길이 나온다. 이 철로는 과거 웨스턴 게일스 골프 클럽(Western Gailes Golf Club)으로 골퍼들을 실어 나르는 탯줄과 같은 구실을 했다.

04-029
AYRSHIRE
SCOTLAND

🚩 웨스턴 게일스 골프 클럽의 페어웨이는 자연스러웠지만 좁고 굴곡이 심했으며 러프는 거칠었다. 굽이치는 개울은 코스 곳곳을 잘라 놓았다.

웨스턴 게일스 골프 클럽
WESTERN GAILES GOLF CLUB

ⓘ 1897년 개장, 18홀, 파71 / 6,414미터 [7,014야드]
ⓘ 주소: Gailes, Irvine, Ayrshire, Scotland KA11 5AE, UK
ⓘ 홈페이지: http://www.westerngailes.com

7,104야드(6,414미터)의 비교적 짧은 코스지만 쉽지 않았다. 인내심과 집중력을 동시에 시험할 수 있다. 홀마다 수시로 방향을 바꾸는 거센 바람이 오락가락하여 탄도가 엉망이었다. 일단 억센 러프로 들어간 공은 되찾을 가능성이 낮았다. 언덕 뒤에 숨은 그린의 실체를 파악하기도 힘들었다. 페어웨이는 자연스러웠지만 좁고 굴곡이 심했으며 굽이치는 개울 때문에 곳곳이 잘려 있었다. 특히 5번 홀부터 13번 홀까지는 줄곧 오른쪽에 바다를 두고 플레이를 하게 되어 있어 심리적 부담이 컸다. 바다나 개울보다 위협적인 것은 모래 언덕으로 가려진 그린이었다. 17번 홀에서는 세컨드 샷 지점에서도 그린이 아예 보이지 않았다. '십자가' 기둥만이 건너편 그린의 위치를 알려 주고 있었다. 진정한 '죽음의 홀'이었다. 이 홀에서만 공을 두 개나 분실했다. 링크스의 불가

웨스턴 게일스 골프 클럽과 밀접한 역사를 공유하고 있는 철로. 상공업이 발달한 글래스고(Glasgow)의 골퍼들은 산업화의 매연을 피해 서해안 골프장을 개발했고 석탄을 실어 나르던 철로를 이용해 골프를 치러 다녔다. 1950년대까지 골프장 안에 기차역이 있었다고 한다.

숨겨진 그린의 위치를 알려 주기 위한 17번 홀의 그린 '십자가'. '죽은 볼'에 대한 애도용인 것처럼 보인다.

사의 중 하나는 분명히 볼이 떨어지는 지점을 확인한 후 주우러 가도 도무지 볼을 찾을 수 없다는 것이다. 17번 홀의 십자가는 장식물이 아니라 '죽은 볼'을 애도하고 죽음이 문턱까지 가야 하는 플레이어의 '생환'을 기원하기 위한 '제단'이 아닐까, 두 개의 볼을 제단에 바친 후 거친 바람 속을 터덜터덜 걸으며 그런 생각을 했다. 웨스턴 게일스는 로열 트룬과 비교해도 손색 없는 좋은 골프장이었다. 불과 10분 거리에 있기 때문에 자연 환경이 거의 동일했고, 잔디나 수종도 그랬다. 관리 상태나 홀별 특성은 오히려 더 나아 보였다. 특히 손님에 대한 배려나 서비스는 월등했다. '디 오픈 개최지'에 꼭 가 봐야 할 특별한 이유가 없는 사람에게는 이 골프장이 최선이다. 디 오픈 기간임에도 부킹이 쉽고 코스도 좋고, 무엇보다 쫓기지 않고 라운드를 즐길 수 있다. 🌐

웨스턴 게일스 골프 클럽에 들어가면 바로 만나는 클럽하우스. 주황색 지붕에 흰 외벽을 한 깔끔하고 소박한 건물로, 내부에서는 멀리 해안선과 코스 전체를 조망할 수 있다.

[04] 골프의 원조를 찾아 스코틀랜드에서
애버딘(Aberdeen), 스코틀랜드(Scotland)
[04-030] 로열 애버딘 골프 클럽(Royal Aberdeen Golf Club)

골프 코스도 남탕, 여탕?

🌏 종일 찌푸리고 있는 하늘을 수시로 올려다보며 불안한 동선을 이어가야 하는 장마철 투어는 위태롭다. 이동 중에 침수된 도로를 만나기도 하고 물난리를 겪고 있는 지역을 지나기도 한다. 여행을 하다 보면 늘 변수가 생겨 일정에 차질을 빚는다. 처음에 들뜬 마음으로 계획을 잡을 때는 대체로 무리하게 많은 곳을 목적지로 끼워 넣기 때문이다. 볼수록 보고 싶은 것이 많아지는 것도 문제다. 결국 밀린 일정만큼 무언가를 포기해야 하는 선택에 직면한다. 스코틀랜드에서 하일랜드(Highland) 지역, 특히나 인버네스(Inverness)와 괴물 네시가 살았다는 **네스 호**(Loch Ness) 투어를 놓고 고민에 고민을 거듭하다가 하일랜드의 아름다운 풍광을 포기하고 애버딘(Aberdeen)으로 향했다. 애버딘은 에든버러, 글래스고에 이은 스코틀랜드 제3의 도시다.

네스 호(Loch Ness)

TIPS
T-061
■ TRAVEL
□ GOLF

스코틀랜드 중심부를 가르는 좁고 긴 호수. 칼레도니아 운하의 일부로 대서양과 북해로 이어진다. 유역 면적은 1,775km², 최대 폭은 36.3km에 달한다. 최대 수심은 약 227m이며 평균 수심도 132m로 매우 깊다. 네스 호가 유명해진 것은 네시라고 불리는 괴생물체가 살고 있다는 전설이 전해지면서다. 네시에 대한 기록은 6세기 무렵부터 있었으나 1930년대 네스 호를 지나는 도로가 개통되면서 목격담이 자주 흘러나왔다. 2001~2003년 과학적 조사를 마친 BBC 제작팀은 네시가 없다고 결론지었다.

📷 장마철 투어는 위태롭다. 이동 중에 침수된 도로를 만나기도 하고 숙소로 잡은 지역이 물난리를 겪기도 했다.

디 오픈 시즌이 되면 스코틀랜드의 모든 사람이 분주해지는 모양이었다. 동네 펍에서는 사람들이 저마다 우승자를 점치느라 시끌벅적하고, 골프장 매니저들도 대회 참관을 위해 자리를 비우는 경우가 많다. 우리가 먼 길을 달려 찾아간 **로열 애버딘 골프 클럽**(Royal Aberdeen Golf Club)의 프로 숍 매니저도 자리에 없었다. 주말 비지터 그린 피가 얼마인지 몰라 허둥지둥하며 여기저기 수소문하는 어린 프로 지망생이 대신 자리를 지키고 있었다. 애버딘 일대에서 유일하게 '로열'이 붙은 골프장이 로열 애버딘 골프 클럽이다. 특이하게도 여성 전용 클럽하우스와 코스가 따로 있다. 함께 차를 타고 골프장

전체 코스와 바다를 내려다볼 수 있는 언덕 위의 로열 애버딘 골프 클럽(Royal Aberdeen Golf Club)의 클럽하우스.

04-030

ABERDEEN
SCOTLAND

로열 애버딘 골프 클럽
ROYAL ABERDEEN GOLF CLUB

ⓘ 1780년 개장, 18홀, 6,274미터 (6,861야드)
ⓘ 주소: Links Road, Bridge of Don, Aberdeen, AB23 8AT, UK
ⓘ 홈페이지: http://www.royalaberdeengolf.com/

🎵 로열 애버딘 골프 클럽의 메인 코스는 굴곡이 심한 것은 아니지만 약간의 높이와 각도 차이로도 착시를 일으켰다. 항아리 벙커를 피하고 싶었지만 결국 최고 단골이 되고 말았다.

에 도착한 부부가 마치 여탕과 남탕으로 갈라지듯 각자의 클럽하우스로 향하는 모습이 이색적이었다. 물론 남녀 기숙사처럼 분리가 엄격한 것은 아니다. 여성 전용 코스에 남자의 모습도 간간이 보이고 여성도 메인 클럽하우스와 '남성용' 코스를 이용할 수 있었다. 하지만 대부분의 여성은 여성 전용 클럽하우스를 이용했다. 충분히 이해가 갔다. 남자 셋에 여자 하나 끼어 골프 칠 때 남자들만 짜증나는 것이 아니다. 레이디 티에서 혼자 티 오프를 하고 비거리도 차이가 나는 남자들과 플레이를 하는 것이 여자에게도 그리 즐거운 일은 아니다. 골프의 재미는 함께 비거리를 견주며 서로를 자극하고 감정의 결을 따라 움직이는 과정에서 나오는 것이다. 그래서 골프도 혼합 복식보다는 성별 단체 경기가 재미있기 마련이다.

로열 애버딘 골프 클럽은 1780년에 문을 열었다. 세계에서 6번째로 오래된 골프장이다. 골프 역사에도 이름을 남겼다. 이 골프장 멤버들에 의해 **분실구 찾기 '5분 제한의 룰'** 등이 만들어져 지금까지 이어지고 있기 때문이다. 우린 메인 코스를 선택했다. 모든 홀이 해안선과 평행선을 그리며 오고가는 전형적인 링크스다. 바다를 향해 내리막으로 출발하는 첫 번째 홀, 두 번째 홀부터는 밸리 코스처럼 양쪽으로 구릉이 홀과 나란히 이어진다. 그러다 갑자기 바다가 모습을 드러내고, 내가 언제 여기까지 올라왔나 싶어 둘러보면 어느새 구릉 정상이다. 바다에 떠 있는 화물선을 보다가 오른쪽을 보면 애버딘 시내가 한눈에 들어온다. 코스의 기복이 심한 것은 아니지만 약간의 높이와 각도 차이로도 착시를 일으키는 코스였다. 항아리 벙커에 놀라 소심하게 이른바 '똑딱'

분실구(lost ball) 찾기 '5분 제한의 룰'	TIPS G-062 ☐ TRAVEL ■ GOLF

공을 잃어 버렸을 때 플레이어나 캐디가 이를 5분 이내에 찾지 못하거나 자신의 볼임을 플레이어가 확인하지 못한 때에는 '분실구(lost ball)'가 된다.

골프 커미티(golf committee)의 운영

TIPS
G-063
☐ TRAVEL
■ GOLF

커미티는 골프 클럽에서 경기와 클럽 운영, 정책 등을 관리하는 위원회다. 커미티는 무엇을 관리하느냐에 따라 멤버십 커미티, 골프 커미티, 그린 커미티 등 몇 가지 기구로 나뉘기도 한다.

🚩 골프장은 회원이 운영한다. 토요일 오전, 정장 차림의 회원들이 클럽하우스 미팅 룸에 모여 진지하게 회의하고 있었다.
☞ 알고 계세요? 골퍼 1명이 한 라운드당 8개의 공 자국을 그린에 만들면 골프장 하루 평균 1,040개, 매달 31,000개, 매년 374,400개의 공 자국이 생깁니다. 당신의 공 자국을 스스로 없애 주세요.

플레이를 했는데도 벙커에 최고 단골이 되었다. 항아리를 박아 놓은 듯한 원통형 벙커 탈출은 여전히 어려웠다. 토요일이라서인지 클럽 회원이 많다. 정장 차림의 단정한 어르신들이 클럽하우스에서 **커미티** 회의를 하는 모습도 보였다. 비지터를 받지 않는 토요일이지만 운좋게 한 멤버 팀에 조인되어 플레이를 마쳤다. 왕국에서는 골프장도 '로열'이라는 한 마디로 명예와 명성, 권위를 동시에 인정받는다. 물론 '로열'이 붙는 그 순간부터 매너와 에티켓, 드레스 코드, 회원의 자격, 커미티의 권한, 코스 관리 등 격이 다른 골프장의 면모를 위해 노력할 것이다. 하지만 제아무리 '로열' 골프장이라고 해도 그 골프장을 아름답게 만들어 가는 것은 결국 회원의 힘이다. 로열 애버딘 골프 클럽에서도 "골퍼 한 명이 한 라운드당 평균 8개의 공 자국을 만들면…, 결국 1년에 수십만 개가 만들어지니까 공 자국을 그 때 그 때 없애 달라."는 잔소리성 팻말이 주기적으로 등장했다. 추천인을 통한 엄격한 선발 과정과 커미티의 검증을 거쳐 가입한 회원들도 그린에 오르면 정신줄을 놓고 매너를 놓치긴 마찬가지인 모양이다.

[04] 골프의 원조를 찾아 스코틀랜드에서
애버딘(Aberdeen), 스코틀랜드(Scotland)
[04-031] 머카 링크스 골프 클럽(Murcar Links Golf Club)

구멍 난 하늘, 폭우에 무릎 꿇다

✈ 애버딘의 오래된 호텔에서 일박을 한 후 애버딘 끝자락의 **머카 링크스 골프 클럽**(Murcar Links Golf Club)으로 갔다. 집중 호우 예보가 이어지고 있었다. 남서부 웨일스 일대와 잉글랜드 일부 지역은 이미 침수되어 주민들이 대피하는 모습이 텔레비전 헤드라인 뉴스로 등장했다. 그 비구름이 점점 북상하고 있다고 했다. 하지만 나는 비에 대한 공포를 이미 극복했다고 믿고 있었다. 13시 30분부터 골프장에 장대비가 예보되었다는 매니저의 말에도 개의치 않고 11시 30분에 티 오프했다. 골프라면 열 일 제쳐 놓고 매달렸던 한국에서도 기피하던 우중 골프였다. 그러나 영국 골프장에서 비는 늘 만나는 '해저드'의 일종일 뿐이라는 생각이 확고해졌다. 웬만해서는 우산도 들고 다니지 않았고, 오히려 옷이 젖어 몸에 감기는 것을 방지하려고 짧은 옷들을 골라 입는 경지에 이르렀다. 우중 골프 정복의 일등 공신은 골프화와 장갑이었다. 18홀 내내 보송보송한 발을 유지해 주는 탁월한 방수 기능의 고어텍스 골프화와 손바닥에 주황색 고무 칠을 한 목장갑(어쩌다 이 장갑이 골프 가방에 들어와 있었는지는 알 수 없지만 덕분에 비 오는 날마다 아주 요긴하게 썼다)의 미끄럼 방지 기능 덕에 손과 발은 빗물로부터 자유로울 수 있었다. 비록 비가 오면 **런**(run)이 줄기 때문에 드라이버 거리가 짧아지

> **캐리와 런**(Carry and Run)
> TIPS
> G-064
> ☐ TRAVEL
> ■ GOLF
>
> 캐리는 볼을 친 지점부터 낙하한 지점까지의 거리로, 순수하게 공중으로 날아가 떨어진 지점까지를 말한다. 런은 볼이 땅에 떨어진 직후부터 굴러가 멈추는 지점까지의 거리다.

머카 링크스 골프 클럽(Murcar Links Golf Club). 집중 호우 예보가 있었지만 개의치 않고 플레이를 시작했다. 영국 골프장에서 비는 늘 만나는 '해저드'의 일종일 뿐이라고 '오만'하게 생각했다가 임자를 만나게 된다.

04-031
ABERDEEN
SCOTLAND

머카 링크스 골프 클럽
MURCAR LINKS GOLF CLUB

ⓘ 1909년 개장, 18홀, 5,958미터 (6,516야드)
ⓘ 주소: Bridge of Don, Aberdeen, AB23 8BD, UK
ⓘ 홈페이지: http://www.murcarlinks.com

는 것은 아쉬웠지만 비에 젖은 그린은 대체로 느려지기 때문에 크게 손해 볼 것은 없었다. 비를 품고 무겁게 내려앉은 하늘이 정오의 시간을 무색하게 만들었다. 프로 숍 매니저는 비 때문에 18홀을 다 치지 못할 것이니 9홀 그린 피만 받겠다고 했다. 훌륭한 스코틀랜드 청년이었다. 먹장구름이 예사롭지 않았지만 운명은 하늘에 맡기고 담담한 마음으로 강우 골프를 시작했다.

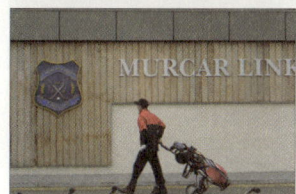

비를 품고 무겁게 내려앉은 하늘 아래 펼쳐진 머카 링크스. 코스는 사람을 쥐었다 폈다 어르고 달래다 결정적 한 방을 먹이는 '나쁜 남자' 스타일이었다.

☞ 머카 링크스 골프 클럽은 로열 애버딘 골프 클럽과 바로 이웃해 있다. 거의 모든 홀이 북해와 마주하고 있는 이 골프장은 1909년에 아치 심슨(Archie Simpson)이 자연 지형을 활용해 처음 설계했고, 1930년대에 제임스 브레이드(James Braid)가 다듬었다. 영국의 톱 100 골프장에 꼽히지만 엄청난 바람 등으로 골프 해설가 피터 앨리스(Peter Alliss)가 "초보자는 절대로 찾아서는 안 되는 골프장"이라고 평한 곳이다.

1909년 개장한 머카 링크스 골프 클럽은 로열 애버딘 골프 클럽, 크루덴 베이(Cruden Bay) 골프 클럽와 더불어 스코틀랜드 북동부 지역의 트로이카를 구축하고 있는 명문 골프장이다. 스코틀랜드 챔피언십이나 유러피언 대회가 자주 열린다. 골프장 랭킹은 스코틀랜드 내 20위권이다. 첫 홀 티 박스에 섰을 때 링크스가 내뿜는 포스가 대단하다는 생각이 들었다. 그것은 이 지역의 기질이었다. 서서히 해안선으로 다가가 해안 절벽을 따라 펼쳐지는 홀들은 서부 링크스와는 또 다른, 야성적이고 남성적인 면모를 과시하고 있었다. 서부의 로열 트룬이 거친 러프로 시종일관 사람을 압도하는 '터프 가이' 스타일의 링크스라면 머카는 사람을 쥐었다 폈다 어르고 달래다 결정적 한 방을 먹이는 '나쁜 남자' 스타일의 링크스였다. 이런 링크스에서는 템포와 리듬감 있는 홀별 공격 전략이 필요했다. 특히 매니저가 시그너처 홀이라고 알려 준 7번은 '어드벤처' 그 자체였다. 드라이버 샷 낙하 지점에는 절벽이 있고, 그 아래에는 얕은 개울이 흐른다. 공이 물가에 걸려 있기에 다행이라 생각하며 다가갔더니 개울보다 넓은 갯벌이 공을 잡고 놓아 주질 않는다. 천신만고 끝에 늪지대를 탈출하니 페어웨이 옆으로 길게 이어지는 깊은 러프와 그린 벙커가 기다리고 있었다. 9홀을 마쳤지만 어차피 클럽하우스까지 걸어가야 하기에 코스의 리듬을 타며 인코스 12번 홀을 향해 가고 있을 때 드디어 13시 30분이 되었다. 하늘에 구멍이 난 듯 비가 퍼붓기 시작했다. 어찌 일기 예보가 이다지도 정확할 수 있을까? 링크스인 탓에 비를 피할 나무 한 그루 없었다. 내리꽂히는 장대비를 온몸으로 맞으며 플레이를 이어갔다. 그냥 철수를 하나 계속 플레이를 하나 비를 맞기는 매한가지였기 때문이다. 하지만 우리는 세 홀을 남기고 결국 황급히 퇴각하고 말았다. 그 동안 맞았던 비와는 차원이 다른 우박과 같은 '돌비'가 쏟아졌다. 머카 링크스 골프 클럽의 코스는 여러모로 신출귀몰했다. 전반적 난이도, 홀의 디자인과 배치, 깔끔한 코스 관리, 홀별 차별성, 변화무쌍한 동선, 편안한 운영 체계 등 흠잡을 곳이 없었다. 세 홀을 포기했지만 그나마 전반 홀이라도 온전히 끝낼 수 있도록 비를 참아 준 하늘이 고마울 따름이었다.

[04] 골프의 원조를 찾아 스코틀랜드에서
세인트 앤드루스(St. Andrews), 스코틀랜드(Scotland)
[Ed-002] 세인트 앤드루스에서 '골프장' 찾기

'골프 교도'의 성지 순례기

🌏 앤드루스(Andrews)는 스코틀랜드의 수호 성인 이름이다. 잉글랜드의 수호 성인은 조지(George)이고 아일랜드의 수호 성인은 패트릭(Patrick)이다. 앤드루스 성인의 깃발은 푸른 바탕에 흰 엑스(×)자 모양이고, 조지 성인의 깃발은 붉은 십자가(+) 모양이며, 패트릭 성인의 깃발은 붉은 엑스(×)자 모양이다. 영국(The United Kingdom)의 국기(Union Jack)는

영국 골프 박물관
(British Golf Museum)

TIPS
G-065
□ TRAVEL
■ GOLF

영국 골프 박물관은 세인트 앤드루스 올드 코스 바로 뒤편에 자리잡고 있다. 이 박물관에는 골프의 역사를 한눈에 볼 수 있는 유물들을 전시하고 있어 골프를 치지 않는 사람들도 들러 볼 만하다. 16세기 시대상과 초창기 골프의 모습을 살펴볼 수 있는 오래된 전시물(200여 년 전 사용되었던 골프 클럽, 골프공, 골프백 등)부터 최근 자료까지 망라한다. 박물관 입구에는 역대 디 오픈 우승자들의 그립한 손을 청동으로 재현해 놓았다. 잭 니클로스, 아놀드 파머, 톰 왓슨의 그립은 있었지만 타이거 우즈 것은 없었다. 골프 박물관에 가 보면 이 밖에도 여러 가지 역사를 알게 된다. 골프가 대중화되기 시작한 것은 19세기이지만, 이전에도 수많은 애호가가 있었다. 1457년 스코틀랜드의 왕 제임스 2세는 기사들이 무술 연마는 게을리하면서 골프만 열중한다고 해서 경기를 금지하기도 했다. 1502년에 제임스 4세가 이 금지를 풀면서 귀족 스포츠로 자리잡게 되었다고 한다.

이 세 성인의 깃발을 합한 것이다. 스코틀랜드 수호 성인의 이름이 지명이 된 세인트 앤드루스(St. Andrews)는 종교상의 중심지였다. 스코틀랜드 최대의 교회 건물이 있었으나 16세기 종교 개혁 시대에 파괴되어 폐허만 남았다. 또한 잘 알려져 있듯이 골프의 발원지다. 1754년 설립된 골프 클럽은 지금까지도 전 세계 골퍼들의 '성지'로 건재한다. 세인트 앤드루스는 에든버러에서 북쪽으로 40분 정도 거리, 애버딘에서 남하하면 두 시간 정도 거리의 바닷가 모래 언덕 위에 자리잡고 있다. 도심은 걸어서 한 시간 정도면 돌아볼 수 있다. 오래된 대학과 성당, 로마 시대 성곽 유적이 바닷가 쪽으로 이어지고 다른 한 쪽으로 '원조 골프장'과 자매 코스들이 자리 잡고 있다. 올드 코스 근처에는 왕립 골프 협회 건물과 **골프 박물관**도 자리하고 있다. 스코틀랜드 북쪽 해안에는 기복이 심한 모래 언덕 초원이 많았다. 이른바 링크스다. 바다에 인접하고 바람이 심해 농사에는 부적합한 지형이지만 아름다운 잔디와 **히스**(Heath, 철쭉과의 관목. 학명 Erica cinerea)가 우거

히스(Heath)　　　　　TIPS
　　　　　　　　　　　T-066
　　　　　　　　　　　■ TRAVEL
　　　　　　　　　　　□ GOLF

진달래과의 상록 소관목이다. 서유럽과 지중해, 아프리카 등지에 분포하며 대개 높이는 15～30센티미터 정도지만 3미터에 이르는 것도 있다. 소설 『폭풍의 언덕』의 주인공 이름 '히스클리프'가 바로 '히스가 흐드러지게 핀 벼랑'에서 따온 것이다.

세인트 앤드루스의	TIPS
일곱 개 골프 코스	G-067
	☐ TRAVEL
	■ GOLF

세인트 앤드루스에는 1552년 개장한 올드(Old) 코스(18홀 6,721야드), 1895년 개장한 뉴(New) 코스(18홀 6,625야드) 외에도 주빌리(Jubilee) 코스(1897년, 18홀 6,742야드), 에덴(Eden) 코스(1914년, 18홀 6,250야드), 발고브(Balgove) 코스(1972년, 9홀 1,520야드), 스트라스티럼(Strathyrum) 코스(1993년, 18홀 5,620야드), 캐슬(Castle) 코스(2008년, 18홀 6,759야드) 등 모두 7개의 골프장이 있다.

세인트 앤드루스(St. Andrews)는 과거 스코틀랜드의 종교적 수도였고 역사적인 대학 도시다. 10세기부터 스코틀랜드의 주교 소재지였고, 중세에 스코틀랜드에서 가장 규모가 큰 성당과 수도원 등이 세워졌다. 스코틀랜드 종교 개혁의 주요 무대였고, 개혁파가 승리하면서 성당 등은 모두 방치되어 폐허가 되었다. 1413년 스코틀랜드에서 가장 먼저 설립된 대학만이 꾸준히 명성을 이어, 지금의 명문 세인트 앤드루스 대학교를 형성했다.

진 작은 모래 언덕들은 골프에 안성맞춤이다. 게다가 이러한 해안 사구 초원은 대체로 국유지거나 공유지여서 일반인도 자유롭게 이용할 수 있었다. 그런 연고로 **세인트 앤드루스의 일곱 개 골프 코스**가 모두 '퍼블릭'이다. 세인트 앤드루스는 스코틀랜드에서 가장 오래된 대학 도시이며 한동안 가톨릭 교회의 중심지였다. 12세기에 건축된 대성당은 스코틀랜드 왕국의 몰락으로 폐허가 되었다. 이 성당 유적은 스코틀랜드와 잉글랜드, 가톨릭과 성공회 사이의 오랜 갈등의 산물이기도 하다. 대성당 인근의 바닷가로 이어지는 세인트 앤드루스 성곽 잔해들은 화려했던 과거를 애처롭게 추억하고 있다. 기독교도에게 예루살렘과 같은, 골퍼라면 평생 한 번쯤은 순례해야 하는 '성지'가 세인트 앤드루스다. 이 바다 모래 언덕에 사람들이 모여 골프를 시작한 것은 600년도 더 된 일이라고 한다. 스코틀랜드의 독특한 지형과 바닷바람이 만들어 낸 특별한 사구의 이름이 링크스(Links)이기에 다른 지역의 바닷가 골프장은 절대로 링크스일 수 없는 그저 '시사이드(seaside)' 골프장일 뿐이라는 것이 스코틀랜드 골퍼들의 일관된 주장이

세인트 앤드루스는 시가지 전체가 '골프 테마 도시' 같다. 골프 가방을 메고 거리를 활보하는 일도, 펍에서 골프 중계 방송이 나오는 일도, 앤틱한 골프 용품으로 장식된 레스토랑도 자연스럽고 당연하다.

다. 올드 코스는 2007년 처음으로 여성 골프 대회에 문호를 개방하여 브리티시 여자 오픈을 개최했다. 이어 R&A(The Royal and Ancient Golf Club)는 지난 2015년 클럽 멤버에 대한 '금녀 정책'을 포기하고 앤(Anne) 공주, 로라 데이비스, 안니카 소렌스탐(Annika Sorenstam) 등을 명예 회원으로 영입했다고 발표했다. 우리는 세인트 앤드루스에 도착하자마자 올드 코스를 찾아갔다. 며칠을 세인트 앤드루스 시내에 머물며 '경배'하고 라운딩도 즐겼다. '성지' 세인트 앤드루스의 올드 코스에서 플레이를 할 수 있었던 것은 '성인'의 보우하심이었다. 🌐

[04] 골프의 원조를 찾아 스코틀랜드에서
세인트 앤드루스(St. Andrews), 스코틀랜드(Scotland)
[04-032] 세인트 앤드루스 올드 코스(St. Andrews Old Course)

골프 발상지의 아우라, '성지'를 경배하라

🌐 스코틀랜드 동부 해안의 인구 1만 5,000명의 소도시, 세인트 앤드루스는 골프의 발상지로, 해마다 수십만 명의 골퍼들이 몰려든다. 이 곳에는 세계의 '골프교' 신도들이 죽기 전에 순례하기를 염원하는 골프장 **세인트 앤드루스 올드 코스**(St. Andrews Old Course)'가 있다. 올드 코스는 원조 퍼블릭 골프장답게 일요일에는 폐장하고 모든 사람에게 공원으로 개방하고 있기 때문에, 이 곳을 방문하는 수십만 명 중 **라운드**(Round)의 행운을 잡는 골퍼는 그리 많지 않다. 대부분은 올드 코스를 구경만 하고 인근의 **뉴 코스**(New Course, '제4장 [04-033] 세인트 앤드루스 뉴 코스' 참조)나 **캐슬 코스**(Castle Course)와 같은 '형제 코스'를 찾게 마련이다. 사전 예약을 하지 못한 우리도 올드 코스에서의 플레이 가능성은 희박했다. 그래서 요행을 바라는 동시에 '신 포도(Sour Grapes) 이론'['저 포도는 아주 실 테니 필요 없어!'라고 말하는 이솝 우화의 여우처럼, 좌절의 자기 합리화를 설명하는 이론]으로 무장했다─"올드 코스라

> **라운드**(Round)
> TIPS
> G-068
> ☐ TRAVEL
> ■ GOLF
>
> 코스를 한 번 돌며 경기를 하는 것. 18홀 코스를 모두 돌고 나면 라운드를 한 번 한 것이다. 골프 코스는 전반, 후반 9홀씩 나누어져 있는데, 전반 9홀을 돌면 하프 라운드(Half Round)다. 또는 골프 대회에서 경기의 회차를 가리킨다. 첫날 경기를 퍼스트 라운드(First Round), 이틀째는 세컨드 라운드(Second Round), 사흘째는 서드 라운드(Third Round), 마지막 날 경기는 파이널 라운드(Final Round)라 한다.

세계의 '골프교' 신도들이 죽기 전에 성지 순례를 염원하는 '세인트 앤드루스 올드 코스'에 드디어 입성했다.

고 별 거 있겠어? 원조라는 이유로 고결한 이름이 되었을 뿐, 다른 골프장 잔디밭과 다를 게 뭐람." **올드 코스 예약**은 매년 9월에 마감된다. 하지만 매일 일정 시간대를 비워 두고 추첨을 통해 당일 플레이를 원하는 사람의 일부를 구제하기도 한다. 브리티시 오픈 시즌이라 경쟁이 더 치열했다. 우리는 큰 기대 없이 추첨지를 제출했고 당연히 떨어졌다. 그간의 경험으로 보면 2인 플레이는 어느 골프장에서나 조인이 가능했다. 2차 시도를 위해 완벽하게 라운드 준비를 한 후 무작정 올드 코스 스타트실로 갔다. 스타트실 근무자는 중국 출신의 얀(Yan)이라는 아가씨였다. 현장에서 두 명이 합류할 수 있는지 물어 보았다. 오후 4시에 1인 플레이를 하는 사람이 있으니 그 시간에 와 보라고 했다. 4시 정각에 스타트실로 가 보니 들은 바와 다르게 성인 세 명과 아이 한 명이 티잉 그라운드에 올라 있었다. 다행히 플레이하는 사람은 중국 골프 채널 사장 한 명뿐이고 나머지는 캐디와 갤러리로 나온 가족이었다. 마침내 우리는 '골프 성지'에 발자국을 남길 수 있게 되었다.

올드 코스 1번 홀 티잉 그라운드와 맞붙은 18번 그린 주변에는 늘 다국적 갤러리들이 포진하고 있다.

올드 코스 예약

TIPS
T-069
☐ TRAVEL
■ GOLF

세인트 앤드루스 올드 코스는 전 세계에서 찾아온 골퍼들 때문에 예약 경쟁이 치열하다. 그래서 올드 코스에서는 총 네 가지 방법으로 예약자를 뽑아 플레이할 수 있게 한다. ① 오전에 클럽하우스 근처 스타트실 앞에 줄을 선 후 그 순번대로 비어 있는 시간대에 들어간다. 성수기인 4월부터 10월까지는 경쟁률이 더욱 높아 새벽 4시부터 줄을 서야 한다. ② 영국 왕립 골프 협회인 R&A에 직접 편지나 팩스 등으로 예약을 신청한다. 비수기인 10월~5월 경은 비교적 예약하기가 쉽다. 성수기에 예약하려면 올드 코스가 아닌 다른 코스와 함께 예약해야 한다. 토요일은 예약할 수 없다. ③ 플레이 전날 오후 2시까지 1팀(4명)을 스타트실에 신청하여 추첨에 참여한다. 추첨 결과는 신청 당일 오후 4시에 인터넷으로 확인할 수 있다. ④ 패키지 투어에 참가한다. R&A가 공인한 회사의 투어 프로그램에 참여하면 올드 코스를 비롯 다른 코스들도 편안히 즐길 수 있다. 다만 호텔, 식사, 이동 차량 등을 이용해야 하기 때문에 비싸다.

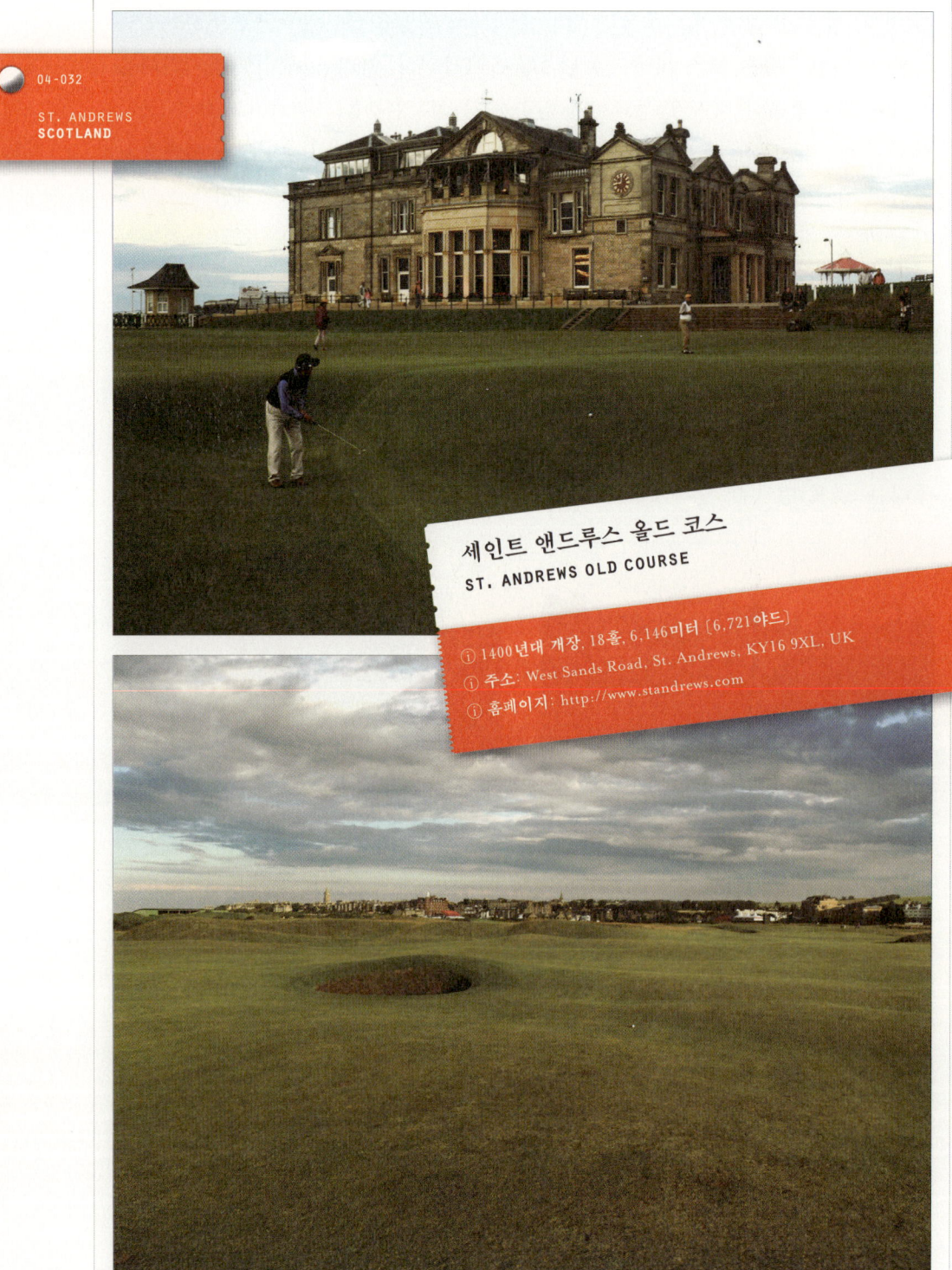

04-032
ST. ANDREWS
SCOTLAND

세인트 앤드루스 올드 코스
ST. ANDREWS OLD COURSE

ⓘ 1400년대 개장, 18홀, 6,146미터 (6,721야드)
ⓘ 주소: West Sands Road, St. Andrews, KY16 9XL, UK
ⓘ 홈페이지: http://www.standrews.com

마주 선 페어웨이는 골프장이 아니라 축구장을 연상시켰다. 평평하고 네모반듯한 운동장에 잔디를 깔아 놓은 느낌이었다. 만약 다른 골프장에서 이런 홀을 만났다면 골프장에 설계 개념이 없다느니, 성의가 없다느니 하며 악평을 했을 것이다. 나는 입을 다물고 있다가 **홀 아웃**(Hole Out)을 하며 한 마디 던졌다. "이 얼마나 완벽한 코스 설계인가? 누구라도 부담 없이 라운드를 시작하도록 배려한 것이 아닌가." 그것이 인정할 수밖에 없는 '원조'의 아우라인가 보다. 올드 코스는 지난 600여 년 동안 단 한 번도 인위적으로 코스를 변경한 적이 없다. 원설계자가 알려지지 않아 신이 설계하고 바람이 시공한 코스라고도 한다. 산삼보다 오래된, 600년 묵은 잔디를 밟고 서서 플레이를 하고 있다는 것만으로도 감동의 도가니가 된다. 링크스의 전형적인 누런 잔디가 낮은 포복으로 땅에 붙어 있었기 때문에 페어웨이에서 우드를 잡을 일이 없었다. 그린은 또 왜 그렇게 넓은지, 퍼터로는 거리가 모자라 프로 선수들도 그린에서 우드를 잡아야 한다며 캐디가 농담을 던졌다. 하지만 하나도 웃기지 않았다. 정말 우드를 잡고 싶을 만큼 그린은 넓었고 홀은 멀었다. 서로 다른 두 홀이 같은 그린을 이용하는 경우도 있다. 112개나 된다는 항아리 벙커는 갤러리가 보기에는 아름답지만 플레이어에게는 공포의 대상이다. 최고 수준의 프로 골퍼들도 항아리 벙커에서 무너지는 경우가 많다. 늘 '만용'이 문제였다. 잘 피해 다니다 14번 홀에서 처음 벙커에 빠졌다. 막상 빠지고 보니 항아리라는 이름이 실감났다. 완전히 독 안에 든 쥐 꼴이었다. 결국 후진으로 탈출했다. 16번 홀 그린 앞에서 다시 벙커에 빠졌다. 한 번의 경험으로 자신감도 생겨 그린을 향해 직접 공략을 시도했다. 하지만 공은 벙커 턱을 맞고 떨어졌다. 오기가 발동했다. 다시 한 번 더, 또 실패. 결국 벙커 안에서 이미 **양파**를 기록하고 뒤로 빼려다 그것도 실패했다.

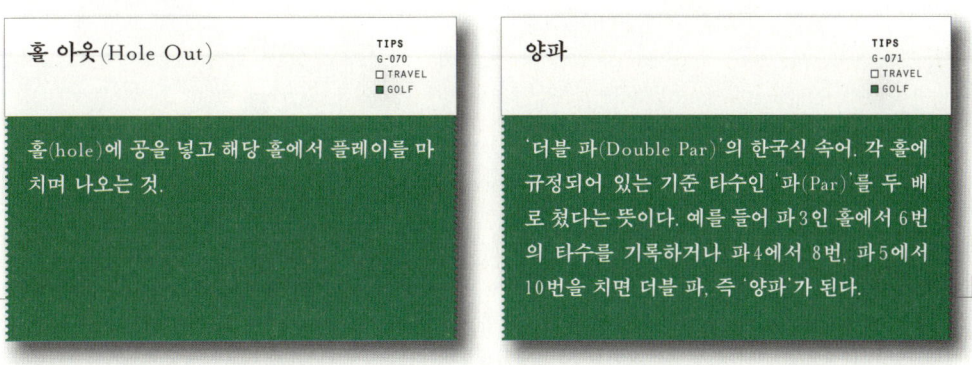

홀 아웃(Hole Out)
TIPS G-070
□ TRAVEL
■ GOLF

홀(hole)에 공을 넣고 해당 홀에서 플레이를 마치며 나오는 것.

양파
TIPS G-071
□ TRAVEL
■ GOLF

'더블 파(Double Par)'의 한국식 속어. 각 홀에 규정되어 있는 기준 타수인 '파(Par)'를 두 배로 쳤다는 뜻이다. 예를 들어 파3인 홀에서 6번의 타수를 기록하거나 파4에서 8번, 파5에서 10번을 치면 더블 파, 즉 '양파'가 된다.

세인트 앤드루스 올드 코스(St. Andrews Old Course)는 골프의 성지로, 세계에서 가장 오래된 골프장이다. 그 어떤 인위적인 디자인도 하지 않았기 때문에, 골프장 곳곳에서 낭만적인 중세의 자연과 전통을 느낄 수 있다. 좁은 페어웨이와 이중 그린, 무성한 러프와 항아리 벙커는 골퍼들에게 도전 의식을 심어 주고 북해에서 불어오는 바람과 비는 예측하기 어려운 결과를 연출한다. 1960년부터 5년마다 한 번씩 브리티시 오픈이 개최되고 있다.

올드 코스에서는 화려한 스코어 카드가 아니라 성지에 대한 '명상'과 '대화'가 중요하다. 벙커를 비롯한 각종 장애물은 고유의 이름과 스토리를 간직하고 있었다. 1번 홀 그린 앞을 가로지르는 개울은 '스윌컨 번(Swilcan Burn)', 4번과 15번 홀에서 훅이 난 티 샷을 집어 삼키는 '서덜랜드 벙커(Sutherland Bunker)', 눈에 띄게 솟아 있는 15번 홀의 언덕 두 개는 '그레인저 양의 젖가슴(Miss Grainger's Bosoms)', 16번 홀 한가운데 있는 3개의 벙커는 '교장의 코(Principal's Nose)', 18번 홀 그린의 왼쪽을 따라 흐르는 '죄의 계곡(Valley of Sin)' 등이 대표적이다. 잘생긴 캐디 데이비드(David)는 우리와 조인한 중국 골프 채널 관계자가 고용했다. 올드 코스에서는 1인 1캐디가 기본인데도 우리에게도 헌신적 서비스를 아끼지 않았다. 볼을 찾아 주는 일은 기본이고, 매 홀 코스 설명에, 각 홀이 가진 별명의 유래나 벙커의 닉네임도 설명해 주며 우리의 라운드를 더 풍성하게 만들어 주었다. 내 골프 '개똥 철학'은 딱 한 가지다. '골프장은 즐거운 곳이어야 한다.' 아무리 명문이라도 설계나 운영 측면에서 플레이어를 억압한다면 결코 좋은 골프장이 아니다. 그런 측면에서 올드 코스는 다른 명문 골프장에 비해 인간적이고 즐거움의 모티프가 월등히 많았다. 해변 모래사장 황량한 벌판에 별다른 가감 없이 자연스럽게 형성되어 있는 코스는 얼핏 황무지이거나 관리에 실패한 목장 같이 보이기도 한다. 그러한 자연스러움이 올드 코스 '아우라'의 핵심이다. 조미료 범벅인 음식만 먹다가 갑자기 조미료를 뺀 친환경 음식을 먹는 느낌과 비슷하다. 처음에는 맛이 없지만 먹을수록, 씹을수록 고유한 맛이 우러나온다. 올드 코스에서 플레이를 하다 보면 어느 순간 냇물 위에 뜬 꽃잎처럼 코스의 흐름에 내 몸을 맡기고 있다는 사실을 깨닫게 된다. 🌐

[04] 골프의 원조를 찾아 스코틀랜드에서
세인트 앤드루스(St. Andrews), 스코틀랜드(Scotland)
[04-033] 세인트 앤드루스 뉴 코스(St. Andrews New Course)

형만 한 아우 없다고요? 천만에!

세인트 앤드루스 뉴 코스는 올드 코스와 함께 세계 100대 코스에 이름을 올리고 있는 명문 골프장이다. 1895년에 올드 톰 모리스(Old Tom Morris, 1821~1908년)와 벤저민 홀 블라이스(Benjamin Hall Blyth, 1849~1917년)가 기존의 코스를 새롭게 디자인 하면서 '뉴(New)'라는 이름을 붙였다. 따지고 보면 그 역사가 100년이 넘는, 세계에서 가장 오래된 '뉴 코스'다. 고조할머니가 살아 계시는 통에 증조할머니가 여전히 며느리 노릇을 하고 있는 억울한 형국이다. 혹자는 뉴 코스가 올드 코스보다 낫다고 평가하기도 하는데 내가 보기에는 올드 코스와는 차이를 느끼기 어려울 정도로 레이아웃이 비슷했다. 언듈레이션은 올드보다 덜했지만 벙커는 훨씬 많았다. 자연 환경은 어차피 올드 코스와 차이가 없다. 바람의 방향은 수시로 바뀐다.

세인트 앤드루스 뉴 코스(St. Andrews New Course)에 들어섰다. 이로써 북아일랜드에서 스코틀랜드까지 최고의 링크스는 거의 섭렵하는 셈이다. 처음 링크스를 보고서는 딱딱한 땅과 금빛 러프, 누리끼리한 잔디, 신들린 바람에 아연실색하기도 했다. 하지만 이제 제법 마음의 여유가 생겼다. 올드 코스의 경험을 교훈 삼아 항아리 벙커에 빠지면 뒤로 공을 뺐고, 러프에서는 짧게 끊어 쳤다. 링크스에서 과욕은 절대 금물이다. 자중하며 플레이를 하는데 전반 홀을 마치고 동반자의 배틀 신청이 들어왔다. 전반에 버디를 두 개나 잡더니 자신만만해진 모양이다. 남편과의 내기는 언제나 잠자는 내 승부욕에 기름을 붓는다. 역시나 과욕은 화를 불렀다. 우리는 둘 다 벙커에 빠졌고 각자 항아리 벙커에서 세 타씩 까먹고서야 후방으로 탈출하는 수모를 겪었다. 두 벙커 모두 깊이가 상대적으로 얕아 '탈출과 거리 만회'를 동시에 노리고 전방을 정조준했던 것이 화근이

04-033
ST. ANDREWS
SCOTLAND

세인트 앤드루스 뉴 코스
ST. ANDREWS NEW COURSE

- 1895년 개장, 18홀, 6,039미터 (6,604야드)
- 주소: West Sands Road, St. Andrews, KY16 9XL, UK
- 홈페이지: http://www.standrews.com

었다. 어느 홀부터인가 우린 스코어 기록을 포기했다. 한 명이 무너지기 시작하면 상대의 눈치를 슬금슬금 보다가 스코어를 제대로 적지 않게 된다. 부부 골프의 내기는 늘 이 모양이다. 링크스 벙커에선 무조건 뒤로 빠져 나와야 한다는 그 동안의 교훈을 어긴 것도 무모한 배틀 탓이었다. 스코어에서 마음을 비우자 여기저기 다른 플레이어가 눈에 들어오기 시작했다. 신성한 골프의 성지에서 청바지, 반바지 차림으로 플레이를 하는 사람이 종종 눈에 띄었다. 골프 룰을 관장하는 **왕립 골프 협회**(R&A) 건물이 올드 코스의 1번 홀과 18번 홀을 동시에 내려다보고 있다. 이 곳에서 내가 두 눈 똑바로 뜨고 보고 있으니 제대로 하라는, 상징적인 건물 배치였을지도 모른다. 하지만 잉글랜드 골프장과 달리 아일랜드나 스코틀랜드의 골프장에서는 엄격하게 룰을 주지시키는 '멤버 분'이 보이지 않았다.

왕립 골프 협회(R&A)

TIPS
G-072
□ TRAVEL
■ GOLF

1754년 창설된 왕립 골프 협회(The Royal & Ancient Golf Club of St. Andrews(R&A)]는 세계에서 가장 오래된 골프 클럽으로 디 오픈(The Open)을 주관하고 있다. 전신은 '더 소사이어티 오브 세인트 앤드루스 골퍼스(The Society of St. Andrews Golfers)'로 세인트 앤드루스를 기반으로 한 지역 골프 클럽이었다. 1834년부터 영국 윌리엄 4세의 후원을 받음과 동시에 지금의 이름인 '로열 앤드 에인션트(Royal & Ancient)'라는 칭호를 받았다. R&A는 이후에도 미국 골프 협회(United States Golf Association)와 골프 규칙을 정기적으로 개정하며, 세계 남자 선수의 랭킹을 발표하기도 한다.

1895년에 오픈했으니 따지고 보면 100살이 넘는, 세계에서 가장 오래된 '뉴(New)' 코스다. 올드 코스와 공유된 자연 환경, 차이를 느낄 수 없는 레이아웃, 하지만 업그레이드된 현대적 감각 덕에 혹자는 뉴 코스가 낫다는 평을 하기도 한다.

부킹이 거의 불가능한 세인트 앤드루스 올드 코스(St. Andrews Old Course)에 목을 맬 이유가 없다. 바로 인접한 뉴 코스(St. Andrews New Course)는 올드 코스와 다를 바 없으나 진입 장벽이 낮다.

뉴 코스 18홀 플레이를 마치면 올드 코스와 비교해 보고 싶어진다. 어차피 코스에 대한 평가는 지극히 주관적일 수밖에 없다. 올드 코스의 역사적 상징성은 어차피 비교가 불가능한 것이다. 그것을 빼면 일단 올드 코스와 차이를 알 수 없는 닮은 꼴 설계에다가 관리 상태도 거의 동일했다. 그럼에도 그린 피는 올드 코스의 절반 수준이다. 물론 현장 부킹도 수월한 편이다. 우리도 당일 아침 그냥 무턱대고 카트 끌고 스타터로 직행했다. 30분 가량 기다렸을까, 다른 팀에 끼지 않고 2인 플레이가 가능했다. 결론적으로, 직업상 골프 역사에 대한 긴 '명상'이 필요하거나 아니면 '성지'의 갤러리 앞에서 자신의 샷을 과시해야 할 상황이 아니라면 구태여 올드 코스 플레이에 목을 맬 이유는 없다. 세인트 앤드루스에 발자국을 찍고 왔다는 물증이 필요하다면 올드 코스의 대표적 상징인 18번 홀의 **스윌컨 브리지**(Swilcan Bridge)에 가서 그냥 사진을 찍으면 된다. 플레이에 큰 영향을 주지 않는 한, 시비 거는 사람은 없다. '성지의 관용'이라고나 할까? 그래서 더 매력적인 것이 세인트 앤드루스 링크스다. 🌐

▸뉴 코스의 클럽하우스인 '세인트 앤드루스 링크스 클럽하우스 앤드 스윌컨'에서는 올드 코스도 볼 수 있다.

스윌컨 브리지(Swilcan Bridge)

TIPS
G-073
☐ TRAVEL
■ GOLF

세인트 앤드루스 올드 코스의 이름난 상징물 중 하나다. 올드 코스 1번 홀과 18번 홀을 연결하는 아주 작은 아치형 돌다리다. 지어진 지 700년이 넘는 이 다리는 원래는 양치기들이 건너다니던 곳이었으나 근대 이후 골프 성지의 상징이 되어, 수많은 선수와 명사들, 그리고 관광객들이 이 곳에서 사진을 찍는다.

[04] 골프의 원조를 찾아 스코틀랜드에서
에어셔(Ayrshire), 스코틀랜드(Scotland)
[04-034] 프레스트윅 골프 클럽(Prestwick Golf Club)

디 오픈 '종가'의 자부심

스코틀랜드에 오기 전까지 골프는 분명 '나'의 골프였다. 세계 어느 골프장을 가더라도 내 골프의 주체는 나였다. 하지만 스코티시(Scottish) 앞에서는 흔들렸다. 골프 원조의 후예라는 자부심은 대단했다. 골프가 '내 것'이 아닌 '당신들의 것'임을 깨끗이 인정하고 깍듯이 예우를 하게 된다. 맨 처음 수정을 요구받은 것이 '브리티시 오픈'이라는 표현이었다. 스코틀랜드 사람들은 '브리티시 오픈'이라는 이름에 대단한 거부감을 보였다. '디 오픈(The Open)'이라는 것이다. "'브리티시 오픈'은 없습니다. '디 오픈'은 최초의 챔피언십이자, 세상에 존재하는 유일한 챔피언십입니다. **US 오픈**(US Open)이나 **마스터스**(Masters)가 아니라 오직 '디 오픈'만이 진정한 챔피언십입니다."라고 말이다. 이해 못할 바가 아니었다. 푸른 눈의 외국인이 김치를 '기무치'라고 말한다면 우리는 어떤 반응을 보일까? 일본과 관련된 일이면 더 예민해지는 한국인이니 분노를 담은 목소리로 대답할 것이다. "김치는 원래 한국 음식입니다. 우리는 조상 대대로 매일매일 김치를 먹고 사는 유일한 나라입니다. 일본인이 김치를 먹고 김치를 만들어 세계에 수출한다고 해서 김치를 '기무치'라 부를 수는 없습니다." 그러고 보니 스코티시의 반응에 공감 백 배다.

스코틀랜드에서 '디 오픈' 챔피언십이 열린 것은 150여 년 전부터다. 미국이 골프를 상업화하고 전 세계 골프의 패권을 장악하면서 미국의 필요에 의해 '디 오픈'을 '브리티시 오픈'으로 바꿔 부르기 시작한 것이다. '스코티시(Scottish) 오픈'도 아니고 '브리티시 오픈'이라고 하니 더욱 분노할 법하다. 그들이 디 오픈을 고집하는 것은 '골프 종가' 스코틀랜드의 자부심이자, 미국의 상업 골프에 대항하는 자존심이기도 하다. 그

US 오픈(US Open)

TIPS
G-074
□ TRAVEL
■ GOLF

정식 명칭은 전미 오픈 골프 선수권 대회(United States Open Golf Championship). 전 영국 오픈 골프 선수권 대회(The Open Championship), 미국 프로 골프 협회 선수권(PGA Championship), 마스터스 골프 대회(The US Masters)와 함께 남자 골프 세계 4대 메이저 대회 중 하나다. 50년 이상의 역사를 가진 컨트리클럽에서만 개최된다. 1895년 10월 4일 전미 아마추어 골프 선수권 대회가 끝난 뒤 영국 프로 선수 10명과 스코틀랜드 출신의 미국 아마추어 선수 1명이 9홀의 뉴포트 골프 코스(Newport Golf Course)에서 실력을 겨룬 데서 비롯되었다. 1898년부터 72홀 토너먼트로 확장되었고 아마추어 대회와 분리하여 열렸다. 1965년부터는 사흘이었던 경기 일정이 나흘로 연장됨에 따라 최종 경기일에 2라운드를 치르던 방식에서 1일 1라운드(18홀)로 바뀌었다.

마스터스(Masters)

TIPS
G-075
□ TRAVEL
■ GOLF

마스터스 골프 대회(Masters Tournament / The Masters Tournament / The Masters / The U.S. Masters)는 미국 오거스타 내셔널(Augusta National, Inc.)이 주관하는 프로 골프 경기 대회다. 1934년 5월 22일 시작된 권위 있는 골프 대회로 남자 골프 세계 4대 메이저 대회에 속한다. 초청제로 운영하며 세계 프로 골프 선수 중 강자들만이 참가할 수 있다. 매년 4월 4대 메이저 대회 가운데 가장 먼저 열린다. 하루에 18홀씩 나흘간 경기하고, 예선을 실시하지 않으며 필드에 선수와 캐디 외에 아무도 들어오지 못하게 하는 등 현재 많은 골프 대회가 적용하고 있는 경기 방식들을 결정한 대회다. 코스 관리가 철저해 다른 대회에 비해 변수가 적으므로 참가 선수들의 순수한 골프 실력과 정신력에 따라 승패가 결정된다. 우승자는 정상의 상징으로 그린 재킷(Green Jacket)을 입는다.

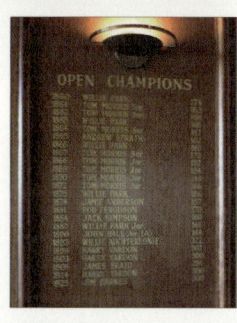

프레스트윅 골프 클럽(Prestwick Golf Club)의 클럽하우스 벽면에는 1860년부터 1925년까지 이 곳에서 개최되었던 디 오픈 때의 우승자 명단이 걸려 있다.

04-034

AYRSHIRE
SCOTLAND

프레스트윅 골프 클럽
PRESTWICK GOLF CLUB

ⓘ 1851년 개장, 18홀, 파71, 5,984미터 (6,544야드)
ⓘ 주소: 2-4 Links Road, Prestwick, Ayrshire, KA9 1QG, UK
ⓘ 홈페이지: www.prestwickgc.co.uk

래서 디 오픈 시즌이 되면 스코틀랜드는 마치 국경일이라도 맞은 듯 들썩인다. 언론들은 으레 디 오픈의 역사를 정리하며 그 의미를 곱씹는다. 이 때 어김없이 등장하는 골프장이 바로 스코틀랜드 서쪽 해안의 에어(Ayr)와 트룬(Troon) 사이에 있는 **프레스트윅 골프 클럽**(Prestwick Golf Club)이다. 프레스트윅 골프 클럽은 1851년 **올드 톰 모리스**(Old Tom Morris, 1821~1908년)의 코스 설계로 문을 열었다. 개장한 지 10년 후인 1860년, 이 곳에서 최초로 디 오픈 챔피언십이 열렸다. 당대 스코틀랜드 골프계를 주름 잡았던 프로 골퍼 앨런 로버트슨(Allan Robertson, 1815~1859년)이 사망하자 그의 뒤를 이을 '챔피언'을 뽑기 위한 프로 대항 골프 대회였다. 내심 프레스트윅 멤버들은 그들의 그린 키퍼(Green Keeper, 골프장 관리인)였던 톰 모리스의 우승을 확신했지만 예상은 빗나갔다. 당시 참가 선수는 8명에 불과했다. 그래서 2회 대회부터는 아마추어에게도 참가 자격을 주어 모든 골퍼에게 문호를 열게 되었다. 그 때 표방한 '모두에게 개방한다(Open to the world)'라는 문구에서 '오픈' 챔피언십 전통이 생긴 것이다. 디 오픈의 효시가 된 이 챔피언십은 그로부터 지금까지 150여 년을 이어 오고 있다. 프레스트윅 클럽하우스 벽면에는 그 곳에서 개최되었던

올드 톰 모리스(Old Tom Morris, 1821~1908년)

TIPS
G-076
□ TRAVEL
■ GOLF

본명은 토머스 미첼 모리스 시니어(Thomas Mitchell Morris, Sr.)이나 애칭인 '올드 톰 모리스'로 잘 알려져 있다. 세인트 앤드루스 출신의 골프 선수로 디 오픈의 산파 역할을 했다. 14살 때 최초의 프로 골퍼인 앨런 로버트슨의 캐디로 출발하여 스타 골프 선수로서 명성을 떨치던 톰 모리스는 프레스트윅 골프 클럽의 그린 키퍼(Green Keeper, 골프장 관리인)로 스카우트되어 프레스트윅 골프 코스를 설계한다. 1860년 프레스트윅 사람들이 자신들의 그린 키퍼인 톰 모리스와 그가 설계한 골프 코스를 자랑하기 위해 대회를 열었고 이것이 150여 년 역사를 가진 디 오픈의 시초가 되었다.

1851년 개장한 프레스트윅 골프 클럽은 세계에서 가장 오래된 골프 클럽 중 하나로, 1860년 이곳에서 세계 최초로 디 오픈이 열렸다. 변화무쌍한 자연의 굴곡을 그대로 살렸다.

1860년부터 1925년까지의 디 오픈 관련 사진과 우승자 명단이 자랑스럽게 전시되어 있다. 빛바랜 사진과 골동품이 다 된 각종 과거 골프 용품이 디 오픈 종가의 고풍스러운 분위기와 조화를 이룬다. 종가의 자부심은 골프장 운영 면에서도 드러났다. 사명감으로 무장한 매니저는 클럽하우스 입구에서 내장하는 모든 골퍼에게 복장 규정과 코스 에티켓이 적힌 인쇄물을 정중하게 건네 준다. 프레스트윅만의 특별한 요구 사항이 있는 것은 아니지만, 문서로 받아 보니 새삼 골프장에서의 매너와 에티켓이 한층 무게감 있게 다가왔다.

코스는 선이 굵고 홀 간 개성이 돋보였다. 코스 자체는 턴베리나 로열 트룬보다 쉬웠지만 지형에 가려 보이지 않는 홀이 많았다. 곳곳에 숨겨져 있는 벙커는 그 깊이와 면적이 우리를 압도했다. '캐버너스 슬리퍼드 벙커(Cavernous sleepered bunker)'의 경우 가파른 나무 계단을 한참 내려가야 샌드를 만날 수 있다. 일단 벙커에 빠지면 탈출에만 전념해야 망신살을 피할 수 있다. 동반자는, '추기경(Cardinal)'이라는 별칭을 가지고 있는 3번 홀에서 페어웨이 벙커에 빠졌다. 그는 우드를 잡고 과감하게 그린을 노렸다. 잘 맞은 볼은 그린이 아니라 벙커 전면을 둘러싸고 있는 갱목에 맞고 티 박스 쪽으로 거의 원위치해 버렸다. '히말라야'라는 별칭의 5번 홀과 시그너처 홀인 17번 '알프스' 홀이 기억에 남는다. 두 홀 모두 블라인드 홀(blind hole, 티잉 그라운드에서 지형에 가려 그린이 보이지 않는 홀)이다. 특히 5번 홀은 파3임에도 높은 모래 언덕에 가려 그린이 보이지 않았다. 17번 홀은 페어웨이가 수직 절벽으로 양분되어 있다. 10미터쯤 되는 절벽 아래에 운동장만한 벙커가 있고 키 큰 풀들이 무성한 러프 지대 너머에 그린이 있었다. 장타자를 시험에 들게 하는 홀이다. 드라이버를 버리고 잘라가는 것이 바람직하다. 하지만 앞 팀의 양상을 보니 대부분이 보이지 않는 그린을 직접 공략하고 있었다. 볼은 거대 벙커로 직행하거나 러프 속으로 사라졌다. 러프에서 볼을 찾느라 시간이 길어져 한참을 기다려야 했다. 앞 팀의 몰락을 본 후에도 내 동반자를 비롯한 대부분의 남자 골퍼는 장타를 노리며 힘들어간 폼으로 드라이버를 휘둘렀다. 골프가 욕심과의 전쟁이라는 사실을 몸소 보여 주면서 말이다. 프레스트윅은 스코틀랜드 특유의 위트가 숨어 있는 인상적인 골프장이다. 더불어 디 오픈과 골프에 대한 그들의 자존심을 엿볼 수 있는 곳이다. 🌐

[04] 골프의 원조를 찾아 스코틀랜드에서
머셀버러(Musselburgh), 스코틀랜드(Scotland)
[04-035] **머셀버러 링크스**(Musselburgh Links, The Old Golf Course)

기네스북이 인정한 가장 오래된 골프장

🌐 **머셀버러 링크스**(Musselburgh Links, The Old Golf Course)는 낯선 이름이다. 영국의 명문 코스 명단에도 전혀 등장하지 않는다. 세인트 앤드루스 호텔에 비치된 골프 잡지에서 머셀버러에 가면 백 년이 넘은 **히코리 골프채**(Hickory Golf Club)로 실제 라운드를 할 수 있다는 기사를 보았다. 영국에서 골동품 클럽 세트를 장만하는 것이 우리 미션 중 하나였기 때문에 기회가 될 때마다 골동품 상점을 기웃거려 봤지만 제대로 된 히코리 골프채 풀 세트를 발견하지는 못했다. 운 좋게 구입했어도 그것을 실제 라운드에 사용하지는 못했을 것이다. 고려 청자에 밥 퍼 담아 먹는 기분이랄까? 그런 기회를 놓칠 수 없어 비가 오락가락하고 있는데도 머셀버러 링크스로 향했다. 머셀버러 링크스는 세인트 앤드

히코리 골프채
(Hickory Golf Club)

TIPS
G-077
☐ TRAVEL
■ GOLF

호두나무의 일종인 히코리로 만든 샤프트(shaft)를 적용한 골프채. 샤프트는 골프채의 긴 막대 부분을 가리키며 '클럽의 척추'로 불린다. 골프채는 소재에 따라 14~17세기 과수목 시대, 18세기 히코리목 시대, 19세기 스틸 시대로 나뉜다. 15세기 스코틀랜드의 골프채는 오얏나무, 살구나무 등 과실나무로 제작되어 무겁고 탄력성 역시 좋지 않았다. 16세기 골프공이 깃털공으로 바뀌면서 골프채도 물푸레나무 등 가벼운 소재로 변화했고, 18세기 깃털공이 다시 무겁고 충격력이 강한 구타페르카(Gutta Percha, 거터 퍼처),

즉 고무공으로 바뀌자 다시 형태를 보완할 수밖에 없었다. 헤드가 점차 둥글어졌고 두께도 두꺼워졌다. 헤드와 샤프트 역시 서로 다른 소재를 조립하여 쓰는 방법이 발명되면서 헤드는 감나무, 샤프트는 히코리나무 등 강한 재질을 사용할 수 있게 되었다. 이러한 획기적인 개량은 영국의 로버트 포건(Robert Forgan, 1846~1906년)에 의해 이루어졌다. 히코리 샤프트는 물이나 습기에 강해 변질되거나 뒤틀리지 않으며 유연성과 내구성이 좋아 19세기 중반 본격적으로 등장한 이후 200년 이상 각광받았다.

루스에서 1시간 30분 거리에 있다. 시골 읍내 분위기의 작은 마을을 돌고 돌아 고택 비슷한 클럽하우스에 도착했다. 마을의 집들 속에 묻혀 있는 클럽하우스 석조 건물 외벽에는 역대 디 오픈 챔피언의 이름이 일부 남아 있었다. 골프의 역사를 조금만 꼼꼼하게 들여다봤다면 머셀버러 링크스를 기억했을 것 같다. 머셀버러 링크스는 현존하는 가장 오래된 골프장으로 이미 기네스북에 올라 있는 곳이었다. 1672년부터 골프장이었다는 사실이 공식 문서를 통해 확인되었다. 1567년에 스코틀랜드의 메리 여왕(Mary Stuart I, 1542~1587년)이 이 곳에서 골프를 쳤다는 비공식 기록도 남아 있다. 과거에 여섯 번이나 디 오픈을 개최했으며 1860년 제1회 디 오픈의 챔피언도 머셀버러 출신의 프로 선수였다. 홀 컵의 표준 크기(4.25인치=108밀리미터)를 만든 것도 이 곳이다. 머셀버러 링크스는 일곱 개 홀로 출발하여 1838년에 8홀로, 1870년에 9홀로 늘어난다. 오랜 역사와 명성으로 1876년 로열 칭호를 받은 후 18홀 정규 코스로 확장하려 했으나 부지를 확보하지 못해 1922년 근처의 프레스턴팬스(Prestonpans)로 이전하여 로열 머셀버러 골프 클럽(Royal Musselburgh Golf Club)이라는 이름으로 재개장했다. 원래 부지의 9홀 골프장은 머셀버러 링크스라는 이름으로 남아 오늘 우리를 만나게 되었다.

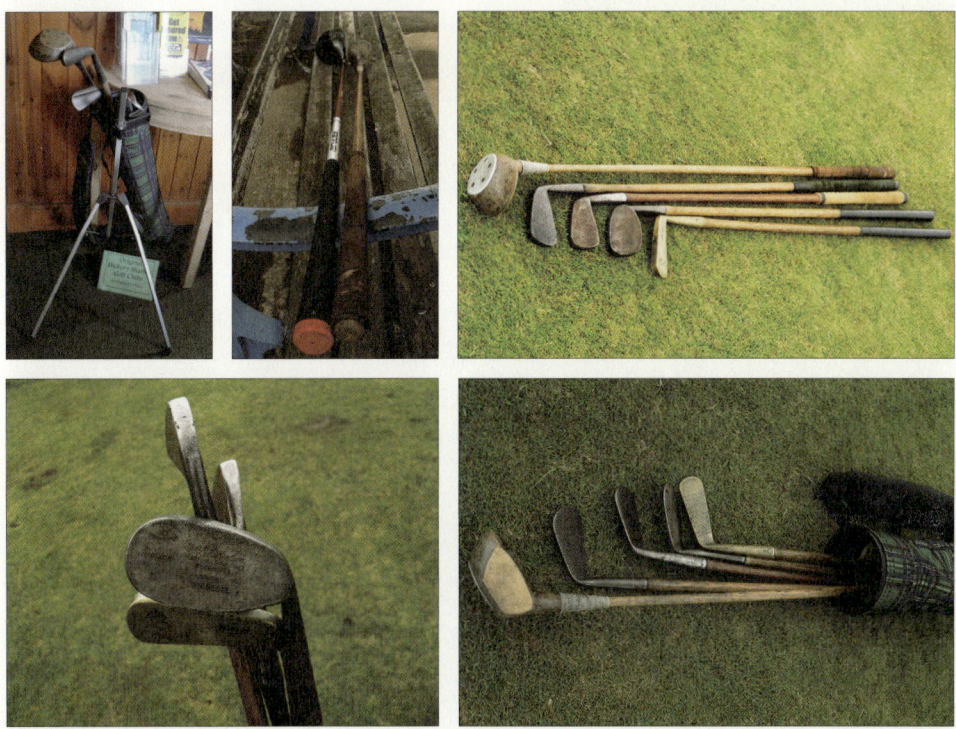

머셀버러 링크스에서 대여해 주는 히코리 골프채(Hickory Golf Club). 단출한 다섯 가지 세트였다.

04-035

MUSSELBURGH
SCOTLAND

머셀버러 링크스
MUSSELBURGH LINKS, THE OLD GOLF COURSE

- 1500년대 개장, 9홀, 파34 / 2,713미터 (2,968야드)
- 주소: Balcarres Road. Musselburgh, EH21 7SR, UK
- 홈페이지: http://www.musselburgholdlinks.co.uk

대여한 히코리 골프채는 5번 우드(크리크)와 아이언 둘, 어프로치용 아이언(웨지), 그리고 퍼터로 단출하게 이루어진 5종 세트였다. 샤프트와 헤드가 이름 그대로 '우드'로 만들어진 크리크는 묵직했다. 평소의 스윙 속도대로 백스윙을 하면 헤드의 반동으로 탑에서 한 번 휘청하는 느낌이 들었다. 타격의 여운은 몇 초간 지속되며 팔을 타고 온몸에 떨림을 전했다. 만화 영화〈톰과 제리〉에서 제리에게 일격을 당한 톰이 충격의 여운으로 덜덜거리며 방을 휘젓는 장면처럼 말이다. 그런데 신기한 것은 이렇게 충격이 심한데도 공의 비거리가 꽤 나온다는 사실이다. 더 경이로운 히코리 골프채는 어프로치용 아이언인 웨지였다. 헤드의 솔이 얇아 잔디를 찍는 느낌이 칼처럼 예리했다. 50야드 거리에서 풀 스윙으로 정확히 공의 뒤를 찍었는데 순간 김장 배추 겉잎사귀를 칼로 쳐내듯 탄력 있게 **뗏장**이 잘려 나가는 느낌이 전해졌다. 곧바로 공의 궤적을 쫓아가 보니 직사각형 뗏장이 공보다 찬란하게 날고 있었다. 가로 30센티미터, 세로 10센티

뗏장

TIPS
G-078
□ TRAVEL
■ GOLF

아이언 샷을 할 때 아이언에 흙과 뿌리가 패여 날아가는 잔디 조각, 즉 디벗(Divot). 뗏장이 뜯겨져 나간 곳을 디벗 마크(Divot Mark) 또는 디벗 홀(Divot Hole)이라고 한다. 정확하게 샷을 하는 뛰어난 골퍼일수록 얇고 긴 디벗을 만들게 되는데, 그 자리에 공이 빠지면 빠져나오기가 매우 어렵기 때문에 다른 골퍼들을 위해 자신이 만든 뗏장을 디벗 홀에 넣고 가볍게 밟아 주는 것이 에티켓이다. 안니카 소렌스탐은 2006년에 맥도널드 LPGA 챔피언십 대회에서 완전히 떨어지지 않은 잔디 조각과 앞 선수가 메운 디벗을 제거하다가 규칙 위반으로 2벌타를 받아 진 적이 있다.

🏴 마을의 집들 속에 묻혀 있는 머셀버러 링크스(Musselburgh Links, The Old Golf Course) 클럽하우스 석조 건물 외벽에는 역대 디 오픈 챔피언의 이름이 일부 남아 있었다.

꼬마들끼리도 자유롭게 골프를 치는 모습을 보니 과연 골프의 천국답다. 5년 구력의 8살 형이 이제 막 골프를 시작한 5살 동생과 라운드를 하다 우리에게 조인을 제의했다.

터 정도의 뗏장이었다. 평소에 나는 찍어 치기에 대한 공포 때문에 늘 아이언도 쓸어 치고 마는 폐단이 있어, 디벗을 만드는 대신 오히려 마찰로 잔디를 짓이겨 태워 죽이는 경우가 많았다. 히코리 골프채 덕에 조롱과 질타의 대상이었던 내 아이언 샷 역사에 길이 남을, 소렌스탐 뗏장 부럽지 않은 역사적 뗏장이 만들어졌다.

잊지 못할 동반자들도 만났다. 머셀버러에서 그간 조인했던 이들 중 최연소 팀과 조인한 것이다. 동반자 둘의 나이를 합하니 13세였다. 제법 예리한 스윙을 하는 8살 형은 구력이 5년이나 되었다고 했다. 녀석은 이제 막 골프를 시작한 5살짜리 동생을 끌고 우리 앞 팀으로 출발했다. 녀석은 동생과의 라운드가 재미없었는지 3번 홀 그린에서 우리를 기다려 맹랑하게도 같이 치자고 먼저 제의해 왔다. 5살 꼬마는 우리가 한 타 치고 전진할 때 서너 타를 치면서도 굴하지 않고 쫓아왔다. 7번 홀에 이르러 갑자기 장대비가 쏟아지자 두 녀석은 집이 바로 근처라며 급히 캐디 백을 챙겨 중도 하차해 버렸다. 녀석들 때문에 플레이가 지연되는 바람에 나머지 홀은 비를 흠뻑 맞으며 끝냈다. 어린 아이들끼리도 자유롭게 라운드 하는 골프 천국 스코틀랜드가 부러웠다. 물에 빠진 생쥐 꼴로 클럽을 반납하러 프로 숍으로 돌아왔다. 매니저가 히코리 골프채 사용 소감을 물었다. "정말 재미있었다. 그리고 이 골프채 정말 맘에 든다. 내게 팔면 안 되겠냐"고 했더니 그 5번 크리크는 구매 희망자들이 줄을 서 있지만 물건이 없다고 했다. 언제고 팔 수 있는 골프채를 확보하게 되면 연락을 하겠다고 해서 명함을 주며 신신당부를 하고 나왔다. 그런데 아직까지 감감 무소식이다.

[04] 골프의 원조를 찾아 스코틀랜드에서
이스트 로디언(East Lothian), **스코틀랜드**(Scotland)
[04-036] **걸랜 골프 클럽**(Gullane Golf Club)
[04-037] **뮤어필드 골프 클럽**(Muirfield Golf Club)
[04-038] **노스 베릭 골프 클럽**(North Berwicks Golf Club)

골프장 천국, 부킹은 '하늘의 별따기'

🌏 스코틀랜드 동쪽 해안의 세인트 앤드루스와 카누스티(Carnoustie) 일대는 한 달을 머물러도 모자랄 정도로 저명한 골프 클럽이 많다. 유랑 생활을 마무리하고 이 곳에 정착하고 싶은 마음이 굴뚝 같았다. 세인트 앤드루스에서 1시간 50분 정도 남진하면 에든버러에 도착한다. 에든버러 근처도 골프 천국이다. 30~40분 거리에 걸랜(Gullane), 뮤어필드(Muirfield), 노스 베릭(North Berwick)과 같은 명문 링크스들이 옹기종기 모여 있다. 이렇게나 골프장이 많지만 여름 시즌에 예약 없이 부킹하는 것은 하늘에 별 따기다. 대도시 인근이다 보니 더 그런가 보다.

걸랜 골프 클럽(Gullane Golf Club)은 18홀짜리 코스를 세 개나 운영 중인 총 54홀의 큰 골프장이다. 이 중에 세계 100대 코스에 드는 넘버원 코스는 풀 부킹이었다. 예약도 없이 불쑥 당일에 나타나 넘버 원 코스 라운드를 들먹이는 우리의 모습에 리셉션 직원은 난감해 했다. 우리는 명문 코스들의 경우, 당일 부킹이 사전 예약보다 한결 쉽고 확률도 높다는 사실을 경험으로 체득한 바였다. 예약을 무시하고 뻔뻔하게 굴라는 팁은 결코 아니다. 원래가 비회원의 예약은 회원들의 예비 티 타임까지 제외하고 받기 때문에 늘 녹록치 않다. 이미 1년 전에 부킹이 마감되었다는 '비보'를 한국에서 전화로 확인한 유명 골프장도 막상 당일에 찾아가 보면 날씨 안 좋아 취소한 사람, 몸이 안 좋아 취소한 사람이 있기 마련이어서, 회원 여러분의 전폭적인(?) 도움으로 우리가 티 타임을 얻을 수 있었다. 만석이던 비행기나 기차표도 당일 매표 창구에 가 보면 한두 자리쯤은 얻을 수 있지 않은가. 이것이 우리가 부킹 없이도 그럭저럭 선방하며 명문 코스 순례를 이어갈 수 있었던 나름의 노하우였다. 그러나 여름 시즌의 걸랜 골프 클럽은 예

04-036
EAST LOTHIAN
SCOTLAND

걸랜 골프 클럽
GULLANE GOLF CLUB

ⓘ No.1 Course : 1884년 개장, 18홀, 파71 / 6,285미터 (6,873야드)
　No.2 Course : 1898년 개장, 18홀, 파71 / 5,838미터 (6,385야드)
　No.3 Course : 1910년 개장, 18홀, 파68 / 4,808미터 (5,258야드)
ⓘ 주소: West Links Road, Gullane, East Lothian, EH31 2BB, UK
ⓘ 홈페이지: http://www.gullanegolfclub.com

걸랜(Gullane)의 링크스에서 골프를 쳤다는 300년도 더 된 기록이 있다. 그러나 현재의 골프장으로 개발된 것은 1882년으로, 8명의 회원으로 시작했다. No.1 코스는 1884년 개장했고, 그중 3번 홀은 미국의 『골프 매거진』에서 '세계에서 가장 아름다운 홀' 중 하나로, 7번 홀은 PGA에서 '세계에서 가장 아름다운 골프 스폿'으로 선정되었다. 주로 디 오픈의 퀄리파잉 골프장으로 이용된다. No.2 코스는 1898년, No.3 코스는 1910년에 완성되어 가장 최근의 코스조차 100년이 넘었다. No.3 코스와 함께 완성된 어린이용 6홀 코스도 있는데, 어린이는 부킹 없이 언제라도 무료로 플레이를 할 수 있다.

04-037

EAST LOTHIAN
SCOTLAND

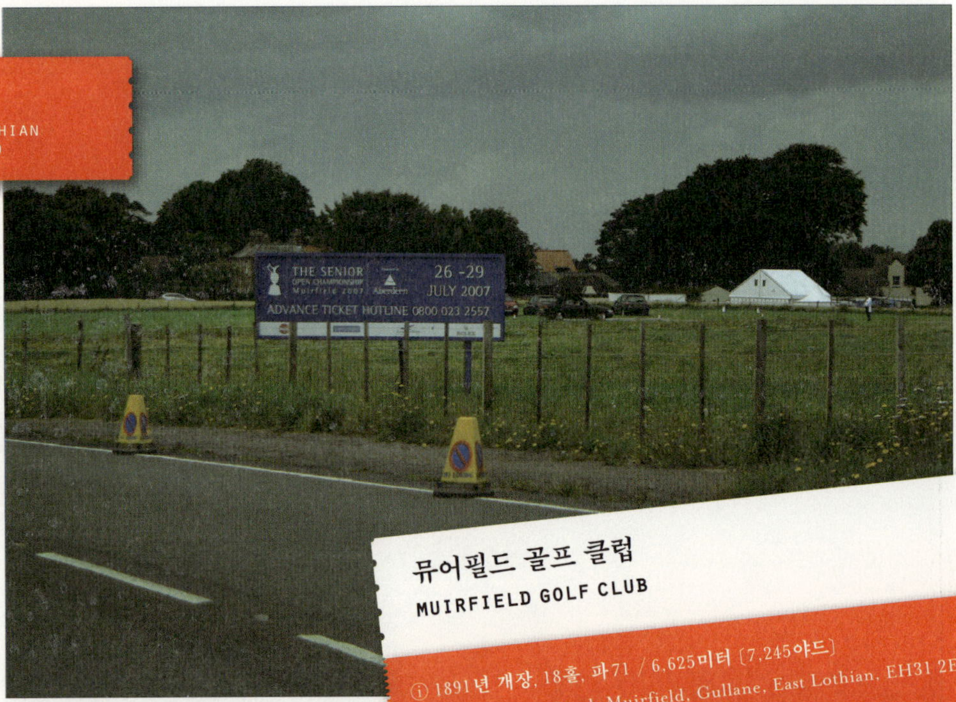

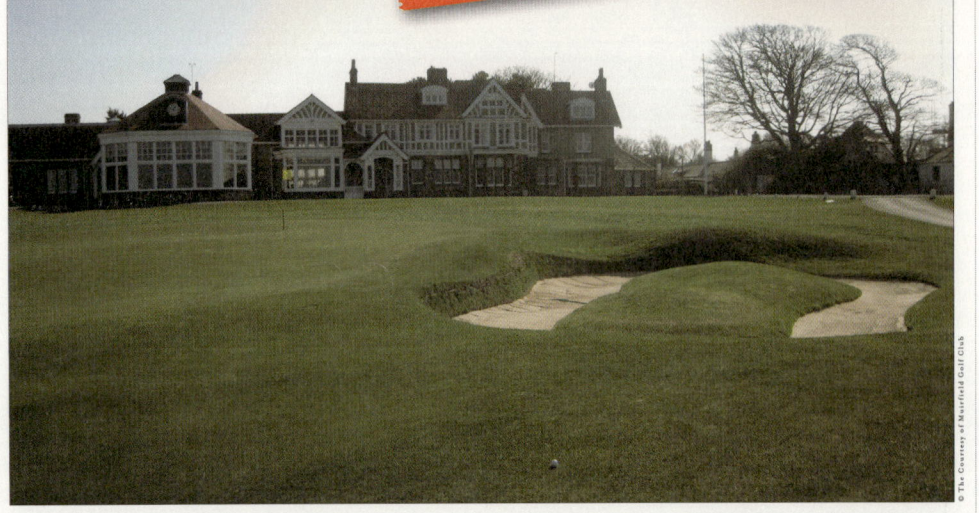

뮤어필드 골프 클럽
MUIRFIELD GOLF CLUB

ⓘ 1891년 개장, 18홀, 파71 / 6,625미터 (7,245야드)
ⓘ 주소: Duncar Road, Muirfield, Gullane, East Lothian, EH31 2EG,UK
ⓘ 홈페이지: http://muirfield.org.uk

© The Courtesy of Muirfield Golf Club

1744년 결성된 에든버러 골프인 협회(Honourable Company of Edinburgh Golfers)는 뮤어필드 골프 클럽(Muirfield Golf Club) 회원들이 근간이 된 모임으로, 수많은 골프 룰을 만들었다. 그 전에는 퍼블릭 골프장을 사용하다가 너무 붐비는 문제로 1891년에 뮤어필드에 올드 톰 모리스의 설계로 사설 18홀 전용 코스를 만들었다. 1892년 이래로 지금까지 16번의 디 오픈 챔피언십을 개최했다. 여기서 최초의 그랜드 슬램을 달성했던 잭 니클로스는 뮤어필드를 "브리튼 내 최고의 골프장"이라고 평했으며, 1974년 미국의 고향 근처에 골프장을 세울 때도 그 이름을 '뮤어필드 빌리지'라고 명명한 바 있다.

외였다. 매니저는 그린 피는 절반이지만 코스 자체는 별 차이가 없다며 다른 '형제 코스'를 추천해 주었다. 클럽하우스에서 보니 첫 홀이 높은 언덕을 향한 티 샷으로 출발하게 되어 있었다. 나머지 홀들이 그 언덕 너머에 펼쳐져 있어 성문 같은 첫 홀을 거치지 않고는 코스의 일부조차 구경할 수 없는 구조였다. 스코틀랜드에서는 골프장 랭킹 중심으로 동선을 잡아 내로라하는 코스들을 죄다 섭렵해 왔기 때문에 필요 이상으로 우리 눈이 높아져 있었다. '형제 코스'를 포기하고 인근의 또 다른 명문 클럽인 뮤어필드로 향했다.

뮤어필드 골프 클럽(Muirfield Golf Club)은 디 오픈이 열리는 명문 중의 명문 골프장이다. 여성 회원 불허 정책을 고수하는 보수적 골프장의 대명사이기도 하다. 미국의 오거스타 내셔널과 영국의 뮤어필드에는 전통적으로 금녀(禁女) 정책이 있다. 그러나 2012년 오거스타 내셔널은 정·재계와 시민 단체의 압력을 견디지 못하고 드디어 여성 회원 두 명을 받아들였다. 하지만 뮤어필드는 여전히 버티고 있다. 뮤어필드는 2013년 디 오픈을 개최했을 때에도 이 문제로 갈등을 빚었고, 2016년에도 금녀 정책을 고수하기로 결정, 디 오픈 개최 후보 코스에서 제외되었다. 진입 도로에서부터 심상치 않았다. 뮤어필드 쪽으로 향하는 차량들의 움직임이 이상했다. 분명 자연스럽지 않은 정체였다. 길 가에 '시니어 오픈 챔피언십(Senior Open Championship)'이라는 입간판이 보였다. 군소리 없이 핸들을 틀었다. 결국 뮤어필드 클럽하우스 앞에 붙어 있다는 '여성과 개는 출입 금지(No dogs or Women Allowed)'라는 팻말을 사진에 담겠다는 시대적 사명은 포기했다. 여자인 탓에 플레이도 할 수 없을 텐데 사진 한 장을 위해 기다리기엔 너무 긴 차량 행렬이었다. 바야흐로 스코틀랜드는 골프 토너먼트의 계절이었다. 7월 중순 이후 골프장들은 명문이고 비명문을 떠나 멤버들의 토너먼트부터 동네 아동 골프 대회 등등으로 비지터를 받지 않는 경우가 많았고, 우리의 헛걸음 횟수도 늘어났다.

최후의 보루가 **노스 베릭 골프 클럽**(North Berwick Golf Club)이었다. 거기도 거의 풀 부킹이었다. 무려 세 시간 넘게 기다린 끝에 마지막 타임에 티 박스에 오를 수 있었다. 눈물이 날 지경이었다. 1832년 10명의 멤버가 의기투합하여 설립했다는 노스 베릭은 골프 역

04-038

EAST LOTHIAN
SCOTLAND

노스 베릭 골프 클럽
NORTH BERWICK GOLF CLUB

ⓘ 1832년 개장, 18홀, 5,949미터 (6,506야드)
ⓘ 주소: Beach Road, North Berwick, East Lothian, EH39 4BB, UK
ⓘ 홈페이지: http://www.northberwickgolfclub.com

사책에도 곧잘 등장하는 유서 깊은 곳이다. 바닷물이 육지 깊숙이 들어온 만 지형 위에 웨스트 링크스 코스가 들어서 있다. 그 덕에 코스에서 보이는 바다의 풍광은 타의 추종을 불허했다. 링크스 자체가 기본적으로 바다를 끼고 형성된 코스이고, 이미 라운드를 마친 턴베리 골프 클럽이나 로열 포트러시 골프 클럽처럼 등대와 해안 절벽이 포인트가 되어 독보적 시그너처를 만들어 내는 코스도 많았다. 웨스트 링크스의 해안선과 바다는 거칠면서도 부드러운 오묘한 형상이었고, 홀을 옮길 때마다 전혀 다른 장면을 연출해 주었다. 거의 모든 홀에서 해안을 조망할 수 있었다. 코스 오른쪽에는 고풍스러운 석조 건물들이 이어져 후반 홀로 갈수록 세인트 앤드루스 올드 코스와 이미

노스 베릭 골프 클럽(North Berwicks Golf Club)은 1832년에 6홀로 개장했고 여러 차례 연장되어 1895년 18홀 6,095야드(5,573미터)로 완성되었다. 1932년에 이 형태를 조금 다듬은 것이 지금까지 이어진다. 노스 베릭의 웨스트 링크스는 세계에서 13번째로 오래된 코스이며 지금까지 자리를 옮기지 않고 같은 코스를 이용하는 클럽으로는 세인트 앤드루스 다음으로 오래된 클럽이다. 여성 전용 골프 레슨이 세계 최초로 시작된 곳이며 많은 여성 대회를 개최해 왔다. 뮤어필드와는 달리 전통적으로 여성에게 우호적이다.

해안 절벽 위에 형성된 노스 베릭 골프 클럽에서 보이는 바위 섬이 인상적이다. 클럽하우스는 아주 작지만 바다 쪽으로 열린 전망은 최고다. 파도가 심할 때는 페어웨이까지 바닷물이 들이친다. 크고 작은 바위 섬들이 홀마다 다른 모습을 드러낸다.

지가 오버랩되었다. 노스 베릭은 딱딱한 땅과 낮게 포복하며 달라붙은 질긴 잔디로 정평이 나 있다. 그러나 우리의 근육도 그만큼 링크스에 단련되어 가고 있었다. 단단한 땅 위에서도 정확한 아이언 임팩트를 만들어 냈고 항아리 벙커에도 적응하고 있었다. 하지만 바뀌는 바람에는 도대체 적응이 되지 않았다. 훅과 슬라이스를 '겸비'한 동반자는 여전히 페어웨이 양쪽 러프를 전전하고 있었다. 허벅지까지 올라오는 긴 러프에서 발바닥의 감으로 열심히 볼을 찾는 모습이 자주 눈에 띄었다. 그 러프에서는 이따금 백 년 전의 로스트 볼도 발견된다고 한다. 동반자의 '갈 지(之)'자 구질을 비웃으며, 나는 짧지만 바른 길을 고수했다. 결산해 보니 동반자의 스코어는 훨씬 나아지고 있었다. 처음 링크스에 발을 들였을 때, 둘 다 100개를 넘나들었다. 나는 여전히 90대 중후반인데 동반자는 90대 초반에 안착하고 있었다. 결국 링크스에서도 문제는 '거리'란 말인가, 이래저래 거리에 대한 고민이 깊어지고 있었다. 🌐

Hickory Golf Club of Musselburgh Links, The Old Golf Course

잉글랜드2　05
다시, 잉글랜드로

골프의 정신을 찾아서—유럽 골프 인문 기행 05 〔잉글랜드〕

ENGLAND 2

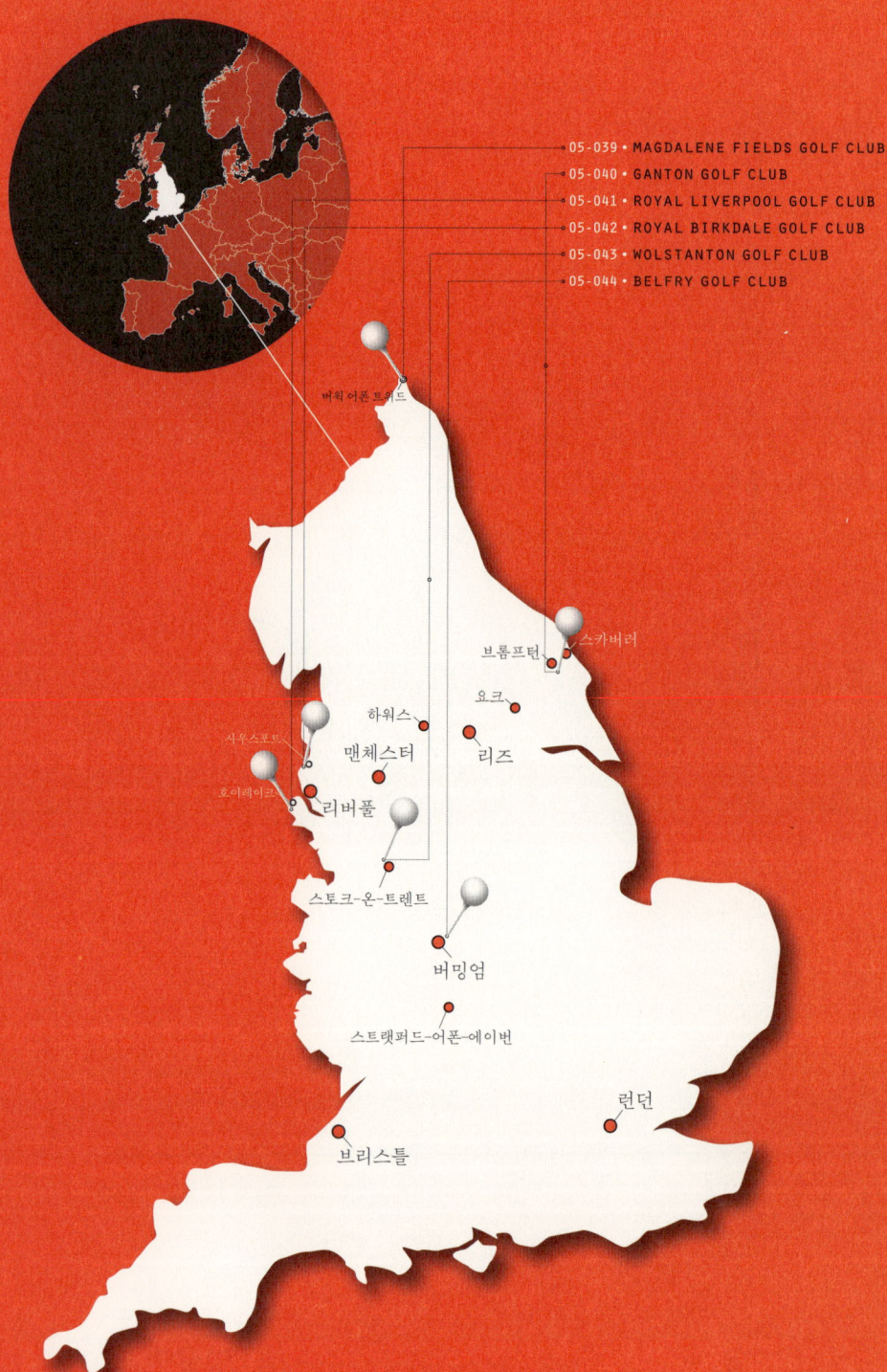

- 05-039 · MAGDALENE FIELDS GOLF CLUB
- 05-040 · GANTON GOLF CLUB
- 05-041 · ROYAL LIVERPOOL GOLF CLUB
- 05-042 · ROYAL BIRKDALE GOLF CLUB
- 05-043 · WOLSTANTON GOLF CLUB
- 05-044 · BELFRY GOLF CLUB

잉글랜드 2   05
다시, 잉글랜드로

드라이버 샷 '국경'을 넘다	05-039
	막달렌 필즈 골프 클럽 Magdalene Fields Golf Club
〈스카버러의 추억〉, 기억하시나요?	05-040
	갠튼 골프 클럽 Ganton Golf Club
리버풀식 링크스, 2014 디 오픈 개최	05-041
	로열 리버풀 골프 클럽 Royal Liverpool Golf Club
장정 선수의 여운을 만나다	05-042
	로열 버크데일 골프 클럽 Royal Birkdale Golf Club
골프채를 사러 간 도자기 마을	05-043
	울스탠튼 골프 클럽 Wolstanton Golf Club
셰익스피어 '오가' 마을의 저녁 노을	05-044
	벨프리 골프 클럽 Belfry Golf Club

[05] 다시, 잉글랜드로
노섬벌랜드(Northumberland), 잉글랜드(England)
[05-039] 막달렌 필즈 골프 클럽(Magdalene Fields Golf Club)

드라이버 샷 '국경'을 넘다

🌏 스코틀랜드의 나날은 화려했다. 골프의 고향에서 맛 본 링크스의 참 맛! TV에서만 보았던 역사 속 골프장, 그 페어웨이에 **뒷땅**(duff)을 찍고, 벙커에 원없이 흔적을 남기고, 러프를 쑥대밭으로 만들며 우리 골프 인생의 잊지 못할 추억들을 남겼다. 우리는 다시 잉글랜드로 향했다. 에든버러를 떠나 한 시간 정도 달리자 멀리 스낵카 몇 대가 서 있는 휴게소 같은 곳이 보였다. 그리 넓다고 할 수 없는 국도 양쪽에 그리 크다고 할 수 없는 좌판 수준의 매점이 있었고, 커피며 간단한 음료, 빵을 팔고 있었다. 도로 왼쪽에는 붉은 십자가의 잉글랜드 국기가, 그 반대편 도로 매점에는 푸른 바탕의 ×자 모양 스코틀랜드 기와 유니언 잭(Union Jack)이 함께 바람에 날리고 있었다. "아! 국경이구나." 자세히 보니 돌로 쌓은 방벽이 이어져 있고, 이 곳부터 잉글랜드라는 국경 표

뒷땅(duff)
TIPS
G-079
☐ TRAVEL
■ GOLF

클럽 페이스가 볼 뒷쪽의 지면을 먼저 쳐 버리는 미스 샷을 말한다. 뒷땅을 치는 미스 샷이 발생하는 원인에는 크게 캐스팅(casting)과 리버스 피벗(reverse pivot) 두 가지가 있다. 캐스팅 현상은 백스윙 시 오른 손목을 꺾어 주는 코킹(coking)을 유지하지 못하고 다운 스윙이 시작될 때부터 클럽과 손목이 일직선으로 풀려 버리는 것이다. 리버스 피벗은 백스윙 시 최고점에 도달했을 때 어깨 회전이 충분히 이루어지지 않아 체중이 왼쪽으로 쏠리며 몸이 뒤집히는 현상이다.

🔖 스코틀랜드와 잉글랜드의 접경 지역인 버윅-어폰-트위드(Berwick-upon-Tweed) 마을의 환영 표지판. 잉글랜드의 노섬벌랜드(Northumberland) 주[카운티(county)]에 들어섰음을 알리고 있다.

석이 서 있었다. 함께 묶여 UK로 통칭되기는 하지만 잉글랜드와 스코틀랜드는 엄연히 다른 두 나라다. 월드컵에만 따로 출전하는 것이 아니다. 스코틀랜드도 영어를 사용하기는 하지만 발음과 억양이 다르고, 들어 보지 못한 어휘도 많았다. 화폐도 잉글랜드 파운드와 모양이 달랐다. 스코틀랜드 파운드를 잉글랜드에서 내밀면 다들 생소해 하며 한 번씩 뒤집어 보고, 스코틀랜드 여행은 어땠는지 묻곤 했다. 정서도 제도도 엄연히 다른 두 나라, 하지만 스코틀랜드와 잉글랜드의 국경에는 형식만 남았을 뿐 변경이라는 현실감은 그다지 없다. 접경 지역의 골프장을 경험해 보는 것도 의미가 있지 않을까 싶었다. 커피 한 잔을 사들고 차로 돌아와 검색에 들어갔다. 행정적으로는 잉글랜드지만 접경한 골프장이 하나 검색되었다. **존 데일리**(John Patrick Daly, 1966년~)의 장타라면 잉글랜드에서 친 드라이브 샷이 스코틀랜드로 넘어가 버릴 정도로 국경선에 밀착한 골프장이었다.

접경 지역 버윅-어폰-트위드(Berwick-upon-Tweed) 마을 바닷가에 **막달렌 필즈 골프 클럽**(Magdalene Fields Golf Club)이 있다. 행정 구역상은 잉글랜드지만 거의 스코틀랜드 출신의 켈트 족들이 산다고 했다. 17세기 이후 이 지역 관할권은 스코틀랜드에서 잉글랜드로, 잉글랜드에서 스코틀랜드로 무려 18번이나 바뀌었다고 한다. 현재는 근처 바닷가에 방갈

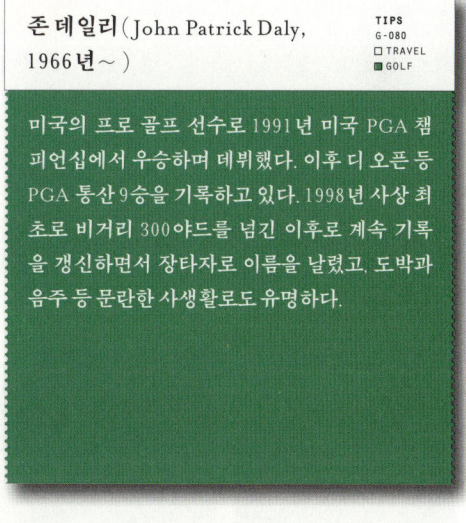

존 데일리(John Patrick Daly, 1966년~)

TIPS
G-080
☐ TRAVEL
■ GOLF

미국의 프로 골프 선수로 1991년 미국 PGA 챔피언십에서 우승하며 데뷔했다. 이후 디 오픈 등 PGA 통산 9승을 기록하고 있다. 1998년 사상 최초로 비거리 300야드를 넘긴 이후로 계속 기록을 갱신하면서 장타자로 이름을 날렸고, 도박과 음주 등 문란한 사생활로도 유명하다.

막달렌 필즈 골프 클럽(Magdalene Fields Golf Club)에서 본 버윅-어폰-트위드의 풍경.

05-039

NORTHUMBERLAND
ENGLAND

막달렌 필즈 골프 클럽
MAGDALENE FIELDS GOLF CLUB

- 1903년 개장, 18홀, 6,011미터 (6,574야드)
- 주소: Berwick-upon-Tweed, Northumberland, TD15 1NE, UK
- 홈페이지: http://www.magdalene-fields.co.uk

로 촌을 비롯하여 리조트가 들어선 꽤 유명한 휴양지다. 18홀 파72에 전장 6,407야드〔5,859미터〕의 평범한, 잉글랜드 최북단 골프장이었다. 1903년 9홀로 문을 열었고 1974년에 18홀로 확장했다. 골프장은 거센 바다 바람이 앞을 가로막는 언덕에 위치하고 있었고, 그린 피는 저렴했다. 스코틀랜드에서 명문 골프장들을 골라 다닌 탓에 고액 그린 피에 은근히 적응해 있었던 모양이다. 대부분의 홀에서 바다를 볼 수 있었고, 거센 바람이 몰아칠 뿐 아니라, 굴곡도 심한 편이었다. 바닷가에 있지만 링크스는 아니고 파크랜드형 골프장이었다. 몇 달 전만 해도 바닷가에 있는 골프장은 다 링크스인 줄 알았는데, 많이 성장했다. 그래도 바람은 영락없이 링크스였다. 동반자는 바람에 몇 번이나 모자를 날려 보냈고, 결국 모자챙을 돌려 거꾸로 쓰고 다녀야 했다. 비교적 넓은 페어웨이와 무른 땅, 파릇파릇한 양잔디, 벙커의 배치 등 전반적으로 부드러운 여성적 코스지만 티잉 그라운드에 서면 홀별로 변화가 많았다. 8번 홀 티잉 그라운드에 오르자 다리에 힘이 쭉 빠졌다. 검은 해안 절벽이 볼을 삼키려 입을 벌리고 있고, 내려다보니 '서거'한 수천 개의 볼이 널려 있었다. 거리상으로는 그린 엣지(가장자리)까지 160야드, 파3홀이었지만 계곡을 타고 올라오는 골바람이 강해 **드라이버**를 잡고도 불안했다. 이 홀의 별명은 '행운(Good Luck)'이었다. 하늘의 뜻이다 생각하고 드라이버를 잡

드라이버(Driver)와 아이언(Iron)

TIPS G-081
□ TRAVEL
■ GOLF

○ 드라이버는 1번 우드(wood)로 클럽 세트 중에서 파워가 가장 세다. 클럽 페이스(club face, 타구면)가 지상과 거의 직각으로 서 있어 세심하게 다루어야 한다. 대부분 파 4홀 이상에서 제1타를 칠 때 공을 최대한 멀리 보내기 위해 사용한다. 길이 44인치, 라이(lie, 클럽 헤드와 샤프트의 각도) 57도, 로프트(클럽페이스의 각도) 10도, 평균 비거리는 201~210미터다.

○ 아이언은 헤드 부분이 비교적 얇은 스틸로 만들어진 클럽으로, 페어웨이나 러프에서 샷을 할 때 쓰인다. 각도, 무게, 길이 등에 따라 1번부터 9번 까지 나뉘고 이를 한 세트로 취급한다. 1번 아이언은 드라이빙 아이언(Driving Iron), 2번 아이언은 미드 아이언(Mid Iron), 3번 아이언은 미드 매시(Mid Mashie), 4번 아이언은 매시 아이언(Mashie Iron), 5번 아이언은 매시(Mashie), 6번 아이언은 스페이드 매시(Spade Mashie), 7번 아이언은 매시 니블릭(Mashie Niblick), 8번 아이언은 피처(Pitcher), 9번 아이언은 니블릭(Niblick)이라고 한다. 이 외에 특수한 아이언으로 피칭 웨지(Pitching Wedge)와 샌드 웨지(Sand Wedge)를 추가할 수 있다.

명문이 아니라도 숨은 보석같은 골프장이 많다. 스코틀랜드 명문 링크스 투어를 마치고 도착한 잉글랜드 변방의 막달렌 골프 클럽. 몸과 마음이 편안해진 이 코스에서 하루를 더 소요하며 롤링 페어웨이(rolling fairway)를 즐겼다.

고 풀 스윙을 했다. 다행히 계곡을 건너 그린 왼쪽에 생존했고, 동반자의 볼은 그린에 안착했다. 서로 생존을 치하하며 절벽을 돌아 먼 길로 그린에 도착했다. 동반자는 내친 김에 버디까지 잡아 행운(Good Luck) 홀을 만끽했다. 더 인상적이었던 것은 12번 홀이었다. 어렵지는 않았으나 페어웨이가 신기했다. 할아버지 이맛살처럼 자글자글한 주름들이 페어웨이 전체를 '주름 잡고' 있었다. 우리는 즉각 '빨래판 페어웨이'라고 명명했는데 알고 보니 여기 사람들은 '롤링 페어웨이(rolling fairway)'라고 부른단다. 바람과 전쟁을 치르며 재미 있는 라운드를 마친 데다가 명문이 아니라도 숨은 보석 같은 골프장이 이다지도 많다는 사실에 또 한 번 환호했다. 싸고 좋은 골프장을 만나면 기분이 좋아진다. 내친 김에 클럽하우스에서 스코틀랜드 전통 음식 **하기스**(Haggis)를 시켜 기네스를 한 잔 두 잔 마시기 시작했다. 음식마저 싸고 맛있었다. 클럽하우스에서 만난 사람들도 모두 친절했다. 시골 골프장에 가면 이방인들은 환대와 관심의 대상이 된다. 하루를 묵고 한 번 더 라운드하기로 했다. 카메라를 놓고 골프를 즐겨 보고 싶었다. 변방의 막달렌 골프 클럽은 이 유랑 중에 유일하게 이틀 연속 라운드를 한 골프장이다.

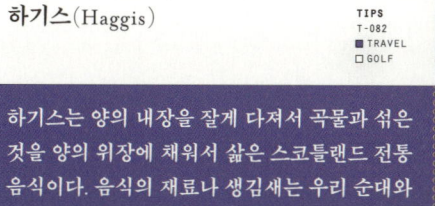

하기스(Haggis)

TIPS
T-082
■ TRAVEL
□ GOLF

하기스는 양의 내장을 잘게 다져서 곡물과 섞은 것을 양의 위장에 채워서 삶은 스코틀랜드 전통 음식이다. 음식의 재료나 생김새는 우리 순대와 흡사하지만 씹으면 입 안에서 동글동글 구르는 곡물의 질감이 인상적이고 맛도 좋다.

[05] 다시, 잉글랜드로
노스 요크셔(North Yorkshire), 잉글랜드(England)
[05-040] 갠튼 골프 클럽(Ganton Golf Club)

〈스카버러의 추억〉, 기억하시나요?

🌐 멀지 않은 곳에 스카버러(Scarborough)가 있다. 익숙한 이름이다. '사이먼 앤드 가펑클(Simon & Garfunkel)'이 부른 〈스카버러 페어(Scarborough Fair)〉. 이 곡은 더스틴 호프만(Dustin Hoffman, 1937년~) 주연의, 1960년대를 풍미한 명화 〈졸업(The Graduate)〉에 쓰이면서 공전의 히트를 기록한다. 그러나 정작 '스카버러'라는 지명에 대해 아는 것은 별로 없었다. 〈졸업〉의 배경인 미국 캘리포니아 UC 버클리 근처의 재래 시장이려니 짐작한 것 같기도 하다. 스카버러는 잉글랜드 노스 요크셔(North Yorkshire) 주의, 북해를 바라보고 있는 작은 바닷가 마을이다. 폴 사이먼이 영국을 여행하다가 이 지역에 전해 내려오던 민요인 〈스카버러 페어〉를 듣고 영감을 얻어 만들었다고 한다. '사이먼 앤드 가펑클'의 애절하면서도 감미로운 목소리와 뭔가 불가능한 세계에 집착하는 미묘한 노랫말이 인상적인 〈스카버러 페어〉는 지금도 많은 사람의 사랑을 받는다. 스카버러는 이 노래뿐 아니라 불후의 명작을 남긴 **소설가 브론테 자매**(the Brontës)**의 슬픈 이야기**도 간직하고 있다.

 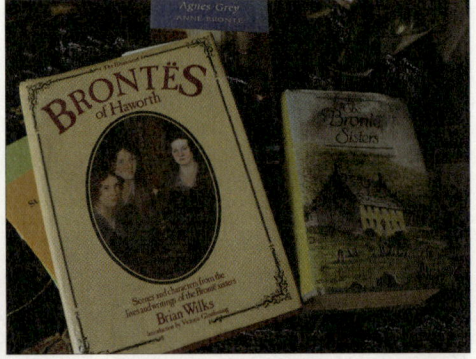

☞ 스카버러는 『제인 에어』, 『폭풍의 언덕』, 『애그니스 그레이』로 유명한 소설가 브론테 자매의 슬픈 사연이 잠든 곳이다.

영화 〈졸업〉과 삽입곡 〈스카버러 페어〉

TIPS T-083
■ TRAVEL
□ GOLF

미국 소설가 찰스 웨브(Charles Webb)가 1963년 발표한 장편 소설을 각색한 영화. 마이크 니컬스(Mike Nichols)가 감독을 맡아 1967년 개봉했다. 미국 동부의 일류 대학을 졸업한 젊은 남자가 불륜 관계에 있던 내연녀의 딸과 사랑에 빠진다는 내용으로, 영화 후반부에 남자 주인공이 결혼식을 하는 신부의 손을 잡고 뛰쳐나가는 장면으로 유명하다. 이 영화에 삽입된 노래 〈스카버러 페어(Scarborough Fair)〉는 원래 영국의 구전 민요로, 중세 말기에 옛 요크셔(Yorkshire) 지방(현재는 노스 요크셔 주)에 있는 스카버러에서 대규모로 열렸던 장터를 배경으로 남녀의 사랑을 노래하고 있다. 〈스카버러 페어〉는 16~17세기에 〈엘핀 나이트(The Elfin Knight)〉라고 하는 오래된 발라드를 개작한 것이라고 전해지며 이것이 여러 세대에 걸쳐 가사가 다듬어져서 상당히 은유적이고 서정적인 내용을 담게 되었다. 여러 가지 버전이 존재하지만 그 중에서도 '사이먼 앤드 가펑클'이 편곡, 개사하여 부른 동명의 곡 〈스카버러 페어〉가 유명하다.

브론테 자매와 스카버러의 앤 브론테 묘지

TIPS T-084
■ TRAVEL
□ GOLF

샬럿(Charlotte Brontë, 1816~1855년)과 에밀리(Emily Jane Brontë, 1818~1848년), 앤 브론테(Ann Brontë, 1820~1849년)는 영국의 유명한 소설가 자매다. 자매는 영국 요크셔 북부에서 아일랜드 성공회 사제의 딸들로 태어났다. 어머니를 일찍 여의고, 이모의 손에서 자랐다. 1824년 샬럿과 에밀리는 이종 사촌 언니 두 명과 기숙 학교로 옮겼는데, 환경이 형편 없었다. 결국 사촌 언니 두 명은 영양 실조와 결핵으로 일찍 세상을 떠났고, 훗날 이 악덕 학교는 『제인 에어』에 생생히 묘사되었다. 이후 샬럿과 에밀리는 벨기에로 유학하여 어학을 공부하고 귀국한다. 19세기 중반 자매는 '벨' 등의 필명으로 각각 소설을 발표했다. 샬럿의 『제인 에어』, 에밀리의 『폭풍의 언덕』 그리고 앤의 『애그니스 그레이』는 지금도 전 세계의 독자들에게 사랑을 받고 있다. 그녀들은 황량한 '무어 지대'〔무어(moor)는 '꺼칠꺼칠한 천, 황폐한 벌판'이란 뜻으로 잉글랜드의 히스(Heath, 관목의 일종)가 자라는 고원 지대를 말한다.〕에서 살았기 때문에 바다를 동경했다. 특히 폐결핵으로 사경을 헤메던 막내 앤의 소원은 죽기 전에 바다를 보는 것이었다. 샬럿은 앤의 소원을 풀어 주기 위해 스카버러 여행을 감행한다. 샬럿과 앤 자매는 하워스(Haworth)에서 마차를 타고 요크(York)를 거쳐 고생 끝에 스카버러 남쪽의 브롬프톤(Bromptom)이라는 마을에 도착한다. 마차에서 내린 앤은 난생 처음 보는 바다에 넋을 잃고 하염없이 눈물을 흘렸다. 1849년 5월 25일 두 자매는 스카버러 언덕에 올라 하루를 쉰 후 다음 날 해변을 돌아보았다. 황홀한 마음으로 바다만 바라보던 앤은 3일 후인 5월 28일 해변을 산책하다가 주저앉아 불귀의 객이 되었다. 29세였다. 샬럿은 마을 사람들의 도움으로 성 메리 교회의 묘지(←사진)에 앤을 묻고 고향 하워스로 돌아갔다. 지금도 앤은 스카버러의 바닷가의 언덕 묘지에 잠들어 있다. 이 묘지에는 사람들의 발길이 끊이지 않는다. 위로 폐허가 된 성곽의 흔적이 보이고 아래로는 찬란한 북해 바다가 펼쳐진다. 거친 바람 소리와 갈매기 울음 소리가 '침묵 언덕'의 정적을 깬다.

05-040

NORTH YORKSHIRE
ENGLAND

갠튼 골프 클럽
GANTON GOLF CLUB

ⓘ 1891년 개장, 18홀, 6,341미터 [6,935야드]
ⓘ 주소 : Station Road, Scarborough, YO12 4PA, UK
ⓘ 홈페이지 : http://www.gantongolfclub.com

스카버러 인근에 있는 **갠튼 골프 클럽**(Ganton Golf Club)은 세계 100대 골프장 중의 하나로, 잉글랜드에서는 다섯 손가락 안에 꼽히는 인랜드 명문 클럽이다. 비가 흩날리던 오전과는 달리 오후가 되면서 날이 좋아졌다. 아일랜드에서부터 시작한 우중 골프 강행군의 피로가 꽤나 누적되어 컨디션이 좋지 않았다. 하루 안에 리버풀까지 이동할 계획이었기 때문에 갠튼 골프 클럽에서는 9홀만 돌 계획이었다. 골프장으로 접어드는 순간 마음이 바뀌기 시작했다. 한국 골프장을 연상시키는 일송정 푸른 솔에 눈부신 초록 양잔디가 우리를 반겼다. 최고 수준이라는 영국 골프장들을 거의 둘러보았지만 이렇게 한국 골프장처럼 관리가 잘 되어 있는 곳은 드물었다. 마음이 어찌나 급해졌는지! 클럽하우스에 도착하기도 전 진입로에 차를 세우고 곧바로 잔디부터 확인했다. 발바닥을 탄탄하게 밀어 올려 주는 탱탱한 양잔디의 탄력이 느껴졌다. 가슴이 뛰었다. 땅바닥에 짝 달라붙어 낮은 자세로 포복하는 링크스의 누런 잔디, 뒷땅 공포에 마음 놓고 우드를 휘둘러 본 기억이 가물가물했다. 드디어 내 우드 실력을 과시할 때가 온 것이다. 갠튼 골프 클럽은 이미 **라이더 컵**, 커티스 컵, **워커 컵**을 두루 개최한 화려한 이력의 골프장이다. 만약 디 오픈이 링크스만 고집하지 않고 모든 스타일의 코스에 문호를 개방한다면 개최 후보 영순위다. 클럽하우스는 가족이 운영하는 동네 골프장처럼 소박했다.

라이더 컵(Ryder Cup) TIPS G-085 ☐ TRAVEL ☑ GOLF

유럽과 미국의 프로 골프 대항전이다. 1927년에 시작되어 2년마다 열린다. 1979년까지는 미국과 영국의 친선 경기 형식이었으나 이후 유럽 전역에서 선발된 선수들이 미국 팀과 경기를 벌이면서 지금에 이르렀다. 미국과 유럽에서 번갈아 개최한다. 각 팀은 주전 8명, 후보 2명, 주장 1명으로 구성된다. 홀마다 승부를 겨뤄 이긴 홀의 수가 많은 쪽이 승리하는 매치플레이로 이루어지며 포섬 매치, 포볼 매치, 싱글 매치 등 여러 형태의 게임을 한다.

워커 컵(Walker Cup) TIPS G-086 ☐ TRAVEL ☑ GOLF

1922년 시작된 미국과 영국, 아일랜드의 아마추어 골퍼 국가 대항전으로 PGA 투어의 라이더 컵과 비슷하다. 현재는 홀수로 끝나는 해에 격년으로 대회가 열리며 미국 USGA와 영국 R&A가 대회를 관장한다.

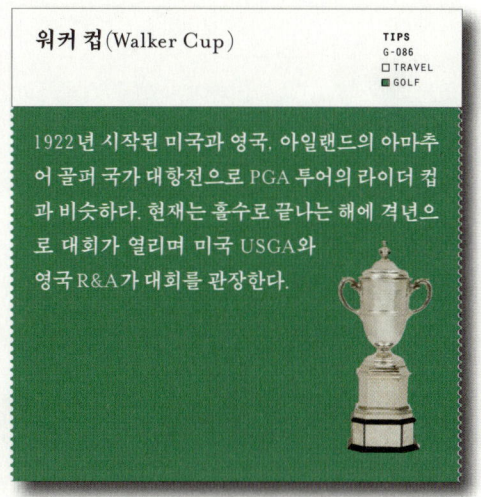

영국 골프장에서 가장 포토제닉한 피사체 가운데 하나는 지붕 꼭대기의 풍향계다. 갠튼 골프 클럽(Ganton Golf Club)의 그늘집에서 발견한 풍향계에는 해리 바든(Harry Vardon)이 올라가 있었다. '바든 그립'을 창안한 그는 갠튼에 전속 프로로 재임하던 기간 디 오픈 6승과 US 오픈 동시 석권의 전설을 만들어 냈다.

갠튼 골프 클럽의 양잔디는 흡사 한국 골프장처럼 완벽하게 관리되어 있다. 오랜만에 만난 양잔디에 탄력을 받아 84타, 생애 최저 기록을 이룩했다.

캐디 마스터 마이클 퍼디(Michael Purdie)와 잠시 이야기를 나눴다. 영국 골프장 관계자들은 디 오픈의 정통성에 대해서는 다들 대단한 자부심을 가지고 있지만 왕립 골프 협회의 보수적인 대회 운영 방식에 대해서는 거부감이 강했다. 몇몇 오래된 링크스의 나눠먹기식 대회 운영이라 생각하는 모양이다. 오히려 개방적으로 개최지를 선정하는 워커 컵이나 라이더 컵이 개최지 선정 방식은 더 합리적이라는 것이다. 1891년 문을 연 갠튼 골프 클럽은 역사로도 명문 링크스들에 뒤지지 않는다. 골프계를 주름잡았던 천재 골퍼 해리 바든(Harry Vardon, 1870~1937년)의 본거지로 유명하다. 갠튼 골프 클럽이 문을 열고 5년이 지난 후 해리 바든이 전속 프로로 취임한다. 해리 바든은 오른쪽 새끼손가락과 왼쪽 집게손가락을 오버랩하는 교과서 그립, '바든 그립'을 창안한 사람이다. 또한 디 오픈 6회 우승(1896년, 1898년, 1899년, 1903년, 1911년, 1914년)이라는 전설적인 기록을 세운 사람이기도 하다. 사상 최초로 디 오픈과 US 오픈을 동시에 석권하는 등 타의 추종을 불허했던 그의 업적은 대부분 여기 갠튼 골프 클럽에 프로로 몸담았던 7년 동안 이룩한 것이다. 그늘집의 풍향계, 클럽하우스부터 야디지 북까지 어디에서나 해리 바든의 흔적을 쉽게 찾을 수 있었다.

1번 홀 티 박스 옆에 붙어 있는 경고 문구가 눈에 띈다. '티박스와 코스에서 연습 스윙 금지'. 사실 이 무시무시한 문구는 영국의 골프 룰에도 명문화되어 있다. 심지어 코스에서 연습 스윙을 하다가 디벗을 만들면 즉각 퇴장을 당할 수도 있다. 관리가 잘된 갠튼 코스에는 그만한 노력이 있었나 보다. 잔디 관리에 예민한 골프장이구나 싶어 플레이 중에 신경을 많이 썼다. 남이 만든 디벗도 보이는 대로 다 수리하며 다녔다. 참으로 오랜만에 비 한 방울 맞지 않은 날이었다. 18홀 내내 보송보송한 햇살 아래에서 바람 한 점 없는 평온함과 탄탄한 잔디의 탄력을 느끼며 맘껏 우드를 휘두르며 비거리를 과시했다. 홀마다 비주얼이 변화무쌍했다. 무엇보다 좋았던 것은 스코어였다. 84타. 생애 최저 타였다. 시골 골프장이 아닌 영국 서부의 명문 갠튼 골프 클럽에서 기록한 것이다. 그 동안 링크스에서 받은 지옥 훈련이 이제 진가를 발휘하는 모양이다. 이런 속도로 실력이 향상된다면 프로에 도전할 수도 있겠다는 생각에 보약을 먹은 듯 기운이 솟았다. 🌐

[05] 다시, 잉글랜드로
위럴(Wirral), 잉글랜드(England)
[05-041] 로열 리버풀 골프 클럽(Royal Liverpool Golf Club)

리버풀식 링크스, 2014 디 오픈 개최

🌐 브리튼 섬 동부 해안을 따라 계속 내려가다 스카버러에서 서쪽으로 방향을 틀었다. **비틀스**(The Beatles)**의 고향 리버풀**(Liverpool)을 향해 네 시간 이상을 달려갔다. 리버풀은 볼거리도 많고 디 오픈(브리티시 오픈)을 개최하는 9개 링크스 중 하나인 **로열 리버풀 골프 클럽**(Royal Liverpool Golf Club)도 있어 건너 뛸 수 없는 도시다. 우리는 리버풀에서 넉넉히 며칠을 머물 계획이었다. 항구 도시 리버풀은 한때 영국 경제의 중심이었다. 세계 문화 유산과 유럽의 문화 수도로 지정되었을 정도로 오래된 건축물과 문화 시설도 많고, 오케스트라(로열 리버풀 필하모닉)도 유명하다. 그러나 뭐니뭐니 해도 축구와 비틀스를 빼고 리버풀을 논할 수는 없다. 훌리건이 처음 조직된 곳이 리버풀이라는 설이 있을 정도로 이곳의 축구 열기는 뜨겁다. 조직력의 축구로 광대한 서포터스를 이끄는 리버풀 FC는 축구 종가인 영국에서도 최고의 명문 클럽으로 꼽힌다. 비틀스는 시대와 영역을 뛰어넘는 영웅이다. 비틀스 음악은 늘 논란거리였다. 리버풀 노동 계급의 정서와 록의 저항 정신이 깔려 있다는 점에 대해서는 별 이견이 없는 듯하다. 음악에 대한 이해와 사

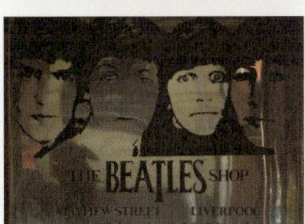

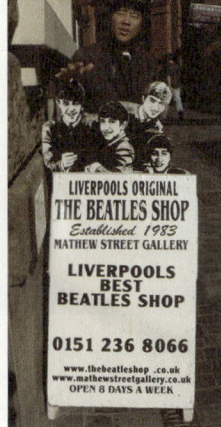

리버풀(Liverpool)과 비틀스(The Beatles)

TIPS
T-087
■ TRAVEL
□ GOLF

리버풀은 잉글랜드 머지사이드(Merseyside) 주에 위치한 공업 도시이자 항구 도시다. 1960년대 전 세계적인 열풍을 일으켰던 록 밴드 비틀스와 광적인 축구 열기로 유명하다. 산업 혁명 시기 영국 공업의 중추였으나 이후 급속하게 쇠퇴하여 현재는 잉글랜드에서 가장 가난한 도시 중 하나가 되었다. 이웃 도시지만 리버풀보다 사정이 나은 맨체스터와 지역 감정의 골이 깊다. 비틀스 멤버들의 고향으로, 이들 역시 전형적인 리버풀 노동 계급 가정 출신의 아이들이었다. 존 레넌(John Lennon, 1940~1980년)이 리버풀에서 폴 매카트니(James Paul McCartney, 1942년~), 조지 해리슨(George Harrison, 1943~2001년) 등과 함께 '쿼리멘(The Quarymen)'이라는 밴드를 결성한 것이 비틀스의 시초가 되었다. 여전히 전 세계의 비틀스 팬들이 리버풀로 몰려오고 있다. 2009년 리버풀 호프 대학(Liverpool Hope University) 석사 과정에 비틀스 학과가 개설되었다.

05-041

WIRRAL
ENGLAND

로열 리버풀 골프 클럽
ROYAL LIVERPOOL GOLF CLUB

ⓘ 1869년 개장, 18홀, 6,637미터 (7,258야드)
ⓘ 주소: Meols Drive, Hoylake, Wirral, CH47 4AL, UK
ⓘ 홈페이지: http://www.royal-liverpool-golf.com

1869년 개장해 잉글랜드에서 두 번째로 오래된 링크스 코스인 로열 리버풀 골프 클럽(Royal Liverpool Golf Club)은 시속 40킬로미터의 강한 바닷바람이 불기로 유명하다. 2014년까지 디 오픈만 12차례 치렀다. 2009년 재단장을 거치면서 코스가 길어지고 굴곡이 많아졌으며 러프가 워낙 거칠어 선수들이 스코어를 관리하기가 매우 어려운 코스가 되었다.

랑은 듣는 이의 몫이다. 확실한 것은 세계 대중 음악을 이끌었던 비틀스의 영향력이 어제(Yesterday)에서 끝난 것이 아니라 오늘(Today)까지도 이어지고 있다는 사실이다. 그러나 내게 리버풀은 축구와 비틀스 외에도 타이거 우즈로 기억되는 도시다. 골프를 시작한 후 타이거 우즈는 내 우상이었다. 우즈의 폼을 배우기 위해 몸에 무리가 갈 정도로 연습을 한 적도 있다. 그러나 골반 30도, 상체 120도, 어깨 135도 턴의 아름다운 꽈배기 스윙을 흉내내는 것은 불가능했다. 폼을 복제하지는 못했지만 아버지 **얼 우즈**(Earl Dennison Woods, 1932~2006년)가 주도했던 우즈의 골프 스토리는 가슴에 남아 있다. 그래서 늘 타이거 우즈의 우승 화면에서 얼 우즈를 찾는 버릇이 생겼다. 아버지가 없었다면 타이거 우즈 골프 신화도 없었을 것이다. 2006년 디 오픈은 이 곳 로열 리버풀 골프 클럽에서 열렸고 우승자는 타이거 우즈였다. 18홀 그린에서 우승을 확정짓는 마지막 퍼팅을 끝낸 그는 캐디의 품에 안겨 엉엉 울어 버렸다. 우승을 하면 늘 주먹을 불끈 쥐고 포효하던 우즈가 왜 통곡하는지 사람들은 잘 알고 있었다. 불과 2개월 전에 아버지 얼 우즈가 사망했던 것이다. 암 투병 중에도 늘 18홀 그린에서 우승의 기쁨을 함께 나누던 골프 황제 부자였다. 우즈의 로열 리버풀 18번 홀에서의 통곡은, 그의 이미지를 '흔들림 없는 골프 기계'에서 '사람 우즈'로 바꾸는 계기가 되었다.

얼 우즈(Earl Dennison Woods, 1932~2006년)

TIPS
G-088
☐ TRAVEL
■ GOLF

미국 골프 선수 타이거 우즈의 아버지. 캔자스 주 맨해튼에서 태어났다. 캔자스 주립대 시절 포수로 활약해 '빅 에이트(Big 8)' 컨퍼런스 야구 대회에 출전한 최초의 흑인 선수로 이름을 올렸다. 그는 태국 출신의 쿠틸다와 재혼한 뒤 43살이 되던 1975년 캘리포니아 사이프레스에서 타이거를 낳았다. 아들이 골프에 재능이 있다는 것을 안 후 전폭적으로 지원하며 골프 황제로 키웠다. 타이거 우즈 재단과 타이거 우즈 장학 재단 프로그램 등 사회 공헌을 위한 사업을 하다가 2006년 사이프레스 자택에서 타계했다.

타이거 우즈는 2006년 로열 리버풀 클럽에서 열린 디 오픈에서 우승하고 눈물을 펑펑 쏟았다. 사진은 로열 리버풀 골프 클럽에서 판매하는 디 오픈 기념품들.

로열 리버풀의 과거와 현재. 세번째 사진은 2014년 디 오픈이 열릴 때의 로열 리버풀 골프 클럽.

리버풀 근처 호이레이크(Hoylake) 마을에 있는 로열 리버풀 골프 클럽은 파72 전장 7,258야드[6,637미터]의 전형적인 링크스 코스이며, 지금까지 12번이나 디 오픈을 개최했다. 바다와 바람을 견뎌 온 잔디는 예상대로 거칠었고 땅은 야무지게 단단했으며 바람도 여지없이 불어댔다. 하지만 티 박스에서 보면 다른 정통 링크스 코스에 비해 다소 편안하고 쉬워 보였는데, 러프는 비슷하게 위협적이었지만 코스의 굴곡이 부드럽기 때문인 것 같았다. 1번 홀 티잉 그라운드에서 한 바퀴를 빙 돌아보면 대략 네다섯 개의 그린 깃발이 보일 만큼 확 트인 코스다. 실제로 로열 리버풀이 2006년 디 오픈 개최지로 선정되었을 때 메이저 대회를 개최하기엔 너무 쉬운 코스라는 지적을 받았다. 이를 입증이라도 하듯 그 해 타이거 우즈는 18언더 파로 우승했다. 물론 4일 내내 바람도 불지 않고 날씨도 좋았기 때문에 좋은 스코어가 나온 것일 수도 있다. 나름대로 코스 난이도를 높이기 위한 자구책인지 다른 영국권 골프장에서 거의 보이지 않던 OB(Out of Bound, 장외) 말뚝이 여기저기 눈에 띄었다. 이 말뚝은 영국 골퍼들에게도 악명이 높다. 일부 사람들은 로열 리버풀을 '로열 OB'라고 부르기도 한다. 로열 리버풀의 코스가 평탄한 것은 경마장과 함께 운영했던 역사에서 기인하는 것이기도 하다. 1869년 '리버풀 헌트 클럽'이라는 이름으로 오픈한 골프장은 이후 7년간 경마장과 같이 운영되었다. 때문에 아직도 클럽하우스에는 당시 말안장에 달았던 새들링 벨(Saddling Bell)이 유물처럼 보관되어 있었고, 코스 곳곳에는 경주로가 남아 있다. 로열 리버풀은 아일랜드 링크스의 굵은 선이나 스코틀랜드 링크스의 황량함과는 좀 다른, 평탄하면서도 깐깐한 잉글랜드식의 링크스다.

로열 리버풀의 상징인 클럽하우스 첨탑의 쌍둥이 시계(John Ball Clock). 마치 빨간 모자를 쓴 것 같은 클럽하우스 건물은 과거와 현재 그리고 미래를 연결한다는 의미를 갖고 있다.

[05] 다시, 잉글랜드로
사우스포트(Southport), 잉글랜드(England)
[05-042] 로열 버크데일 골프 클럽(Royal Birkdale Golf Club)

장정 선수의 여운을 만나다

로열 리버풀 골프 클럽에서 플레이를 한 후, 사우스포트(Southport)에 위치한 또 다른 명문 로열 버크데일(Royal Birkdale)로 향했다. 왠지 이름이 익숙하다. 지난 2005년 **장정** 선수가 브리티시 여자 오픈 우승컵을 안고 샴페인을 뒤집어썼던 바로 그 골프장이다.

골프장의 순위를 매기거나 따지는 일은 한국이나 영국이나 간단치가 않다. 일단 순위를 매긴 주체와 연도에 따라 순위가 다르고 모든 골프장은 가장 영광스러웠던 순위를 전면에 내세우게 마련이다. **로열 버크데일 골프 클럽**(Royal Birkdale Golf Club)도 마찬가지다. 평판이 다양하지만, 로열 버크데일은 잉글랜드에서 자주 1위로 꼽히는 골프장이며 세

> **프로 골퍼 장정(1980년~)**
>
> TIPS
> G-089
> □ TRAVEL
> ■ GOLF
>
> 여성 프로 골퍼 장정은 1997년 한국 여자 오픈에서 17세의 나이로 우승해 주목을 받았으며 1998년 방콕 아시안 게임에서 단체 은메달과 동메달을 땄다. 2000년 프로에 데뷔하여 LPGA에 진출했다. 같은 해 세이프 웨이 챔피언십 준우승, 2004년 켈로그 키블러 클래식 준우승, 2005년 사이베이스 클래식 준우승 등을 기록했다. 2005년 LPGA 메이저 대회인 브리티시 여자 오픈에서 우승했다. 키가 153센티미터에 불과하여 '슈퍼 울트라 땅콩'이라는 별명을 갖고 있다.

스코틀랜드 링크스의 '정통성'에 대한 우려를 표현했던 '잉글랜드' 링크스 로열 버크데일 골프 클럽의 매니저. 그는 2005년 이 코스에서 열린 브리티시 여자 오픈 우승자인 장정 선수를 선명하게 기억하고 있었다.

계 랭킹에서도 10위권에 들곤 한다. 1889년 문을 열었고 무려 아홉 번이나 디 오픈을 개최했으며 라이더 컵도 두 번 열렸다. 역사를 보면 버크데일에서의 첫 번째 디 오픈은 원래 1940년으로 예정되어 있었지만 제2차 세계 대전으로 무산된다. 골프장은 군사 기지가 되어 버렸다. 3번 홀 페어웨이 옆에 높이 솟아 있는 모래 언덕은 영국 공군의 감시 초소가 되었다. 1941년 독일 폭격기들이 버크데일 골프장 옆에 있는 철로를 파괴하려고 떨어뜨린 폭탄으로 코스는 초토화된다. 덕분에 전쟁 지원의 공을 인정받아 '로열' 칭호를 받았다. 밖에서 보면 클럽하우스는 흰색의 병동처럼 무미건조해 보인다. 하지만 이 건물이 세계에서 가장 아름다운 클럽하우스로 꼽힌다고 한다. 클럽하우스 내부에는 벽면을 도배한, 역대 우승자들이 환호하는 사진 등 볼거리가 많았다. 티타임을 받기 위해 프로 숍을 찾았다. 매니저는 예약 없이 당일 라운드를 하겠다고 찾아온 우리 때문에 난감했을 것이다. 하지만 우리의 여행 이야기를 듣더니 눈이 반짝였다. 특히 아일랜드와 스코틀랜드 링크스를 서쪽에서 동쪽으로 한 바퀴 돌고 여기까지 왔다고 했더니 대뜸 스코틀랜드 코스에 대한 느낌을 물었다. 사실 좀 실망했다고, 링크스 잔디는 정말 맘에 들지 않았고, 바람은 짜증이 나더라고, 슬금슬금 눈치껏 말했다. 사실 내 짧은 영어로 링크스에 대한 복잡 미묘한 심정을 표현하기엔 한계가 있었다.

로열 버크데일 골프 클럽(Royal Birkdale Golf Club)은 바다를 바라보는 모래 언덕마다 2차 세계 대전 기간에 적군 비행기를 감시하는 해안 초소가 들어섰고, 그 '덕'에 1951년 '로열' 칭호를 받았다.

05-042

SOUTHPORT
ENGLAND

로열 버크데일 골프 클럽
ROYAL BIRKDALE GOLF CLUB

ⓘ 1889년 개장, 18홀, 6,316미터 (6,907야드)
ⓘ 주소 : Waterloo Road, Southport, PR8 2LX, UK
ⓘ 홈페이지 : http://www.royalbirkdale.com

매니저는 기다렸다는 듯이 맞장구쳤다. "맞아요. 우리도 스코틀랜드 링크스를 좋아하지 않아요. 자연 그대로라는 명분으로 코스 관리도 제대로 하지 않은 채 정통 링크스라는 프라이드만 강하거든요." 로열 버크데일 코스는 아일랜드 링크스 스타일의 코스라며 은근 스코틀랜드 링크스와의 차이를 강조했다. 우리가 이미 아일랜드 링크스를 잘 돌파해 왔으니 큰 어려움이 없이 플레이할 수 있을 것이라는 덕담과 함께 티 오프 타임을 배정해 주었다. 프로 숍을 나서려는 순간, 우리에게 갑자기 생각난 듯 "아! 그녀… 장정…, 정말 키가 작았어요."라며 손바닥을 펼쳐 대략 자기 배꼽 정도의 높이를 가늠한다. "에이… 과장이 심해요."라고 웃으며 매니저의 손을 가슴 근처까지 끌어 올려 주고 티잉 그라운드를 향했다. 오늘도 하늘이 심상치 않았다.

왼쪽 도그 레그인 1번 홀에서 출발했다. 전형적인 링크스의 모습 그대로였다. 구릉과 잔디 그리고 바람. 하지만 잘 다듬어진 링크스라는 느낌이 들었다. 홀별 독립성을 철

로열 버크데일 골프 클럽의 18홀에서 바라본 클럽하우스 전경. 세계에서 가장 아름다운 클럽하우스로 꼽힌다.

저하게 확보한 레이아웃 때문인 듯했다. 홀과 홀은 거의 구릉으로 차단되어 있어 플레이에 집중할 수 있고, 비슷한 홀도 거의 없었다. 대부분의 페어웨이 폭이 20야드[18.3미터]안팎이라서 티 샷의 정확성이 관건이었다. 페어웨이를 둘러싸고 있는 긴 러프와 구릉은 북아일랜드의 로열 포트러시 골프 클럽과 비슷했다. 모던하면서도 웅장했다. 4번 홀을 마칠 무렵부터 먹구름이 몰려오더니 비를 뿌리기 시작했다. 코스 사진이라도 미리 찍어둘 걸, 아쉬워하며 정신없이 우중 플레이를 마쳤다. 그 와중에도 7번 홀 그린 옆의 '반지 벙커 그린'에 얌전히 올라 앉은 내 볼이 기억에 남아 있다. 항아리 모양의 전형적인 링크스 벙커 안에 그린이 '섬'처럼 자리 잡고 있었다. 넓은 그린을 두고 하필이면 그 섬에 안착한 온 그린이라니. 18홀을 3시간 만에 마치고 돌아왔다. '대영제국' 종주 골프 투어를 하며 우중 골프 '내공'이 확실히 향상되고 있었다.

대형 여객선이 연상되는 클럽하우스는 리버풀의 지역 건축가 조지 톤지(George Tonge, 1876~1956년)의 작품으로, 1935년에 건축됐다. 클럽하우스로서는 파격적으로 당시 최신 유행이던 아르 데코 분위기로 모던하게 지었다. 건축 양식을 두고는 호불호가 엇갈리지만 실내에 특유의 기념품과 전쟁의 흔적까지 박물관처럼 전시하고 있다.

[05] 다시, 잉글랜드로
스태포드셔(Staffordshire), 잉글랜드(England)
[05-043] 울스탠튼 골프 클럽(Wolstanton Golf Club)

골프채를 사러 간 도자기 마을

🌐 **스토크-온-트렌트**(Stoke-on-Trent)는 영국의 도자기 마을이다. 영국을 여행하는 남자들 대부분은 빈티지 오디오 장만을 염원하고, 여자들은 본차이나(Bone China) 한 세트 마련을 꿈꾸며 이 곳을 찾는다고 한다. 리버풀에서 묵었던 호텔 로비에 스토크-온-트렌트를 소개하는 브로슈어가 있어 도자기 마을에 대한 자세한 설명과 사진을 볼 수 있었다. 불량 주부인 나에게 본차이나는 별 관심 사항이 아니었던지라 넘어가려는데 마지막 대목이 눈에 들어왔다. '이 곳에 가면 **웨지우드**(Wedgwood)도 싸게 구입할 수 있다.'

스토크-온-트렌트 (Stoke-on-Trent)
TIPS T-090 ■ TRAVEL □ GOLF

영국 도자기 공업의 중심지로 잉글랜드 스태퍼드셔 주의 트렌트 강에 위치한 도시다. 중세부터 '스태퍼드셔 도자기'로 알려진 그릇이 만들어져 왔다. 영국 도기 생산과 거래의 대부분이 이 지역에서 이루어지며 콘월(Cornwall) 지방에서 채굴한 백토로 만든 고급 제품이 유명하다. 웨지우드의 설립자 조시아 웨지우드(Josiah Wedgwood, 1730~1795년)도 이 곳에서 작업을 했다. 웨지우드 사에서 운영하는 웨지우드 박물관(The Wedgwood Visitor Centre & Museum)과 다양한 도기류, 예술품이 함께 전시되어 있는 도자기 박물관(The Potteries Museum & Art Gallery)이 있다.

웨지우드(Wedgwood)
TIPS T-091 ■ TRAVEL □ GOLF

웨지우드는 설립자 조시아 웨지우드의 이름을 딴 영국의 대표적인 도자기 브랜드다. 1759년 문을 열고 초기에는 석기인 청접시, 불투명한 백자 등을 만들었는데, 당시 영국으로서는 그 정도도 대단한 기술이었기 때문에 왕실의 후원을 받아 '여왕의 도자기(Queen's ware)'라고도 불렸다. 1812년에 중국의 도자기 기술을 바탕으로 한 본차이나(Bone China)를 최초로 개발한 회사이며, 그 후 200년 동안 세계적인 명품 브랜드로 이름을 날렸다. 미국 백악관, 러시아 크레믈린 궁, 교황청 등이 주요 고객이다. 1987년에는 세계적인 크리스탈 기업인 워터퍼드 크리스탈과 합병해 워터퍼드 웨지우드로 사명을 변경했다가 2009년 파산해 뉴욕의 사모 펀드에 매각되었다.

"웨지우드?" 당시에는 모든 관심이 골프에 집중되어 있었기 때문인지 분명 내 눈에는 Wedgwood가 Wedg'e'wood로 보였다. 그리고 웨지우드는 **웨지**(Wedge)와 **우드**(Wood)의 형태가 결합된 전통적 골프채의 이종일 것이라고 마음대로 추측했다. 숏 게임 향상이 지상 과제인 남편에겐 새로운 웨지가 필요했고, 타이거 '우드'로 불리던 나는 늘 우드에 관심이 많았다. 결국 '신병기' 웨지우드를 사기 위해 우리는 부푼 가슴을 안고 스토크-온-트렌트로 갔다.

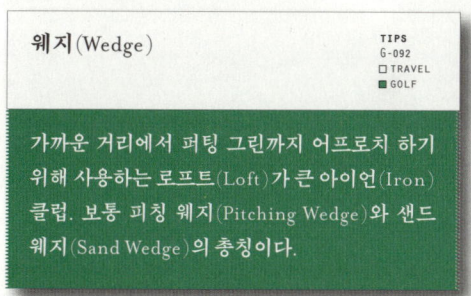

웨지(Wedge) TIPS G-092 □TRAVEL ■GOLF

가까운 거리에서 퍼팅 그린까지 어프로치 하기 위해 사용하는 로프트(Loft)가 큰 아이언(Iron) 클럽. 보통 피칭 웨지(Pitching Wedge)와 샌드 웨지(Sand Wedge)의 총칭이다.

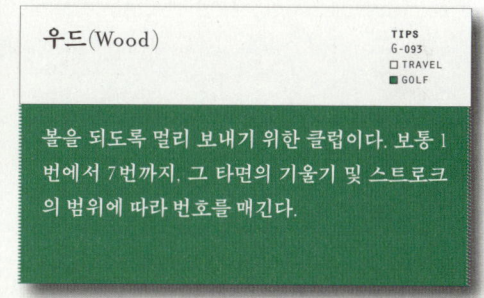

우드(Wood) TIPS G-093 □TRAVEL ■GOLF

볼을 되도록 멀리 보내기 위한 클럽이다. 보통 1번에서 7번까지, 그 타면의 기울기 및 스트로크의 범위에 따라 번호를 매긴다.

마을에 들어서며 처음 눈에 띈 앤틱 숍에 차를 멈춘 것도 오로지 쇼윈도에 붙은 '웨지우드'라는 문구 때문이었다. "웨지우드를 좀 사려고 왔습니다." "아 예, 특별히 찾으시는 모델이라도 있습니까?" "아니오. 일단 좀 보고 싶습니다." "이게 다 웨지우드입니다." 주인 할아버지가 가리킨 선반 위에는 푸른 바탕에 흰색 그리스 문양들이 양감 처리된 도자기를 비롯하여 핑크 꽃 그림으로 장식한 각종 도자기 질그릇이 도열해 있었다. '웨지우드'는 영국 본차이나 브랜드였다. '여왕의 자기(Potter to Her Majesty)'로 불

스토크-온-트렌트(Stoke-on-Trent) 마을 앤틱 숍의 다양한 '웨지우드'들.

05-043

STAFFORDSHIRE
ENGLAND

울스탠튼 골프 클럽
WOLSTANTON GOLF CLUB

ⓘ 1904년 개장, 18홀, 5,268미터 (5,761야드)
ⓘ 주소: Wolstanton, Newcastle under Lyme, Staffordshire, ST5 9DR, UK
ⓘ 홈페이지: http://www.wolstantongolfclub.com

린다. 자료를 보니 웨지우드는 영국 도자기의 아버지라고 하는 조시아 웨지우드(Josiah Wedgwood, 1730~1795년)가 1759년 만든 브랜드로 품격 있는 디자인과 최상의 품질로 200년 이상 세계 자기 시장을 선도하고 있다고 했다. 무식의 소치로 들르게 된 스토크-온-트렌트는 영국의 공업 지대인 미들랜드(Midlands)의 도시로 본차이나 도자기 산업의 중심지다. EU는 이 곳을 유럽 산업화의 한 과정을 보여 주는 상징적 도시로 지정한 바 있다. 맨체스터(Manchester)의 방직 공장이나 와트(James Watt, 1736~1819년)의 증기 기관만 산업 혁명의 기수는 아니었다. 이 도자기 마을에서도 자본주의 초창기의 비참한 임노동이 시작되었고 연령별, 성별 노동 착취가 제대로 이루어졌던 모양이다. 도자기 박물관을 돌다 보면 아름다운 도자기 제품 하나가 만들어지기까지 어떤 노동이 필요한지, 이 과정에서 인간은 얼마나 어려운 상황에 처하게 되는지 이해할 수 있다. 1800년대부터 산업 혁명 시기를 걸쳐 이 곳을 통해 유통된 본차이나의 화려한 꽃무늬들은 열악한 노동 환경에서 눈물로 찍어 그린 노동자들의 작품인 것이다.

스토크-온-트렌트의 웨지우드 박물관과 도자기 박물관에서 만나게 되는 도자기 산업과 노동과의 관계.

📷 코스에 대한 기억보다는 18홀 그린 옆 벤치에 앉아 옆 테이블 아저씨들과 함께 맥주를 마시며 뒤이어 들어오는 팀들의 그린 플레이를 품평했던 즐거운 추억이 남는 울스탠튼 골프 클럽(Wolstanton Golf Club).

도공들이 열악한 환경 속에서 노동 착취를 당하며 전염병으로 죽어간 역사의 현장에도 골프장은 있었다. 근처 골프장에 들렀다. 진입로에 줄지어 늘어선 참나무 무리가 인상적인 **울스탠튼 골프 클럽**(Wolstanton Golf Club)이었다. 골프장 순위나 역사 면에서, 그리고 위치와 규모 면에서 두드러지는 것 없는 동네의 작은 골프장이었다. 골프장을 경험할수록 골프장도 사람과 비슷하다는 생각을 하게 된다. 아무리 못나고 내세울 것이 없는 사람이라도 다른 누구도 흉내낼 수 없는 그 나름의 매력이 있게 마련이다. 1인당 그린 피가 200파운드가 넘는 세계 최고 수준 골프장이 뿜어내는 아우라도 근사했지만, 1인당 10파운드 하는 동네 골프장이 주는 편안함도 나름대로의 매력이 있다. 도자기 마을의 작은 골프장에서는 코스에 대한 기억보다는 사람에 대한 기억이 선명하다. 라운드를 마치고 18홀 그린 옆 벤치에 앉아 옆 테이블 아저씨들과 맥주잔을 기울이며 뒤이어 들어오는 팀들의 그린 플레이에 대하여 하나하나 논평하며 '뒷담화'를 나눴던 즐거운 추억이 남아 있다. 🌐

[05] 다시, 잉글랜드로
웨스트 미들랜즈(West Midlands), 잉글랜드(England)
[05-044] 벨프리 골프 클럽(Belfry Golf Club)

셰익스피어 '오가' 마을의 저녁 노을

🌏 버밍엄(Birmingham) 근교의 **벨프리 골프 클럽**(Belfry Golf Club)은 라이더 컵을 네 번이나 개최한 최고 수준의 골프장이다. 우리는 석 달 전에도 벨프리 골프 클럽에서 플레이를 해 보려고 두 차례 시도했지만 모두 실패했다. 한 번은 대회 개최 중이었고, 한 번은 악천후로 플레이가 불가능했다. 이번에는 마지막 티 타임을 지나 너무 늦게 도착했다. 주말이라서 내일도 풀 부킹이란다. 인연이 닿지 않는 골프장이었다. 그래도 해질녘의 골프장은 아름답다. 벨프리는 영국에서 그리 흔하지 않은 리조트형 골프장이다. '눈요기'를 하러 여기저기 돌아다니며 사진을 찍었다. 수박 겉핥기식으로 내려다본 코스 전경이지만 여름 휴가철 금요일 오후에 느껴지는 리조트 특유의 여유로움, 흥겨운 클럽하우스, 스포츠 머리처럼 손질된 코스, 멋스러운 건물들이 빚어내는 조화는 마치 그림과 같았다. 클럽하우스 테라스에서는 축제가 벌어지고 있었다. 연습 그린을 에워싼 테이블에선 단체 손님들이 흥겨운 음악 속에 저녁 식사와 와인을 나누며 왁자지껄했다. 일부는 아직도 홀에 대한 미련이 남았는지 퍼터를 들고 연습에 집중하고 있었다.

영국 명문 골프장들은 하나같이 대형 롤렉스(Rolex) 시계를 첨탑에 걸고 있다. R&A를 공식 후원하는 롤렉스가 마케팅 차원에서 후원하는 듯했다. 어느새 이 첨탑 시계의 유무로 골프장의 수준을 짐작하게 되었다. 벨프리를 상징하는 종탑에도 역시 그 시계가 걸려 있었다. 벨프리 골프 클럽은 라이더 컵의 정신적인 고향과도 같은 곳이다. 디 오픈(브리티시 오픈)이 뼈대 있는 정통 링크스들의 향연이라면 라이더 컵 개최지는 신생 골프장의 경연장이다. 역사를 배제하고 코스 자체로만 보면 라이더 컵을 개최하는 골프장들이 규모나 시설 면에서 월등하게 느껴진다. 그래서 벨프리 골프 클럽에서 플레이를

05-044

WEST MIDLANDS
ENGLAND

벨프리 골프 클럽
BELFRY GOLF CLUB

ⓘ 1977년 개장, 54홀, 18,658미터 (20,405야드)
ⓘ 주소: Lichfield Road, Wishaw, Sutton Coldfield, West Midlands, B76 9PR, UK
ⓘ 홈페이지: http://www.thebelfry.co.uk/golf

벨프리 골프 클럽(Belfry Golf Club)은 브라바존(Brabazon, 7,118야드(6,509미터)), PGA 내셔널(PGA National, 6,737야드(6,160미터)), 더비(Derby, 6,009야드(5,495미터)) 등 총 3개 코스, 54홀로 구성된 '대규모' 골프장이다. 세계 100대 골프장에 들어간다.

못 한 것이 못내 아쉬웠다. 벨프리에서 골프보다 더 아쉬웠던 것은 아쿠아 스파였다. 영국의 명문 골프장을 돌면서 한국 골프장의 사우나가 늘 그리웠다. 대부분 영국 골프장 클럽하우스에는 간단한 샤워 부스 몇 개만 설치되어 있는데 그마저도 이용하는 사람이 없어 보였다. 문화의 차이인지, 건조한 날씨 덕인지 샤워는 대개 집에 돌아가서 하는 분위기였다. 이미 일상복이 되어 버린 골프 웨어와 골프화를 신은 채 피곤한 몸을 이끌고 숙소를 찾아다닐 때면, 특히 비라도 맞은 날에는 한국 골프장 클럽하우스가 그리웠다. 뜨거운 탕에 몸을 담그고 두 달간의 유랑의 피로를 풀고 싶었지만 벨프리의 스파도 당일 비지터에게는 '그림의 떡'이었다.

벨프리를 끝으로 잉글랜드, 웨일스, 아일랜드, 북아일랜드, 스코틀랜드, 다시 잉글랜드로 이어진 UK권 투어가 끝났다. 70여 개의 골프장을 방문했고 60개 골프장에서 라운드를 마쳤다. 처음에는 골프의 고향 영국에서 그 정도의 골프장만 섭렵하고 나면 누구에게라도 자신 있게 골프를 말할 수 있을 것이라고 예상했다. 착각이었다. 골프는 알수록 알 수 없는 신기루 같다. 런던으로 가는 길에 특이한, 그러나 낯익은 지명에 눈길이 갔다. 스트랫퍼드-어폰-에이번(Stratford-upon-Avon). **셰익스피어**(William Shakespeare, 1564~1616년)**의 고향 마을**이라는 사실이 떠올랐다. 스트랫퍼드 권역에 들어설 무렵 해가 기울었다. 마침 전형적인 잉글랜드식 B&B에 방이 하나 있었다. 맘씨 좋은 할머니 덕분에 정원에다 '주방'을 차리고 라면을 먹으며 모처럼의 회포를 풀었다. 셰익스피어 고향 마을이라니, 영국권 일주를 마무리하기 안성맞춤인 곳이었다. 🌐

셰익스피어의 고향 마을과 '오가'

TIPS
T-094
■ TRAVEL
□ GOLF

셰익스피어의 고향 스트랫퍼드-어폰-에이번에는 그와 관련 있는 집이 다섯 채가 있다. 셰익스피어 생가, 처가, 외가가 근처에 모여 있고, 여기에 셰익스피어가 사랑했던 딸의 집과 만년에 은퇴한 후 머물던 집이 있어 모두 '5가(五家)'가 된다. 딸의 집은 사위가 외과 의사였기 때문에 옛날 병원이다. 셰익스피어의 생애에 대해서는 알려진 것이 별로 없다. 가장 신빙성 있는 설에 따르면 셰익스피어는 1590년 즈음에 런던으로 가서 극작가 생활을 시작했다가 1596년 8월 아들이 죽자 귀향하여 기울어진 가세를 일으키는 데 힘썼다고 전해진다. 이후 1610년부터 4년간 스트랫퍼드의 많은 부동산을 사들이는데 이 때부터 셰익스피어가 스트랫퍼드에 머문 흔적이 나타나기 시작한다. 그는 자신이 태어난 곳에서 1616년 4월 53세의 나이로 일생을 마쳤다. 셰익스피어의 '오가'들은 한나절이면 다섯 집을 다 돌아볼 수 있을 정도로 멀지 않은 곳에 위치해 있다.

티켓도 묶어서 판다. 사실 골라서 간다고 해도 어디를 넣고 뺄지 가늠하기가 복잡하기 때문에 가능하면 모두 돌아보는 것이 좋다. 생가에는 남아 있는 것이 별로 없다. 처가에는 한국어 설명 자료가 있고, 만년을 지낸 '종가(終家)'에는 셰익스피어 전집 판본이 언어권 별로 정리되어 있다. 한국어판도 전시되어 있다. 정음사에서 나온, 여석기(呂石基, 1922~2014년)가 편집자로 되어 있는 전집이다. 오가의 보존 상태를 보면 어인 일인지, 처가와 외가 쪽이 좋았다. 아마도 당시에 두 집이 잘 살았던 모양이다. 집을 지키는 재단 사람들과 민속촌 근무자 같은 사람들의 진지함도 돋보였다. 생가에 가 보면 영어권의 이름난 작가인 어니스트 헤밍웨이(Ernest M. Hemingway, 1899~1961년), 토머스 하디(Thomas Hardy, 1840~1928년), 애드거 앨런 포(Edgar Allan Poe, 1809~1849년)와 같은 사람들이 돌아본 소회를 남긴 '낙서'가 눈길을 끈다.

스트랫퍼드-어폰-에이번(Stratford-upon-Avon)은 셰익스피어가 태어난 곳이다. 아담한 도시지만 매년 100만 명 이상이 '순례'하러 온다. 생가, 처가, 외가, 딸의 집, 만년의 종가 등 셰익스피어와 관련이 있는 다섯 집, '오가(五家)'가 있다.

Stratford-upon-Avon, England

프랑스1, 독일　06
유럽 대륙, 마지노 선을 찍고
로렐라이 언덕에서

골프의 정신을 찾아서—유럽 골프 인문 기행 06 〔프랑스, 독일〕

FRANCE 1, GERMANY

- 06-049 • ST. LEON-ROT GOLF CLUB
- 06-050 • GOLF-UND LAND-CLUB KÖLN E.V.
- 06-045 • GOLFCLUB SOUFFLENHEIM BADEN-BADEN
- 06-046 • GOLF BLUE GREEN QUETIGNY GRAND DIJON
- 06-047 • GOLF DU CHÂTEAU DE CÉLY
- 06-048 • GOLF DE FONTAINEBLEAU

프랑스1, 독일

06
유럽 대륙, 마지노 선을 찍고 로렐라이 언덕에서

괴로운 중심, 파리를 벗어나다	06-045 **골프 클럽 수플렌하임 바덴바덴** Golfclub Soufflenheim Baden-Baden
와인 향과 달팽이 맛, 그리고 동반자	06-046 **골프 블루 그린 케티니 그랑 디종** Golf Blue Green Quetigny Grand Dijon
밀레의 '만종'을 들으며 티를 줍다	06-047 **골프 뒤 샤토 드 셀리** Golf du Château de Cély
나폴레옹이 노닐던 벙커와 숲	06-048 **골프 드 퐁텐블로** Golf de Fontainebleau
골프 코스에 담긴 민족성과 '철학'	06-049 **장크트 레온-로트 골프 클럽** St. Leon-Rot Golf Club
로렐라이 '저주'에 발병 났네	06-050 **골프운트 란트클럽 쾰른** Golf-und Land-club Köln e.V.

[06] 유럽 대륙, 마지노 선을 찍고 로렐라이 언덕에서
수플렌하임(Soufflenheim), 프랑스(France)
[06-045] 골프 클럽 수플렌하임 바덴바덴(Golfclub Soufflenheim Baden-Baden)

괴로운 중심, 파리를 벗어나다

🌐 석 달 간의 영국권 투어를 마치고 드디어 유럽 대륙에 상륙했다. 프랑스 파리를 기점으로 삼았다. 앞으로 언어와 문화가 다르고 골프장도 영국처럼 흔하지 않은 20여 개국을 돌아다닐 생각을 하니 아찔했다. 파운드(£)에서 유로(€)로 화폐가 바뀌니 상대적으로 물가가 싸게 느껴지는 것을 그나마 위안으로 삼았다. 파리에서 긴 유학 생활을 했던 지인, 자칭 '파리지앵'이 우리의 지원군으로 나섰다. 천군만마를 얻은 것 같았다. 영어가 통하지 않기로 유명한 프랑스인지라 모든 일정은 파리지앵에게 위임했다. 보통 때였다면 대개의 여행객처럼 남쪽을 시계 방향으로 돌며 리옹(Lyon)과 칸(Cannes), 니스(Nice)에서 지중해를 만끽하고 마르세유(Marseille), 보르도(Bordeaux), 오를레앙(Orleans)으로 올라오는 길을 택했을 것이다. 하지만 바캉스 시즌에 그 경로는 최악이

「마지막 수업(La Dernière Classe)」
(1873년)

TIPS
T-095
■ TRAVEL
□ GOLF

프랑스 소설가 알퐁스 도데(Alphonse Daudet, 1840~1897)의 단편집인 『월요 이야기(Les Contes du Lundi)』(1873년)에 수록된 단편 소설로 1870년에 독일과 프랑스 사이에 벌어졌던 보불 전쟁이 배경이다. 소설은 프랑스 알자스에 사는 소년 프란츠에게 벌어진 하루를 1인칭 시점에서 그려 냈다. 프란츠가 선생님으로부터 마을이 독일에 귀속돼 더 이상 프랑스어 수업을 할 수 없게 됐다는 소식을 접한 마지막 수업 날의 이야기로, 당시 프랑스 국민들에게 애국심을 불러 일으켰으며, 비슷한 경험이 있는 우리에게도 큰 감동을 주었다. 하지만 정작 소설의 배경이 된 이 지방 사람들 대부분은 역사적으로 독일어 계통의 사투리를 써 왔지 프랑스 어를 쓰지 않았으며 프랑스 사람이라는 인식도 없었고, 프랑스 어는 당시 프랑스 점령 기간 동안 학교에서만 가르쳤을 뿐이라고 한다. 오늘날 이 소설은 단순한 낭만적 이야기가 아니라, 점령국인 프랑스의 입장에서 국가주의, 민족주의를 주입할 목적으로 쓴 것으로 평가된다.

다. 파리지앵의 권고에 따라 우리는 반대편의 '오지' 알자스-로렌(Alsace-Lorraine, 독일어: Elsaß-Lothringen)으로 가기로 했다.

프랑스 북동부의 알자스-로렌 지역은 알퐁스 도데(Alphonse Daudet, 1840~1897년)의 소설 「**마지막 수업**」의 무대로 유명한 곳이다. 이 지역은 토양이 기름지고 자원이 풍부하다 보니 예로부터 프랑스와 독일의 영토 분쟁이 빈번했고, 관할권 역시 수차례 바뀌었다. 알자스-로렌 사람들은 자기들의 뜻과는 아무 상관없이 자고 나면 국적이 달라져 있는 황당함을 수시로 경험해 왔다. 그런 부침이 버거웠는지 그 곳 사람들은 자신을 프랑스도 독일도 아닌, 그냥 '알자스-로렌 사람'이라고 생각한다. 우리 나라의 속초 아바이 마을 사람들이 떠오른다. 알자스-로렌의 중추 도시는 스트라스부르(Strasburg)다. 파리에서 스트라스부르까지는 차로 다섯 시간 정도 걸린다. 중간에 프랑스 3대 와인 산지로 유명한 랭스(Reims)에 들렀다. 프랑스 고딕 건축을 대표하는 **랭스 대성당**에는 '웃는 천사'와 샤갈(Marc Chagall, 1887~1985년)의 스테인드글라스가 유명하다. 미소 짓는 귀여운 아기 천사를 기대했지만 우리를 기다린 것은 과하게 성숙한 가브리엘 천사였다. 그는 제1차 세계 대전의 참화로 한쪽 날개마저 잃었지만 여전히 달관의 미소를 짓고 있었다. 저녁이 되어서야 스트라스부르에 도착하여 여장을 풀고 유럽 의회 등을 돌아봤다. 알

랭스 대성당
(Cathédrale Notre-Dame de Reims)

TIPS
T-096
■ TRAVEL
□ GOLF

샴페인의 본고장 프랑스 샹파뉴에 있는 가톨릭 주교좌 성당이다. 원래 이 자리에 있던 교회가 불에 타면서 1211년에 착공한 건물로 높이 80미터가 넘는 서쪽 정면의 파사드는 1430년에야 완성되었다. 19세기까지 프랑스 왕들의 대관식이 이 성당에서 거행되었다. 서쪽 파사드와 스테인드글라스 장미창, 수많은 성상 조각이 어우러진 랭스 대성당은 샤르트르 대성당, 아미앵 대성당과 함께 프랑스의 대표적 고딕 양식 건물이다. 특히 천사와 성인상들의 미소 짓는 얼굴 표정이 널리 알려져 프랑스에서는 '랭스의 미소'나 '랭스의 천사'가 곧 예쁘게 웃는 표정을 가리키는 말이 되었다. 1차 세계 대전 때 크게 파괴된 것을 훌륭하게 복구하여 세계 문화 유산 목록에 올라 있으며, 내부의 스테인드글라스는 마르크 샤갈의 작품으로 1974년에 설치되었다.

랭스 대성당의 스테인드글라스. 마르크 샤갈의 1974년 작품이다. 샤갈은 이 작품을 봉헌하는 자리에서 "이는 제가 자랑스런 역사를 지닌 이 성당에 바치는 신비롭고 아름다운 꽃다발입니다."라고 말했다.

알자스-로렌은 차를 몰고 정처 없이 돌아다녀도 즐거운 곳이었다. 스트라스부르는 프랑스에서 유일한 맥주 산지이고, '작은 베니스'라 불리는 **콜마르**(Colmar)는 마치 동화 속 요정이 튀어나올 듯 아기자기한 파스텔 톤의 예쁜 도시다. 멀지 않은 곳에 프랑스로서는 '치욕'의 현장인 **마지노 선**(Maginot Line)도 있다. 역사가 요동친 접경 알자스-로렌은 이렇게 다양한 볼거리로 여행자의 발길을 놓아 주지 않는다.

콜마르(Colmar)

TIPS
T-097
■ TRAVEL
□ GOLF

콜마르는 알자스의 주도 낭시(Nancy)나 스트라스부르보다 스위스의 바젤(Basel)에서 더 가깝다. 알자스 지방 관광 안내 사진에 가장 단골로 등장하는 곳이다. 포도주로 유명한 알자스의 포도밭 가운데 있고, 라인 강으로 이어지는 운하가 가로지르는 콜마르는 중세 시대부터 자유 무역 도시로 번성했다. 유태인 상인들이 드나들던 알자스 와인 교역로인 운하 주위로 독일풍의 집들이 빽빽하게 들어섰는데, 여러 전쟁 중에도 파괴되지 않고 옛 모습을 간직하고 있다. 콜마르는 걸어다니기 좋은 소도시다. 구도심을 산책하다 보면 중세풍의 조각 지붕, 아름다운 화랑, 화려한 목각으로 단장한 다양한 문짝과 마주친다. 운하 근처의 모습이 베니스와 닮았다고 해서 프티 베니스(La Petite Venise, 작은 베니스)라는 애칭이 붙었다. 해질 무렵 프티 베니스 수로 지역의 분위기는 환상적이다. 우리에게도 친숙한 미야자키 하야오(宮崎駿, 1941년~) 감독의 애니메이션 〈하울의 움직이는 성〉의 배경이 콜마르 구도심을 모델로 삼아 만들어졌다고 한다.

'작은 베니스'라 불리는 콜마르(Colmar). 콜마르의 구도심에는 중세풍의 조각 지붕, 아름다운 화랑, 목각으로 단장한 화려한 문짝이 이어진다. 여러 전쟁 중에도 파괴되지 않고 옛 모습을 간직하고 있다.

콜마르는 알자스 지방의 대표적인 관광 포인트다. 라인 강으로 이어지는 운하가 관통하여 중세 때부터 자유 무역 도시로 번성했다. 운하 주위로 독일풍의 예쁜 집들이 빽빽하다.

마지노 선 (Maginot Line)

TIPS
T-098
☑ TRAVEL
☐ GOLF

제1차 세계 대전 후 프랑스가 독일군의 공격을 저지하고자 두 나라의 국경선 부근에 구축한 대규모의 참호 방위선이다. 당시의 프랑스 육군 장관이던 마지노(André Maginot, 1877~1932년)의 이름을 따서 '마지노 선'이라 부르게 된다. 총 길이는 무려 750킬로미터에 달한다. 북서부 벨기에에서 남동부 스위스의 국경까지에 이르는데 가운데의 대부분은 독일과 프랑스의 국경을 따라 영구 요새선이 이어진다. 1927년에 착공해 1936년 완성했고, 총 공사비는 160억 프랑이 들었다고 한다. 마지노 선은 완전한 지하 설비와 대전차(anti tank) 방어 시설을 갖춘, 얼핏 보기에는 난공불락의 요새다. 그런데 1940년 5월 독일 기갑병단이 마지노 선의 외곽인 벨기에 쪽 라인을 기습했다. '난공불락' 마지노 선을 우회해 버린 것이다. 지금도 그 음침한 지하 땅굴로 내려가 당시 주둔했던 병사들의 거처와 식당, 의료 시설, 병사의 갈망을 담은 낙서 등을 볼 수 있다.

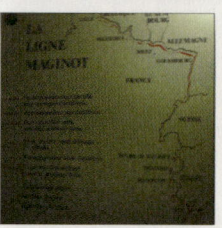

알자스-로렌에도 골프장은 있었다. 스트라스부르에서 25분 거리에 있는 **골프 클럽 수플렌하임 바덴바덴**(Golfclub Soufflenheim Baden-Baden). 클럽하우스에 비치된 브로슈어와 각종 안내문이 프랑스 어와 독일어 버전으로 나뉘어 있는 것이 알자스-로렌 지역만의 독특

06-045
SOUFFLENHEIM
FRANCE

골프 클럽 수플렌하임 바덴바덴
GOLFCLUB SOUFFLENHEIM BADEN-BADEN

ⓘ 1996년 개장, 18홀, 6,352미터 (6,947야드)
ⓘ 주소: Allée du Golf, 67620 Soufflenheim, France
ⓘ 홈페이지: http://www.golfclub-soufflenheim.com

골프 클럽 수플렌하임 바덴바덴(Golfclub Soufflenheim Baden-Baden)은 파 72, 전장 6,352미터(6,947야드)의 평범한 코스다. 홀 구성은 특이하게도 18홀 챔피언십 코스와 9홀, 6홀짜리 쇼트 코스가 있다. 독일의 골프 선수 베른하르트 랑거(Bernhard Langer, 1957년~)가 코스를 설계했다.

⛳ ☞ 국토의 70%가 평지라는 프랑스답게 페어웨이는 넓고 평평했다. 18개의 호수가 아름다운 풍광을 만들어 내긴 했지만 그만큼 많은 볼을 삼켜 버렸다. 다행히 앞뒤로 팀이 전혀 없었던 탓에 멀리건(mulligan) 인심이 좋았다.

한 역사를 보는 듯했다. 그래도 '프랑스답게' 클럽하우스에서 점심 식사로 주문한 샌드위치 세트 메뉴에 와인이 한 자리를 차지하고 있다. 국토의 70%가 산으로 이루어진 한국과는 반대로 프랑스는 70%가 평지다. 수플렌하임 바덴바덴 코스는 프랑스의 축소판인 듯했다. 평지에 넓게 펼쳐진 페어웨이에서 오랜만에 앞뒤에 팀 없이 편안하게 '3인 황제 골프'를 즐겼다. 코스 중간중간 18개의 호수가 라인 강 상류의 풍광과 조화를 이루고 있어 해저드 행 볼들도 많아졌지만 다들 인심 좋게 **멀리건**(mulligan)을 남발했다. 그 동안 스코틀랜드 원조 링크스에서 뒷팀에 쫓기며 주눅 들었던 마음이 이제야 풀리기 시작했다. 프랑스로 건너오면서 골프장 거리 단위가 야드(yd)에서 미터(m)로 바뀌었다는 사실을 망각한 채, 갑자기 비거리가 줄어든 이유를 고민하느라 몇 개의 홀을 헤매긴 했지만 유럽 대륙 신고식은 대체로 편안하고 즐겁게 치러졌다. 영국에서 유럽 대륙으로 넘어 오니 희비가 엇갈리는 부분들이 생겼다. 유로화로 바뀌면서 저렴해진 물가에 쾌재를 불렀다. 영국 요리로 피폐해진 입맛을 프랑스 요리로 복구할 수 있었다. 그러나 운전이 새로운 걱정거리였다. 어느새 영국식 오른쪽 운전대에 적응이 된 탓인지 왼쪽 운전대로 돌아온 프랑스에서 몇 번의 아찔한 순간을 경험해야 했다. 🌐

멀리건(mulligan)

TIPS
G-099
☐ TRAVEL
■ GOLF

티잉 그라운드에서 첫 샷을 잘못 쳤을 때 동반자들의 배려로 벌타 없이 한 번 더 샷을 할 기회가 주어지는 것을 말한다. 정식 골프 경기에서는 엄격히 금지되며, 사교나 놀이 골프일 경우에도 미스 샷을 한 당사자가 요구하는 것이 아니라 함께 치는 동반자들이 먼저 배려할 때만 인정되는 것이다.

[06] 유럽 대륙, 마지노 선을 찍고 로렐라이 언덕에서
디종(Dijon), 프랑스(France)
[06-046] 골프 블루 그린 케티니 그랑 디종(Golf Blue Green Quetigny Grand Dijon)

와인 향과 달팽이 맛, 그리고 동반자

🌏 콜마르의 중세를 뒤로 하고 프랑스의 깊숙한 내륙으로 갔다. 브장송(Besançon)을 거쳐 디종(Dijon)에서 머물기로 했다. 대문호 **빅토르 위고**(Victor-Marie Hugo, 1802~1885년)의 고향인 브장송은 프랑스 동부 내륙의 소도시지만 시계 제조와 국제 음악 페스티벌로 명성을 얻고 있다. 상류 지역에서 큰 비가 내렸는지 도로가 물에 잠기기 직전이라 경찰이 통제하고 있었다. 지구촌의 기상 이변은 유럽 곳곳에서도 이렇게 '일상'이 되고 있었다. 당장 우박이 쏟아지거나 눈앞의 길이 끊어져 있다고 해도 놀랄 일이 아니다. 파리에서 남동쪽으로 309킬로미터 지점에 위치한 디종은 1179년부터 1477년까지 **부르고뉴 공**

빅토르 위고(Victor-Marie Hugo, 1802~1885년)

TIPS
T-100
■ TRAVEL
□ GOLF

『노트르담의 꼽추(Notre Dame de Paris)』, 『레미제라블(Les Misérables)』로 우리에게도 친숙한 프랑스의 대문호다. 1802년 브장송에서 태어났다. 빅토르 위고가 살았던 시대에 프랑스는 구체제의 왕정, 나폴레옹, 시민 혁명 등의 정치적 격변을 겪었다. 위고의 아버지인 레오폴드 위고는 직업 군인으로 식민지와 국경의 여러 곳을 전근하며 새로운 정치 체제를 받아들였으나, 어머니는 독실한 가톨릭 신자이자 구체제의 지지자였으므로 견해가 달랐던 두 사람은 일찌감치 따로 살았다. 위고는 브장송에서 태어났을 뿐 어려서 어머니를 따라 파리로 가서 어머니의 절대적 영향 아래에서 자랐다. 21살 때 어머니가 작고하 자마자 가톨릭을 버렸고, 어머니가 반대하던 사람과 결혼했다. 나폴레옹 3세의 쿠데타에 반대하다가 오랜 망명 생활을 했다. 1871년 보불 전쟁 후 나폴레옹 3세가 축출되고 공화정이 수립되자 민중의 환희 속에 파리로 돌아왔다. 위고는 평생 엄청난 필력으로 방대한 분량의 시와 소설, 희곡, 평론 등을 썼을 뿐 아니라 그 작품과 현실 삶에서 철저하게 민중의 편에서 프랑스 혁명의 이념인 자유, 평등, 박애를 실천하고 추구했기 때문에 프랑스에서는 시대를 초월해 존경을 받아 왔다. 1885년 81세로 서거했을 때 국장으로 치러진 운구 행렬에 100만 명이 나왔다고 하며, 유해는 판테온에 안치되었다.

국(Duché de Bourgogne)의 수도였다. 디종 중심가에는 중세의 저택과 교회가 많이 남아 있어 당시 번성했던 공국의 모습을 짐작할 수 있다. 부르고뉴(Bourgogne)는 와인에 관심이 있는 사람에겐 낯설지 않은 이름이다. 보르도와 더불어 쌍벽을 이룬다. 보르도 와인이 '와인의 여왕'이라면, 부르고뉴 와인은 '와인의 왕'이라고 한단다. 일찍이 나폴레옹(Napoléon Bonaparte, 1769~1821년)이 즐겼다는 샹베르탱(Gevrey-Chambertin)과 고가 와인의 대명사 로마네 콩티(Romanée-Conti), 세계적으로 대중화된 보졸레 누보(Beaujolais Nouveau)가 모두 **부르고뉴 와인**이다. 디종 도심 한복판에는 와인의 본고장답게 포도를 밟아 으깨는 동상이 있고 시가지를 조금 벗어나면 넓은 포도밭이 이어진다. 디종은 에스카르고(Escargot, 식용 달팽이)와 무타르드(Moutarde, 머스터드)로도 유명하다. 연간 4,000여 톤이 생산되는 부르고뉴 달팽이는 크고 맛이 좋아 프랑스에서도 최고로 손꼽힌다.

부르고뉴 공국 (Duché de Bourgogne)
TIPS T-101 ■ TRAVEL ☐ GOLF

중세 프랑스 동부의 봉건제 공국으로 게르만의 일파인 부르군트(Burgund) 족이 그 뿌리가 된다. 1032년에 부르고뉴 공가(公家)가 세워졌고, 프랑스 왕가인 발루아(Valois) 가문이 그 뒤를 이었기 때문에 오랫동안 프랑스 왕국의 지배와 간섭을 받았지만 프랑스 왕국의 가장 큰 동맹으로 존속했다. 15세기에 잉글랜드와 프랑스가 백년 전쟁을 벌일 동안에는 잉글랜드의 편을 들었고, 잔 다르크(Jeanne d'Arc, 1412~1431년)를 영국에 팔아넘기기도 했다. 1435년 프랑스와 아라스(Arras) 조약을 체결함으로써 봉건 관계에서 벗어나 독립 공국으로 인정을 받은 듯했지만 결국 이 조약의 결과로 15세기 말 프랑스에 합병되었다. 프랑스 왕국보다 영토가 넓었던 부르고뉴 공국은 중세 말기 유럽의 미술과 음악 발전에 크게 기여했을 뿐 아니라 지극히 화려하고 방탕한 궁정 문화로도 이름을 날렸다. 수도였던 디종에는 그 흔적들이 지금도 남아 있다.

부르고뉴(Bourgogne) 와인
TIPS T-102 ■ TRAVEL ☐ GOLF

부르고뉴 지역은 세계에서 가장 인기 있고 값비싼 와인 생산지의 하나다. 영어로 버건디(Burgundy)가 곧 부르고뉴다. 부르고뉴에서 볕이 잘 드는 언덕은 거의 포도밭이라고 해도 과언이 아니어서 연간 약 2억 병의 와인을 생산하며 절반을 수출한다. 하지만 생산량은 프랑스 와인의 5%에 불과하다. 10세기 이후 베네딕토회와 시토회 수도원에서 포도밭을 경영하면서 다양한 연구와 실험을 통해 훌륭한 와인들을 생산할 수 있는 토대를 갖추었다. 1492년 부르고뉴 공작이 부르고뉴 전역에서 피노 누아(Pinot Noir) 품종을 제외한 포도는 모두 뽑으라고 명했기 때문에, 이후 부르고뉴의 와인은 오직 피노 누아로만 만들어 왔다. 화이트 와인을 만드는 샤르도네(Chardonnay)도 부르고뉴가 원산지다. 품종을 섞지 않고 이렇게 단일 품종으로만 만드는 것이 부르고뉴 와인의 특징이다. 이 지역 사람들에게 피노 누아는 단순한 나무 이상의 의미를 지닌다. 부르고뉴의 포도밭은 대개 소농 중심으로 운영되므로 레이블 별로 생산량이 적어 비쌀 수밖에 없다. 이 지역의 와인 중에서도 샤블리(Chablis) 지방, 보졸레 지방의 와인은 특히 더 유명하다.

06-046
DIJON
FRANCE

골프 블루 그린 케티니 그랑 디종
GOLF BLUE GREEN QUETIGNY GRAND DIJON

ⓘ 1990년 개장, 18홀, 파71 / 5,625미터 (6,152야드)
ⓘ 주소: Rue du golf, 21800 Quetigny, France
ⓘ 홈페이지: http://www.bluegreen.com/en/the-course-quetigny-golf.html

이래저래 프랑스에서는 입이 즐거워졌다. 영국에는 별다른 먹거리가 없어 우리는 늘 출출했다. 아침 식사는 B&B에서 주는 '초간단' 잉글리시 블랙퍼스트로, 점심은 클럽 하우스에서 샌드위치나 스파게티로 때웠다. 그나마 저녁에는 현지인들의 추천을 받아 맛있다는 식당을 찾아 다녔다. 그래 봐야 '피시 앤드 칩스(Fish & Chips)'나 '스테이크 앤드 비어(Stake & Beer)'였다. 프랑스에는 세계 최고라고 불리는 음식과 든든한 가이드가 있었다. 특히 디종은 부르고뉴 와인과 달팽이 요리로 '미식가의 고향'이라는 애칭을 얻은 지역이다. '부르고뉴 와인은 여행을 하지 않는다.'라는 말이 있다. 이동 중에 맛이 변하는 것을 우려해 수출을 하지 않고 자체적으로 소비하는 로컬 와인이 많기 때문이다. 결국 부르고뉴에 직접 와서 로컬 와인을 마셔 봐야 제 맛을 알 수 있다는 이야기다. 우리는 부르고뉴 여행객의 '특권'을 만끽했다. 매일 밤 와인의 향연이었다. 그리고 낮에는 골프장에서 그 향연의 물주를 가리기 위한 '혈투'를 벌였다.

'골프 블루 그린(Golf Blue Green)'은 일종의 프랜차이즈 골프장으로 프랑스에만 20곳 넘게 있다. 골프 블루 그린 케티니 그랑 디종(Golf Blue Green Quetigny Grand Dijon)은 18홀, 파 71이고 전장은 5,625미터(6,152야드)로 크리스 피트만(Chris Pitman)이 설계했다.

디종 시내에서 불과 5분 거리에 **골프 블루 그린 케티니 그랑 디종**(Golf Blue Green Quetigny Grand Dijon)이 있다. 클럽하우스는 디종 시가지의 묵직한 중세 이미지와는 달리 '포스트' 모던하다. 일요일 오전이었는데도 골프장은 한산했다. 클럽하우스 바로 옆 천연 잔디에 마련된 원형 레인지가 이색적이었다. 축구장만 한 연습장 잔디 위에서 단 두 사람이 열심히 디벗을 만들고 있었다. 날씨도 최상이었다. 페어웨이가 워낙 넓어 구질을 염려할 필요도 없었다. 하지만 그린 근처에서는 다들 고전을 면치 못했다. 평평한 페어웨이와는 달리 울퉁불퉁 근육질 그린이었다. 게다가 얼핏 보기에는 무시해도 좋을 소규모인데도 막상 빠지고 보면 시야 확보가 어려운 벙커가 많았다. 근처에 떨어진 공들은 죄다 빨아들이는 가파른 경사의 블랙홀 벙커, 아예 눈에 들어오지도 않았던 숨은 벙커. 누군가의 공이 빠지면 동반자들은 쾌재를 불렀다. 대부분의 벙커가 **리커버리 샷**이 불가능했기 때문이다. 그린의 라이도 평범해 보였지만 대부분 굴곡을 숨기고 있어 한숨 소리를 절로 끌어냈다. 세 사람 모두 헤맸지만 골프 종주국에서 '전지 훈련'을 톡톡히 하고 온 두 사람의 위기 관리 능력이 빛을 발했다. 당연히 그 날 밤에는 파리지앵의 주머니가 털렸다. 단 한 사람의 동반자의 등장으로 프랑스에서 우리의 골프는 더 행복하고 풍요로워졌다. 평생을 함께 할 골프 친구를 얻는 것이 복 중의 복이라는 말을 실감한다. 골프나 인생이나 무소의 뿔처럼 혼자서 가는 것 같지만, 동반자는 정말이지 더없이 중요하다. 🌐

리커버리 샷(Recovery Shot)

TIPS
G-103
☐ TRAVEL
■ GOLF

벙커, 숲 속, 워터 해저드 등의 어려운 상황이나 장애물에서 탈출해 정상적인 게임의 방향으로 공의 위치를 바꾸어 낸, 잘 친 샷을 말한다. 1998년 박세리 선수가 미국 여자 오픈 18번홀에서 연못 속에 신발을 벗고 들어가 쳤던 유명한 장면이 리커버리 샷이다.

[06] 유럽 대륙, 마지노 선을 찍고 로렐라이 언덕에서
셀리앙비에르(Cély En Bière), 프랑스(France)
[06-047] 골프 뒤 샤토 드 셀리(Golf du Château de Cély)

밀레의 '만종'을 들으며 티를 줍다

🌏 파리지앵의 한국 귀국일이 다가오고 있었다. 디종에서 파리까지는 대략 300킬로미터쯤 된다. 파리 근처의 바르비종(Barbizon)과 퐁텐블로 성(Château de Fontainebleau)을 거쳐 파리로 입성하기로 했다. 그림에 관심이 없는 사람이라도 어린 시절 동네 이발소나 중국집 벽에 붙어 있던 〈만종(L'Angélus)〉을 기억할 것이다. 멀리 교회당이 보이는 노을 지는 들판에서 가난한 농부 부부가 고개를 숙인 채 기도하고 있다. 캐다 만 감자가 바닥에 흩어져 있고 바구니에는 씨감자와 연장 등이 담겨 있다. 〈이삭 줍기(Les glaneuses)〉에는 수확이 끝난 밭에 떨어진 이삭을 줍고 있는 남루한 행색의 여인들이 등장한다. 〈모나리자〉 못지않은 유명세와 몸값을 자랑하는 이 작품들의 배경이 파리에서 남쪽 50킬로미터 지점의 시골 마을 바르비종이다. 우리에게 그 그림들은 몹시 목가적이고 서정적으로 보였지만, **바르비종 파**는 낭만주의적 포장을 지우고 자연을 있는 그대로 사실주의적 관점으로 화폭에 담고자 했다. 바르비종 파는 프랑스 근대 미술의 한 정점이다. 19세기 중반 창궐했던 콜레라를 피해 바르비종으로 온 화가 장 프랑수아 밀레(Jean-François Millet, 1814~1875년)와 테오도르 루소(Théodore Rousseau, 1812~1867년), 카미유 코로(Camille Corot, 1796~1875년) 등이 이 곳의 투박한 '진풍경'을 화폭에 담기 시작했다. 아직도 마을 곳곳에는 바르비종 파의 아틀리에가 그대로 남아 있다.

밀레 그림의 배경이 되었던 들판과 마을을 지나 올라가다 보면 고풍스러운 성(Château)을 클럽하우스로 개조한 **골프 뒤 샤토 드 셀리**(Golf du Château de Cély)를 만날 수 있다. 이 곳은 예정했던 골프 드 퐁텐블로(Golf de Fontainebleau)의 휴장으로 큰 기대 없이 찾아간 골프장이다. 하지만 진입로부터 분위기가 예사롭지 않았다. 입구에 들어서면 베이지 톤의 외벽

🖌 아직도 바르비종(Barbizon) 마을 곳곳에는 바르비종 파의 아틀리에가 그대로 남아 있어 때로는 비극적이었던 화가들의 숨결을 느낄 수 있다. 장 프랑수와 밀레의 아틀리에 맞은 편에는 '만종(L'Angélus) 레스토랑'이 있다.

바르비종(Barbizon) 파

TIPS
T-104
■ TRAVEL
□ GOLF

바르비종은 파리 남동쪽 인근의 작은 마을이다. 19세기 초반부터 중반까지 자연 풍경을 담는 화가들이 모여들면서 바르비종 파(派)가 생겼다. 밀레를 포함해서 루소, 코로, 뒤프레(Jules Dupré, 1811~1889년), 드 라 페냐(Diaz de La Peña, 1808~1876년), 트루아용(Constant Troyon, 1810~1865년), 도비니(Charles-François Daubigny, 1817~1878년) 등이 꼽힌다. 이 화가들은 대개 바르비종에 오기 전에는 거의 무명이었던 이들이다. 밀레와 루소는 이 마을에서 화가들을 지도하고 이 마을에서 일생을 마쳤다. 당시 급격한 산업화에 대한 피로가 높아지자 화가들은 때 묻지 않은 자연을 찾아 여행을 하며 그림을 그리기 시작했다. 그 전까지 서양에서는 자연을 그리더라도 밖에 나가서 사생하지는 않았고, 사람이나 건물의 배경으로, 또는 숭고하거나 압도적인 분위기로 꾸며서 그리는 경우가 많았다. 바르비종 파는 자연을 섬세하게 관찰하고, 상류층보다는 가난한 노동자들의 평범하고 일상적인 모습을 포착하여 꾸밈없이 드러내었는데 그 속에서 서정성이 우러났다. 바르비종 파가 과격한 사실주의자들이었다고 할 수는 없지만 그들의 창작 태도는 19세기 말에 사실주의가 태동하는 데 큰 영향을 미쳤다. 말년에는 아카데미에서도 인정을 받았고, 근대기 많은 후배 화가도 퐁텐블로 숲을 근거지로 삼아 그림을 그렸다.

06-047

CÉLY EN BIÈRE
FRANCE

골프 뒤 샤토 드 셀리
GOLF DU CHÂTEAU DE CÉLY

ⓘ 1990년 개장, 18홀, 5,874미터 (6,424야드)
ⓘ 주소 : 6 Route de St. Germain, 77930 Cély En Bière, France
ⓘ 홈페이지 : http://www.jouer.golf/cely

과 회색 지붕 위로 첨탑이 솟은 셀리 성(Château de Cély)이 눈에 들어온다. 16세기에 완성된 셀리 성은 대형 해자로 둘러싸여 있었고, 해자의 연초록 물 위에는 백조, 재두루미, 청둥오리 등이 한가롭게 노닐고 있었다. 코스 매니저가 샤토 드 셀리 골프 클럽의 명물이라며 꼭 사진을 찍으라고 알려 주었던 '검은 백조'도 일찌감치 모습을 드러내 주었다. 골프장 측은 1990년 고성을 매입하여 호텔로 개조하고 주변 부지를 골프 코스로 탈바꿈했다고 한다. 원래는 클럽하우스도 성 내부에 있었는데 현재 수리 중이라고 했다. 프로 숍 옆에 붙어 있는 레스토랑은 여름이라 야외 테라스를 넓게 사용하고 있었

골프 뒤 샤토 드 셀리(Golf du Château de Cély)는 파리에서 멀지 않고 인근에 퐁텐블로 성과 바르비종이라는 걸출한 관광지가 있는 탓인지 관광객 골퍼가 많았다. 비지터 골퍼들도 기분 좋게 휴일을 즐길 만한 코스 난이도지만, 그렇다고 쉬운 코스는 아니었다. 코스 주변에 아름답게 가꿔 놓은 꽃밭이 활기를 불어넣는다.

노을이 내려앉기 시작한 아름다운 골프 뒤 샤토 드 셸리. 드라이버를 짚고 서 있는 골퍼에게선 〈만종〉의 장면이, 허리를 구부리고 티를 줍는 골퍼에게선 〈이삭 줍기〉의 장면이 연출되었다.

다. 전면에는 코스 전경이 펼쳐지고 뒤로는 고성이 든든하게 받쳐 주는, 그림 같은 테라스였다. 시간이 넉넉치 않아 1번 홀로 직행했다. 지구본을 연상시키는 구형의 티마크가 인상적이었다. 퐁텐블로 숲이 인접한 덕분인지 페어웨이 주변의 삼림이 울창했다. 파72에 전장 5,874미터〔6,424야드〕로 잭 니클로스가 디자인했다고 한다. 전형적인 파크랜드형이라지만 니클로스의 설계답게 업다운이 많고 벙커가 전략적으로 배치되어 있었다. 18홀의 난이도는 대체로 비슷했다. 핸디캡 1번인 6번 홀〔파5/494미터(540야드)〕은 오르막이면서 도랑과 나무 등 해저드가 중간에 도사리고 있다. 핸디캡 2번 15번 홀〔파5〕은 562미터〔615야드〕로 3온이 쉽지 않다. 두 홀 모두 과욕을 부리다 공만 잃고 말았다. 성이 내려다보이는 9번 홀과 18번 홀 전경은 다른 홀의 스트레스를 날려 주기에 충분했다. 압도적 경관에 감탄하며 티잉 그라운드에서 사진을 찍다 보면 티 샷을 망칠 가능성이 높다는 것이 문제라면 문제다. 어둠이 내릴 무렵 18홀 티잉 그라운드에서 한참 머물렀다. 첨탑 너머 지평선 위로 노을이 물들고 있었다. 드라이버를 짚고 서 있는 골퍼의 실루엣에선 〈만종〉의 분위기가, 허리를 구부리고 티 위에 공을 올리고 있는 골퍼의 모습에선 〈이삭줍기〉가 자연스레 연출되었다. 밀레의 그림 속 주인공들이, 골퍼로 환생하고 있었다. 🌐

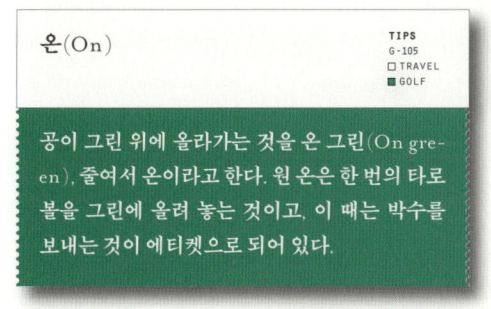

온(On)

TIPS
G-105
☐ TRAVEL
■ GOLF

공이 그린 위에 올라가는 것을 온 그린(On green), 줄여서 온이라고 한다. 원 온은 한 번의 타로 볼을 그린에 올려 놓는 것이고, 이 때는 박수를 보내는 것이 에티켓으로 되어 있다.

📷 지구본을 연상시키는 골프 뒤 샤토드 셀리의 티 마크.

[06] 유럽 대륙, 마지노 선을 찍고 로렐라이 언덕에서
퐁텐블로(Fontainebleau), 프랑스(France)
[06-048] 골프 드 퐁텐블로(Golf de Fontainebleau)

나폴레옹이 노닐던 벙커와 숲

🌐 바르비종 인근에 나폴레옹의 '별장'이 있는 퐁텐블로(Fontainebleau)가 있다. 자동차로 10분 내외의 거리지만 분위기는 확연히 다르다. 바르비종이 편안한, 고향 마을 모습이라면 퐁텐블로는 왕궁이 있는, 왕의 사냥터였다. **퐁텐블로 궁전**(Château de Fontainebleau)은 베르사유(Versailles)처럼 규모가 크고 화려한 궁전은 아니다. 베르사유에서 관광객에 치이고, 긴 기다림에 지치고, 규모에 경악했던 이들이라면 조용하고 아담하게 예쁜 퐁텐블로 궁전에 매료될 가능성이 크다. 퐁텐블로 궁전은 나폴레옹이 처음 무너진 곳이다. 1814년 3월 연합군이 파리를 점령한 후, 퐁텐블로에 머물던 나폴레옹은 엘바 섬으로 유배되는 신세가 된다. 궁전 정면에는 여러 영화에 등장하여 명물이 된 말발굽 모양의

퐁텐블로 궁전
(Château de Fontainebleau)

TIPS
T-106
■ TRAVEL
☐ GOLF

유네스코 세계 유산이자 프랑스에서 가장 큰 왕궁. 파리에서 남동쪽으로 65킬로미터 떨어진 지역에 있다. 옛날 궁정의 사냥터였던 광활한 퐁텐블로 숲을 끼고 있다. 중세 카페(Capet)왕조 때부터 나폴레옹 3세(Louis Napoléon, 1808~1873년)까지 역대 왕들이 거주하던 궁이다. 퐁텐블로 성은 12~15세기에 걸쳐 지어져 여러 양식이 혼재하며 현재 모습으로 완성된 것은 16세기다. 프랑수아 1(François I, 1494~1547년)는 이탈리아 로마에 못지않은 예술적인 중심지로 만들고자 프랑스와 이탈리아의 뛰어난 예술가와 건축가들을 동원해 왕정을 찬양하는 내용

을 화려하게 표현하게 했고, 이는 '퐁텐블로 양식'으로 불리게 되었다. 퐁텐블로에서 태어나거나 머무른 프랑스 왕들 중에 나폴레옹 보나파르트(Napoléon Bonaparte, 1769~1821년)가 유명하다. 프랑스 혁명 후 쫓겨난 왕당파의 세금을 갚기 위해 퐁텐블로 궁은 여기저기 뜯게 팔려 나갔다. 혁명 정부의 지도자 가운데 가장 인기가 높았던 나폴레옹 보나파르트는 이집트 원정 후 쿠데타로 집권하여 퐁텐블로를 자신의 권위를 상징하는 장소로 삼았다. 나폴레옹의 황제 대관식을 위해서 왔던 교황 비오 7세(Pius VII, 1742~1823년)가 이 곳에 감금되기도 했다.

퐁텐블로 궁전은 옛 궁정의 사냥터였던 광활한 퐁텐블로 숲을 끼고 있어 여러 왕의 사랑을 받았다. 특히 나폴레옹은 퐁텐블로 궁전을 자신의 권위를 상징하는 장소로 삼았다.

06-048

FONTAINEBLEAU
FRANCE

골프 드 퐁텐블로
GOLF DE FONTAINEBLEAU

ⓘ 1909년 개장, 18홀, 6,016미터 (6,579야드)
ⓘ 주소: Route d'Orléans, 77300 Fontainebleau, France
ⓘ 홈페이지: http://www.golfdefontainebleau.org

계단도 있다. 왕들의 사냥터이기도 했던 궁을 둘러싸고 있는 퐁텐블로 숲은 끝이 보이지 않는 심연이었다. 퐁텐블로 숲이 더 아름다운 이유는 이 숲의 한가운데에 그림 같은 골프장, **골프 드 퐁텐블로**(Golf de Fontainebleau)가 자리잡고 있기 때문이다. 골프 드 퐁텐블로는 프랑스에서 가장 오래되고 아름다운 골프장의 하나로 꼽힌다. 2001년 『골프 유러피언(Golf European)』 잡지에서 프랑스 랭킹 1위 골프장으로 선정한 바 있다.

오전에 비가 많이 왔지만 골프장은 개장되어 있었다. 숲 속 오두막집 같은 노르망디 스타일의 클럽하우스가 눈길을 끌었다. 곳곳에 바르비종 파 화가들이 그린 나무 프레스코 벽화가 장식되어 있었다. 코스는 1909년 **톰 심슨**(Tom Simpson, 1877~1964년)이 설계했다. 파 72에 전장은 6,016미터(6,579야드)다. 특별히 긴 코스는 아니었지만 숲과 고목이 울창해 페어웨이가 좁은 홀이 많았다. 소나무, 참나무, 밤나무, 떡갈나무, 자작나무 등 많은 나무와 꽃들이 왕실 사냥터였던 과거의 위세를 과시하는 듯했다. 가끔씩 숲 속에는 OB난 공에 놀라 달아나는 사슴도 보였다. 그나마 워터 해저드가 없어 다행

> **톰 심슨**
> (Tom Simpson, 1877~1964년)
>
> TIPS
> G-107
> □ TRAVEL
> ■ GOLF
>
> 톰 심슨은 근대기 골프장 설계가 중에서 해리 콜트나 알리스터 맥킨지처럼 널리 알려지지는 않았지만 뛰어난 설계를 많이 남긴 인물이다. 프로 골퍼를 하다가 디자이너를 겸한 이들과 달리 순수하게 아마추어의 입장에서 골프장을 설계했다. 벨기에의 부유한 집안에서 태어나 영국 케임브리지 대학으로 법학을 배우러 유학했는데 이때 골프에 빠졌다고 한다. 1926년에 올드 톰 모리스가 디자인한 크루든 베이 골프 클럽을 리노베이션한 것을 필두로 벨기에의 로열 앤트워프 골프 클럽, 프랑스의 골프 드 퐁텐블로, 뉴질랜드 골프 클럽 등 여러 골프 코스를 설계했다.

♣ 골프 드 퐁텐블로(Golf de Fontainebleau)의 코스는 1909년 톰 심슨(Tom Simpson)이 설계했고 이후 몇 차례 변경되었 지만 최초의 모습이 대부분 살아 있다고 한다. 노르망디의 오두막집을 닮은 클럽하우스에 비치된 브로슈어에는 '프랑스의 영국식 코스'라고 소개되어 있다.

이라 생각했지만 워터 해저드보다 무서운 것이 페어웨이 곳곳에 솟은 바위였다. 본래 돌이 많은 지역이라 골프장 건설 과정에서 나온 바위 일부를 몇 개 홀에 장애물로 남겨둔 모양이었다. 12번 홀에서는 마치 초록 바다 위 파도 사이로 '암초'가 드러나듯 곳곳에 바위들이 머리를 내밀고 있었다. 그린 근처의 바위는 어프로치한 볼이 어디로 튈지 가늠할 수 없게 만들었다. 러프도 거의 없었다. 하지만 실제 플레이를 하다 보면 러프보다 숲이 훨씬 무섭다는 사실을 깨닫게 된다. 스코틀랜드 정통 링크스에서도 허벅지까지 올라오는 긴 러프에 떨어진 볼의 낙하 지점만 정확히 보고 그 일대를 쑥대밭으로 만들다 보면 공을 찾는 경우가 많다. 하지만 울창한 숲 속으로 들어간 공은 '딱' 소리가 숲 전체를 울리지만 어느 가지를 맞고 어디로 튀었을지 도저히 추측을 할 수가 없다. 그린은 작고 빠르며 착시가 많아 스코어 관리가 힘들었다. 도그 레그도 비교적 많은 편이고 낙하 지점에 위험 요소가 많아 모험을 하기보다는 한 샷 한 샷 안전하게 가는 것이 상책이었다. 그린 주변에는 벙커도 많았다. 확인해 보니 103개라고 했다. 장대비가 쏟아진 직후 찾은 골프장에는 내장객이 단 한 명도 없었다. 우리는 황제의 궁전 사냥터에서 황제 골프를 즐긴 셈이다. 역대 왕들의 숨결이 살아 있는 퐁텐블로 궁전과 왕실 사냥터 골프장에서 멋진 삼림을 감상하며, 신산(辛酸)했던 역사를 새김질하니, 잘은 몰라도 황제가 된 기분이 이런 것이 아닌가 싶었다. 🌐

골프 드 퐁텐블로는 프랑스에서 가장 오래되고 아름다운 골프장으로 꼽힌다. 긴 역사 덕에 몇백 년 된 고목들이 울창하고 페어웨이가 좁은 홀이 많다. 숲 속 오두막집 같은 노르망디 스타일의 클럽하우스도 눈길을 끈다.

[06] 유럽 대륙, 마지노 선을 찍고 로렐라이 언덕에서
하이델베르크(Heidelberg), 독일(Deutschland(Germany))
[06-049] 장크트 레온-로트 골프 클럽(St. Leon-Rot Golf Club)

골프 코스에 담긴 민족성과 '철학'

파리지앵이 떠난 후 다시 '고아'가 되었다. 프랑스 땅은 다른 나라를 오가는 길에 몇 차례 다시 거쳐 갈 예정이라 아쉬움은 없었다. 이제 독일을 상대해야 한다. 국경을 넘는 날은 늘 바쁘다. 기본 이동 거리가 있고 숙소 문제도 있고, 달라지는 골프장 분위기와 언어 때문에 심리적으로도 쫓긴다. 우리는 일단 독일에서 가장 '철학적'인 도시이자 「**황태자의 첫사랑**」의 무대로도 유명한 하이델베르크(Heidelberg)로 가기로 했다. 파리에서 하이델베르크로 가는 길은 멀고도 험했다. 하이델베르크는 짙은 녹색 숲을 배경으로 고성들이 자웅을 겨루는 낭만적 도시다. 1386년에 설립된 **하이델베르크 대학교**는 독일에서 가장 오래된 대학이다. 괴테(Johann Wolfgang von Goethe, 1749~1832년), 헤겔(Georg Wilhelm

> **「황태자의 첫사랑
> (The Student Prince)」(1901년)**
>
> TIPS T-108
> ■ TRAVEL
> □ GOLF
>
> 독일의 작가 마이어퓌르스터(Wilhelm Meyer-Förster, 1862~1934년)의 희곡이다. 자신의 중편 소설 「카를 하인리히」(1899년)를 각색하여 만든 5막짜리 희곡(원제는 「알트 하이델베르크(Alt Heidelberg)」)으로 1901년 베를린 극장에서 초연했다. 작품의 배경이 하이델베르크다. 아버지 없이 할아버지 밑에서 자란 황태자 하인리히와 하이델베르크에서 대학을 다니면서 만난 하숙집 처녀의 사랑 이야기다. 큰 인기를 끌어 오페라로도 각색되었고, 여러 차례 영화화되었는데 우리에게 가장 알려진 것은 1954년 할리우드에서 뮤지컬로 각색한 〈황태자의 첫사랑〉이다.

프랑스에서 독일로 국경을 넘어 '철학자의 길'로 유명한 하이델베르크에 도착했다.

Friedrich Hegel, 1770~1831년), 하이데거(Martin Heidegger, 1889~1976년), 야스퍼스(Karl Jaspers, 1883~1969년) 등 당대의 철학자들이 사색하며 걸었던 '철학자의 길(Philosophenweg)'도 유명하다. 독일 최고의 지성이라는 괴테가 늦바람을 피웠던 곳이기도 하고 밤이면 대학생들이 맥주에 취해 흥청대는 '유흥'의 도시이기도 하다. 금상첨화라고나 할까. 최근 독일 최고의 골프장으로 무섭게 치고 올라온 골프장인 **장크트 레온-로트 골프 클럽**(St. Leon-Rot Golf Club)도 인근에 있다.

장크트 레온-로트 골프 클럽은 하이델베르크 시내에서 남쪽으로 25킬로미터 떨어져 있다. 찾아가는 내내 길을 잘못 든 것이 아닌가 싶을 정도로 오피스 빌딩이 즐비했다. 설마 이런 곳에 골프장이 있을까 하는 의구심이 극에 달할 무렵 이정표가 나타났고 우회전을 하고 보니 새로운 세계가 펼쳐졌다. 2000년에 개장한 장크트 레온-로트 골프 클럽은 모든 것이 컸다. 45홀 규모로 드라이빙 레인지도 엄청나게 컸고 클럽하우스,

하이델베르크 대학교(Ruprecht-Karls-Universität Heidelberg)

TIPS T-109
■ TRAVEL
□ GOLF

하이델베르크 대학교는 1385년 교황 우르바노 6세로부터 특권을 얻어 1386년 루프레히트 1세(Ruprecht I, 1309~1390년)가 설립했다. 독일에서는 가장 오래된 대학이고, 신성 로마 제국 시대에 프라하 카렐 대학교, 비엔나 대학교 다음으로 세 번째로 오래된 대학이다. 도서관 또한 독일에서 가장 오래된 곳이고 방대한 양의 중세 필사본을 소장하고 있다. 정식 명칭 '루프레히트-카를'은 설립자 루프레히트와, 대학을 부흥시킨 카를 프리드리히(Karl Friedrich, 1728~1811년) 대공의 이름을 딴 것이다. 대학은 신학, 법학, 의학, 철학 네 학부로 운영되다가 1890년에 자연 과학부가 추가되었고, 현재는 12개의 학부로 되어 있다. 괴테, 칸트, 헤겔, 야스퍼스, 베버(Max Weber, 1864~1920년) 등이 이 곳을 거쳤고, 자연 과학부는 화학자 분젠(Robert W. E. Bunsen, 1811~1899년), 생리학자 헬름홀츠(Hermann L. F. von Helmholtz, 1821~1894년) 등 여덟 명의 노벨상 수상자를 냈다. 표어는 "언제나 열려 있는(Semper Apertus)".

06 049

HEIDELBERG
GERMANY

장크트 레온-로트 골프 클럽
ST. LEON-ROT GOLF CLUB

① 1997년 개장, 45홀, 17,070미터 (18,668야드)
① 주소: Opelstraße 30, 68789 St. Leon-Rot, Deutschland
① 홈페이지: http://www.gc-slr.de

☞ '도이체방크-SAP 오픈'을 호스트한 장크트 레온-로트 골프 클럽(St. Leon-Rot Golf Club)에는 '장크트 레온'과 '로트' 두 개의 챔피언십 코스와 퍼블릭 9홀이 있다. 벨프리의 브라바존 코스를 만든 데이브 토머스(Dave Thomas)가 디자인했다. 거대 자본이 들어간 만큼 코스는 깨끗하고 잘 정돈되어 있으며 관리와 서비스도 뛰어났다. 역사성을 빼고 본다면 독일에서 최고의 골프장으로 꼽힌다.

레스토랑, 프로 숍, 주차장이 모두 분리되어 있어 클럽 안에서도 길을 물어야 했다. 클럽하우스 건물도 독일 전차처럼 묵직해 보였다. '독일 병정 같다'는 말이 실감 났다. 프론트 여직원조차 웃음기 없는 무표정이다. 티 타임을 받고 골프장 브로슈어를 집어 들었다. 독일어를 모르기에 코스 사진만 보며 바쁘게 넘기는데 유난히 '필로조피(Philosophie)'라는 단어가 자주 등장한다. 철학의 도시 하이델베르크의 골프장답다. 장크트 레온-로트 골프 클럽은 세계적 소프트웨어 업체인 SAP의 사장 디트마어 호프(Dietmar Hopp, 1940년~)가 독일의 자부심과 나름의 골프 철학을 투영해 건설한 골프장이다. '도이체방크-SAP 오픈'을 개최하면서 타이거 우즈를 비롯한 스타 플레이어들을 불러 모아 이름을 널리 알리기도 했다. 코스며 관리, 서비스 등은 세계 최고 수준이었다. 물론 그린 피도 엄청났다. 현재 랭킹은 독일 내에서 다섯 손가락 안에 드는데 하드웨어만 따진다면 최고의 골프장이라는 것이 매니저의 설명이다. 골프장에는 정규 코스 두 곳〔장크트 레온(St. Leon), 로트(Rot)〕과 퍼블릭 9홀이 있다. 장크트 레온 코스와 로트 코스 모두 아마추어에게는 부담스러운 챔피언십 코스다. 매니저가 영국식 정통 링크스라고 재차 강조했던 장크트 레온 코스를 선택했다. 코스가 깨끗하고 잘 정돈되어 있었지만 스코틀랜드식 링크스는 아니었다. 가장 어려운 5번 홀은 421미터〔460야드〕에 파 4 왼쪽 도그레그 홀이다. 아일랜드 그린이라서 드라이버 비거리가 관건이었다. 우리의 볼은 모두 갈대밭에 '안착'했다. 318미터〔348야드〕에 파 4인 8번 홀에서 다시 아일랜드 그린이 등장한다. 이 홀에서는 두 번이나 물을 건너야 한다. 건넌다고 해도 광활한 모래 사막을 넘어가야 그린이다. 트리플 보기에도 감사하며 다음 홀로 이동했다.

전반적으로 스코어가 나오기 힘든 코스였다. 무지막지한 거리의 장벽과 의외의 장소에 숨어 있는 호수와 개울은 플레이어를 크게 위축시켰다. 힘이 들어가니 비거리가 나오지 않고 그러다 보면 스코어는 한없이 올라간다. 그래도 워낙 경관이 좋고 관리가 잘 된 골프장이라서 그린 피가 아깝지는 않았다. 처음 경험한 독일 골프장은 내 머리 속에 자리잡고 있던 독일에 대한 고정 관념을 더욱 고정시켰다. 속도 무제한의 아우토반, 무표정한 사람들, 국가에 대한 자부심과 철학을 담아낸 코스, 단단함과 정확함, 장크트 레온-로트 골프 클럽도 예외가 아니었다. 🌐

[06] 유럽 대륙, 마지노 선을 찍고 로렐라이 언덕에서
베르기슈 글라트바흐(Bergisch Gladbach), 독일(Deutschland(Germany))
[06-050] 골프운트 란트클럽 퀼른(Golf-und Land-club Köln e.V.)

로렐라이 '저주'에 발병 났네

독일은 **길의 나라**다. 아우토반을 말하자는 것이 아니다. 아우토반이야 무제한 속도를 낼 수 있는 삭막한 고속 도로일 뿐이다. 고성 가도(古城街道, Die Burgenstraße), 로맨틱 가도(Die Romantische Straße), 동화 가도(童話街道, Die Deutsche Märchenstraße) 등 스토리가 넘치는 아름다운 길들이 여행자의 발목을 잡는 복병이 되기도 한다. 하이델베르크에서 기로에 섰다. 마인츠(Mainz) 쪽으로 가서 바로 '고성 가도'를 탈 것이냐, 아니면 로텐부르크(Rothenburg ob der Tauber) 쪽으로 가서 '로맨틱 가도'를 탈 것이냐? 결국 두 길의 절충안을 택했다. 두 시간쯤 '로맨틱 가도'를 가다가 마인츠의 위쪽, 로렐라이 언덕으로 직접 들어가는 길이다. 독일에서 경치가 가장 아름다운 곳은 라인 강을 끼고 마인츠에서 퀼른(Köln)으로 이어

길의 나라, 독일의 가도

TIPS
T-110
■ TRAVEL
□ GOLF

독일 관광국에서 특정 주제에 따라 엮은 관광 코스를 '~가도'라고 부른다. 쭉 이어지는 길이 아닌 각 도시를 연결한 것이다. 특정 주제를 중심으로 한 테마 여행을 하고 싶은 사람들에게는 매우 편리한 가이드가 된다. '괴테 가도'는 독일의 대문호 괴테의 생애를 되짚어볼 수 있다. 격동의 역사를 가진 지역들로 프랑크푸르트에서 라이프치히에 이른다. 가도 남쪽으로는 튀링겐(Thüringen) 숲이 펼쳐져 있다. 라인 강을 따라 이어지는 '고성 가도'는 중세 시대의 옛 성들의 자취와 모습을 볼 수 있다. 만하임에서 뉘른베르크를 지나 길게는 체코 프라하까지 연결된다. 라인 강변에서는 성이 마을마다 나타나며 인근의 포도밭이 정취를 더해 준다. '로맨틱 가도'는 '낭만'이 아니라 '로마로 가는 길'을 말한다. 중세의 분위기가 남아 있는 도시들이 많으며 유럽 내에서 매우 인기 있는 관광 코스다. 전체 길이는 350킬로미터에 이르며, 교회, 성, 온천, 민속제 등 필수 관광 요소가 많다. 이 외에도 잘 알려진 동화의 배경을 따라 여행하는 '메르헨 가도(동화 가도)', 알프스와 연결된 독일 남부의 '알펜 가도' 등도 유명하다.

지는 '고성 가도'다. 라인 강을 따라 포도밭과 울창한 숲, 울퉁불퉁한 절벽 위의 고성들이 경쟁이라도 하듯 주기적으로 등장한다. 심심할 틈 없이 나타나는 성들은 저마다 특색 있고 고성 아래 마을 또한 동화책에서 튀어나온 듯한 정경이다. 운전자는 수시로 한 눈을 팔게 되기에 조심해야 한다. 시속 100킬로미터로 그 멋진 고성들을 스쳐가는 것은 아쉬웠지만 "구름 걷힌 하늘가에 고요한 라인 강 저녁 빛이 찬란한, 로렐라이 언덕"에 사는 로렐라이 양이 어둠 속으로 '퇴근'하기 전에 인증샷을 남겨야 했다. 그러나 좁고 험한 샛길을 단숨에 달려왔는데 그 처녀는 어디로 숨었는지 보이지 않는다.

독일에서 경치가 가장 아름다운 길 중 하나가 마인츠(Mainz)에서 쾰른(Köln)으로 이어지는 고성 가도다. 라인 강을 따라 포도밭과 울창한 숲, 울퉁불퉁한 절벽 위의 고성들이 경쟁이라도 하듯 계속 등장한다.

🎵 배를 타고 건너가면 언덕 위의 로렐라이 동상을 볼 수 있다. 카메라 줌 렌즈로 당겨 본 결과, 그녀는 배를 타고 건너가서 봐야 할 만큼 매력적이지는 않았다. ☞ 로렐라이 언덕을 조망하기엔 오히려 강 건너 레스토랑 카페가 제격이다.

강 건너 절벽에 '로렐라이(Loreley)'라는 글씨가 없었다면 알아보지 못하고 지나쳤을 것이다. 로렐라이 동상은 절벽 아래 '포스' 없이 자리잡고 있다. 깃발을 꽂아 놓지 않았다면 찾기도 힘들었을 것이다. 로렐라이 언덕은 라인 강의 숱한 절벽 중의 하나지만 그럴듯한 이야기를 품고 있다. 옛날 옛적 이 언덕에 로렐라이라는 '긴 머리 소녀'가 살았는데, 노을이 질 무렵 황금빛 빗으로 머리를 빗으며 사무치는 그리움을 담아 노래를 부르곤 했단다. 절벽 밑을 지나던 사공들마다 그 모습에 취해 급류에 휘말려 죽고 만다…, 독일판 '전설의 고향'이다. 어느 나라에나 있을 법한 흔한 레퍼토리가 독일 최고의 서정 시인 **하이네**(Heinrich Heine, 1797~1856년)를 만나면서 '글로벌급 출세'를 한 셈이다. 로렐라이 언덕이 바로 강 건너로 보이는 로렐라이 호텔에 투숙했다. 달빛이 교교해질 무렵, 고성 가도의 산간에서 생산한 화이트 와인을 마시며 다시 언덕을 바라보니 제법 으스스했다. 근처의 뤼데스하임(Rüdesheim)은 화이트 와인과 아이스 와인으로 유명하다. 달달한 와인에 취해 선잠이 들었다 깨어 보니 동반자가 보이지 않았다. 자정이 넘은 시각이었다. 8월이긴 하지만 밤은 쌀쌀했다. 담요를 두르고 1층으로 내려갔다. 텅 빈 바에 혼자 앉아 큰 맥주잔을 앞에 끼고 하염없이 로렐라이 언덕을 바라보며 앉아 있었다. 로렐라이 언덕은 배신감이 느껴질 정도로 평범했다. 하지만 매년 수백만 명의 관광객이 이 곳을 찾는다. 저 무딘 남자조차 혼자 술잔을 기울이게 만든다. 가히 스토리텔링의 승리다. 로렐라이 언덕의 밤은 그렇게 깊어 갔다.

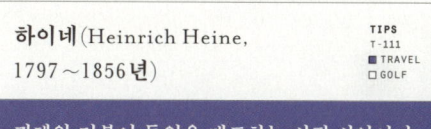

하이네(Heinrich Heine, 1797~1856년)

TIPS
T-111
■ TRAVEL
□ GOLF

괴테와 더불어 독일을 대표하는 서정 시인이다. 한편으로는 낭만주의와 고전주의 전통을 잇는 시인인 동시에 또 다른 한편으로는 반(反)전통적·혁명적 저널리스트였다. 그의 유명한 시 「로렐라이」는 시집 『노래의 책(Buch der Lieder)』(1827년)에 실려 있다. 「로렐라이」는 단순한 낭만적 서정시가 아니라, 몽상의 세계에 빠져 방향을 잃고 좌초하는 낭만주의자들에 대한 비판을 담고 있다는 해석도 있다.

☞ 높이 157미터의 쾰른 대성당(Hohe Domkirche St. Petrus)은 독일에서 두 번째로 높은 고딕 성당이다. 신성 로마 제국 시절인 1248년에 이탈리아에서 옮겨 온 동방 박사 3인의 유골함을 안치하기 위해 짓기 시작했다. 면죄부를 팔아 가며 지었지만 워낙 대공사여서 16세기부터 300년 동안 거의 방치되다시피 했다. 그 동안 쾰른 사람들은 공사가 끝나면 종말이 올 거라 믿었다고 한다. 1842년 프로이센의 프리드리히 빌헬름 4세(Friedrich Wilhelm IV, 1795~1861년)가 민족 정신 고취를 내세우며 공사를 재개했고, 그 결과 첫 삽을 뜨고 무려 600여 년이 지난 1880년에 성당이 완공됐다. 안타깝게도 2차 세계 대전 때 폭격으로 크게 훼손되고 외벽도 검게 변했다. 복원 후 1996년 유네스코 세계 문화 유산 목록에 올랐으나 라인 강 맞은편 시가지의 발전 계획으로 해제 위기를 맞기도 했다. 건물과 벽면의 조각뿐 아니라 시대별로 만들어진 색유리창과 게르하르트 리히터(Gerhard Richter, 1932년~)가 새로 설치한 리히터 창, 내진 의자와 성물함 등이 장관이다.

쾰른으로 향했다. 고성 가도의 끝 쾰른 근처에는 골프장이 많았다. **골프운트 란트클럽 쾰른**〔Golf-und Land-club Köln e.V., 줄여서 **게엘체 쾰른(GLC Köln)**〕이 유명하다. 그런데 쾰른에 들어서기 직전에 운전 중이던 남편이 갑자기 고속 도로를 빠져 나와 엉뚱한 곳에 차를 세웠다. 잠이 깬 나는 남편의 상태에 놀라고 말았다. 땀에 흠뻑 젖은 머리카락과 창백한 얼굴…, 간밤에 로렐라이에서 마신 물이 문제였다. 그 옛날 사공들이 언덕 위의 로렐라이에게

☞ 골프운트 란트클럽 쾰른(Golf-und Land-club Köln e.V.)은 1906년 개장해서 독일에서 가장 오래된 골프장 가운데 하나이며 평판도 상당히 좋아 독일 골프장 가운데 수위에 꼽힌다. 1978년 저먼 오픈(German Open)을 개최했다. 파크랜드 스타일의 골프장으로 주말에는 회원만 이용할 수 있다.

06-050

BERGISCH GLADBACH
GERMANY

골프운트 란트클럽 쾰른
GOLF-UND LAND-CLUB KÖLN E.V.

ⓘ 1906년 개장, 18홀, 6,199미터 [6,779야드]
ⓘ 주소: Golfplatz 2, 51429 Bergisch Gladbach, Deutschland
ⓘ 홈페이지: http://www.glckoeln.de

매료되어 모진 물맛을 보았던 것처럼 이 남자 역시 물 때문에 위태로워 보였다. 근처 마을에 골프채를 내려 놓고 사흘을 요양한 다음에야 다시 길을 나설 수 있었다. 로렐라이의 '저주'를 뚫고 3일 만에 골프장에 도착했지만 비가 그칠 줄 몰랐다. 정문에서 신원을 확인한 후 문을 열어 주었다. 시원스레 자란 아름드리 나무들이 빽빽한 코스와 그 안에 오두막처럼 자리잡고 있는 클럽하우스가 눈에 들어왔다. 골프장의 마스코트인지 긴 코를 가진 사람이 지구본을 들고 있는 조형물이 여럿 있었다. 피노키오라고 했다. 골프장에 웬 피노키오? 매니저는 "이 골프장에서 스코어를 속이면 코가 그만큼 커질 것"이라는 썰렁한 농담을 덧붙인다. 이리 비가 오는데 꼭 골프를 치겠냐며 몇 번을 되물었다. 무조건 강행할 수밖에 없었다. 하지만 세 홀도 마치지 못했다. 내리는 비는 영국과 다를 바 없었지만 차진 토양은 영국과 달랐다. 페어웨이가 엄청나게 질척거렸다. 아이언 샷 한 번에 온 몸이 흙투성이가 되었다. 벙커가 워터 해저드로 변한 모습을 보고서는 발길을 돌릴 수밖에 없었다. 퇴각 후에도 미련이 남아 한동안 레스토랑에서 기다려 보았지만 비는 그칠 기미가 보이지 않았다. 매니저는 딱 3홀만치의 그린 피만 제하고 나머지는 환불해 주었다. 코스의 전모를 파악할 수는 없었지만 아무도 없는 골프장 레스토랑에서 먹는 따끈한 독일 빵과 소시지, 시원한 맥주는 물 갈이 후 설사병에 시달리던 환자에게도 거부할 수 없는 유혹이었다.

독일 골프장의 토질은 영국과 달라 우중 골프가 불가능했다. 신발에 진흙이 달라 붙고, 아이언 샷에 흙탕물이 튀었다. 몇몇 벙커는 워터 해저드가 되어 있었다. 아름드리 나무들이 빽빽한 숲 속에 오두막처럼 클럽하우스가 자리 잡았다. 따뜻한 독일 빵과 소시지, 시원한 맥주가 나오는 골프장 레스토랑.

Hohe Domkirche St. Petrus, Köln

룩셈부르크, 벨기에, 네덜란드   07
베네룩스, 강소국의 '숨은 진주'

골프의 정신을 찾아서―유럽 골프 인문 기행 07 [룩셈부르크, 벨기에, 네덜란드]

LUXEMBOURG, BELGIUM, NETHERLANDS

07-054 • AMSTERDAMSE GOLF CLUB
07-055 • KONINKLIJKE HAAGSCHE GOLF & COUNTRY CLUB

네덜란드
암스테르담
덴 하흐 (헤이그)
로테르담
안트베르펜 (앤트워프)
벨기에
브뤼셀
룩셈부르크
아돌프 다리
카나슈

07-051 • KIKUOKA COUNTRY CLUB
07-052 • ROYAL ANTWERP GOLF CLUB
07-053 • ROYAL GOLF CLUB OF BELGIUM

룩셈부르크, 벨기에, 네덜란드

07
베네룩스, 강소국의 '숨은 진주'

'작은 것'이 단단하고 아름답다	07-051
	키쿠오카 컨트리 클럽 Kikuoka Country Club
벨기에에서 '다국적군'과 조우하다	07-052
	로열 앤트워프 골프 클럽 Royal Antwerp Golf Club
'로열'의 참 뜻을 아시나요?	07-053
	벨기에 로열 골프 클럽 Royal Golf Club of Belgium
수다쟁이 할머니와 '무너진 사랑 탑'	07-054
	암스테르담 골프 클럽 Amsterdamse Golf Club
이준 열사 영전에서 왕자님을 만나다	07-055
	코닌클리예크 헤이그 골프 앤드 컨트리 클럽
	Koninklijke Haagsche Golf & Country Club

[07] 베네룩스, 강소국의 '숨은 진주'
카나슈(Canach), 룩셈부르크(Luxembourg)
[07-051] 키쿠오카 컨트리 클럽(Kikuoka Country Club)

'작은 것'이 단단하고 아름답다

🌐 누가 뭐래도 영국과 프랑스, 독일은 유럽의 '주류' 국가들이다. 유럽에는 이들 국가 못지않게 잘사는 나라들도 많다. 벨기에, 네덜란드, 룩셈부르크를 일컫는 **베네룩스 3국**은 스위스와 함께 대표적인 '강소국'이라 할 만하다. 우리가 먼저 가기로 한 나라는 룩셈부르크다. 공식 명칭은 룩셈부르크 대공국(Grousherzogdem Lëtzebuerg, 러처부어히 대공국)이다. 현재 세계에서 1인당 국민 소득이 가장 높은 나라다. 미국의 두 배, 한국의 네 배에 이른다. 인구 40만 명, 면적은 제주도보다 조금 큰 정도지만 유럽에서 실업률이 가장 낮

베네룩스(Benelux) 3국

TIPS
T-112
■ TRAVEL
□ GOLF

벨기에, 네덜란드, 룩셈부르크 등 3국의 머리 글자를 따서 붙인 3국의 총칭. 제2차 세계 대전 중 런던에 망명하였던 이들 3국 정부가 1944년 9월 관세 동맹 조약에 서명한 후 그것을 '베네룩스 관세 동맹'이라고 부르게 된 데에서 유래했다. 1948년 발효된 이 동맹은 세 나라 간의 관세 철폐와 제3국에 대한 공통 관세의 내용을 담고 있다. 1960년에는 지역 내에서 노동, 자본, 서비스, 상품 등의 자유로운 왕래를 보장하는 베네룩스 경제 연합(Benelux Economic Union)으로 발전했다. 베네룩스 동맹은 1951년 유럽 석탄 철강 공동체(ECSC)와 1957년의 유럽 경제 공동체(EEC)를 거쳐 유럽 연합을 만드는 시발점이 되었다.

🚶🚶 룩셈부르크 전몰자 기념비. 🚶🚶 룩셈부르크는 세계에서 1인당 국민 소득이 가장 높고 문맹률은 가장 낮은, 작지만 강한 나라다.

고 문맹은 거의 없다. 나라의 이름과 수도가 모두 룩셈부르크인 도시 국가다. 독일 쪽에서 넘어오는 내내 언덕길이 많다 싶었다. 룩셈부르크 시가지는 깊은 계곡이 내려다보이는 절벽 위에 성벽으로 둘러싸여 있었다. 초록 숲에 둘러싸인 석조 건물들, 건설 당시 세계 최대 규모의 아치교로 이목을 끌었다는 **아돌프 다리**(Pont Adolphe)가 먼저 눈에 들어온다. 룩셈부르크는 싱싱하면서도 단단해 보이는 천혜의 요새였다. 유럽 강대국 사이 고원에 위치한 룩셈부르크는 지정학적인 위치 때문에 **중유럽의 지브롤터**(Gibraltar)로 불린다. 중세 말기까지 전쟁이 끊이지 않았다. 400년간 스페인, 프랑스, 오스트리아, 프로이센이 20차례 이상 침입했다. 파괴와 재건이 되풀이되면서 국가 자체가 요새가 되었다. 역경의 상징인 구시가지는 1994년 유네스코 세계 문화 유산으로 지정되었다. 한국과는 특별히 친밀하다. 6·25 전쟁 참전 16개 국 중 하나이고, 룩셈부르크가 유럽 이외의 국가 중에서 최초로 수교한 나라가 한국이다.

아돌프 다리(Pont Adolphe)　　TIPS T-113　■ TRAVEL　□ GOLF

아돌프 다리는 룩셈부르크에 있는 다리로 룩셈부르크 시가지의 리베르테 거리(Avenue de la Liberté)를 지나서 있는 아치교다. 높이는 46미터, 길이는 153미터이며, 알제트(Alzette) 강으로 이어지는 페트루세(Petrusse) 계곡을 가로지르는 다리다. 아돌프 대공작이 통치하던 시기인 1889~1903년에 건설되었고 석재를 사용했다. 건설 당시 세계에서 가장 큰 아치교로 세상의 이목을 끌었다. 룩셈부르크에서는 뉴 브리지(New Bridge)라고도 부른다.

지브롤터(Gibraltar)와 **중유럽의 지브롤터**　　TIPS T-114　■ TRAVEL　□ GOLF

지브롤터는 에스파냐의 이베리아 반도 남단에서 지브롤터 해협을 향하여 남북으로 뻗어 있는 반도로 영국의 직할 식민지다. 지브롤터의 역사는 그리스·로마 시대부터 시작되는데, 기원 후에도 이 지역을 두고 유럽·아시아·아프리카의 여러 민족이 쟁탈전을 벌였다. 에스파냐와 이슬람교도 사이에 공방과 쟁탈이 계속되다가, 1704년 에스파냐 계승 전쟁에 개입한 영국이 이곳을 점령했으며 그 때부터 영국령이 되었다. 그 후에도 여러 차례에 걸쳐 국제 분쟁의 대상이 되었고 제2차 세계 대전 중에는 미국의 아프리카 작전 기지가 되어 독일 공군의 폭격을 받았다. 1964년부터 에스파냐의 영토 반환 요구가 계속되고 있으며, 1969년에는 경제 봉쇄가 단행되기도 했다. 룩셈부르크는 벨기에와 독일, 프랑스 사이에 자리잡고 있어 주변국들에게 끊임없이 점령당하며 '중유럽의 지브롤터'라는 별명을 얻었다.

룩셈부르크는 강대국 사이 고원에 위치한 탓에 중세 말기까지 전쟁이 끊이지 않았다. 파괴와 재건을 거듭하며 국토는 점점 요새가 되었다. 구시가에는 성벽 구석구석을 구경할 수 있는 코끼리 기차가 다닌다. 가운데 사진은 아돌프 다리다.

07-051

CANACH
LUXEMBOURG

키쿠오카 컨트리 클럽
KIKUOKA COUNTRY CLUB

ⓘ 1991년 개장, 18홀, 6,444미터 (7,047야드)
ⓘ 주소: Scheierhaff, L-5412, Canach, Luxembourg
ⓘ 홈페이지: http://www.kikuoka.lu

유럽 대륙에서는, 좋은 골프장을 찾아다니겠다던 전략을 수정해야 했다. 갈 지역을 먼저 정하고 동선상 접근이 편한 골프장을 찾아다녔다. 룩셈부르크가 얼마나 '큰' 나라인지는 곧 실감하게 되었다. 룩셈부르크에는 6개의 골프장이 있다. 수준이 비슷할 것 같아 숙소에서 가장 가까운 골프장으로 내비게이션을 맞췄다. 최근에 문을 연 골프장이었다. 그린 피를 내고 티 타임과 코스 정보를 확인한 후 돌아서려다 물었다. "이 골프장은 룩셈부르크 골프장 중에 랭킹이 어떻게 되나요?" 순간 직원이 당황한 표정으로 말했다. "저, 여긴 프랑스인데요." 우리는 골프 가방을 다시 차에 싣고 룩셈부르크로 돌아왔다. 이왕 이렇게 된 거 룩셈부르크 랭킹 1위를 찾아 나섰다. 나무가 별로 없는 구릉에 위치한 **키쿠오카 컨트리 클럽**(Kikuoka Country Club)은 과거 일본이 미국을 위협할 정도로 잘 나갈 때 일본 자본으로 건설한 골프장이다. 이름은 그대로이지만 소유권은 룩셈부르크로 넘어왔다고 했다. 골프장에 대해 이것저것 설명해 주던 매니저의 영어가 유창해 몇 개 언어를 하는지 물었다. 7개 국어라고 했다. 인접한 독일·프랑스 어는 기본이고 네덜란드 어와 영어는 학교에서 배웠단다. 개인 관심으로 일본어를 공부했고, 포르투갈 출신 아버지와 파라과이 출신 어머니의 영향으로 포르투갈 어와 에스파냐 어까지 조금 안다고 했다. 다른 친구들도 4~5개 국어는 기본이란다.

모젤 와인 생산지 근처라서인지 클럽하우스 레스토랑은 다양하고 질 좋은 와인과 안주를 두루 갖추고 있었다. 코스가 내려다보이는 야외 테라스에 자리를 잡고 앉았다.

모젤 와인(Mosell Wine)

TIPS
T-115
■ TRAVEL
□ GOLF

독일 라인 강 북쪽 지류인 모젤 강 일대에서 생산되는 고급 백포도주다. 프랑스에서 발원한 모젤 강의 일부는 독일과 룩셈부르크의 국경을 이룬다. 모젤 와인은 가장 생산량이 많은 독일식 이름이며, 룩셈부르크에서는 흔히 '빈스모젤(vin-smoselle)'이라고 부른다. 포도 품종은 리슬링으로 독일 와인 생산량의 약 15퍼센트를 차지한다.

키쿠오카 컨트리 클럽(Kikuoka Country Club)의 코스는 나무나 장애물 등 인공물이 거의 없고 구릉의 굴곡을 자연스럽게 이용하고 있다.

대형 파라솔이 테라스 전체를 덮고 있었고 각양각색의 꽃이 주위를 에워싸고 있었다. 곡선이 부드러운 구릉에 자리 잡은 키쿠오카는 일본인이 디자인한 코스지만 일본 분위기의 조경은 아니었다. 나무나 장애물 등 인공적 요소는 거의 없고 구릉의 굴곡(undulation)을 이용한 자연스러운 코스였다. 하지만 어려웠다. 나무가 별로 없고 페어웨이가 넓게 펼쳐 있기 때문에 만만해 보였지만 홀을 거듭할수록 그린에서 고전했다. **워터 해저드** 몇 개와 90개의 벙커가 어우러지면서 의외로 변화 무쌍한 코스를 연출하고 있었다. 1991년 개장한 18홀 전장 6,444미터(7,047야드)의 키쿠오카 코스는 샷의 정확성을 시험하듯 삐뚤빼뚤한 **라이**로 애간장을 녹였고 긴 해저드로 간담을 서늘하게 했다. 홀별 세심한 전략과 파워를 동시에 요구하는 코스였다. 스코어에 초연할 수만 있다면 골프의 묘미를 즐길 수 있는 골프장이기도 했다. '작아서 아름다운 나라'의 작고 단단한 골프장이었다. 18홀 그린에 서니 무지개가 선명하게 떴다.

워터 해저드(water hazard) TIPS G-116 TRAVEL GOLF

골프장에서 연못, 호수, 웅덩이, 개울 등의 장애물을 말한다. 노란 색과 빨간 색(래터럴 워터 해저드, lateral water hazard) 말뚝으로 표시한다.

라이(lie) TIPS G-117 TRAVEL GOLF

공이 멈춰 있는 위치나 상태. 공이 다음 샷을 하기 어려운 곳에 있을 때는 배드 라이(bad lie), 좋은 잔디 위에 있어 다음 샷을 하기 쉬울 때는 클린 라이(clean lie)라고 한다.

[07] 베네룩스, 강소국의 '숨은 진주'
안트베르펜(Antwerpen(Antwerp)), 벨기에(België(Belgium))
[07-052] 로열 앤트워프 골프 클럽(Royal Antwerp Golf Club)

벨기에에서 '다국적군'과 조우하다

룩셈부르크에서 브뤼셀(Brussels(Bruxelles))은 지척이다. 벨기에의 수도 브뤼셀에는 EU 본부와 NATO 사무국이 있고 **시청 광장**(라 그랑 플라스, La Grand-Place)과 오줌싸개 동상이 유명하다. 명작 동화『파랑새』의 작가 모리스 메테를링크(Maurice Polydore-Marie-Bernard Maeterlinck, 1862~1949년)가 벨기에 사람이며, 파트라슈가 나오는『플란다스의 개』의 무대는 안트베르펜(Antwerpen, 앤트워프(Antwerp))의 성모 대성당이다. 낡고 복잡한 도시라는 첫인상을 뒤로하며 시내 중심가에 있는 호스텔에 자리를 잡았다. 접근성이 좋은 데다가 가격도 저렴했다. 저녁을 먹고 산책에 나섰다. 라 그랑 플라스의 야경을 보기 위해서였다. 빅토르 위고가 그랑 플라스의 밤 풍경을 보고 '지상에서 가장 아름다운 광장'이라고 극찬했단다. 광장을 에워싼 고색창연한 건물들과 화려하지도 건조하지도 않은 조명, 광장 전체를 적시는 귀에 익은 클래식 음악이 조화를 이루었다. 시간 가는 줄 모르고 한참을 배회했다. 그랑 플라스에서 멀지 않은 곳에 유명한 **오줌싸개 동상**이 있다. 생각보다 몸

시청 광장
[라 그랑 플라스(La Grand-Place)]

TIPS
T-118
■ TRAVEL
□ GOLF

브뤼셀에 위치한 광장으로 17세기에 만들어졌다. 광장 주변에 당시 건축물들이 둘러싸고 있어 중세 유럽의 분위기를 한껏 느낄 수 있는 곳이다. 상설 꽃시장이 있고 각종 행사와 이벤트가 끊이지 않아 항상 사람들로 붐빈다. 1998년 유네스코 세계 문화 유산으로 지정되었으며, 동서로 110미터, 남북으로 70미터의 크기다.

빅토르 위고가 극찬한 라 그랑 플라스(La Grand-Place). 브뤼셀 시청사, 왕의 집, 길드 하우스, 브라반트 공작의 집이 광장을 에워싸고 있다. 건물 1층 상가에는 초콜릿, 레이스, 와플 가게 등 벨기에를 대표하는 아이템 숍들이 들어서 있다.

집이 작다는 것에 실망하지만 나이를 알면 경악한다. 1619년생이다. 이 날 녀석은 엘비스 프레슬리(Elvis Presley, 1935~1977년)의 옷을 걸치고 능청스레 오줌을 싸고 있었다. 평소에는 대중적인 복장을 하고 있다가, 특정 민족이 많이 오거나 국빈이 오면 그 나라 전통 의상을 입는다고 한다. 도령 한복을 입은 적도 있다고 한다. 브뤼셀은 복합적인 이미지의 도시였다. 현대적이면서도 고전적이고, 웅장하면서도 섬세하고, 남성적이면서도 여성적인 느낌이 공존했다. 프랑스, 네덜란드, 독일, 룩셈부르크와 국경을 접하고 있다 보니 문화가 뒤섞여 버린 것일 수도 있다. 네덜란드 어와 프랑스 어, 독일어에다가 영어도 잘 통한다. 작지만 여러 언어와 문화가 섞이고, 여러 민족이 잘 어우러져 사는 나라다.

곧바로 안트베르펜으로 이동했다. 어린 시절 누구나 한 번쯤 만화로 접해 보았을 『플란다스의 개』(1872년)의 배경이 되었던 도시다. 화가를 꿈꾸던 네오가 그토록 보고 싶어

오줌싸개 동상(Manneken-Pis)

TIPS
T-119
■ TRAVEL
□ GOLF

'브뤼셀에서 가장 나이 많은 시민'이라 불리는 오줌싸개 소년 동상은 벨기에 관광에서 빠지지 않는 코스다. 1619년 조각가 제롬 뒤케누아(Jerome Duquesnoy, 1570?~1641?년)에 의해 제작되었으며, 크기는 60센티미터 정도다. 1745년 영국에 약탈되는 것을 시작으로 갖은 고초를 겪어 왔다. 1817년 도난당했을 때는 심지어 조각 나기까지 했는데, 그것을 이어 붙여 만든 것이 현재의 동상이다. 이 동상에는 몇 가지 전설이 있다. 그 중 프랑스 군이 브뤼셀에 불을 질렀는데 한 소년이 오줌으로 불을 껐던 사건이 이 동상을 만드는 계기가 되었다는 이야기가 유명하다. 프랑스의 루이 15세가 브뤼셀을 침략했을 때 이 동상을 탐내 프랑스로 가져갔다가 나중에 사과의 의미로 화려한 후작 옷을 입혀 돌려 보냈다는 일화도 전한다.

『플란다스의 개(A Dog of Flanders)』 (1872년)

TIPS
T-120
■ TRAVEL
□ GOLF

영국의 여성 작가 위다(Ouida, 1839~1908년)가 1872년 발표한 소설로 벨기에 플랑드르 지방을 배경으로 하고 있다. 할아버지와 함께 사는 소년 네로와 늙은 개 파트라슈의 아름답고 슬픈 이야기로 가난한 소년의 일상과 동물과의 우정, 이루지 못한 꿈 등을 그렸다. 벨기에의 풍토와 등장 인물에 대한 정교한 묘사 등으로 지금까지 많은 사랑을 받으며, 1975년 일본에서 제작된 애니메이션 시리즈가 널리 알려져 있다.

중세와 현대가 행복하게 공존하는 브뤼셀은 복합적인 이미지의 도시다. 현대적이면서도 고전적이고 웅장하면서도 섬세하고 남성적이면서도 여성적인 느낌이 공존한다.
☞ 『플란다스의 개』의 마지막 장면에 등장하는 안트베르펜 성모 대성당 앞.

했던 루벤스(Peter Paul Rubens, 1577~1640년)의 그림 〈성모의 승천〉이 걸린 **안트베르펜 성모 대성당**도 있다. 벨기에 최고의 골프장인 로열 앤트워프 골프 클럽도 역시 그 곳에 있다. 성모 대성당을 지나칠 수는 없었다. 상대적으로 아담한 성모 대성당은 '국보급 작품'을 모두 공개하고 있었다. 루벤스의 〈성모의 승천〉과 〈십자가에서 내려지는 예수〉와 같은 대작을 직접 만져 볼 수도 있었다. 루벤스는 바로크 시대 화가지만 인물 묘사를 보면 관능적이고 생동감이 있다. 오디오 설명을 들어 보니 르네상스 시기 **카라바조**(Michelangelo da Caravaggio, 1573~1610년)의 영향을 크게 받았다고 한다. 실감나는 인물 묘사는 카라바조와 비슷하지만 훨씬 섬세하고 질감이 있어 보인다. 성당 탑에 오르면 모든 시내 전경을 볼 수 있다.

안트베르펜 성모 대성당 (Onze Lieve Vrouwe Kathedraal)
TIPS T-121 ■TRAVEL □GOLF

벨기에 최대의 고딕 양식 성당이다. 1352년 시작돼 230여 년에 걸쳐 지어졌으나 애초에 설계한 5개의 탑 중 1개만 완성되었다. 16세기 이후 성상 파괴 운동과 프랑스 혁명 등으로 훼손과 손실이 계속돼 왔다. 소설『플란더스의 개』에서 소년이 죽기 직전 찾아간 성당으로도 유명하다. 소년이 보고 싶어 했던 루벤스의 그림은 〈십자가에서 내려지는 예수〉로 추정되며, 그 외에도 루벤스의 걸작 세 작품이 걸려 있다.

카라바조 (Michelangelo da Caravaggio, 1573~1610년)
TIPS T-122 ■TRAVEL □GOLF

이탈리아 초기 바로크를 대표하는 화가. 1584년 밀라노의 화가 시모네 페테르차노(Simone Peterzano, 1540~1596년)에게 배운 후 로마로 갔다. 빈곤과 병고로 비참한 생활을 겪다가, 추기경 델 몬테(Francesco Maria del Monte, 1549~1627년)의 후원을 얻으면서 화가로 이름을 떨치기 시작했다. 초기에는 정물과 초상을 치밀한 사실 기법으로 묘사했으나 점차 자신만의 양식을 완성해 나갔다. 빛과 그림자의 날카로운 대비를 기교적으로 구사하고, 형상을 힘차고 조소적(彫塑的)으로 묘사했다. 카라바조는 금색을 바탕으로 밝은 색이 조화롭게 구성된 초기 작품에서, 격하게 억제된 빛으로 조명된 만년의 음울한 작품에 이르기까지, 빛과 형상에 대한 탐구를 멈추지 않았다. 17세기 유럽 회화의 선구자로서 이탈리아 조형의 전통을 부활시키는 한편 바로크 미술 양식을 확립했다는 평가를 받는다.

체코 태생의 에칭 판화가 홀라르(Václav Hollar, 1607~1677년)의 〈안트베르펜 성모 대성당의 서측면〉(1649년), 에칭, 대영 박물관 소장.

🏛️📷 레이스 세공 같은 첨탑의 섬세한 구조가 감탄스러운 안트베르펜 성모 대성당. 성당 내부에는 벨기에 대표 화가 루벤스의 그림 4점이 전시돼 있다. 그 중 벨기에의 보물이라는 〈십자가에서 내려지는 예수〉, 중앙 돔 천장에 그려진 〈성모 승천〉이 최고의 걸작으로 꼽힌다.

07-052
ANTWERPEN(ANTWERP)
BELGIË(BELGIUM)

로열 앤트워프 골프 클럽
ROYAL ANTWERP GOLF CLUB

ⓘ 1888년 개장, 27홀, 8,775미터 (9,596야드)
ⓘ 주소: Torenlei 1A, B-2950 Kapellen, Belgium
ⓘ 홈페이지: http://www.ragc.be

로열 앤트워프 골프 클럽(Royal Antwerp Golf Club)은 1888년 개장한, 벨기에에서 가장 오래된 골프장이다. 클럽하우스 정문을 들어서면 맞은 편에 골프장 현판과 벨기에 국왕 부부의 사진이 걸려 있다. '로열' 골프장다운 면모다. 오래된 탓에 클럽하우스 규모나 코스의 레이아웃은 그리 빼어난 구석이 없었다. 하지만 그 덕에 코스 내의 수목들은 듬직하게 울창했다. 돌이켜 보니 골프장 진입로부터 뭔가 달랐다. 빽빽한 가로수가 하늘을 가려 자동차 라이트를 켜야 할 정도였다. 코스도 소나무를 기본으로 다양한 수종이 밀림을 이루고 있다. 파 73에 전장 6,200미터[6,780야드]의 톰 심슨 코스는 비교적 평이한 파크랜드 스타일이지만 벙커가 전략적으로 배치되어 있고, 그린이 좁고 빠른 편이라 공략에 어려움을 겪었다. 몇몇 블라인드 홀도 난이도가 높은 편이라 점수를 잃지

오랜 역사를 지닌 로열 앤트워프 골프 클럽(Royal Antwerp Golf Club) 진입로는 수목이 울창하여 대낮에도 라이트를 켜고 운전했다. 벨기에 국왕 부부가 회원인 왕실 골프장답게 잘 관리된 모습이다.

소나무를 기본으로 다양한 수종이 밀림을 이루는 로열 앤트워프 골프 클럽의 코스. 비교적 평이한 파크랜드형이지만 벙커가 전략적으로 배치되어 있다.

않기 위해 안전 제일주의로 경기를 풀어 갔다. 마침 우리 앞 팀에서 고등학교 체육 시간 골프 수업을 진행하고 있었다. 한 학급의 아이들이 4명씩 한 조를 이루어 실습 라운드를 하고 있었다. 학생들의 뒤를 쫓아야 하는 관계로 우리를 포함한 뒤의 모든 팀은 병목 구간에 몰려든 차량 신세였다. 늑장 플레이를 쫓아가느라 지치기는 했지만 수업을 받는 학생들이 마냥 부러웠다. 정규 수업에 골프 과목이 들어가 있다는 것, 국왕이 회원으로 있는 최고의 골프 클럽에서 고등학생이 실습 수업을 하고 있다는 사실 자체가 믿기지 않았다. ⊙

고등학교 체육 수업에 골프 과목이 있다는 것, 그것도 국왕이 회원으로 있는 골프 클럽에서 실습 수업을 한다는 사실이 놀라웠다. 학생들의 늑장 플레이를 뒤따르는 내내 마냥 부러웠다.

[07] 베네룩스, 강소국의 '숨은 진주'
브뤼셀[Bruxelles(Brussels)], 벨기에[België(Belgium)]
[07-053] 벨기에 로열 골프 클럽(Royal Golf Club of Belgium)

'로열'의 참 뜻을 아시나요?

🌐 벨기에는 사실 볼거리보다 먹거리가 좋은 나라다. 그랑 플라스는 아름답지만 낮에 보면 좁고 답답한 느낌이다. 사방이 중세의 건물로 둘러싸인 광장에서 전경을 한 장의 프레임에 담기 위해 뒷걸음질 치다 보면 어느새 반대편 건물에 막혀 더는 물러날 수가 없을 정도다. 그래도 광장 초콜릿 가게에서 먹은 핫초코의 맛은 일품이었다. '오줌싸개'도 골목 귀퉁이에 붙어 있는 키 60센티미터의 볼품없는 동상이지만 근처 골목에서 파는 와플은 입에서 살살 녹았다. 식도락의 나라로 흔히 프랑스를 떠올리겠지만 벨기에 음식도 만만치 않다. 1천 가지가 넘는 벨기에 맥주는 독일 맥주에 비길 바가 아니다. 그들은 맥주를 와인만큼 신성하게 다룬다. 유럽인은 독일 맥주보다 벨기에 맥주를 더 선호한다고도 한다. 오래 전부터 세계 최고라 인정받아 온 초콜릿, 홍합을 와인이나 크림 등의 재료로 요리한 **물르**(Moules)뿐 아니다. 감자를 손가락 굵기로 썰어 튀기는

물르(Moules)
TIPS
T-123
■ TRAVEL
□ GOLF

프랑스어로 홍합을 말한다. 벨기에서 홍합은 인기 있는 식품이어서, 날 것으로 먹기도 하고 다양한 요리로도 만든다. 10~11월에 먹는 홍합이 가장 맛있다. 벨기에의 홍합 요리는 인근 프랑스와 네덜란드에서도 인기가 높다. 대표적 음식으로 물르 프리트(Moules-frites)가 있는데 '프리트'는 감자 튀김으로, 찐 홍합 요리와 감자 튀김이 함께 나온다.

벨기에의 먹거리는 프랑스 이상이다. 라 그랑 플라스(La Grand-Place)에서 식사로 홍합 요리와 감자 튀김을 맥주와 곁들여 먹고 디저트로 와플과 초콜릿을 먹고 나면 벨기에를 전부 얻은 것이다.

07-053

BRUXELLES
BELGIË (BELGIUM)

벨기에 로열 골프 클럽
ROYAL GOLF CLUB OF BELGIUM

ⓘ 1906년 개장, 27홀, 7,968미터 [8,714야드]
ⓘ 주소: Château de Ravenstein, B-3080 Tervuren, België
ⓘ 홈페이지: http://www.rgcb.be

프렌치프라이도 벨기에가 원조고, 길거리 간식으로 대중화된 와플 또한 벨기에 음식이다. 대영 제국에서 바닥을 친 미각이 프랑스에서 원위치했고 벨기에에서 정점을 찍었다. 덕분에 혈중 콜레스테롤 수치는 가파르게 상승했다. 건강 관리를 위해 부지런히 골프장도 찾아다녔다.

그랑 플라스에서 동쪽으로 10여 분 거리의 테뷰런(Tervuren)에 위치한 **벨기에 로열 골프 클럽**(Royal Golf Club of Belgium, R.G.C.B.)은 100년이 넘은 유서 깊은 골프장으로 벨기에 국왕이 친히 '로열(Royal)' 칭호뿐 아니라 골프장 부지도 하사한 명문 클럽이다. 골프장은 왕실의 삼림욕장 한가운데에 자리잡고 있다. 진입로를 들어서는 순간부터 단정하게 정돈된 나무를 보며 왕가의 위엄을 느낄 수 있다. 국왕 **레오폴트 2세**(Leopold II, 1835~1909년)는 1906년 왕실의 땅에 골프장 건설을 명하고, 왕 소유의 라벤슈타인(Rabenstein) 성을 클럽

레오폴트 2세
(Leopold II, 1835~1909년)

벨기에의 왕(재위 1865~1909년). 레오폴트 1세의 장남. 프로이센-프랑스 전쟁에서 벨기에의 중립을 위협받았으나 이를 잘 지켰다. 그후 중립을 유지하기 위해 군비를 증강하는 한편, 자유당과 가톨릭당에게 번갈아 가며 조각(組閣)을 하게 해 정국의 안정을 도모했다. 또한 아프리카 식민지를 개척하고자 벨기에의 실업가·군인들로 구성된 '아프리카 협회'를 설립해 회장이 되었고, 스탠리(Henry Morton Stanley, 1841~1904년)의 콩고 강(자이르 강) 탐험을 지원했으며, 1885년에 콩고 자유국(현재의 '콩고 민주 공화국'으로 한때 '자이르'라고도 했다. '콩고 공화국'과는 별개의 나라다.)을 식민지로 만들어 고무를 확보하기 위해 수백만 명의 콩고인을 학살하는 등 악랄하게 통치한다. 현재 브뤼셀에 있는 왕궁은 레오폴트 2세가 18세 때 베르사유 궁전과 같은 양식으로 건립한 것이다.

벨기에 왕실에서 국민에게 선물로 준 벨기에 로열 골프 클럽(Royal Golf Club of Belgium). 빽빽한 침엽수림이 뿜어내는 피톤치드 때문인지 공기에서 단맛이 느껴졌다. ☞ 공기가 맑으니 음식 맛도 당연히 좋다. 클럽하우스 내외부.

하우스로 개조한 후 국민에게 개방했다. 실제 클럽하우스 부지에 들어서는 순간 마치 왕가의 '비원(秘苑)'에 들어서는 느낌이 든다. 클럽하우스도 영락없는 동화 속의 궁전이었다. 건물의 모양하며, 다듬어 놓은 정원수들하며…, 심지어 코스를 관리하는 작업복 차림의 직원들 자세에도 '엣지'가 있었다. 페어웨이 좌우로 구상나무와 비슷하지만 자세히 보면 다른, 이름 모를 침엽수들이 빼곡했다. 파72 / 전장 6,045미터[6,611야드]로 코스 레이아웃이 아기자기하면서도 품위가 있다. 파크랜드형의 코스지만 페어웨이에는 적당한 굴곡이 있고 그린은 까다로운 편이다. 오리지널 올드 코스 설계자는 아일랜드의 로열 카운티 다운(Royal County Down)을 설계한 시모어 던(Seymour Dunn, 1882년~?)으로 알려져 있고, 톰 심슨이 1928년 이를 리모델링했다고 한다. 족보 있는 거장들의 숨결이 살아 있는 곳이다. 1990년부터 10년간 리모델링을 한 탓인지 요즘의 명문 골프장 느낌도 강하게 풍겼다. 18홀 정규 홀인 올드 코스 외에도 9홀짜리 뉴 코스를 1951년부터 운영 중이다. 삼림 공원 한가운데에 자리잡은 덕에 골프장 전체가 빽빽한 나무의 바다다. 차폐율 높은 그 숲에서 생리적 욕구를 해결하는 오줌싸개 어른들의 모습도 간간이 보였다. 특히 조경수를 이루고 있는 나무들은 한 번도 본 적이 없는 독특한 침엽수가 많았다. 식물에 유난히 관심이 많았던 레오폴트 2세가 심혈을 기울여 직접 선택한 수종들이라고 한다. 침엽수림이 뿜어내는 싱싱한 피톤치드를 흡입하니 공기에서도 단맛이 느껴졌다. 공기 맛이 좋으니 음식 맛도 좋을 수밖에 없다. 확실한 유산소 운동을 마친 우린 클럽하우스에서 물르를 안주 삼아 스텔라 맥주잔을 부딪치며 여러모로 풍요로웠던 벨기에의 마지막 코스를 정리했다. 🌐

[07] 베네룩스, 강소국의 '숨은 진주'
암스테르담(Amsterdam), 네덜란드(Netherlands)
[07-054] 암스테르담 골프 클럽(Amsterdamse Golf Club)

수다쟁이 할머니와 '무너진 사랑 탑'

🌐 네덜란드는 왠지 친근한 나라다. 초등학교 교과서에 등장했던, 둑의 구멍을 막아 나라를 구한 용감한 소년과 2002년 대한민국을 이끌어 준 히딩크(Guss Hiddink, 1946년~) 감독 때문일 것이다. 튤립과 풍차가 전하는 낭만과 **하이네켄**과 **필립스**가 만들어 내는 깔끔한 이미지도 한몫했다. 기대가 컸다. 그러나 '짝사랑'이 지나치면 꼭 후환이 생긴다. 첫 날부터 우리와는 궁합이 맞지 않았다. 네덜란드 도로는 들어가는 길이나 나오는 길이나 극심하게 막혔고 숙박 사정도 최악이었다. 암스테르담에서 국제 포럼이 개

하이네켄(Heineken)
TIPS T-125 ■TRAVEL □GOLF

1864년 창업한 암스테르담 소재의 맥주 회사. 세계에서 네 번째로 큰 맥주 회사다. 현재 약 65개 나라에서 130개가 넘는 맥주 양조장을 운영하고 있다. 170개 이상의 맥주 브랜드를 가지고 있는 하이네켄 맥주 회사의 대표적인 맥주는 하이네켄과 암스텔. 하이네켄은 가볍고 탄산기가 높은 라거 맥주로 현재 약 40개 나라의 양조장에서 생산되고 있다.

필립스(Philips)
TIPS T-126 ■TRAVEL □GOLF

네덜란드 암스테르담 소재의 전자 기기 제조 회사. 조명, 전기 면도기, 전기 주전자, 진공 청소기, 다리미, 텔레비전, 라디오, 컴퓨터 등을 생산한다. 1891년 제라드 필립스(Gerard Philips, 1858~1942년)가 아인트호벤(Eindhoven)에 조명 회사 '필립스 앤 컴퍼니(Philips & Co.)'를 설립한 것이 시초다. 19세기 중반 유럽에서 가장 큰 생산 업체 중 하나였다. 유럽의 산업 혁명에 자극을 받은 필립스는 연구소를 세워 X선, 컴팩트 카세트 및 CD와 같은 발명품들을 개발해 왔다. 2008년부터 헬스 케어, 조명 및 소비자 라이프 스타일 등 3개 부문으로 조직 구조를 단순화하여 건강 및 웰빙 브랜드로 거듭나려 시도하고 있다.

최되고 있었고 배낭 여행 성수기의 주말인지라 두 시간을 찾아다녀도 빈 방을 구할 수 없었다. 애써 빈 방을 찾았더니 하룻밤 투숙객은 사양하고 싶다며 문전박대를 당하기도 했다. 물가는 런던 이상이었고 질긴 빵과 짠 햄, 푸석한 치즈, 버쩍 마른 스테이크 등 음식도 영 젬병이었다. 겨우 호텔을 잡고 끼니를 때우자고 들렀던 커피 숍에는 성 정체성을 알 수 없는 분들이 매캐한 담배 연기를 연신 뿜어댔다. 주인도 주문을 받을 때 남편의 허벅지에 손을 올려 놓고 윙크를 해 가며 추천 메뉴를 자세히 설명해 주었다. 알고 보니 암스테르담에서는, '카페(Cafe)'는 커피를 파는 곳이고 '커피 숍(Coffee Shop)' 은 마리화나를 팔고 필 수 있는 가게를 말한다고 한다.

골프는 애초에 큰 기대를 하지 않았다. 해수면보다 낮은 땅에 골프장이 웬 말인가? 골 프장 입지 제일의 조건이 배수라는 것은 상식이다. 하지만 살 만한 나라여서인지 열악한 환경에도 골프장은 많았다. 암스테르담에서 추천을 받아 찾아간 곳은 1934년 문을 열었다는 **암스테르담 골프 클럽**(Amsterdamse Golf Club)이었다. '물 반 잔디 반'일 정도로 많은

암스테르담 골프 클럽(Amsterdamse Golf Club)은 1934년에 설립된, 네덜란드에서 가장 오래된 골프 클럽 중 하나다. 원래는 암스테르담 안에 있었으나, 1990년 이후 지금의 자리로 옮겼고 네덜란드의 가장 아름다운 코스 중 하나로 꼽힌다. 갈대와 웅덩이가 많고, 각 홀마다 지형에 기복이 크다.

07-054

AMSTERDAM
NETHERLANDS

암스테르담 골프 클럽
AMSTERDAMSE GOLF CLUB

- 1934년 개장, 18홀, 6,197미터 (6,777야드)
- 주소: Bauduinlaan 35, 1047 HK Amsterdam, Netherlands
- 홈페이지: http://www.amsterdamsegolfclub.nl

워터 해저드와 만발한 온갖 꽃이 우리가 네덜란드에 있음을 알려 주고 있었다. 꽃밭을 지나 첫 홀로 향했다. 우리 앞으로 단체 팀이 있어 지연 플레이가 예상되었지만 코스 촬영이 본업인 우리에게는 오히려 반가운 일이었다. 쉬엄쉬엄 앞 팀을 따라가며, 이리 저리 카메라 앵글을 바꿔 가며, 요리조리 워터 해저드를 피해 가며 나름대로 재미 있는 라운드를 이어갔다. 7번 홀 티 오프를 마치고 세컨드 샷 지점에서 앞 팀이 그린을 비워 주기를 기다리고 있었다. 누군가 다가왔다. 우리 뒤에서 혼자 티 오프한 할머니였다. 할머니는 자신이 클럽 멤버라며 조인을 제안했다. 코스에 대해 자세히 알려 줄 수 있다면서 우리의 국적을 물었다. "사실 조인을 받아 줘서 깜짝 놀랐어요. 암스테르담에는 일본인이 많아요. 하지만 그들은 자신들끼리만 골프를 칩니다. 당신들이 일본인일지도 몰라 아까부터 몇 번을 망설이다 제안을 해 본 거예요." '일본'이라는 대목에 힘주어 반박하며 한국은 일본과 이웃한 나라이지만 민족성은 전혀 다르다고 설명했다. 개방적이고 따뜻한 민족이라고까지 강조한 것은 이후 스스로 무덤을 판 격이 되었다. 할머니의 그칠 줄 모르는 자기 자랑과 어이없는 늑장 플레이도 따뜻하게 받아 주어야만 했기 때문이다. 할머니의 프라이드는 대단했다. 76세인데도 짱짱한 체력과 5살 연하의 남자 친구가 있고, 왼쪽 팔에 엘보(Golfer's Elbow, 반복 동작으로 인한 팔꿈치 통증)가 왔음에

암스테르담 골프 클럽에서 함께 한 할머니 회원. 매 홀마다 코스 매니지먼트는 물론이고 할머니 개인사에 대해서도 많은 이야기를 들었다. 자신이 샷을 할 때는 완전히 시야에서 벗어나 달라는 요구로 우린 동분서주했다.

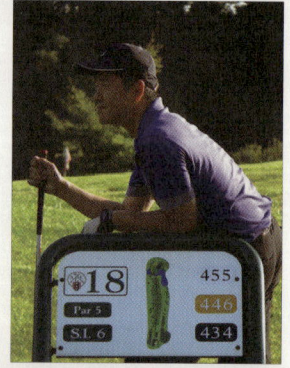

♪ '물 반 잔디 반'일 정도로 워터 해저드가 많아 네덜란드임을 실감케 하는 암스테르담 골프 클럽의 코스. 온갖 꽃이 만발한 꽃밭을 중심으로 코스와 클럽하우스가 나뉘어 있다.

도 상당한 비거리를 내며, 5개 국어에 능통하고, 어제 밤 비행기로 뉴욕에서 돌아왔음에도 라운드를 나올 수 있는 체력이 있으며…. 할머니의 자화자찬은 끝이 없었다. 하지만 할머니의 골프 실력은 형편 없었고 까다로움은 하늘을 찔렀다. 엘보 때문에 샷이 잘 맞지 않는다며 할머니는 연타석 땅볼로 우리가 한 타 치고 가는 거리를 2~3타로 나누어 치며 따라왔다. 문제는 페어웨이에서 할머니가 **어드레스**할 때 미동도 하지 말라는 요구였다. 우리 공을 향해 가다가도 두어 번씩 멈춰 숨 소리까지 죽이며 할머니의 샷을 기다려야 했다. 그린에서도 보통 쓰리 퍼팅을 하시며 홀의 좌우를 오고가는 할머니의 동선에 따라 우리도 왼쪽 오른쪽으로 그린을 가르며 할머니 시야를 벗어나 주느라 우왕좌왕 하기에 바빴다. 남편이 입은 내수 기능성 바지에서 걸을 때마다 원단이 스치는 소리가 났는데, 이마저 귀에 거슬린다고 지적해서 종종 걸음을 치느라 도대체 우리 플레이에 집중할 수가 없었다. 아무리 은근과 끈기의 민족이라고 해도 그 할머니는 감당하기 어려웠다. 다행히 할머니는 15번 홀에서 플레이를 중단하고 집으로 돌아갔다. 남자 친구와 저녁 약속이 있으시단다. 먼저 가서 미안하다는 말을 반복하고 반복했다. 고마울 따름인 것을….

비로소 골프 코스가 눈에 들어오기 시작했다. 네덜란드답게 워터 해저드와 벙커는 타의 추종을 불허했다. 두 홀에 한 번은 물을 만났다. 땅은 예상대로 축축했다. 덕분에 아이언 디벗은 뗏장이 떨어져도 그 자리에 밟아 주기만 하면 가장자리로 물기가 올라오며 감쪽같이 복구되었다. 자잘한 마운드와 부드러운 곡선의 아름다운 페어웨이 너머로 해가 지고 있었다. 네덜란드 필드에서는 물보다, 모기보다 사람이 더 무서웠다. 🌐

어드레스(address)

TIPS
G-127
☐ TRAVEL
■ GOLF

골프에서 공을 치기 전에 발 자세를 잡고 클럽을 땅에 댄 자세. 어깨는 공이 날아가는 방향과 평행을 이루고 골프채를 지면에 내려 놓는 것으로, 어드레스를 어떻게 하느냐에 따라 스윙의 궤도, 즉 공의 방향과 거리의 정확성이 결정된다.

[07] 베네룩스, 강소국의 '숨은 진주'
바세나르(Wassenaar), **네덜란드**(Netherlands)
[07-055] **코닌클리예크 헤이그 골프 앤드 컨트리 클럽**(Koninklijke Haagsche Golf & Country Club)

이준 열사 영전에서 왕자님을 만나다

🌐 할머니를 만난 이후로 네덜란드 짝사랑은 사실상 종지부를 찍게 되었다. 작정하고 찾아간 **풍차 마을 잔세스칸스**(Zaanse Schans)에도 썰렁한 풍차 다섯 대밖에 볼 것이 없었다. 알록달록한 튤립밭 저 멀리로 풍차가 돌아가고 두툼한 나무 신발을 신은 마을 사람들은 일과를 마치고 편안하게 집으로 돌아간다, 집에서는 굴뚝마다 연기가 모락모락 피어나고 저녁 식탁 위의 따끈한 빵과 커피향이 넘친다…. 그런 '동화 마을'은 없었다. 사실 네덜란드는 역사적으로 가장 세속적인 나라에 가깝다. **안락사**, **동성애**, **마약** 등

풍차 마을 잔세스칸스
(Zaanse Schans)

TIPS
T-128
■ TRAVEL
□ GOLF

수도인 암스테르담에서 북쪽으로 13킬로미터 떨어진 잔(Zaan) 강변 마을로서, 풍차 마을이라는 이름으로 널리 알려져 있다. 네덜란드의 옛 풍경을 간직한 곳으로 네덜란드의 명물인 풍차와 양의 방목으로 유명하다. 풍차는 간척지의 물을 퍼내는 조절 장치이자 밀가루나 종이를 만들고 기름을 짜는 등 다양한 용도로 쓰인다. 15세기 초 관개용 풍차가 등장했고, 16세기에 네덜란드 전체로 퍼졌다. 산업 혁명 즈음에는 1만 1천여 개에 달하는 풍차가 있었으나 산업 혁명 후 기계화에 밀려 지금은 관광용으로 몇 개만 남아 있다. 17~18세기의 목조 가옥과 크고 작은 풍차들이 마을 곳곳에 흩어져 있고, 목장 앞의 치즈 공장에서는 치즈와 우유를 맛볼 수 있다.

다른 곳에선 금지된 많은 것이 허용된다. 암스테르담은 번잡하고 지저분했다. '카페'에서는 커피를 팔지만 '커피 숍'에서는 대마초를 팔았다. 거의 반나절을 헤매이며 문전박대 끝에 겨우 구한 호텔 방은 꽤 비싼 가격이었지만 지하였다. **국토의 절반 가까**

네덜란드의 안락사, 동성애, 마약 허용

TIPS T-129
■ TRAVEL
□ GOLF

네덜란드는 자유와 평등을 중시하여 다른 나라에서 금지하는 것들에 대해 관대하다. 네덜란드가 안락사를 허용하는 이유는 인간에게는 '존엄하게 죽을 권리'도 있다고 보기 때문이다. 다만 환자가 불치병으로 극심한 고통을 당하고 있고, 환자 자신과 가족들의 요청이 있어야 하는 등 조건이 필요하다. 또한 네덜란드는 1993년 세계 최초로 동성 부부를 합법적으로 인정했으며, 2001년 동성애자 커플의 결혼과 이혼을 허용하는 법이 시행되었다. 마약의 경우 모든 마약을 무조건 허용하는 것이 아니라 중독성이 낮다고 판단되는 마약을 정부가 합법적으로 관리한다. 1976년 네덜란드 정부는 상대적으로 중독성이 낮으며 인체에 피해가 적은 대마, 환각 버섯 등을 연성 마약(Soft Drug)으로 규정해 5그램 이하의 대마를 피우거나 소지하는 것을 허용했으며 커피 숍(Coffee Shop)이라는 곳에서 대마를 피우는 것을 허용하되 500그램 이하만 판매하도록 규제하고 있다. 이는 연성 마약을 허용함으로써 헤로인과 코카인 등 이른바 중독성 마약을 가까이하는 것을 막기 위한 정책이다. 그러나 마약 중독자가 줄어든 대신 대마 복용을 끊지 못하는 대마 중독자가 늘어나고 있기도 하다.

네덜란드의 해수면보다 낮은 국토

TIPS T-130
■ TRAVEL
□ GOLF

네덜란드는 낮고 평평한 땅 위로 라인 강, 마스(Maas) 강, 스헬데(Schelde) 강 등 세 개의 큰 강이 흐르고, 그 하구에 수많은 작은 강이 얽혀 있다. 또한 국토의 50%가 해수면보다 낮아 세계에서 가장 낮은 땅으로 유명하다. '네덜란드'라는 이름 자체가 '낮은(Neder)나라(Lands)'라는 뜻이다. 제일 높은 곳조차 해발 322.5미터에 불과하다. 이렇다 보니 홍수와 해일로 인한 피해가 컸으므로 물로부터 땅을 지키기 위해 담이나 제방을 많이 쌓았다. 그래서 흔히 네덜란드의 역사를 '물과 투쟁한 역사'라고 부르기도 한다. 이렇게 쌓은 댐이나 제방 위에 생겨난 도시가 암스테르담과 로테르담(Rotterdam) 등으로, 그 이름이 댐을 뜻하는 '담'으로 끝난다. 네덜란드 인은 여기서 그치지 않고 13세기부터 간척 사업을 시작해 16세기 후반부터 대대적인 공사로 영토를 확장했다. 전 국토의 5분의 1이 간척지여서 자연재해, 특히 수해에 취약하다. 네덜란드 정부는 1958년부터 1997년까지 남서부 삼각주 지대에 대규모의 댐과 방조제를 건설하는 '델타 프로젝트'를 시행했다. 155억 달러가 투입된 이 대규모 사업을 통해 네덜란드는 물로 인한 어떠한 재해도 다스릴 수 있다고 말하게 되었다.

네덜란드 암스테르담 북쪽에 있는 풍차 마을 잔세스칸스(Zaanse Schans)의 풍광들.

이가 해수면보다 낮다는 네덜란드에서 땅까지 파고 들어가 잠을 청하니 기분까지 눅눅해졌다. 사람들은 부지런해 보였지만 지극히 정확하고 계산이 빨랐다. 지리적 약점을 극복하기 위해 끊임없이 물과 투쟁하며 국토의 절반을 간척 사업으로 일군 이들답게 '짠돌이'였다. 근대적 형태의 주식회사, 중앙 은행과 같은 **금융 자본주의 시스템**을 만든 것도 네덜란드 인이다. 네덜란드 여정은 **이준**(李儁, 1859~1907년) 열사의 원혼이 남아 있을 헤이그[Hague, 네덜란드에서는 '덴 하흐(Dan Haag)'라고 불리는데, '숲 속의 정원'이라는 뜻이다.]를 끝으로 마무리하기로 했다.

금융 자본주의의 시초가 된 네덜란드

TIPS T-131
■ TRAVEL
□ GOLF

1588년 네덜란드 연방 공화국이 성립되자 정치적으로 안정을 찾기 시작한 네덜란드는 다른 유럽 국가들을 따라 해외 무역 사업에도 뛰어들었다. 전 세계, 특히 아시아에서 활발히 활동하던 네덜란드 상인들은 오랜 출항에 따르는 항해 사고의 위험을 분산시키기 위해 공동으로 출자하여 세계 최초의 주식회사인 동인도 회사를 설립했다. 1602년, 네덜란드 정부는 6개의 동인도 회사를 합병하여 '연합 동인도 회사'를 설립했다. 이 회사의 설립 자본금은 시민들에게 새로운 사업에 투자를 하라고 권유해 마련되었는데, 투자한 사람들에게 발생한 수익에 대한 권리를 부여했다. 이를 통해 세계 최초의 주식 시장이 문을 열게 되었다. 이후 주식 시장이 활발히 성장하면서 동인도 회사의 지분을 담보로 한 증권과 채권 등이 생겨났다. 이를 거래하기 위해 1608년 암스테르담에 증권 거래소가 세워졌다. 또한 1690년 네덜란드는 에스파냐와의 전쟁 때문에 국가가 복권을 만들어 판매했고, 위조로부터 상인을 보호하고자 중앙 은행을 설립했다. 이 또한 세계 최초다. 네덜란드가 구축한 금융 거래 시스템은 금융 시장이 세계 경제를 지배하는 현대까지 그 영향을 미치고 있다.

이준(李儁, 1859~1907년)

TIPS T-132
■ TRAVEL
□ GOLF

조선 말의 순국 열사이자 애국 계몽 운동가. 함경남도 북청에서 태어났다. 독립협회에 가입해 1898년 11월 만민공동회에서 가두 연설을 하고, 1904년 대한보안회를 조직해 일본의 황무지 개간권 요구를 저지했으며, 일진회에 대항하는 공진회를 조직하고 친일파를 규탄하는 등 애국 계몽 운동에 힘썼다. 1907년 광무 황제(고종)로부터 만국 평화 회의에 참석하라는 밀령을 받고 이상설, 이위종과 함께 헤이그에 도착해 황제의 친서를 전달했으나 일제의 방해로 회의장에 참석하지 못했다. 이에 일제의 한국 침략을 폭로하고 을사조약이 무효임을 선언하는 공고사(控告詞)를 공개해 세계의 여론을 환기시켰으나 정작 열강들이 냉담한 반응을 보이자 통탄하다가 할복 자결했다. 정부에서는 1962년 건국 훈장 대한민국장을 추서하고, 1963년 유해를 서울로 봉환해 수유리 애국 선열 묘역에 안장했다. 헤이그에는 이준 평화 박물관이 있다.

🎠 암스테르담은 12세기경 암스텔 강 하구에 둑을 쌓아 건설된 도시다. 튤립과 풍차로 연상되던 동화적 이미지는 이제 없다. 안락사, 동성애, 마약이 허용되고 홍등가의 19금 코스가 관광 상품이 된 어른들의 도시다.

🎠 헤이그(덴 하흐) 근교 바세나르(Wassenaar)에 있는 코닌클리예크 헤이그 골프 앤드 컨트리 클럽(Koninklijke Haagsche Golf & Country Club) 입구는 동화 속의 숲속으로 들어가는 듯한 느낌을 준다.

07-055

WASSENAAR
NETHERLANDS

코닌클리예크 헤이그 골프 앤드 컨트리 클럽
KONINKLIJKE HAAGSCHE GOLF & COUNTRY CLUB

ⓘ 1893년 개장, 18홀, 6,261미터 (6,847야드)
ⓘ 주소: Groot Haesebroekseweg 22, 2243 EC Wassenaar, Netherlands
ⓘ 홈페이지: http://www.khgcc.nl

헤이그에는 네덜란드 최고의 골프장 **코닌클리예크 헤이그 골프 앤드 컨트리 클럽**(Koninklijke Haagsche Golf & Country Club)도 자리잡고 있다. 1893년 개장한 이 컨트리 클럽은 네덜란드에서 가장 오래된 골프장이자 '로열'이 붙어 있는 최고의 골프장이다. 여왕을 비롯한 왕족들이 회원권을 갖고 있다. 일반인 입회 조건이 아주 까다롭다. 한국인 회원은 단 한 명 있다고 한다. 캐디 마스터가 멜빵 바지 차림으로 스타트 하우스 격인 1번 홀의 오두막을 지키고 있었다. 오늘 네덜란드 왕자님이 라운드하고 있다고 알려 주었다. 몇 분 전에 왕자님께서 티 오프를 했기 때문에 치다 보면 홀 어디에선가 만나게 될 가능성이 크다고 했다. 주차장이나 클럽하우스에서 수행원 느낌의 사람들을 보지도 못했다. 골프장 직원들도 VIP를 모신 듯한 특별한 낌새가 없었다. 왕자님이 소탈한 서민 스타일의 사람인지 왕족 역시 골프장 일원이기에 호들갑을 떨지 않는 것인지 그 또한 알 길이 없었다. 라운드 중 어디에선가 사람이 나타나면 혹시 왕자님인가 싶어 한 번 더 쳐다보다 보니 집중력만 흐려져 갔다. 코닌클리예크 헤이그 골프 앤드 컨트리 클럽은 네덜란드에서 신이 내린 골프장으로 통한다. 네덜란드에서는 찾아보기 어려운 구릉 지형이고 페어웨이의 웨이브가 예술이기 때문이다. 네덜란드에서 가장 높은 고지대에 위치했다.(네덜란드 최고의 고지는 해발 322.5미터다). 지대도 높고 토질에 모래 성분이 많아 비가 온 다음 날에도 아무 지장 없이 골프를 칠 수 있다.

코닌클리예크 헤이그 골프 클럽은 네덜란드 최고의 골프장이다. 여왕을 비롯한 왕족들이 회원이고 일반인 입회 조건이 매우 까다로운데 한국인 회원이 딱 한 명 있다고 한다. 한국인이라면 누구나 알 만한 사람이라는 힌트만 받았다. 누구지?

🏌️ ☞ 왕자님이 조금 전 플레이를 시작했다는 캐디 마스터의 한 마디가 집중력을 흐려 놓았다. '왕자'라는 비현실적인 단어가 가까이 있다는 사실이 생소했다. 네덜란드 최고 고지대, 사질 토양의 뛰어난 배수력이 이 골프장을 '로열'로 만든 것 같다.

왕자님을 찾느라 전반 홀은 정신없이 지나갔다. 첫 느낌은 스코틀랜드 링크스를 옮겨다 놓은 듯했다. 잔디며 러프의 스타일이 딱 그랬다. 그러나 스코틀랜드보다 훨씬 남성적이었다. 후반으로 갈수록 공략이 어려웠다. 그린 앞에 잘록한 병목 구간이 많아 **어프로치**가 유독 어려웠다. 티 박스와 그린이 같은 고도에 있는 홀이 거의 없을 정도로 오르내림이 심해 골퍼의 집중력을 요구하는 도전적인 코스였다. 특히 파5인 18번 홀 티잉 그라운드에서 내려다보이는 코스 전경이 일품이었다. 홍해의 기적처럼 소나무 물결을 가르며 페어웨이가 열리고 그 끝 그린 너머로 궁전과 같은 클럽하우스가 자태를 드러낸다. 결국 왕자님을 만나지 못했다. 아니 만났어도 알 수가 없었다. 하지만 같은 날 같은 시간 같은 골프장에 있었다는 이유만으로도 클럽하우스는 궁전이 되었고, 코스는 왕자님이 사는 동화 속 숲 속 나라가 되었다.

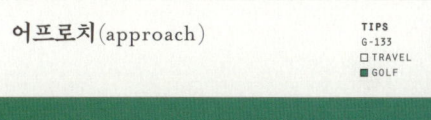

어프로치(approach)

TIPS
G-133
☐ TRAVEL
■ GOLF

골프에서, 가까운 거리에서 그린을 향하거나 그린 위로 공을 올리는 일. 어프로치를 위해 페어웨이에서 그린 방향으로 치는 것을 어프로치 샷이라고 한다.

Kikuoka Country Club, Luxembourg

독일, 덴마크, 스웨덴　08
북유럽, 동화 속의 야생 골프

골프의 정신을 찾아서—유럽 골프 인문 기행 08 〔독일, 덴마크, 스웨덴〕

GERMANY, DENMARK, SWEDEN

- 08-060 • BARSEBÄCK GOLF & COUNTRY CLUB
- 08-061 • MALMÖ BURLÖV GOLFKLUBB
- 08-057 • ODENSE GOLF KLUB
- 08-058 • KØBENHAVNS GOLF KLUB
- 08-059 • SIMON'S GOLF CLUB
- 08-056 • HAMBURGER LAND- UND GOLF-CLUB E.V.

독일, 덴마크, 스웨덴

08
북유럽, 동화 속의 야생 골프

브람스 소나타와 오리지널 햄버거	08-056 **함부르크 란트운트 골프 클럽** Hamburger Land-und Golf-club e.V.
안데르센 왕국의 인어 공주님	08-057 **오덴세 골프 클럽** Odense Golf klub
리얼 야생 버라이어티 골프 쇼	08-058 **코펜하겐 골프 클럽** Københavns Golf Klub
지상에서 가장 행복한 사람들	08-059 **시몬스 골프 클럽** Simon's Golf Club
소렌스탐의 나라, 클럽하우스의 일몰	08-060 **바르세베크 골프 앤드 컨트리 클럽** Barsebäck Golf & Country Club
'나 홀로 플레이'와 '올드 블랙 조'	08-061 **말뫼 불뢰브 골프 클럽** Malmö Burlöv Golfklubb

[08] 북유럽, 동화 속의 야생 골프
제베탈(Seevetal), 독일(Deutschland(Germany))
[08-056] 함부르크 란트운트 골프 클럽(Hamburger Land-und Golf-club e.V.)

브람스 소나타와 오리지널 햄버거

🌐 본격적으로 북유럽 골프장 탐방에 나섰다. 1차 목적지는 함부르크(Hamburg). 독일 제2의 도시, 항구와 국제 공항이 있는 교통의 요지, 북유럽으로 가는 관문이다. 함부르크를 거쳐 육로로 덴마크와 스웨덴에 입성하기로 했다. 해상 무역이 성행하던 13세기, 북해와 발트 해 연안 도시들이 안전성을 확보하기 위해 관세와 물품 통과 협정인 **한자**(Hansa) **동맹**을 체결했다. 그 중심에 독일의 함부르크가 있었다. 함부르크는 지금도 '자유 한자의 도시(Freie und Hansestadt Hamburg)'로 불린다. 독일은 바다와 접한 항구가 별로 없다. 그래서 강에 건설된 항구 도시 함부르크는 '북부의 베니스'로도 불린다. 엘베(Elbe) 강에 대운하를 파서 건설한 함부르크 항은 독일로 들어오는 거의 모든 배가 정박할 수 있을 정도로 규모가 크다. 함부르크의 알파벳 표기 'Hamburg'가 어쩐지 친숙

한자(Hansa) 동맹

TIPS T-134
■ TRAVEL
□ GOLF

한자(Hansa)는 원래 '집단'이라는 뜻으로 중세 유럽의 상인 조합이다. 상대적으로 유럽 안에서 발전이 더뎠던 북해와 발트 해 연안의 독일권 도시들이 서로 연합하기 시작한 것이 계기가 되어 13~17세기에 존속했던 경제 협력 공동체를 말한다. 해상 교통의 안전을 보장하고, 공동 방호와 상권 확장 등을 목적으로 했기 때문에 동맹을 맺지 않은 다른 한자의 활동을 막는다거나, 독일의 도시와 정치적 군사적 동맹을 맺기도 했다. 한자 동맹 가맹 도시의 정확한 규모는 알 수 없지

만 100개가 넘는 도시와 독일 기사단 등이 가담했고 뤼베크(Lübeck), 브레멘(Bremen), 함부르크, 쾰른이 처음부터 끝까지 동맹을 주도한 주요 도시였다. 한자 회의는 뤼베크에 본부를 두었다. 한자 상인들이 다룬 물품은 목재와 철, 양모, 벌꿀, 생선, 곡물, 맥주 등으로 발트 해 연안의 산물을 내륙에 공급하고, 지중해 상인들이 가져 온 향료를 북쪽에 팔았다. 중세 상업사에 커다란 영향을 남겼으나 근대에 들어 신대륙과 식민지를 개척한 영국, 네덜란드 등에 밀리면서 쇠퇴했다.

하다면 '햄버거(hamburger)' 때문일 수 있다. 햄버거의 원조는 함부르크 부두 노동자들의 도시락이다. 부두의 가난한 노동자들은 접시에 스테이크와 빵, 야채를 각각 담아 여유 있게 점심 식사를 할 수 있는 처지가 못 되었다. 끼니를 쉽고 빨리 해결하려고 고기와 채소를 잘게 다져 익힌 후 빵 사이에 끼워 먹기 시작했다. 이 함부르크식 스테이크가 미국으로 건너가 패스트 푸드의 대명사, 햄버거로 진화했다. 햄버거 못지않게 기억할 만한, 함부르크의 명물은 아마도 **브람스**(Johannes Brahms, 1833~1897년)일 것이다. 바흐(Johann Sebastian Bach, 1685~1750년), 베토벤(Ludwig van Beethoven, 1770~1827년)과 함께 독일 음악의 '3B'로 추앙되는 브람스는 함부르크에서 나고 자라 비엔나에서 죽었다. 낭만주의 시대의 '고전주의자'였던 브람스는 오페라를 제외한 모든 영역에서 독보적 작품을 남겼다. 그의 교향곡들과 첼로 소나타 등에는 북독일 도시 함부르크의 우수가 짙게 배어 있다.

함부르크는 도시 전체가 태릉 선수촌 같다. 조깅에 사이클에 승마에 운동하는 사람들이 지천이다. 축구장, 핸드볼장, 테니스장, 하키장, 승마장 등 경기장들이 도시 곳곳에 자리잡고 있고, 알슈터(Alster) 호수와 엘베 강에서는 요트, 조정, 카약, 카누, 서핑 등

요하네스 브람스(Johannes Brahms, 1833~1827년)

TIPS T-135
■ TRAVEL
□ GOLF

브람스는 1833년 5월 함부르크에서 태어났다. 아버지 요한 야코프 브람스는 콘트라베이스 연주자로 돈벌이를 위해 함부르크 식당 등에서 연주했다. 어머니 요한나 헨리카 크리스티아네 니센은 재봉사였는데, 남편보다 17살 연상으로 재혼이었으며 첫 아들 브람스가 태어났을 때 40대 중반이었다. 브람스는 부모의 재능을 물려받았고 애정 어린 교육도 받았다. 아버지에게 음악을 배우고 열 살 무렵부터 함부르크 부두의 선술집에서 아버지와 연주하며 생계를 유지했다고 한다. 20살부터 연주 여행을 다니며 재능을 인정받고 곧 슈만(Robert Schumann, 1810~1856년)을 만나 슈만이 죽을 때까지 돈독한 사제 관계를 유지했다. 슈만의 아내 클라라 슈만(Clara Schumann, 1819~1896년)은 브람스가 평생 플라토닉한 감정을 가졌던 정신적 지지자였다. 브람스는 함부르크에서 여성 합창단을 창단해 이끌었고, 초기 작품의 다수도 함부르크에 있을 때 작곡했으나 40대 이후로는 주로 비엔나에서 지냈으며 비엔나 중앙 묘지에 묻혔다. 〈바이올린 협주곡〉이나 '비의 노래'라는 부제가 붙은 〈바이올린 소나타 1번〉, 〈교향곡 1번〉, 〈대학 축전 서곡〉, 〈헝가리 춤곡〉 등은 대중적으로도 큰 사랑을 받는다. 브람스는 결혼하지 않았다. 성공한 후에도 검소하게 살았고 재산의 대부분은 가난한 친척들, 젊은 음악가들을 후원하는 데 썼다. 1889년 함부르크 최초의 명예 시민으로 위촉되었다. 함부르크 슈페크 거리의 생가는 2차 세계 대전 때 폭격으로 무너졌고 지금의 기념관은 근처에 새로 지은 것이다. 함부르크는 멘델스존(Felix Mendelssohn-Bartholdy, 1809~1847년)의 고향이기도 하다. 또 독일에서 최초로 상설 오페라 하우스가 세워졌으며, 함부르크 필하모니 오케스트라와 북독일 방송 교향악단 등의 근거지다.

08-056

SEEVETAL
GERMANY

함부르크 란트운트 골프 클럽
HAMBURGER LAND-UND GOLF-CLUB E.V.

ⓘ 1957년 개장, 18홀, 5,799미터 (6,342야드)
ⓘ 주소: Am Golfplatz 24, 21218 Seevetal, Deutschland
ⓘ 홈페이지: http://www.hlgc-hittfeld.de

의 수상 스포츠까지 활성화되어 있다. 골프도 예외는 아니었다. 함부르크를 둘러싼 골프장의 수는 내비게이션 페이지 뷰를 다 내리지 못할 정도로 많다. 도심 외곽의 초록색은 모조리 골프장이 아닌가 싶을 정도였다. 인연이 닿은 곳은 **함부르크 란트운트 골프 클럽**(Hamburger Land-und Golf-club e.V.)이다. 어쩐지 동양적인 느낌이 드는, 골프장 같지 않은 대문을 지나 가로수들이 줄지어 만들어 낸 빽빽한 터널이 끝날 즈음 한 무리의 승마 행렬을 만났다. 길을 잘못 든 것인가? 걱정이 들 즈음 아담한 클럽하우스가 나타났다. 전형적인 독일 스타일의 매니저는 표정이나 말이나, 군더더기 없이 묵직했다. 먼 데서 왔다고 개장 50주년 기념 앨범 책자를 선물로 주었다. 대학교 졸업 앨범 수준의 두툼한 하드 커버였다. 대강 사진만 봐도 재미있었다. 50년 전 골프장 내에서 찍었던 사진들을 2007년 버전으로 리메이크해 놓았다. 모델이 바뀌고, 흑백이 컬러가 되었을 뿐 배경과 앵글은 그대로여서 마치 합성 사진을 보는 듯했다.

▶ **함부르크 란트운트 골프 클럽**(Hamburger Land-und Golf-club e.V.) 안에 있는 승마장. 플레이 도중에 승마를 즐기는 사람들과 마주치기도 한다.

☞ 1957년 개장한 함부르크 란트운트 골프 클럽은 파크랜드형으로 울창한 숲 속의 부드러운 구릉을 그대로 살려 코스를 얹어 놓은 모습이었다. 수영장, 테니스 코트 등도 있고 겨울에는 컬링장도 운영한다.

함부르크 란트운트 골프 클럽은 유럽 대륙으로 넘어온 후 처음 만난 '산악 훈련형' 골프장이었다. 우리 팀 앞으로 3인 1조 20여 개 팀의 단체전이 있다고 했다. 당연히 플레이가 늘어지겠거니 예상했는데 카메라를 꺼낼 여유도 없을 만큼 진행이 빨랐다. 알고 보니 함부르크 지역 클럽 챔피언 전이었다. 각 골프장을 대표하는 남녀 챔피언들의 실력이니 그럴 만도 했다. 숲은 깊고, 계곡은 많고, 페어웨이는 좁아 OB의 위험이 많은 코스였지만 어디서도 정체되는 곳 없이 물 흐르듯 18홀이 흘렀다. 오랜만에 산악형 코스를 만나 빠른 진행을 따라가다 보니 체력적으로 힘들고 허기가 졌다. 마지막 18홀은 전형적인 '포대 그린(높은 그린)' 오르막 코스였다. 18홀 그린이 내려다보는 곳에 아담한 클럽하우스와 레스토랑 테라스가 자리하고 있었다. 정신력으로 18홀을 버텼다. 마지막 홀의 더블 보기, 세 자리 수를 넘긴 형편없는 스코어에 연연하지 않았던 것은 허기를 자극하는 음식 냄새 때문이었다. 덩치 좋은 웨이트리스들이 양손 가득 나눠 든 접시의 햄버거 스테이크가 멀리 페어웨이에서도 보였다. 레스토랑에 가고 보니 클럽 챔프들이 전세를 낸 터라 자리가 없단다. 노을로 물든 하늘이 더 노랗게 보였다.🌍

[08] 북유럽, 동화 속의 야생 골프
오덴세(Odense), 덴마크(Denmark)
[08-057] 오덴세 골프 클럽(Odense Golf klub)

안데르센 왕국의 인어 공주님

여러 번 유럽 여행을 해 봤지만 스칸디나비아 반도 쪽으로 갈 기회는 없었다. 엄두를 못 냈다. 언어도 모르고 물가도 비싸고 유럽 문화의 근간인 그리스·로마 문화와도 동떨어져 있었기 때문이다. 결정적으로 교통편이 아주 애매했다. 이번에는 기필코 북으로 가 보기로 했다. 함부르크에서 빠져나와 북진하다 보면 어느 결에 국경을 넘게 된다. 표지판의 문자가 달라지고 아우토반에서는 볼 수 없었던 속도 제한 표시도 다시 보이기 시작한다. 아우토반이 끝나고 덴마크의 도로가 시작된 것이다. 주변 환경이 바뀐 걸 쉽게 느낄 수 있다. 도로 가의 휴게 시설도 독일과는 다른 모습이다. 해가 기울어 갈 무렵, 주유소에 들러 기름을 채우고 식당으로 갔다. 과일이며 고기가 신선해 보였다. 가격도 저렴했다. 유로화를 받기는 하지만 거스름돈은 현지 화폐로 주었다. 덴마

달라진 표지판의 문자.

칼스버그(Carlsberg, 칼스베리)

덴마크 어로는 '칼스베리'라 부른다. 1847년 야콥센(J. C. Jacobsen, 1811~1887년)이 아들 칼의 이름을 따서 설립했다. 칼스버그는 당시 최초로 효모를 발효액 밑에서 띄우는 라거 맥주를 대량 생산하는 기술을 개발했고, 1904년 칼스버그를 정식 출시, 덴마크 왕실의 공식 맥주로 인증받았다. 안데르센과 함께 덴마크의 2대 자랑거리로 여겨지거니와 창립자 야콥센은 실제로 안데르센과 친분이 깊었다고 한다. 유로 컵, 홍콩의 칼스버그 컵 등 축구 스폰서로도 이름이 높다. 현재 세계에서 네 번째로 큰 맥주 회사로 꼽힌다.

크는 일찍이 1973년 EU(당시의 EC)에 가입했지만 여전히 유로를 쓰지 않고 자국 화폐 크로네(Krone)를 쓴다. 다른 유럽 나라와 경제적으로 아직 거리를 두고 있다는 이야기다. 국경을 넘어 차로 두 시간쯤 달리면 오덴세(Odense)에 도착한다. 동화 작가 안데르센(Hans Christian Andersen, 1805~1875년)이 나고 자란 곳이다. 아주 늦은 시간에 오덴세 호텔에 여장을 풀었다. 토요일답게 시내는 활기가 있었다. **칼스버그**의 본고장에 온 기념으로 펍을 찾았다. 단 한 곳에도, 빈자리가 없었다. 아쉬움을 달래며 호텔 방에 바를 차리고 사 가지고 온 싸구려 와인을 마시며 복지 국가 입성을 기념했다.

예상대로 오덴세는 안데르센의 도시였다. 안데르센은 구두 수선공 아버지와 세탁부 어머니 밑에 태어나 지독한 가난 속에 유년을 오덴세에서 보냈다. 안데르센 생가를 단장해 놓은 **안데르센 박물관**(H. C. Andersens Hus)은, 지금까지 다녀 본 개인 관련 기념관 중에

안데르센 박물관(Hans Christian Andersen Museum)

TIPS T-137
■ TRAVEL
□ GOLF

안데르센 박물관은 작지만 덴마크 오덴세를 대표하는 명소로 꼽힌다. 안데르센에 대한 다양한 자료와 출판물, 초상화 등을 소장하고 있다. 한스 크리스티안 안데르센(Hans Christian Andersen, 1805~1875년)은 덴마크 오덴세에서 가난한 구두 수선공의 아들로 태어났다. 아버지의 갑작스런 죽음으로 학교를 제대로 못 다니고 공장에서 일을 해야 했고, 이런 배경 때문에 나중에 작가가 된 후에도 홀대를 받았다고 한다. 여러 후원을 받아 늦깎이로 코펜하겐 대학교를 졸업하고 소설로 큰 성공을 거두었으나 곧 동화를 발표하기 시작한다. 민담이나 전설을 채집, 가공한 것이 아니라 순수한 창작 작품인 데다 구어체 글쓰기를 확고하게 했다는 점에서 탁월했으나, 당대 덴마크 사람들의 평이 좋지만은 않아서 괴로워했다고 한다. 생전에 이미 유명인이 되어 그의 장례식에는 덴마크 국왕과 왕비도 참석했다. 「성냥팔이 소녀」, 「미운 오리 새끼」 등의 작품은 힘들었던 어린 시절에 대한 기억을 바탕으로 했다고 한다. "어린이 이야기가 아니라 어른이 되어야 그 뜻을 온전히 이해할 수 있다."고 스스로 주장한 안데르센의 작품은 150개가 넘는 언어로 번역되어 지금도 꾸준히 출판되고 있다.

오덴세(Odense)에 있는 안데르센 마을. 알록달록 색 도화지를 붙여 놓은 듯하다. 안데르센 박물관에는 안데르센 생애에 관한 자료와 세계 각국의 언어로 번역된 작품들이 전시되어 있다.

스토레벨트 다리
(Storebæltsforbindelsen)

TIPS T-138
■ TRAVEL
□ GOLF

덴마크의 스토레벨트(Storebælt = Great Belt) 해협을 가로질러 셀란 섬과 퓐 섬을 잇는 다리다. 가운데에 있는 스프로괴(Sprogø) 섬을 기준으로 동쪽 다리와 터널, 서쪽 다리로 나뉘는데, 동쪽 다리는 세계에서 세 번째로 긴 현수교다. 해협을 다리로 연결하겠다는 계획이 나온 지는 오래 되었으나 1988년 착공해 철도는 1997년에, 도로는 1998년에 개통되었다. 그 전에는 유럽에서 스칸디나비아를 가려면 배를 타거나 핀란드 쪽으로 돌아갔어야 했는데, 다리의 개통으로 덴마크를 거쳐 곧바로 갈 수 있게 되었다.

서 단연 최고였다. 영국에서도 셰익스피어의 생가나 박물관을 돌아보면서 그 세세한 보존에 감탄하곤 했다. 안데르센 박물관은 한 수 위였다. 그의 '모든 것'이 남아 있었다. 심지어 안데르센 사촌 형이 구걸 혐의로 경찰서에 갔던 기록과 사진, 안데르센의 어린 시절 한집에 살았던 사람들의 신상 명세…, 시시콜콜한 것까지 모조리 전시되어 있었다. 안데르센이 생전에 이미 유명인이 된 덕에 더 많은 자료가 정리되었던 듯싶다. 일요일임에도 문을 연 박물관에서 키다리 아저씨처럼 생뚱맞게 큰 안데르센을 만났다. 동화 작가로서는 더없이 화려하게 살았던 안데르센의 취미는 페이퍼 커팅과 그림 그리기였고, 사진으로 드러나는 자신의 외모에 극도로 민감했다고 한다. 박물관에는 아이를 데리고 온 부부가 많았다. 「성냥팔이 소녀」 「미운 오리새끼」 「벌거숭이 임금님」 「나이팅게일」 「인어 공주」 「피리 부는 사나이」 「하늘을 나는 트렁크」…. 제목만 들어도 그 동화를 읽던 시절이 떠오른다. 이제 막 걸음마를 시작했거나 아직 강보에 싸인 아이를 데리고 박물관에 온 사람들은 무슨 생각을 할까? 아이보다는 어른들이 더 깊은 감회에 젖은 듯했다.

지도를 보면 덴마크는 두 나라처럼 보인다. 함부르크 위쪽 유럽 대륙 끝의 윌란 반도(Jylland Halvø)와 그에 붙어 있는 퓐 섬(Fyn), 그리고 스칸디나비아 반도 사이의 그리 크지 않은 셸란 섬(Sjælland)으로 나뉜다. 오덴세는 퓐 섬에 있고, 수도 코펜하겐(Copenhagen, 덴마크 어 København(쾨벤하운))은 셸란 섬에 있다. 오덴세에서 코펜하겐 쪽으로 엄청난 다리, **스토레벨트 다리**(Storebæltsforbindelsen)를 놓은 것은 덴마크라는 나라의 통합을 위해 불가피했을 것이

코펜하겐[쾨벤하운(København)]에 있는 인어 공주. 많은 관광객이 사진을 찍기 위해 줄을 선다. 인어 공주가 깔고 앉은 바위에는 이끼가 끼어 미끄럽다. 인어 공주에게 다가가려다 물에 빠지는 사람들이 종종 있다고 한다.

08-057

ODENSE
DENMARK

오덴세 골프 클럽
ODENSE GOLFKLUB

- 1927년 개장, 18홀, 6,098미터 (6,669야드)
- 주소: Hestehaven 200, 5220 Odense, Denmark
- 홈페이지: www.odensegolfklub.dk

다. 오덴세에 안데르센이 살고 있다면 코펜하겐에는 안데르센의 '딸' 인어 공주가 살고 있다. 덴마크가 자랑하는 칼스버그 사 회장이 회사 근처 바닷가에 인어 공주를 모셔 놓았다. 1913년생이니까 이제 100살이 넘은 인어 할머니인데, 미모는 여전했다. 무슨 이유인지 팔과 머리 부분에 두 번이나 테러를 당했고 완전히 파괴되어 바다로 던져지는 수모를 겪기도 했다. 하지만 길이 80센티미터에 불과한 작은 인어 공주는 전 세계 관광객들을 이 바다로 끌어들이는 괴력의 소유자다. 역시나 스토리의 승리다.

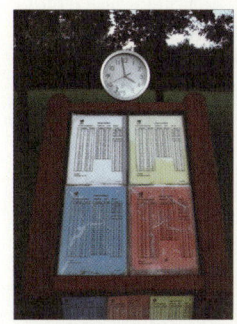

오덴세 골프 클럽(Odense Golf klub)은 오덴세 남동쪽 교외에 자리 잡은 파크랜드형의 골프장이다. 9홀짜리 연습용 코스도 운영하고 있다. 덴마크에서 손꼽히는 골프장 중 하나로 전체적으로 관리가 잘 되어 있고 초보자에게도 부담스럽지 않다는 평을 받고 있다.

[08] 북유럽, 동화 속의 야생 골프
콘겐스 륑뷔(Kongens Lyngby), 덴마크(Denmark)
[08-058] 코펜하겐 골프 클럽(Københavns Golf Klub)

리얼 야생 버라이어티 골프 쇼

🌏 코펜하겐 시내를 벗어나 20킬로미터쯤 북으로 가면 '스칸디나비아 제국'에서 가장 오래된 **코펜하겐 골프 클럽**(Københavns Golf Klub)을 만날 수 있다. 네비게이션에서 목적지에 도착했음을 일찌감치 알리고 있는데도 골프장은 보이지 않았다. 이리저리 기웃거려 보아도 쇠사슬로 굳게 걸린 큰 대문과 안쪽 깊은 숲 속으로 난 오솔길만 보일 뿐이었다. 인적도 끊겨 골프장 위치를 확인할 방법이 없었다. 한참을 서성이다 포기하고 돌아서려던 차에 등산복 차림의 아저씨가 쪽문을 열고 나오는 것을 발견했다. 클럽하우스에 가려면 그 곳에 주차하고 2킬로미터 정도 걸어야 한다고 했다. 옷과 신발을 갈아 신고 골프 가방을 멨다. '완전 군장'을 마친 후 길을 나섰다. 쪽문을 지나 빽빽한 나무들이 만들어 낸 터널 속 오솔길을 하염없이 걸었다. 숲이 깊어서인지 새벽 안개가 가시지 않아 신비스러운 분위기였다. 코끝에 청량한 공기가 스쳤고 저 멀리 빛이 보이기 시작했다. "대체 어떤 코스가 펼쳐지려고 이토록 진입로가 길단 말인가?" 옛날 사립문을 연상시키는 나무 울타리 안에 낮은 클럽하우스가 자리잡고 있었다. 건물 내부는 시골 초등학교 분위기였다. 군더더기 없이 딱 있을 것만 있었다. 그린 피를 받는 곳이 없었다. 한참 찾아보니 복도 구석에 '그린 피'라는 글씨가 적힌 박스가 있었다. 박스 위에는 사람들이 자필로 쓴 장부가 하나 보이고, 벽에 봉투가 꽂혀 있었다. 설마 신문 무인 판매대처럼 알아서 돈을 내고 골프를 치라는 건가?

☞ 코펜하겐 골프 클럽(Københavns Golf Klub)의 클럽하우스까지 자동차로 들어갈 수 없어 골프 가방을 메고 2킬로미터 정도의 오솔길을 행군했다. 우리 나라 국립 공원처럼 엔진이 장착된 오염원들은 출입이 통제되고 모든 쓰레기는 되가져 나와야 한다.

08-058

KONGENS LYNGBY
DENMARK

코펜하겐 골프 클럽
KØBENHAVNS GOLF KLUB

ⓘ 1898년 개장, 18홀, 6,075미터 (6,643야드)
ⓘ 주소: Dyrehaven 2, 2800 Kongens Lyngby, Denmark
ⓘ 홈페이지: http://www.kgkgolf.dk

한참을 서성이다가 매니저를 수소문해 만났다. 그린 피 내는 곳을 물었다. 아니나 다를까. 무인 계산대로 우리를 안내하더니 장부에 티 오프 시간과 이름을 적고 봉투에 돈을 넣어 상자에 넣으면 된단다. "이거 아주 위험한 시스템 아닌가요?" 믿을 수 없다는 표정으로 매니저를 바라보았다. 그는 웃으며 양손을 벌리고 어깨를 한 번 추켜세우는 특유의 제스처를 취할 뿐이었다. 나중에 안 일이지만 덴마크 대부분의 스포츠 시설은 국유이고, 복지 차원에서 거의 무료로 운영하고 있다고 한다. 골프장도 그런 체육 시설이다. 사용자 차원에서 보면 몇 푼 안 되는 그린 피에 양심을 팔 이유가 없고, 운영자 측면에서는 몇 푼 안 되는 그린 피를 받는 데 인건비를 낭비할 필요가 없는 것이다.

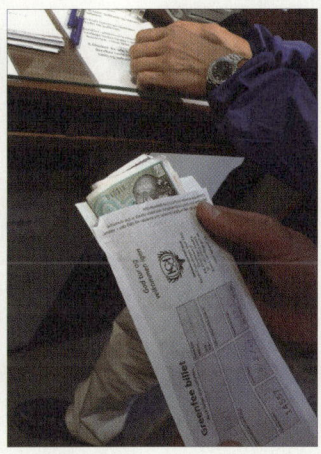

코펜하겐 골프 클럽에는 무인 그린 피 계산대가 있다. 장부에 티 오프 시간과 이름을 적고 봉투에 그린 피를 담아 상자에 넣은 후 알아서 플레이를 시작하면 된다. 덴마크 대부분의 스포츠 시설은 국유이고 복지 차원에서 저렴하게 운영된다.

코펜하겐 골프 클럽은 원래 덴마크 왕실의 사슴 사냥터였다. 행운의 상징이라는 흰 사슴을 발견하고 좋아했는데, 몇 홀을 지나고 피투성이가 되어 나타난 녀석과 다시 조우했다. 바야흐로 짝짓기 시즌이었다.

코펜하겐 골프 클럽은 1898년 문을 열었다. 부지는 1669년 국왕 크리스티안 5세(Christian V, 1646~1699년)가 사슴 사냥터로 일군 땅이라고 했다. 골프장이 있는 뒤레하우엔(Dyrehaven)이라는 지명 또한 덴마크 어로 '사슴 정원'이라는 뜻이다. 지금도 **덴마크 국왕** 내외를 비롯한 왕자와 공주들이 이 골프장 멤버이며 코스 가운데에는 여전히 왕가에서 사용 중인 궁전이 있었다. 크리스티안 5세가 기르던 사슴이 코스에서 대를 이어 살아가고 있다. 대략 2,000마리 이상이란다. 유럽 다른 골프장에서도 가끔 사슴과 조우하곤 했다. 하지만 여기 사슴은 격이 달랐다. 지금까지 보아 온, 온몸에 흰색 땡땡이를 박고 슬픈 눈으로 쳐다보는 귀여운 꽃사슴들이 아니었다. 야생 순록 분위기에 가까웠다. 페어웨이는 물론이고 그린까지 거침없이 돌아다니는 녀석들은 황소보다 컸고, 뿔은 거대한 '왕관'이었다. 수십, 수백 마리가 무리를 지어 다녔다. 그린에서 퍼팅을 하려는데 어디선가 지축을 흔드는 소리가 나서 돌아보니 흙먼지를 피우며 수백 마리가 이동하고 있었다. 혹시 우리 쪽을 덮치는 것이 아닌가 싶어 멈칫하곤 했다. 다른 골프장에서 사슴을 만났을 때는 내 공에 맞아 사슴이 다칠 것을 걱정했는데, 여기서는 내가 다치지 않을까 하는 두려움이 앞섰다. 짝짓기 시즌이라 수컷들의 피 튀기는 싸움의 현장도 수시로 목격되었다. 행운의 상징이라는 흰 사슴을 발견하고 좋아했는데, 몇 홀을 지나고 피투성이가 되어 나타난 흰 사슴과 다시 조우했다. 녀석은 뿔을 피에 적신 채 씩씩대면서 우리를 노려보고 있었다.

덴마크 왕실

TIPS
T-139
■ TRAVEL
□ GOLF

덴마크의 왕가는 영국보다 오래되어 유럽의 여러 왕가 중 가장 오랜 왕통을 기록하고 있다. 10세기에 유틀란트 반도 북부에 흩어져 살고 있던 여러 바이킹 부족들을 규합한 노왕(老王) 고름(Gorm den Gamle)이 덴마크 최초의 왕이라고 할 수 있다. 고름 왕의 무덤 일대는 유네스코 세계 유산 목록에 올라 있다. 고름 왕가 이후 11~15세기 에스트리드(Estrid) 왕가, 15~19세기 올덴부르(Oldenburg) 왕가를 거쳐 현재의 글뤽스부르(Glücksburg) 왕가까지 이어지고 있다. 현재 덴마크뿐 아니라 노르웨이, 그리스가 모두 올덴부르 왕가의 집안이다. 19세기에 입헌 군주제로 바뀐 덴마크에서 왕은 헌법상 입법권과 행정권이 있으나 상징적 의미만 있다. 영국의 엘리자베스 2세 여왕 즉위의 영향으로 1953년 헌법을 개정해 여성 왕위 계승이 가능해졌다. 지금은 여왕 마르그레테 2세(Margrethe II, 1940년~)가 국왕의 자리에 있다.

워낙 와일드한 순록에 압도되다 보니 코스 기억은 가물가물하다. 전반적으로 평탄하고 쉬운 편이었다. 블라인드 홀이나 벙커, 해저드의 압박도 크지 않았고, 똑바로 곧은 홀이 많았다. 대개 시야가 트여 스코어 내기는 좋은 코스였다. 하지만 길고 질긴 러프는 아이언을 잡고 놓아 주지 않았다. 일단 러프에 들어가면 그린에 대한 욕심을 버리고 오로지 탈출만을 과제로 삼는 것이 현명했다. 너도밤나무 숲도 워낙 울창했기 때문에 슬라이스는 최악의 상황을 만들었다. 코스 한가운데에 이르렀을 즈음 갑자기 하늘이 어두워지고 바람이 몰아치더니 폭우가 쏟아지기 시작했다. 비와의 인연은 끈질기구나. 클럽하우스로 되돌아가는 것도 힘들었고 움막도 없었다. 몸이 휘청댈 정도의 비바람이라 몇 홀을 가로질러 너도밤나무 숲으로 향했다. 너도밤나무 숲은 비가 한 방울도 새지 않을 정도로 울창했다. '리얼 야생 버라이어티 골프'라고 할까. 자연에 대한 경외감을 느낄 수 있었고 대자연 앞에서 숙연해졌다. 다시 유럽 투어를 오게 된다면 영순위는 덴마크일 수밖에 없을 것이다. 늘 와일드한 코스를 좋아하고, 다듬어지지 않은 환경에서 플레이하는 것이 즐거운 것을 보면 내게도 유목민의 피가 흐르는 것 같다. 코펜하겐 골프 클럽은 유럽 투어의 정점이었다. 긴 말 필요없이 일단 가 보면 누구라도 공감할 것이다. 🌐

🍃 코펜하겐 골프 클럽은 스칸디나비아에서 가장 오래된 왕실 골프장이지만, 완벽한 퍼블릭 골프장이기도 하다. 코스 안에서 산책하거나 승마를 할 수 있다. 잔디는 인위적으로 관리하지 않는다. 사슴뿐 아니라 극히 다양한 동식물이 외래종의 영향 없이 자연의 상태로 살아 가고 있다. 티 마커, 깃발 등을 제외하면 어떠한 설치물도 없다. 🍃 클럽하우스 레스토랑은 금요일 가족 모임으로 북적였다.

[08] 북유럽, 동화 속의 야생 골프
크비스트고르(Kvistgaard), **덴마크**(Denmark)
[08-059] **시몬스 골프 클럽**(Simon's Golf Club)

지상에서 가장 행복한 사람들

🌐 덴마크의 면적은 남한의 절반이고 인구는 550만 명, 1인당 국민 소득은 5~6만 달러 정도다. 평균 수명은 80세다. **덴마크**에 가 보니 '**복지 국가**'가 어떤 나라인지 실감이 났다. 무상 의료, 무상 교육, 무상 체육, 무상 장례…. 웬만한 단어 앞에 곧바로 '무상'만 붙이면 된다. '행복한 대니시(Danish, 덴마크 인)' 신화는 이미 널리 알려진 이야기다. 실제 국민의 행복 지수가 가장 높은 나라다. 스웨덴에서 공부한 지인에게 '인간이 만들어 낼 수 있는 복지 시스템의 최대치가 스칸디나비아 국가들'의 모습이라는 찬사를 들은 적이 있다. 물론 이와 같은 복지 혜택을 위해 덴마크 국민은 한국 사람들이 상상조차 하기 어려울 정도의 세금을 감당한다. 최저 소득층조차 과세 비율이 40%나 되고, 갈수록 누진되어 최고 소득층은 무려 소득의 75%를 세금으로 낸다. 그런데도 국민의 불만은 거의 없다고 한다. '많이 낼수록 많이 돌아온다(High Tax, High Return)'는 것을 모두 확신하기 때문이다.

덴마크 복지

TIPS
T-140
■ TRAVEL
□ GOLF

덴마크는 세계에서 가장 오랜 사회 보장의 역사를 가진 나라 가운데 하나다. 19세기와 20세기 초에 시민 혁명이나 프롤레타리아 혁명을 겪지 않은 대신 노동자들이 조합 등을 결성하고 정당을 후원하면서 문제를 개선해 왔다. 현재 사회 보장 제도의 기초는 1933년에 큰 틀이 만들어졌고, 1960년대에 노령 연금이 도입되었다. 세금 징수와 사회 보장은 가구가 아니라 개인 단위로 이루어진다. 기본적으로 소득 수준에 관련 없이 완전한 무상 교육, 무상 의료, 실업 급여와 노후, 육아, 장애의 보조가 이루어진다. 개별 제도는 시대별 상황에 맞게 수정을 해 왔지만 사회적 합의는 강력하다. 가장 앞서가는 복지 국가라는 자부심, 노동자와 농민들이 자신이 낸 세금으로 국가를 이끌어 갈 지식인이나 의사 등을 공동으로 키워 낸다는 자부심, 탈세를 철저히 용인하지 않는 완전히 투명한 사회 감시망이 함께 작동하고 있다. 과잉 복지에 대한 비판의 목소리도 있다. 통계를 보면 덴마크의 실업률은 유럽에서 가장 낮고, 여성의 약 85%가 직장에서 일하고 있다.

행복 국가 덴마크에서도 가장 부유한, 고로 가장 세금을 많이 낼 법한 지역에 위치한 **시몬스 골프 클럽**(Simon's Golf Club)을 찾아갔다. 덴마크 내 골프장 랭킹 5위였다. 코펜하겐에서 해안선을 따라 20킬로미터를 북진하면 아름다운 어촌 마을 훔레베크(Humlebaek)에 도착한다. 길가에는 덴마크 갑부들의 별장이 늘어서 있었다. 북유럽의 하늘은 늘 우중충한 편이지만 이 일대는 예외적으로 날씨가 좋다고 한다. 해양성 기후로 타 지역에 비해 추위도 덜하다. 이 동네에 집을 짓고 요트 몇 대는 세워 놓아야 좀 산다고 생색을 낼 수 있는 모양이다. 시몬스 골프 클럽은 회원을 동반하지 않으면 플레이가 불가능한 곳이다. 하지만 친절한 매니저가 우리를 '특별 게스트'로 인정해 줘 플레이를 할 수 있었다.

시몬스 골프 클럽(Simon's Golf Club) 부지에서는 정식 골프장이 아니었던 20세기 초부터 많은 이가 골프를 즐겼다고 한다. 1992년 개장했고 덴마크에서 그린 피가 가장 비싼 골프장 중 하나다. 2003년에 노르딕 오픈을 개최했다.

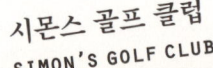

08-059

KVISTGAARD
DENMARK

시몬스 골프 클럽
SIMON'S GOLF CLUB

ⓘ 1993년 개장, 27홀 9,625미터 (10,526야드)
ⓘ 주소: Nybovej 5, 3490 Kvistgaard, Denmark
ⓘ 홈페이지: http://www.simonsgolf.dk

시몬스 골프 클럽은 1993년 오픈한 27홀의 신생 골프장이다. 무미건조하게도 코스 이름은 A, B, C였다. 이 골프장의 가장 큰 자랑거리는 일 년 내내 플레이를 할 수 있다는 점이다. 북유럽 날씨가 워낙 춥다 보니 그렇다. 해양성 기후의 피한지에 자리잡은 덕도 있지만, 엄청난 비용을 투자해 기반 시설을 만들고 코스를 과학적으로 관리하기 때문이라는 매니저의 설명이다. 우리는 A, B 코스를 선택하고 첫 홀로 이동했다. 매니저의 말마따나 유난히 아름다운 날씨였다. 나무가 많지 않은 오픈형의 코스라 첫 홀에서 최소한 앞에 펼쳐진 5~6개 홀의 상황을 파악할 수 있었다. 햇살 아래 형형색색의 골퍼들이 들꽃처럼 여유로워 보였다. 회원들끼리 친분이 두터운지 다른 팀도 마주치면 인사하고 대화하는 모습이 인상적이다. 코스는 부드러운 구릉 지형을 그대로 살렸고 완만한 고도의 변화가 아기자기했다. 부드러운 첫 느낌과는 다르게 실제 플레이를 하다 보면 걸리는 것이 많은 까탈스러운 코스였다. 첫 홀부터 거대한 호수가 사람을 압도하더니 시종일관 크고 작은 해저드를 끼고 플레이를 해야 했다. 워터 해저드 때문에 홀의 반 이상이 좌로, 우로 굽은 도그 레그였다. 해저드뿐이 아니다. 서늘한 기후에도 러프는 공포감을 줄 정도로 웃자라 있었다. 허벅지 길이를 넘어서는 러프는 해저드와 도그 레그를 넘어 산전수전 겪고 날아온 볼을 삼켜 버렸다. 낙하 지점을 놓치면 찾기가 거의 불가능했다. 그린도 손바닥만한 데다가 까다로웠다. 전체적으로 구릉 지형인 탓에 착시 현상이 많이 생겼다. 신중히 라이를 확인하고도 퍼팅에 자신감이 생기지 않았다. 시그너처 홀은 단연 B 코스의 마지막 9번 홀. 큰 호수를 끼고 도는 파 5 홀이다.

북유럽의 분위기를 물씬 풍기는 단출한 스타트하우스.

화창한 하늘, 잘 관리된 잔디 위에서 복지 국가 스타일의 라운드를 즐긴 시몬스 골프 클럽의 풍경들.

호수는 하늘을 고스란히 담은 거울이었다. 날씨가 좋아 호수에 비친 하늘에도 눈이 시렸다. 고도가 높은 홀에서는 멀리 스웨덴 땅이 내려다보였다. 행복 바이러스는 전염성이 강한 모양이다. 세계에서 가장 행복하다고 느끼는 사람들이 모여 산다는 덴마크에서 우리는 덩달아 행복했다. 금발에 푸른 눈을 가진 훤칠한 훈남이 즐비하여 눈이 행복했고, 입에서 살살 녹는 빵과 치즈, 버터 덕분에 입도 행복했다. 북쪽 골프장이라 크게 기대하지 않았던 덴마크에서 우리의 골프는 쨍하고 해가 떴고, 이어질 스웨덴에 대한 기대도 덩달아 커졌다. 🌐

클럽하우스 내외부. ☞ 오른쪽 사진은 같이 운영되는 호텔 뉘보고르(Nybogaard). 투숙할 경우 할인 혜택이 있다.

[08] 북유럽, 동화 속의 야생 골프
로데코핀게(Löddeköpinge), 스웨덴(Sweden)
[08-060] 바르세베크 골프 앤드 컨트리 클럽(Barsebäck Golf & Country Club)

소렌스탐의 나라, 클럽하우스의 일몰

🌐 스웨덴에는 페리를 타야만 갈 수 있는 줄 알았다. 하지만 스칸디나비아 반도는 이미 연결되어 있었다. 2000년 7월 1일, 덴마크와 스웨덴을 연결하는 총 연장 7,845미터의 **외레순 다리**(Øresundsbron)가 개통되었기 때문이다. 외레순 다리는 유럽에서 가장 긴 다리다. 총 공사비 37억 달러, 공사 기간 7년의 대장정 끝에 완공되었다. 바다 한 가운데에 길이 4킬로미터나 되는 인공 섬을 조성해 다리를 연결했고, 해저 터널과 해상 도로를 번갈아 달리게 된다.

나에게 스웨덴은 '강한' 이미지의 나라다. 여간해선 지지 않는 축구팀, 견고한 자동차 볼보, 〈맘마미아〉를 불렀던 팝 그룹 아바(ABBA) 등이 스웨덴의 이미지를 선점했다. 무엇보다 골프를 시작한 이후 스웨덴은 '그녀의 나라'다. 골프에 입문한 그 시절에 세계

외레순 다리(Øresundsbroen)
TIPS T-141
■ TRAVEL
□ GOLF

2000년 개통된 외레순 다리에는 4차선 도로와 복선 철도가 지나는 교량 터널이 있다. 유럽의 도로와 철도 교량 가운데 가장 길며 이 다리를 통해 유럽 본토와 스칸디나비아 반도가 연결된다. 코펜하겐 쪽은 인공 섬을 건설해 해저 터널로 지나게 돼 있다. 국경선을 지나지만 솅겐 조약에 의해 통관 절차는 없으며 스웨덴 쪽에서 종종 세관 검사를 한다. 완공 당시 이를 축하하기 위해 덴마크 왕자와 스웨덴 공주가 다리 가운데서 만나기도 했다. 총 길이는 7,845미터다.

여자 골프를 주름잡던 철의 여인 **소렌스탐**(Annika Sörenstam, 1970년~). 강한 이미지와 포커페이스, 근육질의 몸매 때문에 '여전사'의 이미지가 오버랩되던 그녀는 '천하무적'이었다. 새로운 인생을 살기 위해 '박수칠 때 떠난다'고 했던 은퇴 선언도 멋있다. 그녀의 나라 스웨덴에 골프채를 들고 보무도 당당하게 입성한 것이다. 처음 발을 디딘 남단의 말뫼(Malmö) 북쪽에는 스웨덴 랭킹 2위의 명문 **바르세베크 골프 앤드 컨트리 클럽**(Barsebäck Golf & Country Club)이 있다. 1969년에 골프를 좋아하는 이 지역 사람들이 18홀 파 72의 마스터 코스를 조성했고, 1989년에는 파 71의 도널드 스틸(Donald Steel) 코스를 완성하면서 총 36홀의 골프장이 되었다. 그 후 **솔하임 컵**(Solheim Cup)을 비롯해 큰 대회를 여러 번 개최했다. 솔하임 컵은 미국과 유럽 여자 대표 간의 국가 대항 골프 대회로 남자의 라이더 컵과 유사하다. 한국에서의 인지도는 떨어지지만 LPGA에서는 꽤 비중 있는 대회다.

소렌스탐(Annika Sörenstam, 1970년~)

TIPS
G-142
□ TRAVEL
■ GOLF

안니카 소렌스탐(Annika Sörenstam, 1970년~)은 역사상 가장 성공적인 기록을 남긴 여자 골프 선수다. 스웨덴 스톡홀름에서 태어나 12살부터 골프를 시작했다. 미국 유학 중 스웨덴 국가 대표팀 일원으로 1992년 세계 아마추어 선수권에서 우승했으며 US 여자 오픈에서 아마추어 2위를 기록했다. 1994년 LPGA 신인상을 받았고 이듬해에는 상금왕에 올랐다. 2003년 디 오픈 우승으로 '커리어 그랜드슬램'을 달성했고 골프 명예의 전당에도 100번째로 이름을 올렸다. LPGA 투어 최초로 60타 벽을 깼다. LPGA에서 총 72회 우승했고 2008년에 은퇴했다. 2014년부터 그녀의 이름을 딴 '안니카 어워드'가 제정되었다.

솔하임 컵(Solheim Cup)

TIPS
G-143
□ TRAVEL
■ GOLF

미국과 유럽 간 여자 프로 골프 대항전이다. 골프 클럽 제조 업체 카르스텐(PING)의 창업주 카르스텐 솔하임(Karsten Solheim, 1911~2000년)이 라이더 컵을 본따 1990년 만들었다. 미국과 유럽에서 2년마다 번갈아 개최되며 라이더 컵과는 겹치지 않는다. 경기는 12명으로 구성된 팀이 사흘간 매치플레이 방식으로 경기를 치르며 라이더 컵과 비슷하다. 웨일스 쳅스토의 세인트 피에르 메리어트에서도 1996년에 개최한 바 있다.

☞ 소렌스탐의 고향 땅에 도착했다. 철의 여인 소렌스탐은 내 골프의 영원한 우상이다.

바르세베크 골프 앤드 컨트리 클럽
BARSEBÄCK GOLF & COUNTRY CLUB

ⓘ 1969년 개장, 45홀, 11,243미터 (12,296야드)
ⓘ 주소: Klubbhusvägen 5, 246 55 Löddeköpinge, Sweden
ⓘ 홈페이지: http://www.barsebackresort.se/en/golf

08-060
LÖDDEKÖPINGE
SWEDEN

오랜 기간 소렌스탐이 유럽 여자팀을 이끌었기 때문에 스웨덴에서 솔하임 컵은 인기가 있다. 마침 우리가 찾아갔을 때가 솔하임 컵 기간이었다. 비록 그해 솔하임 컵은 다른 골프장에서 열리고 있었지만 바르세베크 코스 여기저기에서도 소렌스탐을 필두로 한 유명 선수의 대형 입간판들이 대회를 홍보하고 있었다. 2007년에는 소렌스탐이 주관한 '레이디스 유러피언 투어(Ladies European Tour)'가 열리기도 했다. 이래저래 소렌스탐과 인연이 깊은 골프장이다. 클럽하우스에도 소렌스탐이 대회 기간 중 끼던 장갑과 사진들이 비치되어 있었다. 주로 마스터스 코스에서 큰 대회가 개최된다고 해서 우리도 이 코스에서 플레이를 하기로 했다. 파73 / 6,625미터(7,245야드)의 긴 전장과 빠르고 트릭이 많은 그린 때문에 고생할 것이라는 매니저의 조언을 뒤로 하고 1번 홀로 향

바르세베크 골프 앤드 컨트리 클럽(Barsebäck Golf & Country Club)은 파크랜드 스타일과 링크스 스타일을 한꺼번에 맛볼 수 있다. 골프장은 바르세베크 리조트의 일부로서, 가족들이 즐길 수 있는 수영장, 테니스장과 호텔도 갖추고 있다.

바르셰베크 골프 클럽은 바닷가 골프장이지만 울창한 소나무 숲이 코스 전체를 감싸고 있어 산 속에 있다는 느낌도 든다.

했다. 바다가 멀지 않은 곳이었지만 울창한 소나무 숲이 코스 전체를 감싸고 있어 내륙의 파크랜드 골프장 느낌이었다. 하지만 바다와 맞닿은 홀은 영락없는 링크스였다. 하나의 골프장 안에서 전혀 다른 두 가지 골프를 경험할 수 있었다. 여러 대회를 주관하는 골프장답게 코스 관리도 최고 수준이다. 페어웨이 잔디는 마치 카펫 위를 걷는 듯 잘 손질되어 있었다. 페어웨이와 경계를 이루는 소나무들은 철갑을 둘러 골프공으로부터 나무를 보호하고 있었다. 넓지 않은 페어웨이라서 숱하게 공에 얻어맞은 모양이었다.

☞ 페어웨이와 해변 사이의 경계를 이루는 소나무들. 자세히 보면 골프공으로부터 '보호받기' 위해 '철갑옷'을 두르고 있다.

바르세베크 골프 클럽의 마스터스 코스 후반 홀들은 바다와 접한 링크스다. 그것도 해안 절벽 위가 아닌 해수면과 같은 높이로 바다와 맞닿아 있어 태양이 홀 컵으로 빨려 들어가듯 코스에 내려 앉았다.

무엇보다 일품인 것은 석양 무렵의 전경이다. 바다와 소나무가 어우러진 일몰을 감상할 수 있는 클럽하우스 레스토랑은 연인들의 데이트 코스로도 유명하다고 한다. 골퍼 식객보다 오히려 저녁 식사만을 위해 클럽하우스를 찾은 손님이 더 많아 보였다. 물가가 비싼 스웨덴, 하고도 최고 명문 코스 클럽하우스 레스토랑이다 보니 음식 값은 상상 이상이었다. 그 날 우리의 엥겔 계수는 평소의 세 배로 뛰었다. 스웨덴 물가도 소렌 스탐만큼이나 무시무시했다. 🌐

바르세베크 골프 클럽에서 무엇보다 일품인 것은 석양 무렵의 전경이다. 바다와 소나무가 어우러진 클럽하우스 레스토랑은 연인들의 데이트 코스로도 유명하다고 한다.

[08] 북유럽, 동화 속의 야생 골프
말뫼(Malmö), 스웨덴(Sweden)
[08-061] 말뫼 불뢰브 골프 클럽(Malmö Burlöv Golfklubb)

'나 홀로 플레이'와 '올드 블랙 조'

🌐 유럽 여행이 길게 늘어지고 있다. 스칸디나비아 반도로 넘어와서 스웨덴 제3의 도시 말뫼 근처를 배회하며 고민이 깊어졌다. 수도 스톡홀름(Stockholm)까지는 650킬로미터, 웁살라(Uppsala)까지 750킬로미터. 안 가자니 아쉽고 가자니 너무 멀다. 간다 해도 더 올라갈 곳이 없기 때문에 갔던 길을 그대로 돌아나와야 한다는 것을 고려하면 무려 1,500킬로미터 정도를 달려야 하는 셈이다. 과감하게 포기했다. 그리고 스칸디나비아 땅끝 말뫼에서 좀 더 편하게 쉬기로 했다. 말뫼는 스웨덴 서남쪽 끝의, 코펜하겐과 바다를 사이에 두고 마주보고 있는 해안 도시다. 예로부터 덴마크와 스웨덴의 파워 게임 승패에 따라 소속이 바뀌다가 1685년 스웨덴 땅이 되었다. 19세기 중반 이후 철도가 개통되면서 스웨덴 남부의 중심지로 발전했다. 큰 조선소가 들어서면서 인구가 늘어났고 덴마크와 유럽 대륙으로 갈 수 있는 '관문'이 되었다. 20세기 후반 조선소가 폐쇄되는 등 침체되었다가 2000년 외레순 다리가 개통되면서 다시 활기를 찾았다. 현재는 스톡홀름과 예테보리(Göteborg) 다음가는 스웨덴 제3의 도시다. 남편은 세계

이케아(IKEA)

TIPS T-144
■ TRAVEL
☐ GOLF

스웨덴의 다국적 가구 기업으로 싼 가격과 미니멀한 디자인, DIY형 상품으로 유명하다. 캄프라드(Ingvar Kamprad)가 신혼 부부들이 비싼 스웨덴 가구를 구입하는 데 어려움을 겪는다는 점에 착안해 1943년 설립했다. 현재 35개국에 253개 매장이 있으며 종업원은 약 12만 명에 이른다.

본사는 네덜란드에 있다. 조립형으로 설계해 창고형 매장에서 판매함으로써 포장, 물류, 배송 비용을 낮추는 박리다매 전략을 편다. 유명 디자이너들과 협업해서 발표하는 독창적이고 세련된 디자인도 주요 경쟁력이다. 한국에는 지난 2014년 12월 이케아 광명점이 문을 열었다.

최고의 DIY ^(Do It Yourself) 가구 회사 **이케아**^(IKEA)의 본고장에 왔으니 그 매장에 가 보자고 했다. 한적한 곳에 전원 주택을 짓고 말년을 보내겠다는 꿈을 품은 남편을 이해 못 할 바도 아니었지만 나는 골프장을 한 군데라도 더 가 보고 싶은 욕심이 있었다. 하는 수 없이 오늘은 각자의 길을 가기로 했다. 난생 처음 혼자 골프장으로 향했다. 한국에서는 도저히 상상할 수 없는 1인 플레이의 묘미를 상상하면서. 한국에서는 골프란 모름지기 카트에 4명 꽉 채워 엉덩이 맞대고 앉아야만 출발할 수 있는 것인 줄 알았다. 해외 골프장에서 1인 플레이어들을 처음 보았을 때는 가엾게 느껴지기도 했다. 도대체 인생을 어떻게 살았기에 친구도 없이 골프를 친단 말이지? 식당에서 혼자 밥 먹는 것도 서러워 죽을 지경인데 4시간이 넘는 골프를 혼자? 상상도 할 수 없는 일이었다. 하지만 다른 한편으로 골프는 자신과의 싸움이라느니, 거친 자연과의 대화라느니 하는 주장에도 맞장구를 쳐 왔던 터였다. 지금까지 1인 플레이 기회는 없었다. 절호의 찬스가 온 것이다.

나홀로 플레이의 장소는 말뫼 시내에서 15분 가량 떨어진 **말뫼 불뢰브 골프 클럽**^(Malmö Burlöv Golfklubb)으로 정했다. 가 보니 예약을 하지 않았지만 30분 후에 플레이가 가능했다. 간단하게 요기를 하고 물을 한 병 구입해 1번 홀로 갔다. 별로 붐비지 않았고 날씨도 좋았다. 도심에 위치한 파크랜드 스타일의 골프장이었다. 골프장 한가운데로 고압선이 지나가고 빌딩 숲이 에워싸고 있기는 했지만 곳곳에 도전적인 요소를 품고 있었

08-061
MALMÖ
SWEDEN

말뫼 불뢰브 골프 클럽
MALMÖ BURLÖV GOLFKLUBB

ⓘ 1981년 개장, 27홀, 7,905미터 (8,645야드)
ⓘ 주소: Segesvängen, 212 27 Malmö, Sweden
ⓘ 홈페이지: http://www.malmoburlovgk.com

⛳ 말뫼 불뢰브 골프 클럽(Malmö Burlöv Golfklubb) 클럽 회원인 조(Joe) 아저씨와 스웨덴 노부부. 1인 라운드를 기대하고 간 코스에서 현지인들을 만나 4인 동반 라운딩을 즐겼다.

다. 나름대로 집중력을 발휘하며 3번 홀을 돌아 4번 홀에서 티 샷을 하고 가려는데 앞 팀의 아저씨 한 분이 말을 걸어왔다. 3인 플레이를 하던 팀이라 처음에는 나를 패스시키려는 제스처인 줄 알았다. 그런데 뜻밖에 조인을 제의했다. "난 이 골프장의 회원인데, 매일 플레이를 한다. 혼자 플레이를 하다 심심하여 좀 전에 노부부 팀과 조인을 했다. 이제 너까지 들어오면 4명이 꽉 찬다. 오랜만에 4인 플레이를 해 보면 재미있을 것 같다. 뭉치는 게 어떠냐?" 매우 유쾌한 표정으로 기대에 찬 목소리였다. 차마 '난 이 골프장이 처음인데 한국에선 매일 4인 플레이만 했다. 혼자 플레이를 하면 어떤 기분인지 너무 궁금해서 1인 플레이 중이다. 지금이 아니면 다시 이런 기회를 잡기 어려우니, 그냥 혼자 가겠다!'라고 답할 수는 없었다. 아저씨는 후드 티에 청바지, 심지어 운동화 차림이었다. 다른 골프장이라면 코스 출입도 불가능할 모양새였다. 하지만 골프 실력만큼은 확실한 클럽 회원이었다. 낯선 게스트도 재미있게 라운드할 수 있도록 이끄는 재주가 있었다. 자신의 스웨덴식 이름을 가르쳐 주었으나 발음이 도무지 어려웠다. 그냥 영어식으로 조(Joe)라고 부르라고 했다. 나이지리아 출신이라고 했고, 30년 전에 스웨덴으로 이주해 왔단다. 40대인 줄 알았는데 이야기를 하다 보니 그 클럽 회원이 된 것이 30년쯤 되었다고 하니까 최소 60대 할아버지였다. 스웨덴 노부부 역시 가족 얘기와 골프 얘기를 버무려 즐거운 라운드에 동참했다.

다국적군의 골프 토크가 무르익어 갈 무렵 18홀이 끝났다. 그 때 골프 가방을 보니 뭔가 빈자리가 느껴졌다. 코스 어딘가에서 피칭을 두고 왔다는 사실을 깨달았다. 조 아저씨가 17홀로 뛰어가려 했다. 이미 그 전에 잃어버린 것 같아 멈춰 세웠다. 그랬더니 골프장 스태프에게 의뢰해서 찾아 주겠다며 5시까지만 기다리라고 했다. 한 시간 반밖에 안 남았다. 아름다운 레스토랑에서 칼스버그 한두 잔 마시면 될 시간이었다. 하지만 이케아에서 눈이 빠지게 기다리고 있을 '외기러기'를 구제해야 했기에 피칭은 포기할 수밖에 없었다. 조 아저씨의 착한 마음씨 덕일까, 분실한 골프채가 그리 아깝다는 생각은 들지 않았다. 말뫼 불뢰브 골프 클럽에서 기대했던 1인 라운드 원맨쇼는 무산되었지만, 재미있는 경험이었다. '올드 블랙 조' 아저씨 덕분에 코스는 기억에 없고 동반자들만 또렷하게 기억에 남은 라운드였다.

Købenbavns Golf Klub, Denmark

독일, 오스트리아, 스위스　09
서유럽의 '사운드 오브 골프'

골프의 정신을 찾아서—유럽 골프 인문 기행 09 〔독일, 오스트리아, 스위스〕

GERMANY, AUSTRIA, SWISS

09-062 • BERLINER GOLF CLUB GATOW E.V.
09-063 • GOLFANLAGE GERHELM
09-064 • GUT ALTENTANN GOLF & COUNTRY CLUB
09-065 • SALZBURG-EUGENDORF GOLF CLUB
09-066 • GOLFCLUB INTERLAKEN-UNTERSEEN

독일, 오스트리아, 스위스

09
서유럽의 '사운드 오브 골프'

냉전 끝난 도시의 차가운 수중전	09-062 **베를리너 골프 클럽 가토** Berliner Golf Club Gatow e.V.
아우토반의 '폴리스 아카데미'	Ed-003 뉘른베르크 불시착 사건
'마이스터 할머니'의 가족 골프장	09-063 **골판라게 게르헬름** Golfanlage Gerhelm
'내 어머니 레퍼토리'를 들으며	09-064 **구트 알텐탄 골프 앤드 컨트리 클럽** Gut Altentann Golf & Country Club
음악은 음악이고 골프는 골프다	09-065 **잘츠부르크-유겐도르프 골프 클럽** Salzburg-Eugendorf Golf Club
'설원 골프장'은 신기루였다	Ed-004 리히텐슈타인을 지나며
유럽의 지붕에 '붉은 악마'를 심다	Ed-005 융프라우요흐의 골프 홀
알프스에서 만난 '용병의 후예들'	09-066 **골프 클럽 인터라켄 운터젠** Golfclub Interlaken-Unterseen
환상의 빙하 계곡 드라이브 코스	Ed-006 인터라켄에서 밀라노까지

[09] 서유럽의 '사운드 오브 골프'
베를린(Berlin), **독일**(Deutschland(Germany))
[09-062] **베를리너 골프 클럽 가토**(Berliner Golf Club Gatow e.V.)

냉전 끝난 도시의 차가운 수중전

다시 독일로 돌아왔다. 육로를 통하자면 스웨덴에서 다시 덴마크를 거쳐 독일로 들어와야 한다. 그러면 갔던 길을 고스란히 돌아나오는 격이라 이번에는 바닷길을 선택했다. 덴마크의 한적한 포구에서 카페리에 탑승해 구 동독 지역인 로스토크(Rostock)에 상륙한 후, 베를린으로 향했다. 베를린은 좋게 말하면 쿨한 것 같고 나쁘게 말하자면 아주 냉랭한 분위기의 드라이한 도시 같다. 독일인의 성향이 잘 드러나는 도시라고 볼 수도 있다. 우리에게 베를린 여행의 핵심은 결국 분단 시절 인위적으로 가로막

로스토크(Rostock)는 구 동독의 바르노프 강가의 항구 도시로 발트 해로 이어진다. 한자 동맹 시절의 흔적인 다홍색 벽돌 구조물들이 도시 여기저기에 남아 있다.

으려고 세웠던 장벽(Wall)의 흔적을 보는 것이다. **브란덴부르크 문**(Brandenburger Tor)에 갔다가 전승 기념탑 근처를 배회하고 마르크스–엥겔스 광장을 기웃거렸다. 훔볼트 대학 쪽으로 정처 없이 걸으면서 거대한 이념의 소용돌이에 대하여, 그 아이러니에 대하여 잠시, 아주 잠시 생각했다. 브란덴부르크 문은 서울의 남대문처럼 베를린으로 들어오는 관문이다. 프로이센 제국의 개선문이었다. 아테네 파르테논 신전의 프로필라이아(Propylaia)를 모방한 것이다. 브란덴부르크 문을 돋보이게 하는 것은 문 위를 장식하고 있는, 올리브 가지를 든 여신이 고대 로마의 4두 마차를 타고 있는 모양의 조각이다. 50톤이 넘는 구리란다. 나폴레옹에게 빼앗겼다가 1814년 되찾았다. 이 문을 경계로 동독과 서독이 분할되었기 때문에 한때는 분단의 상징이었고 지금은 통일의 상징이다. 베를린 장벽의 잔해는 잿빛 콘크리트 담으로 길을 따라 흉물스럽게 늘어서 있었다. 주변에는 당시의 사진들이 전시되어 있고 장벽 조각을 붙인 기념품을 파는 가게들도 있다. 동서 베를린을 드나드는 유일한 관문이었던 미군의 검문소, **체크포인트 찰리**에는 미 군복 차림의 이미테이션 병사가 관광객들과 사진을 찍어 주고 돈을 받았다. 독일에서도 분단의 잔재는 가장 중요한 역사 교육 현장이자 관광 상품이었다. 통일된 지 수

브란덴부르크 문
(Brandenburger Tor)

TIPS
T-145
■ TRAVEL
□ GOLF

1791년 완공된 프로이센의 개선문이다. 신고전주의 건축가 랑한스(Carl G. Langhans)가 설계했다. 19세기 이후 전쟁에 승리한 독일의 군대는 반드시 이 문을 통과해 개선했다. 문 위에는 네 마리의 말이 승리의 여신 빅토리아가 타고 있는 전차를 끌고 있는 모습의 동상 '콰드리가(Quadriga)'가 자리잡고 있다. 1806년 전쟁에서 승리한 나폴레옹이 이 콰드리가를 파리로 가져갔다가 8년 후에 반환하기도 했고, 2차 세계 대전 시기에는 건물 일부가 무너지기도 했다. 독일에서 주조하는 50센트 유로화에도 그려져 있다.

십 년이 지났지만 아직도 현실에는 어두운 그림자가 드리워 있음을 어렵지 않게 느낄 수 있었다. 이번 여행에서는 베를린의 복잡한 역사와 미래가 큰 관심사는 아니었다. 그래도 뭔가 아쉬움이 있어 골프장은 과거 동 베를린 지역에서 찾아보기로 했다. 서 베를린에는 세계적으로 유명한 스포팅 클럽 베를린(Sporting Club Berlin)이 있다. 하지만 그보다 높은 순위권의 골프장들을 이미 여럿 다녔기 때문에 골프장 순위보다는 베를린이 아니면 경험하기 힘든, 지역성이 드러나는 골프장이 더 재미있겠다 싶었다.

체크포인트 찰리
(Checkpoint Charlie)

TIPS
T-146
☐ TRAVEL
☐ GOLF

냉전 시대 동 베를린과 서 베를린을 연결하는 검문소였다. 동독이 베를린을 가로 지르는 장벽을 세운 주요 지점에 검문소가 세워졌는데 '체크포인트 찰리'는 미군이 세운 '프리드리히슈타트 검문소'의 별칭이었다. 서 베를린에서 연합군, 기자, 외교관, 고위 인사들이 동 베를린을 오갈 수 있는 유일한 통로였다. 동 베를린에서 들어오는 사람들은 검문을 하지 않았다고 한다. 1961년 건립되었고 1989년 베를린 장벽이 해체된 다음 해에 철거됐다. 지금은 같은 자리에 교육과 관광목적의 복제 건물이 자리 잡고 있다.

냉전 시대의 상징인 체크포인트 찰리(맨 위 사진들) 서쪽으로는 베를린 문화 포럼(Kulturforum Berlin), 이벤트 홀 '템포드롬(Tempodrom)'(왼쪽 사진) 등 문화 시설이 있고, 베를린 문화 포럼 안에는 베를리너 필하모니커(Berliner Philharmoniker)의 상주 콘서트 홀인 '베를리너 필하모니(Berliner Philharmonie)'(오른쪽 사진)가 있다. 베를리너 필하모니커는 1882년 출범한 유럽에서 가장 권위 있는 교향악단으로, 베를린 특유의 냉전 이미지를 중화시키는 데 크게 기여한다.

아직도 베를린 여행을 가면 분단 시절 인위적으로 가로막혔던 베를린 장벽의 흔적을 찾게 된다. 독일에서도 분단의 잔재는 가장 중요한 역사 교육 현장이자 관광 상품이다.

베를리너 골프 클럽 가토(Berliner Golf Club Gatow e.V.)는 브란덴부르크 문에서 남서쪽 포츠담(Potsdam) 방향으로 30분 거리의 구 동독 지역에 있다. 1969년 브리티시 골프 클럽 가토(British Golf Club Gatow)라는 이름으로 오픈했지만 이후 이름을 바꾸고 베를린의 상징인 곰 문양이 들어간, 그들만의 로고를 만들었다. 8홀 코스였다가 2001년에 10개 홀을 추가하여 18홀 정규 코스가 되었다. 첫 홀은 올드 코스에서 시작하지만 3홀부터 12홀까지는 '뉴 코스'로 넘어가게 되고, 13홀부터 다시 올드 코스가 이어진다. 홀의 길이는 다소 짧았으나 아름다운 파크랜드형 코스였다. 거기다 오래된 숲이 골프장 전체를 감싸고 있어 청량한 공기가 탁한 가슴을 뚫어 준다. 페어웨이와 그린의 잔디도 관리가 잘 되어 있었다. 전장이 5,819미터(6,364야드)에 불과하지만 플레이를 해 보니 결코 쉽지 않았다. 특히 6홀부터 8홀까지는 독특한 함몰 지형을 만나게 된다. 아니나 다를까, 냉전 시대에 석탄을 저장해 두었던 비축 창고 터라고 했다. 지하 창고 자리를 골프 코

구 동독 지역에 위치한 베를리너 골프 클럽 가토(Berliner Golf Club Gatow e.V.)는 베를린-브란덴부르크 지역에서 두 번째로 오래된 골프장이다. 6~8번 홀은 특이한 함몰지에 자리잡고 있다. 냉전 시대 석탄 비축 창고가 있던 자리라고 한다.

09-062

BERLIN
GERMANY

베를리너 골프 클럽 가토
BERLINER GOLF CLUB GATOW E.V.

ⓘ 1969년 개장, 18홀, 5,825미터 (6,370야드)
ⓘ 주소: Sparnecker Weg 100, 14089 Berlin, Deutschland
ⓘ 홈페이지: http://www.golfclubgatow.de

베를리너 골프 클럽 가토는 1969년 영국 공군이 만든 8홀짜리 코스로 시작된 골프장이었다. 초기의 설계도 군인들이 자체적으로 했다고 한다. 2001년 10개 홀을 추가해 현재의 18홀 정규 클럽의 모습을 갖추었다.

스로 개발하다 보니 불가피하게 '함몰 홀'이 들어서게 된 것이다. 함몰 홀에서는 로컬 룰에 따라 앞 팀의 홀 아웃을 알리는 호루라기 소리가 들려야 뒤의 팀이 플레이를 할 수 있다. 함몰 지형의 가운데에는 큰 호수가 있었다. 이른바 '백조의 호수'란다. 이 호수를 중심으로 몇 개의 홀들이 둘러싸며 난이도와 비주얼을 동시에 상승시켰다. 코스 자체에 대한 기대보다는 동 베를린의 자취를 찾아온 곳이었다. 그럼에도 기대 이상의 '특이한' 코스를 만났으니 횡재한 느낌이었다. 올 여름 독일에 이상하게 비가 많이 내린다는 골프장 직원의 우려대로 우리는 또 비를 만나 익숙하게 수중전을 치렀다. 유럽을 떠도는 동안 독일을 여러 차례 거치게 되었는데 이상하게 독일에만 오면 빗줄기가 거세졌다. 영국의 비와 달리 쌀쌀한 기운이 뼛속까지 파고든다. 냉랭한 대륙의 비였다. 덕분에 얻은 것은 그칠 줄 모르는 콧물과 지끈지끈한 몸살 기운이다. 동서 냉전이 사라진 베를린에서는 이제 냉전보다 수중전이 더 무서웠다.

[09] 서유럽의 '사운드 오브 골프'
바이에른〔Bayern(Bavaria)〕, **독일**〔Deutschland(Germany)〕
[Ed-003] 뉘른베르크 불시착 사건

아우토반의 '폴리스 아카데미'

🌐 베를린에서 재확인한 것은, 역사는 결국 승자의 것이라는 사실이다. 동백림〔(東伯林, 동베를린(East Berlin)〕 사람들도 뭔가 할 이야기가 있을 것이다. 하지만 그들의 이야기는 어디에도 남아 있지 않은 듯했다. **아우토반**(Autobahn)을 타고 오늘 중에 뮌헨까지만 가면 된다는 생각에 다소 늦게 출발했다. 베를린에서 뮌헨까지는 대략 600킬로미터. 1,500리가 넘는다. 하지만 아우토반을 타면 4시간 안에 도착할 것이다. 우리는 파리에서 하이델베르크 갈 때, 암스테르담에서 함부르크 갈 때, 그리고 로스토크에서 베를린으로 올 때 모두 아우토반을 이용했다. 이번 뮌헨까지의 구간이 가장 길었다. 달리다 보니

아우토반(Autobahn)

TIPS
T-147
■ TRAVEL
□ GOLF

총연장 11,000킬로미터에 이르는 독일의 고속도로를 말한다. 1932년 쾰른과 본(Bonn)을 연결하는 도로가 시발점이 되었다. 아우토반은 세계 최초의 고속 도로 네트워크이며 독일이 세계 굴지의 자동차 강국으로 발전하는 데 큰 주춧돌이 되었다. 대개 '무제한 고속 도로'라고 알려져 있지만, 실제 무제한 구간은 전체 구간 중 20퍼센트에 불과하며 권장 속도 시속 130킬로미터라는 간판이 곳곳에 세워져 있다. 예전에는 아우토반 전체 구간이 무료였지만 EU에 의한 유럽 경제 통합 이후 교통량 증가와 환경, 시설 대책 등으로 일부 유료화가 진행되고 있다.

어느새 날이 저물어 헤드라이트가 들어 왔다. 아우토반에서 주의할 것은 가급적 추월 차선인 1차선 근처에는 가지 않아야 한다는 것이다. 순간 속도가 시속 250킬로미터 이상 나오는 벤츠나 BMW의 질주용 차가 순식간에 꽁무니에 다가와 간담을 서늘하게 하기도 했다. 한적한 4차선 아우토반이 이어지고 있었다. 2차선과 3차선을 오가며 시속 130킬로미터 안팎으로 한참을 달렸다. 비 오는 밤, 어두운 구간도 많아서 앞 차가 없을 때에는 이따금 하이빔(high beams, 상향등)을 켜서 주변도 살피면서, 그렇게 한동안 가고 있을 때였다. 갑자기 앞에 가던 차의 비상등이 켜지더니 차창이 열렸다. 레이저 봉 비슷한 붉은 지시등이 보였다. 오른쪽으로 차를 세우라는 지시였다. 시속 170킬로미터로 수많은 차량이 질주하고 있는 컴컴한 아우토반 한가운데에서 정체 불명의 차가 갑자기 나타나 길을 막으며 따라올 것을 요구하고 있었다. 우선 그들이 누구인지 알 수가 없다는 것이 문제였다.

🔖 아우토반 위에 '공중 부양'한 휴게소. 양쪽 차선에서 동시에 이용할 수 있어 편리하다. 우리 나라에서는 서울 외곽 순환 고속 도로의 시흥 휴게소가 '양방향에서 이용할 수 있는 상공형 휴게소'로는 처음으로 2017년 10월 개장한다고 한다.

설마 조폭은 아니겠지. 경찰일지도 모르겠다는 생각이 들었다. 잘못한 것이 없으니 겁낼 것도 없다는 마음으로 지시에 따라 차를 갓길에 세웠다. 예상대로 2인조 독일 연방 경찰이었다. "독일어 할 줄 아나?" "전혀 모른다." "그럼 영어할 줄 아나?" "조금 한다." "너희 차는 독일 연방 도로 교통법 ○○조 아우토반 운행 기준을 위반했다." "무슨 소리냐, 시속 130킬로미터 정도로 2차선을 달려왔을 뿐이다." 그들은 답답한 듯 그림을 그려 가며 무엇을 위반했는지 설명하기 시작했다. 요는 3차선 이상의 아우토반에서는 추월할 목적이 아니면 무조건 '마지막 차선을 이용'해야 한다는 것이다. "잘 알겠다. 하지만 외국인이 어떻게 독일 연방 교통법을 다 알 수 있겠는가?" "흠…, 좋다. 앞으로는 반드시 아우토반 운행 기준을 지켜야 한다." 무슨 첩보 영화의 한 장면 같았다. 독일 경찰이 비가 섞인 어둠을 뚫고 와서 우리 차를 세우고 위반 사실을 확인한 다음 돌아가기까지는 불과 몇 분도 걸리지 않았다. 이 곳에는 속도에 따라 완벽하게 구분되는 차선 준수와 칼 같이 끼어 들고 칼 같이 비켜 주는 운전 매너가 존재한다. 그래서 아우토반은 속도 무제한에도 무섭거나 힘든 도로가 아니다. 오히려 안전하고 수월한 운전을 할 수 있다.

이번 여행 중에는 경찰을 두 번 만났다. 또 한 번은 프랑스 국경 마을이었다. 프랑스에서는 국도를 타고 하이델베르크 쪽으로 넘어갈 때였다. 시골 길이 길게 이어진 도로였는데 제한 속도가 시속 30킬로미터였다. 갈 길도 멀고 해서 앞 차를 시원하게 추월한 다음 휘파람을 불며 달렸다. 잠시 뒤에 경찰 오토바이가 따라오는 것이 보였다. 프랑스 경찰의 영어는 유창했다. 차선 위반, 과속을 지적하고 범칙금 90유로를 요구했다. 카드뿐이라고 했더니, 그 '친절한' 경찰은 우리를 근처의 캐시 로비(현금 입출금기)로 데려다 주겠다고 했다. 이 대목부터 뭔가 이상했다. "당신들이 정말 경찰임을 증명해라. 경찰이 위반 현장에서 현금을 받는 경우는 없는 것으로 안다. 고지서를 발행해 달라." 하지만 우리는 그들이 내민 '경찰증'의 진위를 확인할 방법이 없었고, 결국 오토바이의 삼엄한 '경호'를 받으며 국경 마을에서 범칙금을 인출해 넘겨 줬다. ◐

프랑스에서 벨기에로 넘어가던 국경 마을에서 과속 범칙금 90유로를 현장에서 지불했다.

[09] 서유럽의 '사운드 오브 골프'
바이에른(Bayern(Bavaria)), 독일(Deutschland(Germany))
[09-063] 골판라게 게르헬름(Golfanlage Gerhelm)

'마이스터 할머니'의 가족 골프장

🌐 뉘른베르크(Nürnberg)는, 그 독일 연방 경찰 덕분에, 예정에도 없이 '불시착'한 도시였다. '고성 가도(古城街道, Die Burgenstraße)' 위에 있는 '뼈대' 있는 중세 도시다. 일찍이 상공업이 발달하면서 합리적이고 타산적인 태도로 전란에서 제국 도시를 지킨 무용담으로 유명하다. 이를테면 주변 도시에서 전쟁의 기미가 보이면 상인들이 그 도시들을 돈으로 구슬려 전쟁을 막았고, 성 안에 깊은 우물과 식량 창고를 마련하여 성이 포위되더라도 그 안에서 몇 달을 버티면서 포위한 적들이 지쳐 물러나게 만들기도 했다. 우상 타파라는 미명하에 성물 파괴 운동이 일어났을 때는 성물들을 성당 안 깊은 곳에 숨겨서 보호했다. 그런 노력으로 뉘른베르크에는 지금도 중세의 문화재가 많이 남아 있

🔎 뉘른베르크의 의사였던 하르트만 셰델(Hartmann Schedel, 1440~1514년)이 1493년 출판한 『세계사(Liber Chronicarum)(뉘른베르크 크로니클(the Nuremberg Chronicles))』에 실린 뉘른베르크를 그린 목판화. 🔎 뉘른베르크 구시가의 중심이 되는 성모교회.

> **〈뉘른베르크의 마이스터징거〉**
> **(1868년)**
>
> TIPS
> T-148
> ■ TRAVEL
> □ GOLF
>
> 리하르트 바그너가 만든 3막의 오페라. 1868년 뮌헨의 궁정 오페라 극장(지금의 뮌헨 국립 극장)에서 초연되었다. 바그너의 후기 작품으로는 유일한 희극이며 공연 시간이 4시간 반이 넘어 바그너의 단일 작품으로 가장 긴 작품이기도 하다. 줄거리는 16세기 중엽 뉘른베르크에서 벌어진 노래 경연을 배경으로, 한 여성을 차지하려는 여러 인물의 이야기를 담고 있다. 구두공, 제빵사, 모피상, 금 세공사, 비누 가게 주인 등 온갖 장인이 등장한다. 바그너는 뉘른베르크에 직접 머물며 마이스터징거들의 자료를 모았고 주인공도 실존 인물을 모델로 삼았다고 한다. 14세기에 등장한 마이스터징거는 상인, 장인 계급으로 주로 교회의 평신도이자 성가대 모임처럼 운영되었다. 이들은 일정한 규칙 안에서 종교적 주제의 노래를 직접 만들어서 교회에서 노래 경연 대회를 펼쳤는데, 자유 도시인 뉘른베르크에서 가장 번성했다. 대회에서 우승하여 마이스터징거가 된다고 해서 귀족이나 지배층에 봉사하지 않았고, 지식인이나 부르주아들에게도 별로 환영받지 못해서 큰 음악적 족적을 남기지 못하고 이후 서서히 사라져 갔다. 그러나 바그너의 오페라가 독일 민중의 전통을 우호적으로 끌어왔기 때문에, 이 작품은 프로이센 공화국은 물론이고 훗날 나치 정권에서도 정치 선전용으로 이용한다.

다. 후손들도 선조의 '상혼(商魂)'을 이어받아 상업 도시의 명성을 이어가고 있다. 바그너(W. Richard Wagner, 1813~1883년)가 오페라 **〈뉘른베르크의 마이스터징거〉**(Die Meistersinger von Nürnberg, '뉘른베르크의 명가수'로도 알려져 있다.)의 배경으로 뉘른베르크를 선택한 것도 이러한 역사와 관련이 있다. 요즘 세계적으로 텔레비전 오디션 프로그램이 유행이듯 15세기 독일에도 장인 겸 음악가라고 할 수 있는 '마이스터징거'의 노래 경연이 성행했다. 마이스터징거는, 본업은 제화공이나 재단사 같은 장인(meister)이었고 부업이 가수(singer)였다. 정확히 말하자면 '명가수'가 아니라 '겸업 가수'인 셈이다.

떡 본 김에 제사 지낸다는 마음으로 근처에서 골프장을 찾아 보기로 했다. 랭킹이 높거나 스토리가 풍부한 골프장이 아니더라도 뉘른베르크를 기념할 만한 곳이면 충분했다. 뉘른베르크 시내에서 30분 거리에 **골판라게 게르헬름**(Golfanlage Gerhelm)이라는 골프장이 있었다. 삭막한 고속 도로를 빠져 나와 시골길에 접어드니 숨통이 트이는 듯했다. 독일의 숲은 은근히 매력이 있다. 규모가 크고 선이 굵은 나무들이 빽빽하게 들어서 있다. 차를 대고 쉬어갈 수 있는 숲 속 휴게 공간은 독보적으로 훌륭하다. 네비게이션이 목적지에 도착했음을 알렸지만 꽤나 기웃거려야 했다. 도착지에는 창고인 듯 보이는 커다란 목조 건물이 있었고 그 벽에는 갖가지 농기구가 걸려 있었다. 흡사 소달구지나 쟁기, 써레나 코뚜레를 연상시키는, 그런 농기구들이었다. 틀림없이 건물 너

09-063

BAYERN
DEUTSCHLAND

골판라게 게르헬름
GOLFANLAGE GERHELM

ⓘ 1997년 개장, 18홀, 5,465미터 [5,976야드]
ⓘ 주소: Gerhelm 1, 91235 Velden, Bayern, Deutschland
ⓘ 홈페이지: http://www.gerhelm.de

머로 코스는 보이는데 어디가 클럽하우스인지 도통 알 수가 없다. 한참을 쭈뼛거리고 있을 때 골프 복장을 한 할아버지 한 분이 등장했다. 안내를 받은 후에야 농기구 창고 건너편에서 프로 숍 입구를 찾을 수 있었다. 골판라게 게르헬름은 특이한 이력을 지닌 골프장이다. 가족의 힘으로만 골프장을 경영하고 있었다. 캐디 마스터는 아버지가, 주방장은 어머니가, 레스토랑 서빙은 두 딸이, 프로 숍은 아들 담당이었다. 원래는 양을 키우던 목장이었지만 목축만으로는 생계가 빠듯해 1997년에 큰 맘 먹고 목장을 골프장으로 변신시켰단다. 처음에 시험 삼아 9홀만 운영해 보았더니 근처에 골프장이 없어 의외로 회원들이 많이 모였고 그 기세에 힘입어 곧바로 18홀로 확장했다고 한다. 아버지는 골프장을 짓기 위해 스코틀랜드까지 가서 '학습'을 했단다. 그 때 구입해 온 히코리(hickory) 골프채와 기념품들을 클럽하우스에 전시해 놓았다. 아들은 독일에서 열리는 BMW 골프 대회에서 받아온 유명 선수 사인을 자랑스럽게 보여 주었다. 딸은 불만이 있는 모양이었다. "가족들하고 일해서 좋겠어요." 맥주를 가지고 온 딸에게 물었더니, "뭐, 별로 좋을 것 없어요…." 말끝을 흐렸다. 생각해 보니 골프를 치지 않는 젊은 아가씨가 젊은이들이 귀한 골프장에서 가족들과 일하는 것이 마냥 즐거운 일도 아닐 듯했다.

골판라게 게르헬름(Golfanlage Gerhelm)은 한 가족이 직접 운영하는 독특한 골프장이다. 저렴한 골프장치고는 관리가 잘 되어 있고 경치가 아름답다. 아이들을 데리고 온 이들을 위한 탁아 서비스와 어린이 골프 강습 프로그램도 있다. 주차장 벽면에 붙어 있는 농기구들. 골프장 전신인 양떼 목장의 농기구들이 클럽하우스 주요 전시물이다.

빽빽한 숲이 품고 있는 코스는 양떼들이 풀을 뜯던 부드러운 능선이 그대로 오버랩되었다. 양떼 대신 골퍼들이 돌아다니고 있다고나 할까. 정통 스코틀랜드 스타일과 미국식 파크랜드 느낌이 섞여 있었다. 페어웨이나 그린의 관리 상태는 비교적 훌륭했다. 그린 피도 저렴했고 독일의 시골 마을 분위기도 즐길 수 있어, 흥미로운 요소가 많은 골프장이었다. 마지막 팀으로 나간 우리가 16홀에 이르렀을 때 어둠이 깔리고 있었다. 어디선가 카트 한 대가 나타나더니 우리를 따라왔다. 정체 불명의 할머니가 바람막이에 장갑까지 끼고 카트를 몰고 있었다. 우리가 티 오프를 마치자 얼른 티 박스에 올라가 여기저기 부러지고 버려진 티를 줍고, 휴지통을 비우고 티잉 그라운드를 정리했다. 그리고 그린에서는 우리가 홀 아웃 하기를 기다렸다가 깃대를 걷어 카트에 싣고 하루 동안 생긴 디벗을 정리하는 것이었다. 이 할머니는 가족 골프장의 최고 경영자였다.

여전히 목장의 모습이 남아 있는 골판라게 게르헬름. 민가를 개조한 클럽하우스도 정겹다.

[09] 서유럽의 '사운드 오브 골프'
헨도르프(Henndorf), 오스트리아(Österreich(Austria))
[09-064] 구트 알텐탄 골프 앤드 컨트리 클럽(Gut Altentann Golf & Country Club)

'내 어머니 레퍼토리'를 들으며

🌐 오스트리아(Österreich(Austria))는 유럽 대륙의 중앙, 동서 유럽의 접점에 위치하고 있다. 면적으로 보면 남한보다 작은 아담한 크기지만 많은 나라와 국경을 마주한다. 동쪽으로는 헝가리, 슬로바키아, 서쪽으로는 스위스, 리히텐슈타인, 남쪽으로는 이탈리아, 슬로베니아, 북쪽으로는 독일, 체코와 맞닿아 있다. 그 덕에 시련도 많았지만 1955년 독립 후 역사의 장점만 잘 살려 가고 있는 나라다. 스위스와 같은 영세 중립국이고 독일과 이탈리아를 능가하는 음악의 나라이기도 하다. 알프스 산맥의 북쪽 경계에 있는 잘츠부르크(Salzburg)는 오스트리아에서도 가장 사랑받는 관광지다. 모차르트(Wolfgang Amadeus Mozart, 1756~1791년)의 고향이자 영화 〈사운드 오브 뮤직(The Sound of Music)〉(1965년)의 무대, UNESCO 세계 문화 유산 도시로 우리에게도 잘 알려져 있지만 도시의 경관 자체만으로도 매력이 넘친다. 잘차흐(Salzach) 강과 알프스(Alps)라는 자연 환경, 찬란한 합스부르크 왕가의 전통이 조화를 이루고 있다. 미라벨 정원(Mirabell Garten), 모차르트 생가(Mozart Geburtshaus), 호헨잘츠부르크 성(Festung Hohensalzburg), 레지덴츠 광장(Residenz Platz) 등이 볼거리의

〈사운드 오브 뮤직(The Sound of Music)〉(1965년)

TIPS T-149
■ TRAVEL
□ GOLF

1965년 같은 제목의 뮤지컬을 영화화한 미국 뮤지컬 영화의 고전이다. 마리아 폰 트랍(Maria von Trapp)의 자서전을 바탕으로 만들어진 이 뮤지컬은 브로드웨이 무대에서 무려 1,400회 이상 공연되었다. 영화 〈사운드 오브 뮤직〉의 감독은 로버트 와이즈(Robert Wise, 1914~2005년)가, 음악은 로저스 앤드 해머스타인(Richard Rodgers & Oscar Hammerstein II)이 맡았고, 1965년 오스카 상 5개 부문을 수상했다. 영화는 오스트리아의 한 가족이 나치스 독일의 강제 합병을 피해 탈출하는 과정을 그리고 있다. 해피 엔딩의 스토리와 아름다운 알프스와 잘츠부르크의 경관, 빼어난 음악으로 지금까지 많은 사람들에게 사랑받는다.

핵심이다. 잘츠부르크는 돌아가신 어머니를 떠올리게 하는 도시이기도 했다. 어머니는〈사운드 오브 뮤직〉의 광적인 팬이셨다. 당신의 세례명과 마리아 선생의 이름이 같아서인지, 처녀 시절 잠시 수녀를 꿈꾸셨기 때문인지, 노래를 즐기는 쾌활한 성격 때문이었는지는 확실치 않다. 아무튼 어머니는〈사운드 오브 뮤직〉의 마리아 선생과 당신을 상당 부분 동일시했다. 폰 트랍 대령과 마찬가지로 일곱 자녀를 두셨고, 자식들의 음악적 소양을 계발해 주기 위해 모두에게 피아노를 강요(?)했다. 우리는〈도레미 송〉을 마르고 닳도록 연주하고 노래했다. 심지어 커튼을 뜯어 아이들의 옷을 해 입혔던 마리아 선생처럼 우리에게 '커튼 옷'을 지어 입히는 만행도 실천하셨다. 엄마와 다섯 딸이 당시로서는 파격적인 퍼프 소매 디자인에 레이스 커튼지로 만든 흰색 원피스를 똑같이 해 입고 '일렬 종대'로 성당을 향하던 모습은 그 시절 강릉 교동의 구경거리 중 하나였다. 만약 어머니와 함께 이 곳을 여행했다면 어머니는 그 발군의 창의성을 발휘하여 딸에게 잊을 수 없는 추억 몇 꼭지를 또 선사했을 것이다. 비에 젖어 더욱 선명해진 초록의 알프스 언덕과〈사운드 오브 뮤직〉의 배경이 오버랩되면서 몸과 마음은 한없이 가라앉았다. 더 침잠해 들어가면 끙끙 앓을지도 모르겠다는 위기감이 엄습했다. 이럴 때일수록 클럽을 닦고 '전장'으로 나서야 한다고 남편이 다그쳤다.

알프스 산맥의 북쪽 경계에 있는 잘츠부르크는 오스트리아의 대표적 관광지다. 알프스, 모차르트,〈사운드 오브 뮤직〉을 모르더라도 하늘과 물과 초록빛의 수준이 다른 곳임을 몸이 먼저 알게 된다.

09-064

HENNDORF
ÖSTERREICH

구트 알텐탄 골프 앤드 컨트리 클럽
GUT ALTENTANN GOLF & COUNTRY CLUB

ⓘ 1989년 개장, 18홀, 6,103미터 (6,674야드)
ⓘ 주소: Hof 54, 5302 Henndorf, Österreich
ⓘ 홈페이지: http://www.gutaltentann.com

아침부터 내리던 빗줄기를 애써 무시하고 골프장을 찾았다. 잘츠부르크 시내에서 멀지 않은 **구트 알텐탄 골프 앤드 컨트리 클럽**(Gut Altentann Golf & Country Club)은 오스트리아 내에서 다섯 손가락 안에 드는 골프장이다. 알프스를 배경으로 한 통나무 클럽하우스는 누군가 곧바로 튀어나와 요들 송을 부를 법한 분위기였다. 나무 덧창 아래 장식된 화려한 화분과 내부 벽난로와 연결된 굴뚝이 인상적이었다.

1989년 오픈한 구트 알텐탄 골프 앤드 컨트리 클럽은 알프스답게 다른 지역의 초록과는 비교도 안 될 만큼 높은 채도의 잔디를 자랑한다. 18홀 전장 6,103미터(6,674야드), 잭 니클로스가 유럽에서 처음으로 설계한 골프장이다. 거리보다는 정확성을, 근육보다는 두뇌를 요구하는 코스다. 두 개의 호수와 몇 개의 개울을 살린 18홀 챔피언십 코스는 부드럽고 싱싱했다. 가벼운 비가 계속 되었지만 페어웨이는 뽀송한 느낌이었다. 오스트리아 쪽의 알프스는 웅장하고 빼어나기보다는 넉넉하고 다정다감했다. 골프장 부지로서는 천혜의 조건이라고 할 만하다. 빙하가 녹아내린 맑은 물을 담은 호

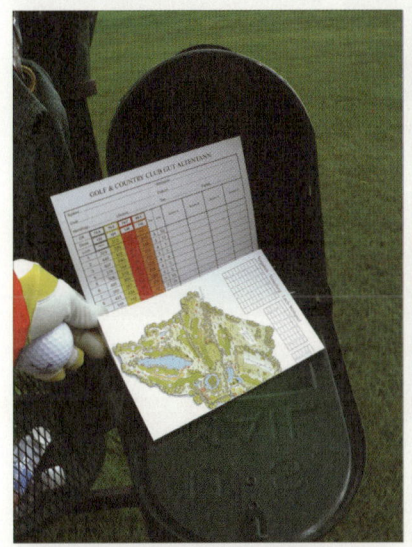

구트 알텐탄 골프 앤드 컨트리 클럽(Gut Altentann Golf & Country Club)은 잭 니클로스가 설계한 골프장이다. 유럽 대륙에서 처음 선보이는 '작품'이었기 때문에 설계에 더욱 심혈을 기울였다고 한다. 아름다운 자연 경관을 가급적 훼손하지 않고 코스가 알프스 자락에 '안착'하는 데 역점을 두었다고 한다.

수에는 푸른 하늘과 알프스 자락이 거꾸로 박혀 있고, 코스 주변의 능선을 타고 젖소들이 한가로이 풀을 뜯고 있었다. 이 곳은 기후의 한계로 5월에서 11월까지만 문을 연다. 알프스 맑은 공기를 마시며 싱싱한 초록 위에 18홀을 마쳤다. 비를 맞긴 했지만 맑은 공기 덕에 몸 속 노폐물이 다 빠져나간 느낌이었다. 기분도 한층 나아졌다. 한여름인데도 장작불을 지핀 통나무 클럽하우스 벽난로 옆에 자리를 잡았다. 와인을 곁들인 식사도 일품이었다. 나무를 태우는 매캐한 연기가 비 맞은 우리 몸을 '훈제'했지만 세상없이 행복했다. "하느님은 한 쪽 문을 닫을 때, 다른 창문을 열어 놓으신다(When the Lord closes a door, somewhere he opens a window)." 〈사운드 오브 뮤직〉에 나오는 마리아의 대사처럼 알프스는 지친 우리를 위해 새로운 창을 열어 주었다.

구트 알텐탄 골프 앤드 컨트리 클럽은 알프스의 기후 때문에 연중 6개월만 운영되는 골프장이다. 한여름이었지만 클럽하우스 레스토랑 벽난로에는 장작이 타고 있었다. 벽난로 옆에서 와인을 곁들여 먹는 스테이크가 일품이었다.

[09] 서유럽의 '사운드 오브 골프'
유겐도르프(Eugendorf), 오스트리아(Österreich(Austria))
[09-065] 잘츠부르크-유겐도르프 골프 클럽(Salzburg-Eugendorf Golf Club)

음악은 음악이고 골프는 골프다

잘츠부르크에서 골프는 별로 기대하지 않았다. 험난한 알프스 자락에 좋은 골프장이 있을 성싶지 않았다. 자연을 제몸같이 사랑하는 그 사람들에게 골프장보다는 개울과 호수, 양떼 우는 언덕이 훨씬 소중할 것이라고 여겼다. 그런데 의외로 잘츠부르크 일대에는 최고 수준의 골프 코스가 즐비하다. 잘츠부르크 시내를 조금만 벗어나면 무려 14곳에 골프 코스가 옹기종기 모여 있다. 바로 이웃한 마을 잘츠카머구트(St. Wolfgang im Salzkammergut)와 바바리아(Bavaria=바이에른(Bayern). 바이에른 지역의 로마 시대 때 지명으로 현재의 영문 표기다.) 지역까지 합하면 훨씬 더 많다. 유겐도르프(Eugendorf), 바트 가슈타인(Bad Gastein), 헨도르프(Henndorf), 첼 암 제(Zell am See), 잘펠덴(Saalfelden), 장크트 미카엘(St. Michael), 할라인(Hallein), 미테르질(Mittersill) 등은 하나같이 아름다운 코스들로 꼽힌다. 어떤 연유로 심산유곡에 이토록 많은 골프장이 들어선 것일까? 잘츠부르크에 처음 오는 관광객은 대개 **모차르트**의 흔적이나 〈사운드 오브 뮤직〉의 촬영지에 관심이 많다. 미라벨 궁전(Schloß Mirabell) 계단에 앉아 〈도레미 송〉을 흥얼거리거나 모차르트 생가를 배회하거나, 그렇지 않으면 할슈타트(Hallstatt) 호수에서 물놀이를 하면서 하루를 보낼 것이다. 모차르트 음악과 알프스 풍경의 약발이 떨어질 무렵 또 다른 도시를 찾아 떠날 수밖에 없다. 직접 체험하거나 몸으로 즐길 거리가 있어야 그들의 발을 묶을 수 있다. 최근 십여 년 동안 많은 골프장이 우후죽순처럼 생겨난 이유가 그것이다. 물론 잘츠부르크 골프의 역사가 일천한 것은 아니다. 1930년대부터 이 곳에서 골프는 터를 다지기 시작했고 다양한 연계 프로그램이 생겨났다. 원체 알프스를 끼고 있어 스키와 같은 겨울 레포츠가 발전한 곳이라 초보 스키어를 위한 강습 프로그램도 인기가 많았다. 골프 초보자 스쿨이 일찍부터 시작된 데는 스키를 벤치마킹한 영향이 있었을 것이다. 클럽을 처음 잡아 보는 여행객들도 이 곳에서 단기 교육을 받고 '머리까지 올릴' 수 있는 프로그램들이 있다. 골프장마다 나름의 골프 아카데미를 운영하므로 브로슈어 등을 보면서 취향에 맞추어 프로그램을 고를 수 있다. 이렇다 보니 잘츠부르크 골프 관광의 인기가 치솟고 있다고 한다.

잘츠부르크의 모차르트

TIPS
T-150
■ TRAVEL
□ GOLF

잘츠부르크는 신성 로마 제국의 주교좌가 있었던 도시다. 대주교들은 신성 로마 제국을 다스리는 권한이 있었기 때문에 13세기 이후로 크게 발전했고 특히 예술 여러 분야를 후원했다. 오늘날 잘츠부르크는 모차르트의 출생지로 널리 알려져 음악 도시의 이미지가 강하다. 생가 등 모차르트와 인연이 있는 장소들은 관광지로 개발되어 있고, 박물관도 있다. 매년 모차르트의 생일인 1월 27일 전후를 모차르트 주간으로 정하고 잘츠부르크 페스티벌을 개최하고, 여름에는 잘츠부르크 국제 음악제를 여는데, 이 기간에는 그야말로 세계적인 음악가들이 모인다. 모차르트의 아버지인 레오폴트 모차르트는 당시 주교좌에서 일하려고 잘츠부르크로 옮겨온 가난한 음악가였다. 모차르트도 16살 때부터 3년 동안 주교좌의 궁전에서 일하며 이 때 이미 많은 곡을 썼다. 그러나 정작 모차르트 자신은 잘츠부르크를 굉장히 싫어했다고 한다. 아버지의 지나친 간섭, 주교좌의 너무 적은 월급에다가 직접 쓴 편지에 따르면 "잘츠부르크는 내 재능에 맞는 장소가 아니다. 우선 전문 음악가들을 우대하지도 않고 두 번째로 아무도 음악을 듣지 않는다. 극장도 없고 오페라 공연도 없다. 게다가 어쩌다 공연을 하려고 한들 대체 누가 노래를 하랴?" 어린 모차르트가 유명세를 얻은 것도 잘츠부르크에서가 아니라 유럽 여러 궁정 연주 여행에서였다. 오페라를 작곡하고 싶었던 모차르트는 결국 비엔나로 떠났다.

▶ 모차르트의 고향 잘츠부르크는 아름다운 알프스 속에 있다. 자신의 음악 세계를 발전시키기 어려운 산 속 도시에서 답답함을 호소하던 모차르트는 고향을 떠나 비엔나로 간다.

잘츠부르크-유겐도르프 골프 클럽
SALZBURG-EUGENDORF GOLF CLUB

① 1999년 개장, 18홀, 6,274미터 (6,861야드)
① 주소: Schamingstraße 6, 5301 Eugendorf, Österreich
① 홈페이지: http://www.golfclub-salzburg.at

09-065
EUGENDORF
ÖSTERREICH

유겐도르프 골프 클럽은 18홀 어디서든 알프스의 만년설이 올려다보이고, 맑은 계곡을 넘나드는 파3홀이 아기자기하다.

엄선하여 찾아간 **잘츠부르크-유겐도르프 골프 클럽**(Salzburg-Eugendorf Golf Club)은 2000년에 개장한 미국 스타일의 챔피언십 코스다. 목조 건물 2층의 레스토랑은 벚꽃과 나비, 우산 등 일본풍의 소품들로 장식되어 있고 메뉴에는 스시와 다양한 사케도 보였다. 일본 관광객이 주 고객인지 일본의 자본이 들어온 것인지는 알 수 없었다. 간단하게 식사를 마치고 첫 홀로 향했다. 혼자 골프를 치려던 클럽 회원을 만나 첫 홀부터 조인을 하게 되었다. 베이커리를 운영한다는 190센티미터의 키다리 아저씨였다. 그는 "8월 한여름 최상의 날씨에 왜 이리들 껴입었냐"는 농담으로 말문을 열었다. 아닌 게 아니라 나는 너무 많이 입고 있었다. 겨울 솜바지에 바람막이 내피가 붙은 스웨터, 털 조끼까지, 완벽한 겨울 복장이었다. 코스에서 멀찍이 보이는 알프스도 왠지 겨울 분위기였고, 며칠 전부터 이어진 비에 체감 온도가 떨어져 있었다. 키다리 아저씨의 연습 스윙은 **어니 엘스**(Theodore Ernest Els, 1969년~)처럼 심플하면서도 파워가 넘쳤다. 하지만 '그 분도 우리처럼' 실전은 연습만 못했다. 파3 홀에서는 계곡 깊숙이 골프의 씨를 뿌리는 한국형 접대 골프로 우리를 무장 해제시켰고 워터 해저드 공포증이 있다며 해저드 앞에서는 꼭 두 번씩 끊어 가는 소심함으로 '우리는 하나(We are the world)'라는 연대 의식을 일깨워 주었다. 평소에는 80대를 치는데 오늘은 이유 없이 샷이 안 된다는 변명까지 닮았다.

> **어니 엘스**(Theodore Ernest Els, 1969년~)
>
> TIPS
> G-151
> ☐ TRAVEL
> ■ GOLF
>
> 어니 엘스는 남아프리카공화국 출신 프로 골프 선수다. 191센티미터의 장신으로 부드러운 스윙으로도 공을 잘 몬다고 해서 '더 빅 이지(The Big Easy)'로 불린다. 1989년 프로로 전향하고, 1994년 미국에 진출했다. 디 오픈과 US 오픈에서 각각 2차례 우승하며 2017년 현재 통산 70승을 거뒀다. 2011년에 골프 명예의 전당에 입회했으며, 2012 디 오픈에서 극적으로 우승하며 화제를 모으기도 했다.

☞ 어니 엘스를 닮은 190센티미터의 키다리 아저씨의 연습 스윙.

잘츠부르크–유겐도르프 골프 클럽의 클럽하우스 레스토랑은 일본풍 소품들로 장식되어 있고 메뉴판에는 스시와 사케도 있었다.

18홀 어디서든 만년설이 보였다. 계곡을 넘나드는 파3홀과 맑은 호수가 인상적이었다. 국제 대회를 유치하기 위해 전략적으로 마련했다는 챔피언 코스답게 규모도 컸다. 회원을 동반하고 홀마다 코스 설명을 들은 덕에 스코어도 최상이었다. 안정된 샷 감각으로 볼이 헤드에 착착 달라붙었고, 악성 벙커에서도 홀에 붙는 행운의 타구가 이어졌다. 몇 달째 날마다 새로운 골프장만 찾아 다녔더니 이젠 낯선 코스가 더 편해진 모양이다. 키다리 아저씨의 플레이는 나아질 기미가 없었다. 연타석 OB와 퍼팅 난조로 무참히 무너지는 모습에 우리가 무안할 지경이었다. 행여나 객들에게 신경을 쓰느라 플레이를 망치고 있는 것이나 아닐까, 미안한 생각이 들었다. 키다리 아저씨는 한동안 말없이 플레이에 열중하더니 9홀을 마치고 짐을 꾸렸다. 오후 5시부터는 빵을 구워야 한다고 했다. 인연이 닿으면 다음에 다시 필드에서 만나자는 말을 남기고 홀연히 베이커리로 돌아갔다. 🌏

첫 홀부터 조인하게 된 클럽 멤버 빵집 아저씨는 우리와 꼭 닮은 스타일로 편안하고 즐거운 골프를 만들어 주셨다.

[09] 서유럽의 '사운드 오브 골프'
퓌센(Füssen) → 리히텐슈타인(Liechtenstein) → 스위스(Switzerland(Swiss))
[Ed-004] 리히텐슈타인을 지나며

'설원 골프장'은 신기루였다

🌍 다음 목적지는 스위스 취리히(Zürich)였다. 그런데 잘츠부르크에서 취리히까지는 멀고 험한데다가 그냥 지나가기 아쉬운 곳이 너무 많았다. 지상에서 가장 아름다운 성으로 유명한 독일의 국경 마을 퓌센(Füssen)과 **'설원 골프장'**이 있다고 알려진 리히텐슈타인 공국(Fürstentum Liechtenstein)을 거쳐서 가기로 했다. 유럽 지도에서 퓌센을 찾는 것은 쉽지 않다. 도시가 크지도 않을 뿐더러, 독일과 오스트리아 국경선 바로 위에 있기 때문에 잘 보이지 않는다. 동선이 너무 복잡했다. 어차피 험준한 알프스 산맥의 고지대를 여러 번 넘어야 했다. 가다가 날이 저물면 아무 마을에서나 자기로 하고 무작정 길을 떠났다. 길을 잃는 바람에 독일인지 오스트리아인지 구분하기도 어려운 작은 마을에

설원 골프장

TIPS
G-152
☐ TRAVEL
■ GOLF

유럽 사람은 중세부터 겨울에도 골프로 시간을 때우곤 했다. 17세기 유럽의 풍속화 가운데 얼음판 위에 구멍을 뚫고 공을 넣는 경기를 그린 그림들이 있다. 19세기 말에 소설가 러디어드 키플링(Rudyard Kipling, 1865~1936년)이 『정글 북』을 집필하는 동안 눈밭에서 골프를 치곤 했는데, 공과 티 컵을 알아보기 쉽도록 빨갛게 칠했다고 한다. 그린란드(Greenland)의 우마나크(Uummannaq)에서는 빙하 위에 골프 코스를 설계해서 1997년부터 겨울마다 아이스 골프 챔피언십을 개최한다. 2007년부터 유럽에서 아마추어 스노골프 월드 챔피언십이 열리고 있다. 대개 9홀 코스로 오락을 목적으로 하는 추세다.

서 하루를 쉬고 이튿날 퓌센에 도착했다. **노이슈반슈타인 성**(Schloß Neuschwanstein)**과 호엔슈방가우 성**(Schloß Hohenschwangau)이 반기고 있었다. 이름이 길어서 잘 모른다 해도 사진을 보면 달력이나 호프 집에서 본 기억이 나기 마련인 바로 그 성이다. 월트 디즈니(Walt Disney, 1901~1966년)가 이 성에서 영감을 얻어 디즈니랜드의 '잠자는 숲 속의 공주 성(Sleeping Beauty Castle)'을 만들었다는 것은 잘 알려진 이야기다. 가파른 산 한복판에 솟아 오른 백색의 성. 그 위치나 외관만으로도 유럽에서 가장 아름다운 성이라고 단언할 수 있다. 자유 투어가 허락되지 않고 반드시 가이드를 따라 정해진 시간에 팀별 투어를 해야 했기에 제법 많은 시간을 고성 투어에 소비했다.

노이슈반슈타인 성과 호엔슈방가우 성

TIPS
T-153
■ TRAVEL
□ GOLF

독일 바이에른 주 퓌센에 있는 노이슈반슈타인 성(Schloß Neuschwanstein)은 '새 백조의 석조 성'이라는 뜻인데, 맞은 편에 있는 호엔슈방가우 성(Schloß Hohenschwangau) 다음으로 (1892년 완성) 지어져서 얻은 이름이다. 바이에른의 왕 루트비히 2세(Ludwig II, 1845~1886년)는 어린 시절을 부왕 막시밀리안 2세(Maximilian II, 1811~1864년)가 사들여서 고친 호엔슈방가우 성에서 주로 보냈다. 변방의 퇴락하고 오래된 성들을 환상적이고 낭만적인 중세풍으로 고쳐서 휴양지나 관광지로 삼거나 시민 계급에게 민족 정신을 고취하는 데 활용하는 분위기가 19세기 유럽 곳곳에 풍미했다. 또 하나의 이야기는 바그너의 오페라 〈로엔그린(Lohengrin)〉의 배경이 된 백조의 기사 전설이다. 예술적 감각이 뛰어났던 루트비히 2세는 바그너의 절친한 벗이자 열렬한 지지자였고, 〈탄호이저〉, 〈로엔그린〉과 〈파르지팔〉을 재현한 듯한 궁전을 짓고자 했다. 워낙 산간 오지의 난공사여서 루트비히 2세는 이 성을 짓느라 바이에른의 국고를 탕진했고 결국 이 문제로 퇴위당해 죽음을 맞았기 때문에 성의 완공도 보지 못 했다. 노이슈반슈타인 성은 완공 후 성으로는 쓰이지 못한 채 곧바로 관광지화되었고, 지금도 독일의 성 가운데 가장 널리 알려져서 수많은 관광객이 찾고 있다.

스위스로 가는 길. 독일의 국경 마을 퓌센에서 둘러본, 지상에서 가장 아름다운 성으로 이름난 노이슈반슈타인 성(위, 가운데)과 호엔슈방가우 성(아래).

리히텐슈타인 공국은 오스트리아와 스위스 사이, 알프스 진경으로 넘어가는 길목에 있다. 중세의 숨결이 아직도 생생한 유럽엔 화석 같이 존재하는 나라도 많다. 이른바 공국(公國)이라는 초미니 국가다. 스위스의 리히텐슈타인 외에도 프랑스엔 모나코와 안도라(Andorra)가 있고, 룩셈부르크도 대공국(Groussherzogdem, 프랑스 어 Grand-Duché)이고 바티칸은 교황국이다. 중세 유럽에는 크게 세 종류의 국가가 있었다. **신성 로마 제국**처럼 황제가 다스리는 규모가 큰 나라가 제국이고, 제국의 영향을 받으며 왕이 다스리는 나라가 왕국이다. 공국은 왕국의 부속 국가라고 할 수 있다. 공국에도 여러 가지가 있지만 한 왕국의 왕족 중에 왕위를 계승하지는 못하는 차남이라든지, 나름대로 영지를 받을 자격이 있는 왕족이나 귀족에게 특정 지역을 하사하고 이를 '공국'으로 삼는 것이 일반적이었다. 스위스 관할 공국, 리히텐슈타인의 역사도 '파란만장'이다. 신성 로마 제국에 속해 있던 셸렌베르크(Schellenberg)와 파두츠(Vaduz)를 통합, 1719년 리히텐슈타인 공국이 되었다. 1차 세계 대전 후 스위스 보호국이 되어 외교는 스위스 정부가 대행한다. 그렇다고 리히텐슈타인이 스위스의 한 주라고 할 수는 없다. 명백한 독립 국가다.

신성 로마 제국
(Imperium Romanum Sacrum)

TIPS
T-154
■ TRAVEL
□ GOLF

이름에 로마가 들어가지만 이탈리아 로마가 아니라 중세부터 근대 초까지 게르만 민족을 중심으로 중부 유럽의 여러 제후국이 연합한 정치 연방체다. 대개 962년 독일 왕 오토 1세(Otto I, 912~973년)가 마자르 족(Magyar, 헝가리)의 침입을 물리친 다음 교황으로부터 황제의 관을 받은 것을 시작으로 본다. 고대 로마의 계승자를 자처하며 로마 제국이라고 하다가 13세기 이후 신성 로마 제국으로 불렸다. 교회를 지역 토호들의 침입으로부터 보호해 준 대가로 황제권을 보장받은 셈이었기에 교황, 이탈리아와 복잡한 사건이 많이 일어났다. 그 중 '카노사의 굴욕'(Humiliation at Canossa, 1077년)이 대표적이다. 황제는 독일 국왕을 겸했고, 혈통상 적장자를 제후들이 승인하는 방식으로 선출되었다. 대재상은 마인츠 대주교가 겸했고, 각 지방의 제후들은 황제와 봉건 서약을 맺었다. 황제의 주권은 독일, 이탈리아, 프랑스 동부[부르군트(Burgund)=부르고뉴]를 아우른다고 표방했지만 역사적으로 그런 경우는 잠시뿐이었고 대개는 독일만 다스렸다. 전성기는 12세기 호엔슈타우펜(Hohenstaufen) 왕가의 프리드리히 1세(Friedrich I, 1122~1190년) 때였고, 13세기 말부터는 합스부르크(Habsburg) 왕가에서 계속 황제가 나왔다. 17세기 30년 전쟁에서 패한 후 스위스와 네덜란드가 독립하고 제후국들도 거의 독립하면서 무력해졌고 1806년 나폴레옹에 의해 해체될 때는 아예 독일 제국으로 불리었다.

알프스로 넘어 가는 길목에 자리잡은 리히텐슈텐타인의 수도 파두츠. 소 조각의 표면에 그려진 것이 국기다.

리히텐슈타인은 인구 3만 명에 면적 160평방 킬로미터의 초소국이다. 수도는 파두츠이고 주민은 대체로 독일 계통이다. 국토는 청주시 정도의 면적으로 세계에서 여섯 번째로 작은데, 일인당 국민 소득은 세계 최고 수준이다. 게다가 소득 격차가 거의 없을 뿐 아니라 범죄도 거의 없다고 한다. 스위스와 달리 1990년에야 UN에 가입했다. 와인과 우표가 유명하다. 물론 우리는 유럽 '미니 국가'의 역사를 탐방하겠다고 리히텐슈타인까지 간 것이 아니다. 언젠가 세계의 특이한 (extreme) 골프장을 소개한 책자에서 리히텐슈타인의 '설원 골프장'을 본 기억이 있었다. 찾아가 보고 싶었다. 리히텐슈타인에 도착하자마자 관광 안내소 등에서 '설원 골프장'이 어디에 있느냐고 문의했지만 정확하게 아는 사람이 없었다. 넓지도 않은 국토인데 말이다. 그렇다고 아예 없다는 답도 아니었다. 있는 것도 없는 것도 아닌, 특정 시즌에만 한시적으로 운영되는 그런 골프장이었다. 요컨대 눈이 많이 오는 한겨울에 어느 알프스 자락에서 이벤트로 골프 공 치기 대회 같은 것을 한다는 정도의 홍보물을 보고 내 마음대로 상상의 골프장을 만들고 흠모해 왔던 것이다. 우리는 있지도 않은 '설원 골프장'이라는 신기루를 좇아 온

셈이었다. 맥이 풀려 **파두츠의 우표 박물관**에 갔다. 1912년 이래 발행된 300종 이상의 우표가 있다. 🌏

파두츠 우표 박물관 (Postmuseum Liechtenstein)	TIPS T-155 ■ TRAVEL ☐ GOLF

1930년에 개관한 이래 연중 무휴로 운영하고 있다. 리히텐슈타인은 아름다운 우표를 만들어 우표 애호가나 관광객에게 파는 우표 산업을 발전시켰다. 현재 우표 판매 수입이 국가 수입의 30퍼센트가 넘는다. 우표 박물관에서 엽서를 사면 예쁜 소인을 찍어 준다.

국왕이 자주 찾는다는 레스토랑에서 리히텐슈타인 나라 전체를 내려다보며 식사를 하고 질 좋은 와인 세 병을 샀다. 파두츠에 있는 우표 박물관(Postmuseum Liechtenstein)에서. 리히텐슈타인 같이 지구상에서 가장 작은 나라에 큼지막한 우표 박물관이 있다는 것은 아이러니하다.

[09] 서유럽의 '사운드 오브 골프'
인터라켄(Interaken), 스위스(Switzerland(Swiss))
[Ed-005] 융프라우요흐(Jungfraujoch)의 골프 홀

유럽의 지붕에 '붉은 악마'를 심다

🌐 회색 도시 취리히에서는 잠만 자고 인터라켄(Interlaken)으로 향했다. 인터라켄에 '베이스 캠프'를 차리고 융프라우(Jungfrau)에 오르기 위해서다. 가는 길에 험한 알프스 산맥의 산봉우리도 몇 개 넘었다. 알프스 산길은 소의 내장처럼 얽히고설켜 있지만 위험하지는 않았다. 스위스 사람들은 이 험준한 알프스에도 거미줄 같은 도로망을 안전하게 건설해 놓았다. 까마득한 언덕을 차곡차곡, 지그재그로 밟고 올라가는 산악 도로는 결빙 시즌만 아니라면 최상의 드라이브 코스다. 알프스에서는 명함도 못 내밀 꼬마 봉우리들조차 경치는 **몽블랑** 못지않았다. 하지만 운전대를 잡은 사람은 모름지기 안전 운전에만 전념해야 한다. 같은 여행자 신분이라도 운전대를 잡으면 장님, 귀머거리, 벙어리 3년, 때 아닌 시집살이 신세였다. 굽이 굽이 고개를 돌 때마다 또 다른 절경이 펼쳐지는데 굽이길에서 한눈을 팔 수 없는 운전자에게는 고행의 길이었다. 빙하 호수

몽블랑(Mont blanc)　　TIPS
　　　　　　　　　　　T-156
　　　　　　　　　　　■ TRAVEL
　　　　　　　　　　　□ GOLF

프랑스에서는 몽블랑, 이탈리아에서는 몬테 비안코(Monte bianco)라고 부른다. '흰 산'이라는 뜻이다. 알프스 산맥의 최고봉으로 높이는 4,807미터이고 빙하가 발달했다. 몽블랑 기슭의 샤모니(Chamonix)에서 1924년 첫 동계 올림픽이 열렸다. 1965년 완공된 11.6킬로미터의 몽블랑 터널이 프랑스와 이탈리아를 연결하며, 리프트와 케이블카가 설치돼 있어 해마다 수많은 관광객이 찾는다.

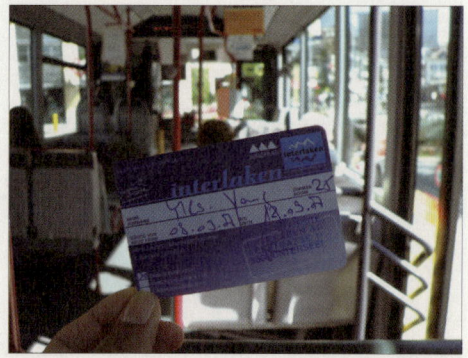

브리엔츠 호$^{(Brienzersee)}$가 나타났다. 인터라켄에 들어선 것이다. 더는 참을 수 없어 차를 세웠다. 찬란했다. 푸른 에메랄드 호수를 눈이 시리도록 바라만 보고 있어도 좋았다. 박하를 한 입 가득 문 것처럼 코가 뻥 뚫리더니 폐 속까지 시원해진다.

인터라켄에서 어렵게 호텔 옥탑방을 구해 하루를 유(留)하고 융프라우요흐(Jungfraujoch) 행 기차에 올랐다. 노란색 산악 열차 차창으로 머리 내밀고 팔을 뻗어 찍는 알프스 인증 샷, 광고에 흔히 등장하는 그 장면을 당연히 연출해 볼 계획이었다. 그러나 공교롭게도 우리가 융프라우에 오른 날은 유명한 스위스 산악 마라톤 대회가 열리는 날이었다. 설불리 차창 밖으로 머리를 내밀었다가는 안으로 복귀가 불가능할 정도로 열차 안은 인산인해였다. 기차를 타고 가는 게 아니라 사람들에게 떠밀려 알프스를 오르는 기분이었다. 알프스의 최고봉은 프랑스의 몽블랑(4,807미터)이다. 융프라우(4,158미터)는 높이로는 몽블랑에 한참 못 미친다. 그럼에도 융프라우를 '유럽의 지붕(Top of Europe)'이라 부르는 이유는 열차를 타고 오를 수 있기 때문이다. 스위스는 1912년 장장 16년간의 공사 끝에 융프라우 바로 아래까지 철로를 깔았다. 레일과 톱니 바퀴를 연결하는 **압트**(Abt)**식 철도**를 개발했기 때문에 가능했던 것이다. 덕분에 전문 산악인이 아니어도 편히 앉아 알프스를 '정복'할 수 있게 되었다.

압트식 철도

TIPS
T-157
■ TRAVEL
□ GOLF

일종의 톱니 바퀴 열차로 가파른 경사에서도 미끄러지지 않는 철도 방식이다. 랙 레일을 부설하기 때문에 랙 철도(Rack railway)라고 부르는데 이를 고안한 스위스의 엔지니어 압트(Carl Roman Abt, 1850~1933년)의 이름을 따서 압트식 철도라고도 부른다. 스위스와 독일의 산악 철도를 시작으로 지금도 여러 곳에서 이용되고 있고, 아시아에서는 일본의 미나미 알프스 산간에서 이 방식의 열차가 운행된다.

기차는 두 시간 반쯤 달려 해발 3,454미터의 융프라우요흐 역에 도착했다. 별천지였다. 만년설에 갇힌 고요한 알프스 영봉들이 의연하게 미소를 짓고 있었다. 넋을 놓고 바라만 보고 있었다. 설원에 반사되는 햇빛 때문에 제대로 눈을 뜰 수 없었다. 미간은 찡그리고 있었지만 입에는 웃음이 떠나지 않았다. 말을 할 수가 없었다. 대자연은 과연 위대했다. 감동이 지나쳤는지, 고산증이 온 것인지 심장 박동 소리가 커지고 어지러운 느낌이었다. 정신을 추스르려고 잠시 앉았다. 뭔가 익숙한 'Golf'라는 단어가 눈에 들어왔다. '유럽에서 가장 높은 골프 홀, 해발 3,400미터. 융프라우요흐 골프(Highest golf hole in Europe : 3,400mts — Jungfraujoch Golf)' 전망대에서 왕복 1킬로미터 거리에 있는 어드벤처 월드에는 갖가지 아웃도어 레포츠 종목별 시설이 마련되어 있는데, 그 가운데 골프도 있다는 것이다. 고산의 눈길 위를 왕복해야 한다니

융프라우(Jungfrau)는 독일어로 처녀를, '요흐(Joch)'는 '산마루가 움푹 들어간 곳'을 뜻한다. 곧 융프라우요흐는 융프라우 봉(4,158미터)과 묀히 봉(Mönch, 4,107미터) 사이의 가장 낮은 고갯마루로, 융프라우 등산의 거점이다. 인터라켄에서 열차로 2시간 30분 걸린다. 철도는 1912년에 완공되었다. 융프라우가 바라보이는 묀히 봉 남쪽 사면 쪽에 호텔과 식당, 스키 학교 등의 시설이 있고, 스핑크스 전망대, 얼음 궁전 등을 돌아볼 수 있다.

부담이 되긴 했지만 참새가 방앗간을 지나칠 수는 없었다. 푸른 잔디 대신 눈부신 **알레치 빙하**(Aletsch Glacier) 위에 마련된 티잉 그라운드와 120미터 거리의 그린—빙판 그린이니 '화이트'라고 해야 할까?—에는 깃발이 힘차게 날리고 있었다. 10스위스프랑을 내면 한 번 샷을 할 수 있다. 남녀 골프채가 따로 준비되어 있고, 온 그린 여부는 그린에 설치된 카메라를 통해 확인할 수 있었다. 도전장을 내고 분홍색 공을 받았다. 신중하게 5번 아이언을 골라 들고 순서를 기다렸다. 공을 만지작거리며 긴장을 풀었다. 이렇게 많은 다국적 갤러리 앞에서 샷을 날리기는 처음이었다. 홀인원을 하면 10만 스위스프랑 상당의 피아제(Piaget) 시계를 준단다. 피아제는 고사하고 제발 헛스윙만 하지 않았으면 하는 마음뿐이었다. 드디어 차례가 왔다. 골프 투어리스트답게 늘 골프 웨어를 일상복으로 입고 다니던 터라 복장만큼은 완벽했다. 골프화까지 신고 융프라우에 오른 한국 여성 골퍼에게 내막을 알 리 없는 다국적 갤러리들이 환호했다. 그들의 기대만큼 내 어깨에도 힘이 들어갔다. 정신없이 휘둘렀다. 아이언 헤드에 제대로 맞은 느낌이었다. 공은 쭉쭉 뻗어나갔다. 설원 위의 분홍색 공은 선명한 궤도를 그리며, 그린과는 멀찌감치 떨어진 곳으로 바람을 타고 쭉쭉 날아갔다. 유럽의 지붕에 분홍색 골프 씨앗을 뿌리는 순간이었다. 골짜기가 깊어 결국 공의 끝은 볼 수 없었다. 🌐

알레치 빙하
(Aletschgletscher)

TIPS
T-158
■ TRAVEL
□ GOLF

주 빙하의 길이만 24킬로미터가 넘고, 평균 너비 1.8킬로미터에 두께가 800미터가 넘는 곳도 있는 거대한 빙하다. 몇 개의 빙하가 합쳐져 '대알레치'를 이루며 지금도 끊임없이 조금씩 움직인다. 2001년 유네스코 자연 유산에 등재되었다. 알프스에서는 물론 서부 유럽에서 가장 큰 빙하라는 점뿐 아니라 스위스에서 19세기 말부터 알레치 빙하를 연구해 왔다는 점도 고려되었다고 한다. 가이드가 안내하는 트래킹 코스도 있다.

[09] 서유럽의 '사운드 오브 골프'
루체른(Luzern), 인터라켄(Interlaken), 스위스[Switzerland(Swiss)]
[09-066] 골프 클럽 인터라켄-운터젠(Golfclub Interlaken-Unterseen)

알프스에서 만난 '용병의 후예들'

어린 시절 심취했던 『알프스 소녀 하이디』의 영향인지, 텔레비전에 나와 "후디리요 후디리리 후디리요"라며 요상한 혀 꼬임 노래를 부르던 '김홍철과 친구들' 탓인지 스위스에 대한 환상은 지나친 면이 있었다. 스위스! 하면 지천에 맑은 시냇물이 넘쳐 흐르고 어디든 새빨간 **알펜로제**가 이슬 먹고 피어 있을 것만 같았다. 다행히 네덜란드처럼 환상이 깨지지는 않았다. 스위스 알프스 산맥의 풍광은 독보적으로 아름다웠다. 물론 스위스는 자연 경관의 관광 수입만으로 먹고 사는 '게으른' 나라가 아니다. 융프라우에 철로를 깔아 스스로 관광 대국으로 성장해 왔을 뿐 아니라 스위스 은행을 통해 취리히를 세계적 금융 도시로 일으키며 부유한 국가가 되었다. 나름대로 '아픈' 역사가 있다. 나라 땅의 대부분이 높은 산악 지대인지라 먹을 것도 부족하고 늘 가난에 시달렸다. 그래서 발달한 산업 중의 하나가 군인 수출, 즉 용병 비즈니스였다. 많은 남성들이 해외로 나가 남의 왕실과 나라를 대신 지켜 주며 가족의 생계를 책임졌다. 과거 유럽에서 '스위스 용병[라이슬로이퍼(Reisläufer)]'이라는 말은 우리의 '우는 아이도 울음을 그

알펜로제(Alpenrose)
TIPS T-159
■ TRAVEL
□ GOLF

알펜로제는 이름 그대로는 '알프스의 장미'라는 뜻이지만 꽃은 철쭉과 닮았다. 피레네 산맥이 원산지인 진달래과의 상록관목으로 붉거나 진분홍색 꽃이 한 꽃대에 6~12개로 무리지어 핀다. 에델바이스와 함께 알프스에서 널리 피는 꽃으로 스위스의 상징처럼 여겨지기도 한다.

스위스 인터라켄(Interlaken)의 여러 풍광들.

칠 정도'로 무시무시한 존재였다. **군용 칼**^(Swiss Army Knife)이 유명한 것도 이와 무관하지 않다. 인터라켄으로 오던 길에 지나친 루체른^(Luzern)에는 〈빈사의 사자상^(Löwendenkmal=Lion Monument)〉이 있다. 프랑스 혁명 당시 루이 16세^(Louis XVI, 1754~1793년)와 마리 앙투아네트^(Marie Antoinette, 1755~1793년)를 보호하다 순직한 786명의 스위스 용병을 기리기 위한 조각상이다. 자신들을 고용한 왕이 튈르리 궁^(Palais des Tuileries)을 빠져나간 다음에도 이 외국인들은 거대한 프랑스 혁명군에 맞섰다. 시민군이 항복하라고 회유했을 때에도 "우리가 살기 위해 도망가는 것은 스위스 용병의 불명예다!"라며 목숨을 바쳤단다. 고용주인 왕이 항복해도 좋다는 명령을 내리지 않았기 때문이었다. 1527년 신성 로마 제국 황제 카를 5세가 프랑스 세력을 몰아내기 위해 '로마의 약탈'을 감행하여 교황청이 함락되었을 때도 클레멘스 7세^(Clemens VII, 1478~1534년)를 끝까지 지킨 것은 스위스 용병뿐이었다. 그래서 지금도 로마 교황청은 스위스 용병만 고용한다. 아닌 게 아니라 스위스 인은 융통성이 없어 보일 정도로 우직하다. 골프장을 찾아가던 길에 사진을 몇 장 찍기 위해 주차장에 차를 세웠다. 인터라켄의 외진 도로변의 무인 유료 주차장이었다. 다른 유럽 국가들처럼 주말엔 무료가 아닌가 싶어 우린 다른 차의 동태를 살피고 있었다. 머지않아 차 한 대가 들어왔다. 운전자가 차에서 내리더니 셀프 카운터에 코인을 넣고 사라졌다. 우리도 정산을 위해 동전을 찾고 있는 동안 그 운전자는 물건을 가지고 돌아와 차를 몰고 나갔다. 불과 1분여의 시간이었지만 당연하게 주차비를 정산하고 갔다.

스위스 칼(Swiss Army Knife)

TIPS
T-160
■ TRAVEL
□ GOLF

흔히 '스위스 칼' 혹은 '맥가이버 칼'이라 불리는 빅토리녹스 사(Victorinox AG)의 다용도 주머니칼이다. 일반적으로 나이프, 이쑤시개, 핀셋, 가위, 드라이버, 병따개가 함께 있다. 정품에는 십자가와 방패 모양의 로고가 새겨져 있다. 칼 엘스너(Karl Elsener)라는 사람이 스위스 군대에 납품하기 위해 1890년에 당시 군인에게 필요한, 여러 기능을 장착한 다용도 칼을 개발하고 이후 이를 바탕으로 빅토리녹스를 설립했다. 빅토

리녹스는 엘스너의 어머니의 이름을 딴 것이라고 한다. 1945년 미군 PX에서 대량으로 판매하기 시작했으며 미국인들이 원래 이름을 발음하기 어려웠기 때문에 '스위스 아미 나이프(Swiss Army Knife)'라고 부르기 시작했고 이 이름으로 세계적 명성을 얻었다. 처음 납품할 때의 이름은 '슈바이처 오피치어즈메서(Schweizer Offiziersmesser)'였다.

카펠 교(Kapellbrücke)는 스위스 루체른의 상징인 오래된 목조 다리다. 로이스(Reuss) 강을 대각선으로 가로지른다. 1333년에 처음 지어졌고 화재로 불타기도 했다. 유럽에서 가장 오래된 지붕 있는 목조 다리이자 세계에서 가장 오래된 트러스 교다. 다리 가운데 있는 팔각형 돌 탑(Wasserturm)은 과거에 감옥, 고문실 등으로 쓰였다. 다리 지붕 안쪽의 삼각형 박공 면에는 루체른의 역사를 보여 주는 패널화가 있다. 이 다리를 건너가면 〈빈사의 사자상〉도 볼 수 있다.

09-066

INTERLAKEN
SWITZERLAND

골프 클럽 인터라켄-운터젠
GOLFCLUB INTERLAKEN-UNTERSEEN

① 1966년 개장, 18홀, 6,200미터 [6,780야드]
① 주소: PO Box, 3802 Interlaken, Switzerland
① 홈페이지: http://www.interlakengolf.ch

골프 클럽 인터라켄-운터젠(Golfclub Interlaken-Unterseen)은 20세기 초부터 골프를 치곤 하던 곳으로 1966년에 관광 촉진을 위해 정식 골프장으로 개발했다. 파크랜드 스타일로 처음에는 9홀, 곧이어 9홀을 다시 개발했고, 2000년대 들어 코스를 크게 다듬었다. 두 개의 호수와 알프스를 끼고 있고 인근이 자연 보호 구역이라서 고산 식물들이 아름다움을 더한다.

'인터라켄(Interlaken)'은 '두 호수의 사이'라는 뜻이다. 지도를 보면 알 수 있듯이 인터라켄은 알프스 비경에 일조하는 툰 호수(Thunersee)와 브리엔츠 호수(Brienzersee) 사이에 위치하고 있다. 두 호수 사이에는 인터라켄만 있는 것이 아니다. 골프장도 하나 자리 잡고 있다. **골프 클럽 인터라켄-운터젠**(Golfclub Interlaken-Unterseen)이다. 이 골프장 코스에 서면 눈 쌓인 알프스가 파노라마처럼 펼쳐진다. 클럽하우스 뒤의 이름 모를 알프스 봉우리에서 패러글라이더들이 꽃잎처럼 바람을 타고 내려오고 있었다. 코앞에 깎아지른 봉우리가 펼쳐지는데 페어웨이는 믿을 수 없을 정도로 평평했고 바람이 잠겨 푸근한 느낌이었다. 잔디가 푸르다고는 할 수 없었지만 나무나 꽃들은 여느 골프장 못지않게 형형색색의 자태를 뽐내고 있었다. 코스가 평이해 마음이 편했다. 일부 파 4 홀과 파 5 홀이 다소 긴 감이 있고 이따금 워터 해저드가 가로막기는 했지만 정직하게 모든 것이 드러나 있는 골프 코스였다. 누구라도 베스트 스코어 갱신에 도전할 만했다.

별다른 어려움 없이 모처럼 여유를 만끽하며 게임을 즐기고 있었다. 언제부터인지 뒤의 팀 사람과 자주 시선이 마주치는 느낌이 들었다. 그 눈빛이 동양인에 대한 단순한 호기심으로만 보이지 않았다. 뭔가 우리에게 할 말이 있는 듯싶었다. 그렇게 세 홀 정도 지나고 그린에서 퍼팅을 하는데 한 남자가 우리 쪽으로 다가왔다. 왜 1인 그린 피로 두 명이 플레이를 하느냐고 따지듯이 물었다. 순간 모든 것이 이해되었다. 트렁크에 두 개의 골프 백과 여행 가방을 채우고 다녀야 했던 우리는 공간 문제로 트롤리를 한 대만 구입했다. 대개는 골프장에서 트롤리를 하나 더 빌렸지만 아주 피곤한 날은 골프 백 하나에 클럽 두 세트를 장전하고 남편이 혼자 트롤리를 끌곤 했다. 물론 2인 그린 피를 지급하고 손바닥만한 영수증 두 장을 잘 보이는 곳에 붙이고 다녔다. 아마도 뒷 팀과 거리가 있다 보니 영수증이 보이지 않았던 모양이다. 하나 뿐인 골프 백에 2인 플레이를 보고 오해를 한 것이다. 영수증을 보여 주자 멋쩍게 웃으며 돌아갔다. 유럽 대륙으로 건너오면서부터는 이런 식으로 2인 플레이를 자주 했는데 생각해 보니 오해의 소지가 있었다. 그럼에도 10여 개 나라를 지나오면서 지적을 받기는 처음이었다. 극한에서도 신의를 지켰던 스위스 용병의 후예들, 그들의 우직한 준법 정신을 몸으로 체험했다.

[09] 서유럽의 '사운드 오브 골프'
인터라켄(Interlaken), **스위스**〔Switzerland(Swiss)〕→ **밀라노**〔(Milano(Milan)〕, **이탈리아**(Italia)
[Ed-006] 인터라켄에서 밀라노까지

환상의 빙하 계곡 드라이브 코스

🌐 스위스를 떠나는 것은 여러 가지로 아쉬웠다. 인터라켄 시내를 돌아보고 간단하게 이것저것 쇼핑도 하면서 오전을 보냈다. 가능하다면 오늘 이탈리아까지 가지 않고 알프스 빙하 계곡 어딘가에서 하루를 지내도 괜찮겠다 싶었다. 오후가 되어서야 인터라켄을 떠났다. 인터라켄에서 밀라노로 가는 길은 두 갈래다. 알프스 산맥을 정면 돌파할 것이냐, 아니면 루체른 쪽으로 우회할 것이냐. 눈이 쌓이는 겨울철이라면 우회할 수밖에 없다. 알프스를 넘는 길이 폐쇄되기 때문이다. 우리는 바센(Wassen)을 거쳐, 즉 알프스를 넘어 이탈리아로 가기로 했다. 호수가 보이는 고속 도로 무인 쉼터에서 우아하게 에비앙을 부어서 라면을 끓여 먹었다. 인터라켄에 한국인이 운영하는 '구멍 가게'가 있어서 라면이며 김밥, 통조림, 고추장 등을 든든하게 구입한 터였다.

📷 인터라켄 시내에는 관광객을 위한 기념품 가게가 많다. 스위스와 스위스 군용 칼, 초콜릿, 등산 용품 등이 유명하다.

스위스는 도로변 휴게 공간도 잘 정비해 놓았다. 깨끗한 화장실과 세면장은 기본이고 경우에 따라서는 고기를 구워 먹을 수 있는 화덕과 석쇠까지 비치되어 있다. 폴란드에서 왔다는 가족이 장작불에 돼지고기 주물럭 비슷한 것을 굽고 있었다. 루체른 쪽으로 가다가 우회전하여 바센 방향으로 접어들었다. **주스텐 파스**(Susten Pass)를 타고 알프스를 넘기로 했다. 산길이 험해지면서 차들이 눈에 띄게 줄어들었다. 대신 질주하는 모터사이클이 늘어났다. 이탈리아로 가는 지름길이기는 하지만, 설악산 한계령이나 미시령 길과는 규모가 다른 험로였다. 이 고갯길의 정점은 해발 3,503미터나 된다. 길은 아주 잘 닦여 있지만 비좁다. 경사도 가파른 데다 좌우로 깊이를 헤아릴 수 없는 계곡이 펼쳐지므로 운전자는 잠시도 한눈을 팔 수 없다. 반면 조수석에 앉은 사람에게 이 길이야말로 유럽 자동차 여행의 백미라 할 만하다. 한니발(Hannibal, 기원전 247~183년)처럼 알프스를 넘는다는 즐거움에다가 해발 2,000미터 무렵부터는 태고의 신비를 간직한 빙하가 보이기 시작한다. 중간에 차를 세우고 버너를 꺼내 물을 끓였다. 커피 생각이 간절했다. 산 기운이 제법 차다. 바람이 몰려오는가 하면 짙은 물안개가 이 산, 저 산, 이 봉우리, 저 봉우리로 순식간에 몰려다녔다. 향후 어떻게 변할지 짐작하기조차 어려웠다. 산봉우리든 계곡, 빙하든 우리가 환호성을 지를 만한 곳에는 어김없이 사진을 찍

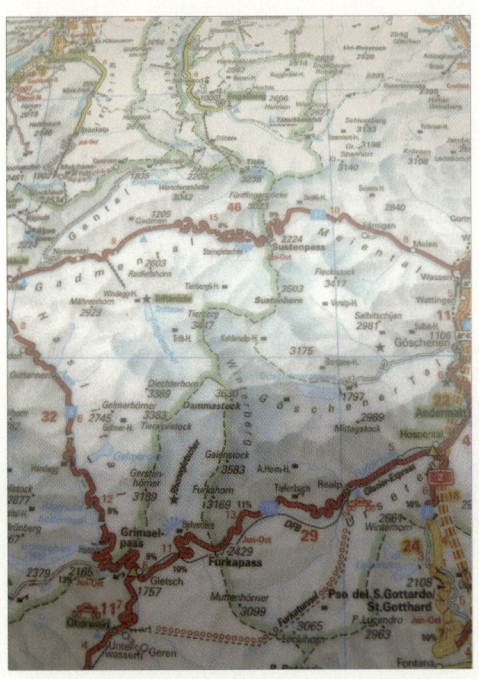

주스텐 파스(Susten Pass)

TIPS
T-161
■ TRAVEL
□ GOLF

스위스 베른(Bern) 쪽에서 이탈리아로 넘어가는 알프스의 고갯길이다. 왕복 2차선 도로로 기상에 따라 출입이 제한되기도 한다. 알프스를 통과하는 '파스(Pass)'는 여럿 있는데 그 중에서도 '주스텐 파스'는 매우 웅장하다. 해발 2,000미터 이상이며 최고점은 3,500미터가 넘는다. 슈타인 빙하(Stein-gletscher)의 멋진 경관을 볼 수 있어 관광객들도 많이 찾는다. 또한 '푸르카(Furka)파스', '그림젤(Grimsel) 파스'와 이어서 세 개의 파스를 돌아 보는 루트도 개발되어 있다. 이 길은 1938년부터 만들어져 1945년에 개통되었다. 바센은 주스텐 파스가 끝나는 지점이다. 해발 930미터의 산간 마을로 인구가 455명에 불과하다.

👆 지도 아래쪽의 빨간 선이 그림젤 파스(Grimsel Pass)와 푸르카 파스(Furka Pass)이고, 위쪽이 주스텐 파스다.

거나 '묵상'을 할 수 있도록 주차장과 간단한 휴게 공간이 마련되어 있었다. 우리는 거의 모든 주차장이나 휴게소에서 차를 세웠다. 알프스의 모습은 위치에 따라 시간의 변화에 따라 달라졌다. 카메라의 성능이 조금만 더 좋았다면…, 아쉬움이 컸다. 물론 성능이 아무리 뛰어나다고 해도 기계로 자연을 복제하는 데는 어차피 한계가 있다. 바센을 지나자 산간 마을이 이어지기 시작했다. 숙소가 보이는 곳마다 들러 방을 알아 보았지만 허사였다. 하이킹 시즌이고 주말이라서 방을 찾기 어려울 것이라고들 했다. 우리가 가야 할 길은 너무 멀었다. 아득한 '사바 세계'를 향해 아주 깊게 액셀을 밟기 시작했다. 알프스 산맥은 유럽 중남부에 우뚝 솟아 프랑스, 스위스, 이탈리아, 오스트리아, 독일에 걸쳐 있으며 이들 나라들을 구획하는 기준이다. 불어로는 알프(Alps), 이탈리아 어로는 알피(Alpi), 독일어로 알펜(Alpen)이다. 알프스는 이미 하나의 상징이다. 일본에는 '일본의 마테호른(Matterhorn)'이라고 부르는 **기타 알프스**(北アルプス, 해발 3,190미터)가 있고, 호주에서는 스노이 마운틴(Snowy Mountains, 해발 2,208미터)을 '**호주 알프스**(Australian Alps)'라 부른다. 한국에서도 가을철 억새 군락이 절경을 이루는 영남 일대 백색의 산무리를 '**영남 알프스**'라 부른다. 알프스는 문화적으로도 유럽을 남북으로 가른다. 르네상스는 알프스 남쪽의 일이었고 종교 개혁은 알프스 이북에 해당하는 말이었다. 독일의 유명한 로맨틱 가도는 신성 로마 제국에서 무역과 성지 순례를 위해 알프스를 넘어 로마로 가던 길이다.

해발 3,503미터 주스텐 파스(Susten Pass) 중간 지점에 차를 세우고 인터라켄 기념품점에서 구입한 커피 잔을 개시했다. 산 아래의 옹기종기 작은 마을들과 거대한 빙하와 초록 잔디가 안개 속에서 환상적 분위기를 연출했다.

주스텐 파스. 운전자 입장에서는 한 순간도 방심할 수 없는 험로이지만, 조수석에서는 절경을 만끽할 수 있다.

세계의 알프스들

TIPS
T-162
■ TRAVEL
□ GOLF

'일본 알프스'는 일본 중부의 아카이시 산맥(赤石山脈), 히다 산맥(飛騨山脈), 기소 산맥(木曽山脈)을 아우르는 별명이다. 해발 2,000미터가 넘는 산들이 이어지는데 나가노 현의 히다 산맥은 '북 알프스(기타 알프스)', 야마나시와 시즈오카 현에 붙어 있는 아카이시 산맥은 '남 알프스(미나미 알프스)'라고 부른다. 북 알프스의 야리가다케(槍ヶ岳, 해발 3,180미터)가 '일본의 마테호른'으로 불린다. 가장 높은 봉우리는 미나미 알프스의 기타다케 산(北岳, 해발 3,193미터)이다. '호주 알프스(Australian Alps)'는 호주 동남쪽의 해발 2,000미터가 넘는 고산들이다. 호주에서 가장 높은 코지우스코 산(Kosciuszko, 해발 2,228미터)과 스노이 마운틴을 포함해 16개의 국립 공원과 보호 구역을 아우른다. 트래킹 코스로는 650킬로미터나 되는 광대한 지역이다. 우리 나라의 '영남 알프스'는 경상도의 해발 1,000미터가 넘는 산들이 이어지는 일대를 가리킨다. 낙남정맥의 가지산(1,241미터), 신불산(1,159미터) 등으로 다른 나라의 알프스처럼 높지는 않지만 경관이 수려하고 골짜기마다 통도사, 석남사, 운문사 등 이름 높은 사찰들이 자리하고 있어 많은 사랑을 받는다. 이 밖에도 알프스라는 이름을 별칭으로 붙인 곳은 지구상에 여러 곳이 있는데 뉴질랜드 남섬의 쿡 산이 자리한 산맥을 '남알프스(Southern Alps)'라고 하며, 미국 워싱턴 이사콰의 고원을 흔히들 '이사콰 알프스(Issaquah Alps)'라고 부르고, 루마니아 카르파티아 산맥 남쪽도 '트란실바니아 알프스(Transylvanian Alps)'라 부른다. 달에도 알프스의 이름을 딴 '몬테스 알프스(Montes Alps)'가 있다.

♣ '알프스의 선물' 스위스는 드라이브를 즐기는 이들의 천국이다. 매년 5월 말 문을 여는 드라이브 코스(지도에는 'Pass'라고 쓰여 있고 독일어로 '파스'라 읽는다.) 중 파스 3총사로 알려진 푸르가, 그림젤, 주스텐 파스가 특히 유명하다.

스위스에서 알프스를 넘어 이탈리아로 가는 길은 오늘날에도 멀다. **생 고타르**(Saint Gotthard, 이탈리아 어 San Gottardo) **터널**을 지나야 한다. 생 고타르 고개는 중세 이래 이탈리아와 중유럽을 잇는 통로였다. 이 고개에 터널이 뚫린 것은 1882년 5월 20일 준공된 철도 터널이 최초다. 착공한 지 10년 만이었다. 공사 중에 노동자 310명이 죽었고 사업을 수주한 건설업자는 파산했다. 그 후 100년이 지난 1980년에 도로 터널이 개통되었다. 우리는 그 터널을 지났다. 무려 16킬로미터가 넘는 터널은 길고 지루했지만, 터널 안에서만 들을 수 있는 라디오 방송이 따로 있었다. 주로 음악이 나왔다. 내용은 알아 들을 길이 없었다. 스위스 국경을 벗어날 무렵 해가 기울기 시작했다. 밀라노를 한 시간 거리쯤 남겨 두고, 호수가 유명한 코모(Como)라는 소도시로 갔다. 코모의 호텔을 모조리 돌아다녔는데도 방이 없었다. 스위트룸도 없었다. 토요일이었다. 그 때부터 빈 방을 구하기 위해 무려 네 시간 넘게 밀라노 가는 길의 소도시와 마을을 전전했다. 모든 것이 가물가물해질 무렵 이름도 기억할 수 없는 어느 시골 마을에서 방을 구할 수 있었다. 이미 새벽이었다. 짐도 푸는 둥 마는 둥 그냥 쓰러져 잠이 들었다. 🌐

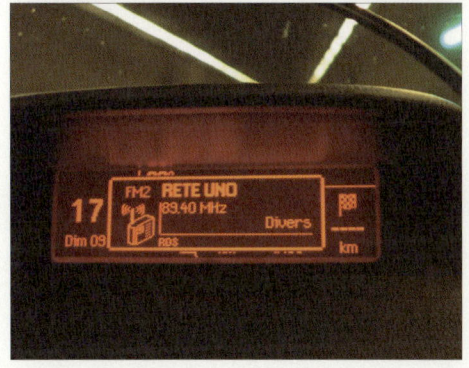

생 고타르 터널
(Saint Gotthard Tunnel)

TIPS
T-163
■ TRAVEL
☐ GOLF

알프스 최초의 철도 터널로 착공 10년만인 1882년에 준공됐다. 길이 14.8킬로미터의 터널로 스위스와 이탈리아를 연결한다. 터널이 준공되기 전에는 고개를 지나야 했다. 생 고타르 고개는 중세 이래 스위스의 티치노(Ticino) 지방과 유럽 중부를 잇는 통로였다. 티치노에서 더 남쪽으로 내려가면 이탈리아 밀라노에 이른다. 15세기에는 고개 꼭대기에 '생 고타르'라는 여행자들을 위한 호스텔(숙박소)이 있었다. 당시 터널 공사 과정에서 300명에 가까운 노동자가 목숨을 잃었고, 노동자들이 시위도 일으켰으며 공사를 수주한 스위스인은 과도한 추가 비용으로 파산했다고 한다. 철도 터널이 건설되고 한 세기 뒤인 1980년에는 길이 16.8킬로미터의 도로 터널도 개통되었다. 현재 남한에서 가장 긴 도로 터널은 동홍천-양양 고속도로에 있는 인제 터널로 11킬로미터다.

🔊 생 고타르 터널 안에서만 들을 수 있는 라디오 방송 주파수가 자동으로 잡힌다.

Susten Pass, Alps

이탈리아　10
로마로 통하지 않는 골프의 길

골프의 정신을 찾아서—유럽 골프 인문 기행 10 〔이탈리아〕

ITALIA

- 10-067 · GREEN CLUB GOLF LAINATE
- 10-068 · ASSOCIAZIONE SPORTIVA E DILETTANTISTICA GOLF CLUB VERONA
- 10-069 · CIRCOLO GOLF VENEZIA
- 10-070 · CIRCOLO GOLF UGOLINO
- 10-071 · CIRCOLO GOLF NAPOLI
- 10-072 · CIRCOLO DEL CLUB ROMA ACQUASANTA
- 10-073 · COSMOPOLITAN GOLF & COUNTRY CLUB

이탈리아   10
로마로 통하지 않는 골프의 길

패션 도시 밀라노의 테러리스트들	10-067
	그린 클럽 골프 라이나테 Green Club Golf Lainate
코끼리 아저씨와 친환경 골프장	10-068
	골프 클럽 베로나
	Associazione Sportiva e Dilettantistica
	Golf Club Verona
쇼핑에 눈먼 '이 프로'는 무죄다	10-069
	치르콜로 골프 베네치아 Circolo Golf Venezia
냉정과 열정, 혹은 꿈과 현실 사이	10-070
	치르콜로 골프 우골리노 Circolo Golf Ugolino
소렌토로 돌아올 수밖에 없는 이유	10-071
	치르콜로 골프 나폴리 Circolo Golf Napoli
골프장은 로마로 통한다	10-072
	치르콜로 델 골프 로마 아콰산타
	Circolo del Golf Roma Acquasanta
'기울어진 탑' 바로 세우기	10-073
	코즈모폴리턴 골프 앤드 컨트리 클럽
	Cosmopolitan Golf & Country Club

[10] 로마로 통하지 않는 골프의 길
밀라노〔(Milano(Milan)〕, **이탈리아**(Italia)
[10-067] 그린 클럽 골프 라이나테(Green Club Golf Lainate)

패션 도시 밀라노의 테러리스트들

🌐 화려한 역사와 첨단의 모더니티가 공존하는 이탈리아는 유럽 여행의 꽃이자 덫이다. 로마, **밀라노**, 피렌체, 베네치아, 폼페이, 나폴리, 소렌토, 바티칸 등 한 마디로 규정할 수 없는 다양한 이미지의 도시들이 산재해 있다. 볼거리가 많아서 좋기는 하지만 뭔가 나사가 풀린 듯 무질서하기도 하다. 게다가 여행객을 노린 잡다한 범죄가 지뢰처럼 깔려 있다. 우리는 둘 다 이전에 이탈리아 배낭 여행에서 쓰라린 경험을 한 적이 있다. 각자 로마와 나폴리에서 소매치기와 집시를 만나 지갑을 털렸다. 한 사람은 기차역에 내리자마자 구경 한 번 못한 채 그대로 퇴각해 프랑스 파리로 돌아갔고, 다른 한 사람은 의사 소통이 어려워 경찰서에서 도난 신고 접수도 못한 아픈 추억이 있다. 이번 투어에서도 이탈리아는 고민거리였다. '갈 것이냐 말 것이냐' '간다면 어디까지 갈 것이냐'. 긴 장화 모양의 이탈리아를 제대로 돌아보려면 바닥까지 내려가야 한다. 그리고 다시 내려간 길을 되짚어 나와야 한다. 그래도 이탈리아를 지나치기는 아쉽다는 판단에 일단 알프스를 넘어 달려왔건만, 첫날부터 고생길이 열린 터라 기대도 자신감도 바닥을 향하고 있었다. 김이 빠질 대로 빠진 채로 밀라노 시가지에 진입했다. 패션과 예술, 그리고 최첨단 산업 도시답게 거리는 화려했고 활기가 넘쳤다. 올백 머리에 콤비 차림의 청년, 쫄바지처럼 달라붙은 양복 바지에 맨발 가죽 구두가 절묘하게 어울리는 중년의 신사, 딱 떨어지는 스커트 라인에 보라색 실크 블라우스가 바람결을 타고 이리저리 몸매를 드러내 주던 지적인 아가씨, 민소매에 핫팬츠를 입고 선글라스에 말총머리를 한 애기 엄마…. 거리는 베스트 드레서 경연장을 방불케 한다. **밀라노 대성당**(Duomo di Milano)은 크기로는 메달권에 들지 못한다. 바티칸의 산 피에트로(Basilica di San Pietro in Vaticano), 런던의 세인트 폴(St. Paul's Cathedral), 독일의 쾰른 대성당(Kölner Dom)보다 작다. 하

패션 도시 밀라노 [(Milano(Milan))]

TIPS T-164
■ TRAVEL
□ GOLF

밀라노는 오늘날 런던, 뉴욕, 파리와 함께 세계 패션의 4대 수도로 꼽힌다. 전통적으로 이탈리아 안에서 학술이나 예술보다는 산업과 경제가 발달했던 밀라노에서 패션이 이처럼 꽃핀 것은 그리 오래지 않다. 19세기에 공장 시설들이 많이 들어섰는데 그 가운데 섬유, 의류 관련 공장의 비중이 아주 높았다. 이 공장 인프라와 가내 수공업자들의 기술력을 갖춘 밀라노는 20세기에 프랑스 고급 브랜드의 OEM 생산 기지가 되었다. 이 때까지도 이탈리아 패션의 중심은 피렌체였다고 한다. 1970년대에 밀라노에서 자체 브랜드들이 생기고, 1979년부터 《밀라노 패션 위크》를 개최하기 시작했다. 밀라노의 패션은 예술 작품과 같은 오트 쿠튀르(맞춤옷)가 아니라 프레타 포르테(Prêt-à-Porter), 즉 공장에서 생산한 기성복으로 요약된다. 하지만 대량 생산보다는 소규모 가내 공장에서 다품종 소량 생산을 했기 때문에 고급스러운 기성복이 탄생할 수 있었다. 우리 나라에도 들어와 있는 조르지오 아르마니, 지아니 베르사체, 지안프랑코 페레, 미우치아 프라다, 모스키노, 에트로 등의 세계적 브랜드가 모두 밀라노에 기반을 두고 있다.

지만 다른 성당들보다 밝고 화려하다. 고딕 양식이지만 첨탑이 '인간적'이고 상아색 대리석이 성당 전체를 단장하고 있기 때문이다. 광장 한가운데에는 밀라노 두오모 완공자인 나폴레옹이 말을 타고 당당하게 서 있다. 비둘기 무리가 가창오리떼마냥 먹이 든 사람을 쫓아 몰려다녔다. 우리는, 손에 옥수수 먹이를 한 줌 건네 주면서 접근하는 상인들을 피해 두오모 타워에 올랐다. 밀라노 중심가에는 일방 도로가 많은 데다가 몰려든 차들로 너무 복잡했다. 미로처럼 얽힌 시내 도로를 또다시 '링반데룽(Ringwanderung, 환상방황(環狀彷徨))'에 걸린 등산객처럼 빙빙 돌다가 겨우 빠져 나왔다.

밀라노 대성당
(Duomo di Milano)

TIPS
T-165
TRAVEL
GOLF

밀라노 대성당은 고딕 양식의 주교좌 성당이다. 1386년 밀라노 영주 잔 갈레아초 비스콘티(Gian Galeazzo Visconti, 1351~1402년)의 발의로 짓기 시작하여 거의 200년 만인 1577년에야 헌당되었고 1805년 나폴레옹이 완공했다. 나폴레옹은 이 성당을 의욕적으로 건축한 다음 여기서 이탈리아 왕 즉위식을 올렸다. 하지만 세부 공사는 계속되어서 1965년에야 마지막 출입구가 열렸다. 성당은 길이 약 157미터, 높이 108.5미터로, 바티칸의 성 베드로 대성당, 런던의 세인트 폴 대성당, 독일 쾰른 대성당과 함께 유럽의 가장 큰 성당들 가운데 하나다. 프랑스와 독일의 건축가들을 많이 참여시켰기 때문에 이탈리아 건축으로서는 고딕 요소가 매우 많고, 오랜 세월 수많은 사람에 의해서 이루어졌기 때문에 양식적으로 통일감이 없다고 지적되기도 한다. 외벽에는 크고 작은 부벽에 135개의 첨탑과 2,245점의 조각상이 장식되어 있어 매우 화려하다. 가장 높은 첨탑에는 황금 마리아 상이 있으며 대성당 앞에는 방사형 광장이 조성되어 있다. 로마 시대부터의 도시 윤곽을 간직한 도로와 광장을 중심으로 밀라노의 역사적 장소들이 몰려 있어 밀라노 관광의 기점이 된다.

10-067
MILANO (MILAN)
ITALIA

그린 클럽 골프 라이나테
GREEN CLUB GOLF LAINATE

- 1983년 개장, 18홀, 파71 / 5,774미터 (6,315야드)
- 주소: Via Alessandro Manzoni, 45, 20020 Lainate Milano, Italia
- 홈페이지: http://www.greenclubgolf.it

모던한 스타일의 그린 클럽 골프 라이나테(Green Club Golf Lainate)의 클럽하우스 레스토랑에는 골프 복장 규정이 게시되어 있다.

미리 점찍어 두었던 밀라노 근처 **그린 클럽 골프 라이나테**(Green Club Golf Lainate)를 찾아가기로 했다. 프런트 직원은 손님에게 별 관심이 없는 눈치다. 코스에 대해서도 "직접 쳐보면 안다"는, 그런 답변뿐이다. 라이나테는 1983년 개장했고 현재의 코스는 2004년 리뉴얼한 것이다. 파71에 전장이 5,774미터(6,315야드)다. 더운 날씨 탓인지 텅 비어 있어 이른바 '대통령 골프'를 할 수 있었지만, 특징도 없고 관리도 부실했다. 멀리 알프스 산맥이 흐릿하게 하늘과 경계를 이루고, 밀라노 시가지의 건물들이 나무 사이로 언뜻언뜻 보이는 것이 위안거리였다. 국립 공원과 맞닿아 있어 수목의 밀도는 높은 편이었으나 억지로 코스를 꿰맞춘 느낌이었다. 워터 해저드 네 곳과 실개천이 복병이었다. 습한 여름 기운이 한국과 비슷했고 러프는 공포의 대상이었다. 모기나 날파리가 너무 많았기 때문이다. 선선한 기후의 알프스 이북에서는 경험하지 못했던 새로운 복병들이었다. 밀라노 모기에 대한 내성이 없어서인지 물린 자리가 퉁퉁 부어올라 두툼한 종아리를 더욱 부풀렸다. 라운드를 마친 후 클럽하우스 테라스에 자리 잡고 스파게티를 주문했다. 주변 테이블에 앉아 있는 이들의 차림새가 예사롭지 않았다. 고급 패션 잡지의 모델들이 제각각 명품 브랜드들로 무장하고 앉아 화보를 촬영하는 모습 그대로였다. 본의 아니게 모델에 둘러싸인 나는 검게 그을린 얼굴에 바람막이를 걸치고 '흑백 사진'처럼 앉아 지저분한 골프화 코로 모기에 물려 부어오른 종아리를 긁적이며 크림 스파게티를 시켜 먹었다. '패션 테러리스트'가 된 기분이었다. 🌐

[10] 로마로 통하지 않는 골프의 길
베로나(Verona), 이탈리아(Italia)
[10-068] 골프 클럽 베로나(Associazione Sportiva e Dilettantistica Golf Club Verona)

코끼리 아저씨와 친환경 골프장

🌐 베네치아는 로마보다 선호도가 높은, 이탈리아 최고 관광지다. 이탈리아 입성 첫 날부터 속된 말로 '개고생'을 한지라 천하의 베네치아에 무작정 입성할 자신이 없었다. '전략 숙의'를 위해 중간 기착지로 베로나(Verona)를 선택했다. 소가 뒷걸음질 치다가 쥐를 잡듯이 결과적으로 베로나는 이번 이탈리아 여행의 백미였다. 베로나는 셰익스피어 희곡 「로미오와 줄리엣(Romeo and Juliet)」의 무대다. 알프스에서 내려온 아디제(Adige) 강이 태극의 형상으로 도시를 휘돌아 나간다. 그리 크지는 않지만 거리는 깨끗했다. 사람들은 친절했으며 볼거리도 많았다. 로마의 콜로세움을 연상시키는 원형 경기장, 극장, 광장, 두오모 등 고대 로마의 유적도 잘 보존되어 있었다. 가장 재미있는 곳은 **단테**(Durante degli Alighieri, 1265~1321년)**의 동상**이 서 있는 **시뇨리 광장**(Piazza dei Signori)과 **줄리엣**

| 단테의 동상과 시뇨리 광장 | TIPS T-166 ■ TRAVEL □ GOLF |

로마 시대 때 포룸이 개최되었던 에르베 광장(Piazza delle Erbe)과 이어지는 시뇨리 광장이 베로나의 중심이다. 람베르티 탑(Torre dei Lamberti)이 있는 에르베 광장은 지금도 시장이 서고, 시뇨리 광장은 시청사(Palazzo del Comune), 라조네 궁전(Palazzo della Ragione) 등 르네상스 시대 건물들이 둘러싸고 있다. 14세기에 베로나를 다스렸던 칸그란데 1세(Cangrande I della Scala, 1291~1329년)는 예술을 적극 후원하여 르네상스를 대표하는 단테, 페트라르카(Petrarca, 1304~1374년), 미술가 조토(Giotto di Bondone, 1266~1337년) 등이 그의 후원으로 베로나에 머물었다. 단테는 피렌체 사람이었지만 피렌체의 당파 싸움에 끼었다가 추방당하여 긴 망명 생활을 했는데, 이 때 이탈리아를 떠돌며 여러 실정을 보고 많은 작품을 남겼다. 1313년에 베로나에 온 단테는 좋은 대접을 받았고, 자신의 작품 『신곡(Divina Commedia)』의 「천국(Paradiso)」편을 베로나의 칸그란데 1세에게 헌정하기도 했다. 이것이 계기가 되어 단테가 머물던 시뇨리 광장에 동상이 들어섰다.

▌ 숨 고르기를 위해 중간 기착지가 된 베로나. 「로미오와 줄리엣」의 무대로 이탈리아 관광의 '숨은 진주'라고 할 만하다. 한 커플이 줄리엣의 집 대문에 사랑의 서약을 남겨 놓는다.

의 집(Casa di Giulietta)이다. 줄리엣의 집은 대문부터 천장까지 온통 낙서 천국이다. 전 세계에서 몰려온 연인들이 사랑의 서약을 곳곳에 남겨 놓았기 때문이다. 낙서는 세계 문자의 향연이었다. 그 사랑들이 아직도 유효한지는 알 수 없었지만 베로나가 꽤나 글로벌한 관광지라는 사실은 확인할 수 있었다.

줄리엣의 집 (Casa di Giulietta)

TIPS T-167
■ TRAVEL
□ GOLF

셰익스피어의 희곡 「로미오와 줄리엣」의 여주인공 줄리엣의 집이라고 알려진 베로나의 붉은 벽돌의 전통 2층 가옥이다. 실제 줄리엣이 살았던 곳은 아니라고 하지만, 사실 여부와 상관없이 세계에서 가장 유명한 러브 스토리의 배경으로 믿는 많은 연인이 모여든다. 관광객들이 발코니에서 기념 촬영을 하곤 하는데, 우리에게 친숙한 프랑코 제피렐리(Franco Zeffirelli, 1923년~) 감독의 영화 〈로미오와 줄리엣〉(1968년)에 등장하는 유명한 발코니 장면은 이 곳이 아니라 보르게제에서 촬영되었다고 한다. 안뜰 가운데 있는 줄리엣 동상의 가슴을 만지면 사랑이 이루어진다는 소문이 있어 가슴을 만지며 사진 찍는 사람들이 많다. 근처에 로미오의 집도 있다. 셰익스피어는 베로나를 배경으로 여러 편의 희곡을 지었는데, 로미오와 줄리엣의 모티브는 이탈리아에 떠돌던 이야기나 실화를 바탕으로 한 것으로 알려져 있다.

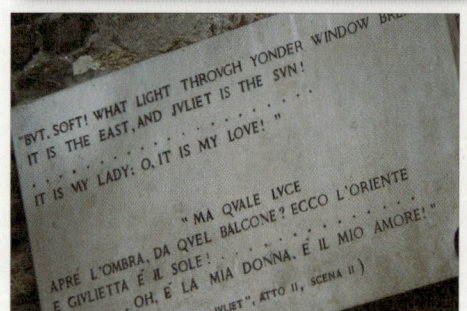

🔖 전 세계에서 몰려 온 연인들이 줄리엣의 집 대문과 벽에 사랑의 서약을 남겨 놓았다.
🔖 실제 줄리엣과는 아무 관련 없는 줄리엣의 집. 안뜰 가운데 줄리엣 동상의 가슴을 만지면 사랑이 이루어진다는 소문 때문에 줄리엣이 곤욕을 치른다.

우리에게 베로나는 먹거리도 잠자리도 최고였다. 베로나 외곽 전원에 자리 잡은 엘레판테 호텔에서 사흘을 지냈다. 네온 간판을 비롯해 실내의 각종 장식품도 모두 코끼리와 관련된 것들이었다. 사연이 궁금했다. 작은 체구에 백발이 성성한 사장님은 한쪽 다리와 눈에 장애가 있었다. 그는 직원들이 모두 고개를 절레절레 흔들 정도로 부지런했다. 젊은 시절 프랑스 리옹에서 직공으로 일했는데, 그 때 월급을 받으면 늘 찾던 레스토랑의 이름이 '코끼리'였단다. 그 시절 '코끼리 레스토랑'은 그에게 가장 풍요로운 안식처였을 것이다. 돈을 벌어 고향으로 돌아온 다음 호텔을 짓고 같은 이름의 레스토랑을 냈다. 스파게티와 스테이크 맛은 천하일품이었다. 남편은 한국 식당에서 공기밥을 추가하듯 스파게티를 더 주문해 먹었다. 오랜 시행 착오 끝에 '출품'했다는 하우스 와인도 입에 착착 감겼다. 와인과 이탈리아 정통 맥주라는 **페로니**(Peroni)를 부어라 마셔라 하면서 여독을 풀었다. 전날 밀라노 골프장에서 모기에 물린 오른쪽 발목은 거의 한 배 반이 되어 있었다. 지배인 할아버지가 '모기가 아니라 뱀에 물린 것 아니냐'며 약 상자를 가져와 직접 치료해 줬다. 식당 아주머니는 서비스 음식을 내 주셨고 마지막 날 사장님은 체크아웃을 기다렸다가 화이트 와인 한 병을 선물하며 투어의 성공을 기원해 주셨다.

코끼리 호텔 사장님의 추천을 받아 찾아간 **골프 클럽 베로나**(Golf Club Verona)는 시골 분위기를 고스란히 간직한 마을의 포도밭 곁이었다. 클럽하우스는 정통 이탈리아풍으로 붉은 기와 지붕을 덮은 석조 건물이었다. 아치형의 출입문과 창문, 벽을 휘감은 담쟁이 넝쿨이 고풍스러운 느낌을 더해 주었다. 클럽하우스 옆에는 회원들을 위한 수영장도 있었다. 무엇보다 이 골프장이 인상적이었던 것은 농약을 거의 사용하지 않는 친

페로니(Peroni) — TIPS T-168 ■ TRAVEL ☐ GOLF

로마에서 생산되는 페일 라거 방식의 맥주 브랜드다. 페로니 사는 1846년에 세워진 후 20세기 이탈리아 최대의 맥주 회사가 되었다. 알코올 함량 4.7퍼센트의 오리지널 페로니와 1963년에 론칭한 5.1퍼센트의 나스트로 아주로(Nastro Azzuro)가 대표적이다.

커미티드 투 그린 프로그램 (Committed to Green Program) — TIPS G-169 ☐ TRAVEL ■ GOLF

친환경 골프 코스 경영 인증 프로그램으로 골프 환경 기구(GEO)에 인증을 받는다. 2000년 영국에서 자연 환경을 보호하고 환경 교육을 함으로써 지속 가능한 스포츠와 여가 문화를 만들어 간다는 취지로 비영리 '커미티드 투 그린 재단'이 설립되었다.

파크 호텔 엘레판테(Park Hotel Elefante)는 외곽에 떨어져 있기는 하지만 베로나를 기억에 남게 한 안식처가 되었다. 주인이 프랑스 이주 노동자 시절 드나들며 위안을 받던 식당의 이름이 '엘레판테'였다고 한다.

10-068

VERONA
ITALIA

골프 클럽 베로나
ASSOCIAZIONE SPORTIVA E DILETTANTISTICA
GOLF CLUB VERONA

ⓘ 1963년 개장, 18홀, 6,054미터 (6,621야드)
ⓘ 주소: Località Ca' del Sale, 15, 37066 Sommacampagna Verona, Italia
ⓘ 홈페이지: http://www.golfclubverona.com

골프 클럽 베로나(Golf Club Verona)는 베로나 시내에서 서쪽으로 7킬로미터쯤 떨어진 시골 마을에 있다. 1963년 9홀로 출발했고 2003년 개장 40주년을 기념해 대대적인 리노베이션을 거쳐 현재의 공격적인 코스로 재탄생했다. 친환경 인증을 받은 곳으로 관리 상태가 돋보였고 클럽하우스의 식당도 훌륭했다.

환경 코스 관리 시스템이었다. 클럽하우스 벽면엔 '**커미티트 투 그린**(Committed to Green)'이라는 초록 깃발 모양의 친환경 인증 마크가 자랑스럽게 걸려 있었다. 유럽에서 친환경 유기농 경작지에 부여하는 공신력 있는 마크다. 특히 골프장의 경우에는 이 인증서를 획득하기가 하늘의 별 따기라고 한다. 코스는 공격적이었다. 특히 전반 9홀은 좌우로 나무가 무성해 페어웨이가 아주 좁았다. 그린은 벙커와 마운드로 둘러싸여 착시에 속도감마저 환상적이었다. 지금도 눈에 선한 9번 홀(파3 / 140미터)은 숨이 턱 막힐 것 같은 **업힐**이었다. 언덕을 감안해 한 클럽 길게 잡았음에도 거리는 턱없이 모자랐다. 그린에 미치지 못한 공은 갔던 거리의 반을 도로 굴러 내려왔다. 결국 파3에서 3온을 하고 말았다. 후반 9홀은 상대적으로 페어웨이가 넓고 완만했지만 호락호락하지 않았다. 18홀을 시종일관 오르내리다 보니 체력 소모가 극심했다. 친환경이라 그런지 도마뱀을 비롯한 작은 동물들이 연신 출몰해 나도 모르게 비명을 질러대기도 했다. 베로나 골프장은 시골에 있었지만 잘 관리된 골프장 특유의 안정감과 깔끔함이 돋보였다. 직원들의 친절과 맛있는 레스토랑 음식은 코끼리 식당에 버금가는 수준이었다. 의외의 '대박' 골프장이었다. 과거 도난의 '추억'과 이탈리아 첫 날의 악몽이 눈 녹듯 사라졌다. 🌏

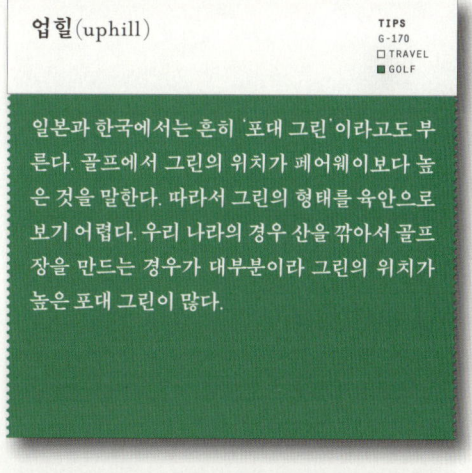

업힐(uphill)

TIPS
G-170
☐ TRAVEL
■ GOLF

일본과 한국에서는 흔히 '포대 그린'이라고도 부른다. 골프에서 그린의 위치가 페어웨이보다 높은 것을 말한다. 따라서 그린의 형태를 육안으로 보기 어렵다. 우리 나라의 경우 산을 깎아서 골프장을 만드는 경우가 대부분이라 그린의 위치가 높은 포대 그린이 많다.

🍃 친환경 코스라는 걸 인증이라도 하는 듯 코스 곳곳에서 도마뱀이 출몰하여 흠칫 흠칫 놀랐다.

[10] 로마로 통하지 않는 골프의 길
베네치아[(Venezia(Venice)], **이탈리아**(Italia)
[10-069] 치르콜로 골프 베네치아(Circolo Golf Venezia)

쇼핑에 눈먼 '이 프로'는 무죄다

베로나에서 베네치아는 지척이다. 물의 도시 베네치아는 118개의 작은 섬들이 400여 개의 다리로 연결되어 있다. 여행자들은 유럽에서 가장 환상적인 도시로 베네치아를 꼽는다. 우선 눈이 즐겁다. 베네치아에서는 어느 앵글에서 카메라를 들이대도 찍고 보면 모두 화보다. 곳곳에 정박해 있는 명물 **곤돌라**(gondola), 미로 같이 연결된 수로, 오래된 건물과 건물을 연결하는 크고 작은 다리, 상점과 노점에 빼곡히 들어찬 **가면**과

곤돌라(gondola) TIPS T-171 ☑ TRAVEL ☐ GOLF

베네치아의 운하에서 흔히 볼 수 있는 수상 보트(수상 택시)다. 그 어원은 확실하지 않다. 보통 뱃사공(곤돌리어)이 왼쪽에 서기 때문에, 배가 좌우 비대칭이다. 5~6명의 승객이나 짐을 싣고 뱃사공이 노를 저어 움직인다. 운하가 도로를 대신하는 베네치아에서는 11세기경부터 곤돌라가 교통 수단으로 이용되었다. 베네치아 공화국 시절 사치 금지를 위해 모든 곤돌라를 검정색으로 칠하게 했는데, 이것이 전통이 되어 지금도 검정색이다. 하지만 옛 곤돌라의 모양은 지금과 꽤 달랐고, 현재 베네치아에서 흔히 볼 수 있는 형태는 20세기에 들어서 계속 개조된 것이다. 16세기에는 약 1만 척에 달했다고 하는데 지금은 유람용 수백 척 정도만 남아 있다.

베네치아의 가면 TIPS T-172 ☑ TRAVEL ☐ GOLF

베네치아의 카니발은 가면으로 특히 유명하다. 기원은 정확하지 않지만 오래 전부터 베네치아 사람들은 카니발 때 가면을 쓰곤 했다. 12월 26일부터 사순절 전부터와 부활절 때, 10월 5일부터 크리스마스까지는 가면을 쓸 수 있었다. 그러다 보니 거의 1년의 반을 가면을 쓰고 신분을 숨기는 이가 많았다.

해질녘의 베네치아 운하에서 여행객은 어디에 카메라를 들이대도 멋진 풍경을 담을 수 있다.

소품 등이 대표적인 눈요깃거리다. 여기에다 곤돌라 뱃사공의 구성진 노래 소리와 골목에서 풍기는 피자 냄새가 이방인의 발목을 잡는다. 자신을 은폐함으로써 해방감을 만끽하는 수단이었던 사육제 가면의 화려함은 타의 추종을 불허한다. 베네치아는 볼거리와 먹거리, 살거리로 관광객들의 지갑을 사정없이 털어가는 도시다. 쇼핑에 별 관심이 없던 사람이 살인적 물가의 베네치아에서 '쇼핑 중독증'에 걸린다고 해도 놀랄 일은 아니다. 아기자기한 소품을 좋아하는 내게 베네치아 골목은 보물 창고였다. 일주일을 구경하고 쇼핑하며 지낸다고 해도 지루할 것 같지 않았다. 골프 관련 짐이 워낙 많아 유럽에 머무는 내내 쇼핑을 자제해 왔는데…. 위기였다.

네덜란드보다 더한 '물의 나라'에 변변한 골프장이 있을 것 같지 않았다. 게다가 중세부터 땅값이 그리 비쌌다는 베네치아에 18홀 골프장 부지를 마련하는 것도 쉽지 않을 성 싶었다. 어떤 백만장자가 땅을 장만해서는 미로처럼 얽힌 수로 사이로 요리조리 18홀을 배치했다 치자, 보나마나 워터 해저드가 필드보다 넓을 텐데 누가 비싼 돈을 내고 매 홀 골프 공을 바다에 수장시키고 싶을까? 그건 내 생각일 뿐이었다. 베네치아의 남쪽 끝 섬, 배를 타고 들어가는 그 섬에 조용하고 울창한 파크랜드 스타일의 **치르콜로 골프 베네치아**(Circolo Golf Venezia)가 있다. 치르콜로 골프 베네치아는 이탈리아 베스트 코스 중의 하나로 그 기원부터가 심상치 않다. 1928년 미국 포드 자동차 설립자인 헨리 포드(Henry Ford, 1863~1947년)가 베네치아 여행을 왔다. 포드는 베네치아에 머무는 동안 골프를 치고 싶었지만 골프장 자체가 없었다. 당시 미국은 이미 골프 붐으로 어디서

10-069
VENEZIA(VENICE)
ITALIA

치르콜로 골프 베네치아
CIRCOLO GOLF VENEZIA

ⓘ 1928년 개장, 18홀, 6,199미터 (6,779야드)
ⓘ 주소: Strada Vecchia, 1, 30126 Alberoni Venezia, Italia
ⓘ 홈페이지: http://www.circologolfvenezia.it

치르콜로 골프 베네치아(Circolo Golf Venezia)는 헨리 포드와 주세페 볼피가 만나 정통 링크스를 염두에 두고 개발했으나 파크랜드형 골프장에 가깝다. 1934년에 무솔리니(Benito A. Mussolini, 1883~1945년)와 히틀러(Adolf Hitler, 1889~1945년)가 이 골프장에서 만나기도 했다. 종전 후 세 번의 이탈리아 오픈과 세 번의 시니어 오픈을 개최한 바 있다.

나 골프를 칠 수 있던 시절이다. 헨리 포드는 이탈리아의 중심이라 할 만한 베네치아에 골프장이 하나도 없다는 사실을 받아들일 수 없었다. 벗이자 이탈리아의 호텔 사업가이던 **볼피**(Giuseppe Volpi, 1877~1947년)를 만나 불만을 토로했다. 이것은 꽤나 적절한 자극이 되어, 볼피는 곧바로 베네치아 남쪽 끝 섬 알베로니(Alberoni)를 골프장 부지로 낙점하고 정통 영국식 링크스를 모델 삼아 골프장 건설에 들어갔다. 1928년 말 알베로니 섬의 바다와 인접한 사토 위에 부드러운 언듈레이션을 얹은 9홀의 링크스 형 코스가 탄생했고 이후 18홀로 확장되었다. 버드나무, 소나무, 전나무 등 다양한 수종의 울창한 수목이 페어웨이를 둘러싸고 있는 이 코스는 사실 링크스라기보다는 파크랜드 스타일의 골프장이다. 예상 외로 골프장에 워터 해저드는 많지 않았다. 8번, 11번, 13번 홀에 걸쳐 워터 해저드가 있기는 하지만 애교로 봐 줄 만한 연못이었다. 오히려 몇몇 도그 레그 홀이 위협적이었고 페어웨이에 나무가 많아 드라이버 샷의 정확성이 관건이었다. 클럽하우스는 원래 부지 내에 있던 1820년대의 건물을 활용했다는데 해자와 가파른 방벽에 쌓인 봉건 시대의 성곽 분위기였다. 17세기식 누벽 위의 티잉 그라운드는 클럽하우스와 어우러져 고전적인 분위기를 내뿜고 있었다. 골프장도 컨디션도 모두 좋았다. 게임을 즐기기에 모든 것이 적절했다. 그러나 '전의'를 불태울 수 없었다. 여전히 갈등 중인 공예 소품 몇 가지가 눈에 아른거렸다. 결국 플레이를 끝내고 파손될 각오를 하고 소품 몇 가지를 사들고 **리알토 다리**(Ponte di Rialto) 근처의 화려한 레스토랑에서 저녁 식사로 아쉬움을 달랜 후 피렌체로 향했다. ✈

주세페 볼피
(Giuseppe Volpi, 1877~1947년)

TIPS
T-173
■ TRAVEL
□ GOLF

이탈리아 베네치아 출신의 정치가이자 사업가. 1903년에 베네치아에 전기를 처음 끌어왔고, 1912년에는 이탈리아와 터키 간의 전쟁을 종전시키는 데 기여했다. 여러 수완을 인정받아 무솔리니 정권 초기에 백작 작위를 받고 1925년부터 1928년까지 이탈리아의 재무부 장관을 맡게 되었다. 이 시기 1차 세계 대전의 채무를 정리하는 데 공을 세웠다. '베네치아 영화제'도 1932년 볼피가 처음 시작한 것이다. 지금도 베네치아 영화제 여우 주연상과 남우 주연상의 정식 이름은 그를 기려 '볼피 컵(Coppa Volpi)'이다.

리알토 다리 (Ponte di Rialto)

TIPS
T-174
■ TRAVEL
□ GOLF

베네치아에 있는 석조 다리로 도시의 상징물 중 하나다. 11세기에 처음 세워진 이래 여러 차례 개축되었다. 현재의 다리는 1591년에 대리석으로 세운 것으로 아래로 큰 배들이 지나다닐 수 있도록 아치형으로 높게 세웠다. 1800년대까지 도시를 가로지르는 대운하를 건널 수 있는 유일한 다리였다. 다리 위에는 아케이드로 상점들이 들어섰고, 다리의 서쪽 끝에는 시장이 열린다. 베네치아를 방문한 많은 문인, 화가들이 이 다리의 풍경을 그림과 글로 묘사했다. 1987년 유네스코 세계 문화 유산으로 지정되었다.

[10] 로마로 통하지 않는 골프의 길
피렌체[Firenze(Florence)], 이탈리아(Italia)
[10-070] 치르콜로 골프 우골리노(Circolo Golf Ugolino)

냉정과 열정, 혹은 꿈과 현실 사이

🌏 베네치아에서 피렌체는 생각보다 멀었다. 이탈리아 고속도로에서는 속도를 내기가 어려웠다. 피렌체는 르네상스의 발상지답게 중세의 건물과 도로가 거의 그대로 남아 있다. 여러 갈래 길이 거미줄처럼 얽혀 있어 네비게이션은 먹통이었다. 저녁 햇살을 받아 아름다운 강과 다리 너머로 두오모 건물의 실루엣이 보이기 시작했다. 물어 물어 예약한 호텔 캐나다(Pensione Canada)에 도착하니 해가 저물었다. 피렌체는 프라하처럼 중세 분위기가 잘 살아 있는 적갈색의 도시다. 레오나르도 다빈치(Leonardo da Vinci, 1452~1519년), 미켈란젤로(Michelangelo di Lodovico Buonarroti, 1475~1564년) 그리고 단테 등이 이 도시에 살았다. 내게 피렌체는 『**냉정과 열정 사이**(冷静と情熱のあいだ)』(1999년)를 위한 '마지막 약속의 땅'이다. 『냉정과 열정 사이』는 남녀 작가 두 사람이 남녀 주인공의 관점에서 매일 한 장씩 교대로 썼다는, 일본의 베스트셀러 소설이다. 마치 면도날에 베인 상처처럼 예리한 아픔을 느끼게 했던 소설의 여운은 지금도 남아 있다. 피렌체 대성당의 종탑[쿠폴라(Cupola)]은 『냉정과 열정 사이』의 마지막 배경이자 준세이와 아오이의 재회 장소다. 최우선 '순례' 코스였다. 고소 공포증으로 높은 건물에서 창 밖도 내다보지 못하는 주제

『**냉정과 열정 사이**
(冷静と情熱のあいだ)』(1999년)

TIPS
T-175
■ TRAVEL
□ GOLF

1999년 일본에서 출판된 연애 소설. 젊은 남녀의 사랑을 이탈리아 피렌체를 배경으로 그려내고 있다. 처음에는 월간지에 연재물로 실리다가 2권의 단행본으로 나왔는데 출간 당시 50만 부 이상이 판매되었다. 여자 주인공의 관점은 에쿠니 가오리(江國香織, 1964년~)가, 남자 주인공의 관점은 쓰지 히토나리(辻仁成, 1959년~)가 썼다. 2001년 동명의 영화로 만들어졌으며 이탈리아 피렌체, 밀라노 등의 아름다운 풍경과 영화 음악으로 많은 사랑을 받았다.

에 464개의 계단을 밟고 쿠폴라에 올랐다. 그 동안의 유럽 투어로 어느 때보다 하체 단련이 되었음에도 다리가 후들거렸다. 쿠폴라에서 보이는 중세 피렌체의 적갈색 풍광은 사람들을 압도한다. 하지만 쿠폴라 자체는 상상했던 모습과는 거리가 멀었다. 비좁은 공간에 사람이 너무 많았다. 연인이 애절하게 재회할 만한 곳 같지 않았다. 기둥이

두오모, 또는 피렌체 대성당이라고 불린다. 1296년 착공해 1436년에 완공했다. 오랜 건축 기간만큼 부침이 많았으나 1418년 공모에 당선된 조각가이자 건축가인 필리포 브루넬레스키(Filippo Brunelleschi, 1377~1446년)가 현재의 돔 지붕을 완성했다.

며 외벽 등 메모를 끄적일 만한 공간이라고는 모조리 낙서의 경연장이었다. 예상대로 한글 낙서도 많았다. 미켈란젤로 광장(Piazzale Michelangelo)에 갔다가 **베키오 다리**(Ponte Vecchio)를 건넜다. 보석 상점이 즐비했다. 강물은 더러웠다. **우피치 미술관**(Galleria degli Uffizi)에 가서 건물만 구경하고 시뇨리아 광장(Piazza della Signoria)으로 갔다. 복제한 다비드 상 앞에서 사진을 찍었다. 진짜 '다비드'는 아카데미아 미술관(Galleria dell'Accademia)에 산다.

베키오 다리 (Ponte Vecchio)	TIPS T-176 TRAVEL GOLF

이탈리아 피렌체의 아르노 강 위에 놓인 다리로 베네치아의 리알토 다리와 함께 상점들이 들어선 다리로 잘 알려져 있다. 우피치 미술관(당시의 관청)과 피티 궁전을 잇는 다리다. 상점가가 있는 공중 가로는 바사리가 설계한 것이라고 한다. 원래 다리 위에는 푸줏간, 생선 가게 등이 있었으나 이후 보석상으로 바뀌었다. 단테가 베아트리체와 사랑을 나누었던 곳이기도 하다.

우피치 미술관 (Galleria degli Uffizi)	TIPS T-177 TRAVEL GOLF

피렌체의 아르노 강변에 있는 미술관. 건물은 르네상스 말기의 미술가이자 미술사가인 바사리(Giorgio Vasari, 1511~1574년)의 설계로 1584년 완공됐다. 원래 메디치 가의 사무실로 쓰던 건물이다. 메디치 가에서 수집한 르네상스 회화 컬렉션은 세계 최고로 꼽힌다. 1737년 일반에게 공개되었다. 보티첼리(Sandro Botticelli, 1445~1510년)의 〈비너스의 탄생〉〈봄〉이 가장 널리 알려져 있으며, 우첼로(Paolo Uccello, 1397~1475년)의 〈산 로마노의 전쟁〉, 라파엘로(Raffaello Sanzio, 1483~1520년)의 〈후원의 성모〉, 티치아노(Tiziano Vecellio, 1488?~1576년)의 〈우르비노의 비너스〉, 카라바조의 〈바쿠스〉 등등 이탈리아 미술의 흐름을 한눈에 볼 수 있다.

우피치 미술관 앞에서. 베키오 다리.

👣👣 베키오 다리. 👣 우피치 미술관 주변 길 위의 화가 작품 앞에서 한동안 고민했다. 주변 풍광을 담아낸 작품이 많았다. 비교적 저렴한 가격에 구입이 가능했으나 가지고 다니는 것은 무리였다.

10-070
FIRENZE(FLORENCE)
ITALIA

1889년 피렌체의 영국령에 세워진, 이탈리아에서 가장 오래된 골프장 가운데 하나다. 1905년 최초의 이탈리아 챔피언십이 개최된 곳이기도 하다. 1930년대에 코스를 정비했는데 자연 지형을 살리면서 코스의 난이도를 다양하게 했다. 미국의 크리스 산텔라(Chris Santella)가 꼽은 세계의 아름다운 골프장 50군데 중 하나다.

© The Courtesy of Circolo Golf Ugolino

치르콜로 골프 우골리노
CIRCOLO GOLF UGOLINO

- 1889년 개장, 18홀, 5,741미터 (6,278야드)
- 주소: Via Chiantigiana per Str., 3, 50023 Impruneta, Firenze, Italia
- 홈페이지: http://www.golfugolino.it

피렌체 시가지 남쪽에 있는 **치르콜로 골프 우골리노**(Circolo Golf Ugolino)는 이탈리아 골프가 시작된 곳이다. 1889년 이탈리아에서 처음으로 문을 열었다. 1920~1930년대 이탈리아 정부는 관광을 살릴 목적으로 골프장 건설을 장려하고 주도하기도 했다. 당시 이탈리아 골프장의 모델이 되었던 곳이 치르콜로 골프 우골리노다. 클럽하우스는 피렌체 특유의 적갈색 지붕과 베이지 색 외벽의 건물이었다. 코스에서 가장 눈에 띄는 것은 잘 관리된 다양한 나무였다. 버섯 모양의 소나무, 하늘을 찌를 듯 쭉쭉 뻗은 사이프러스 나무, 뽀얀 먼지가 내려앉은 듯 탁한 녹색의 올리브 나무…. 다른 곳에서는 전혀 보지 못했던 신기한 모양의 나무들이 코스를 채우고 있었다. 나무가 큰 장애물이기는 했지만 전장이 5,741미터[6,278미터]에 불과해 스코어에 욕심을 내 볼 만한 코스였다. 전반 세 홀 정도를 경험해 보니 내 꿈은 현실이 되는 듯했다. 비교적 짧고 편안한 파4 홀들이 이어졌다. 일찌감치 버디를 하나 잡고 나자 잔뜩 고무되었다. 핸디캡 1번인 5번 홀부터 본격적인 역습이 시작되었다. 400미터 파4에서 드라이버 OB로 시작했으니 경기가 제대로 풀릴 리 없었다. 코스는 여러 가지로 시험에 들게 했다. 업다운이 심했고 페어웨이의 나무는 샷 방향을 잡는 데 어려움을 가중시켰다. 코스가 짧은 약점을 그런 식으로 보완한 것이다. 전반적으로 거리 계산이 어려웠고 그린이 좁은 데다가 라이도 잘 보이지 않았다.

라운드를 마치고 테라스에서 보면 왕가의 정원처럼 코스가 아름답다. 웨이터에 따르면 이 골프장 주변이 세계적으로 유명한 와인 산지란다. 저녁 햇살이 그림자를 길게 늘이는 코스를 바라보며 웨이터가 추천하는 비싼 와인을 한 잔씩 시음했다. 와인에 대해 아는 것이라곤 없는 토종 막걸리파 입맛으로도 뭔가 다름을 감지할 수 있었다. 페어웨이의 올리브 나무를 보고 있자니 지중해가 멀지 않다는 사실이 새삼 떠올랐다. 막연하게 멋있을 것이라고 상상했던 올리브 나무는 생각보다 키도 작았고 탁한 녹색이라서 큰 매력이 없었다. 잔디 빛깔도 그리 청량하지 않았다. 원래 잔디는 건조한 지중해성 기후를 잘 견디지 못한단다. 코발트 빛깔 바다와 완벽하게 어우러진 '지중해식 골프 코스'를 동경하며 남하해 온 우리에게는 '비보'였다. 이래저래 피렌체는 몽상과 현실 사이의 간극을 확인하게 한 도시였다. 🌍

[10] 로마로 통하지 않는 골프의 길
나폴리[(Napoli(Naples))], **이탈리아**(Italia)
[10-071] **치르콜로 골프 나폴리**(Circolo Golf Napoli)

소렌토로 돌아올 수밖에 없는 이유

피렌체 마지막 날 묵었던 호텔의 여사장님은 나폴리로 떠나는 우리에게 자나깨나 도둑을 조심하라고 당부했다. 남부 사람들은 놀기 좋아하고 게으른 탓에 아름다운 지중해를 망치고 있다는 말도 덧붙였다. 이탈리아의 지역 감정은 상상 이상이었다. 남쪽과 북쪽이 같은 나라라는 것이 오히려 이상할 정도였다. 북부 사람들은 남부 사람들이 게으르고 자신들의 세금을 축낸다 생각하고, 남부 사람들은 북부 사람들이 인정 없는 깍쟁이로 즐길 줄도 모른다고 생각한다. 상공업이 발달한 북부의 1인당 GNP는 남부의 5배가 넘는다. 남부는 라틴계에 아랍계가 섞인 사람이 많고, 신성 로마 제국의 일부였던 북부는 게르만 혈통이 강하다. 밀라노와 피렌체, 베네치아 등 부유한 북부의 도시들은 **독립 준비 위원회**를 만든 적도 있다. 지역 감정이야 그 지역에 사는 사람들 문제고, 관광객에게 남부 이탈리아는 환상의 해변이 있는 일등 휴양지다. 우린 세계 3대 미항, 나폴리와 소렌토, 꿈의 휴양지 카프리가 포진한 남서부 해안으로 향했다. 험

이탈리아 독립 준비 위원회　　TIPS T-178　TRAVEL　GOLF

이탈리아 북부는 유럽에서 분리 독립을 원하는 지역 중 하나인데, 민족이나 언어의 차이에 원인이 있는 다른 지역들과 달리 경제적 격차가 큰 배경이 된다. 북부 주들은 지난 수백 년간 경제적으로 유럽에서 부유한 축에 끼었던 반면, 남부는 유럽에서 가장 가난한 지역으로 꼽힌다. 두 지역은 역사적 경험이 다르고 문화적으로도 큰 차이가 있다. 반면 현재 이탈리아의 공무원이나 정치인들은 남부 출신이 절대적으로 많다. 분리 독립을 원하는 사람들은 움베르토 로시(Umberto Rossi)를 중심으로 하여 1981년에 롬바르디아를 근거지로 당을 만들고 총선에 참가해 의원을 배출했다. 현재 북부 동맹(Lega Nord)이라는 이름으로 활동하는데, 1990년대에 분리 독립을 목표로 당세를 크게 확대했다. 지금은 밀라노를 기반으로 연방제를 목표로 활동하고 있다.

소렌토 시내에서 해변으로 내려 가는 길. 그 끝에 걸린 지중해. 항구에서 나폴리로 가는 배를 탈 수 있다.

난한 산악을 헤치며 나폴리를 우회해 소렌토로 갔다. 소렌토 언덕에서 펼쳐지는 바다 풍경에 입이 다물어지지 않았다. 깎아지른 절벽과 코발트 빛 잔잔한 지중해가 연출하는 새로운 세계였다. 태양빛의 수준이 달랐다. 새파란 바다, 아찔한 절벽, 그 위에 아슬아슬하게 걸려 있는 파스텔 톤의 건물들은 파라다이스를 연상하게 했다. 지중해 '빛의 아우라'에 우리의 마음은 일순간에 무장 해제되었다. 그 유명한 칸초네 **〈돌아오라 소렌토로**(Torna a Surriento)**〉**에서 노래하던 아름다운 바다와 찬란한 햇빛이 바로 이런 것이었구나. 절벽 위에 벌집처럼 달린 건물은 대부분 크고 작은 호텔이었다. 흰 벽과 연분홍 파스텔 톤의 지붕, 잔잔한 푸른 바다가 삼위일체였다. 지중해 여행을 하다가 아예 페인트를 사 가지고 온 친구가 있었다. 지중해식 건물의 색감에 반해 한국에서 재현해 보고 싶었단다. 하지만 한국에서 그 페인트는 '도루묵' 신세였다. 지중해 건물의 색상은 그 찬란한 태양빛 속에서만 생동감을 발산하는 것이었다. 애석하게도 소렌토 일대에는 이렇다 할 골프장이 없었다. 3홀, 5홀 규모의 호텔 부설 '골프 연습장'이 전부였다. 산악 지형이다 보니 18홀 골프장 부지를 확보하기도 어렵고 잔디도 잘 자라지 않기 때문이라고 했다. 결정적으로 이탈리아에서는 골프가 별 인기가 없는 듯했다. 땅 면적은 남한의 3배 정도 되지만 골프장은 200여 군데에 불과하다. 그나마 관광청에서 관광객 유치를 위해 집중적으로 건설한 결과다. 그러나 정부의 전략적 골프장 건설 계획에서도 소렌토 일대는 예외였다. 골프장이 아니라도 연중 관광객이 차고 넘치기 때문인 듯하다.

겨우 수소문한 나폴리 근처의 9홀짜리 골프장을 찾아갔다. **치르콜로 골프 나폴리**(Circolo Golf Napoli)의 9홀을 두 번 돌았다. 합해서 전장 5,488미터 파70의 코스는 평면 브라운

〈돌아오라 소렌토로〉
〈Torna a Surriento〉〉(1902년)

TIPS
T-179
■ TRAVEL
□ GOLF

나폴리 태생의 에르네스토 데 쿠르티스(Ernesto De Curtis, 1875~1937년)가 작곡한 칸초네 나폴레타나(Canzone Napoletana)다. 소렌토를 떠나는 이에게 "아름다운 이 곳에서 기다리고 있으니 곧 돌아오라"는 노랫말은 작곡가의 형 잠바스타가 지은 것이다. 이탈리아 수상이 소렌토에 와서 머물렀는데, 그 때 소렌토의 시장이 수상을 위해서 친분이 있던 잠바스타에게 부탁해 만들어진 노래라고 한다. 한국에서도 오래 전부터 애창되고 있는 곡이다. 현지에서는 소렌토가 아니라 수리엔토라고 부른다. 칸초네 나폴레타나는 나폴리에서 예로부터 부르던 노래 형식으로 〈오 솔레 미오〉, 〈산타 루치아〉 등이 대표적이다.

관 텔레비전 수상기처럼 반듯했다. 티잉 그라운드조차 페어웨이와 고도 차이가 없었다. 지중해 수면처럼 별다른 변화가 없는 코스였다. 솜사탕 같은, 뭉게구름을 작대기에 꽂아 놓은 것 같은 그런 형상의 소나무들과 뽀얀 먼지를 뒤집어 쓴 듯한 색감의 키 작은 올리브 나무 사이를 느긋이 누볐다. 5개월 이상을 캐디도 없이 발길 닿는 대로 늘 새로운 코스에 도전해 온 우리가 9홀을 두 번 돈 것은 유럽에 온 이후로 처음이었다. 특이한 점도 별로 없고 코스도 '동네 골프장' 수준이라서 기대할 것이라고는 스코어밖에 없었다. 하지만 긴장이 너무 풀리면 코스의 난이도와 상관 없이 좋은 스코어가 나오지 않는다. 최저 타를 기록해 보겠노라는 욕심이 앞서다 보니 힘이 들어가고 미스샷이 난무했다. '족보'도 불확실한 이탈리아 9홀 코스였으니 생애 최저타를 기록했다고 해도 별다른 감동은 없었을 것이다. 물론 스코어는 그저 그랬다. 재미도 긴장감도 없는 라운드였지만 지중해의 태양은 위대했고, 우리는 그 빛만으로도 행복했다. 🌍

10-071
NAPOLI(NAPLES)
ITALIA

치르콜로 골프 나폴리
CIRCOLO GOLF NAPOLI

ⓘ 1983년 개장, 9홀, 5,488미터 (6,002야드)
ⓘ 주소: Via Campiglione, 11, 80078 Pozzuoli Napoli, Italia
ⓘ 홈페이지: http://www.golfnapoli.it

🏌 이탈리아, 특히 나폴리 인근에는 골프장이 거의 없다. 치르콜로 골프 나폴리는 나폴리의 서쪽 외곽에 위치한 9홀의 골프장으로 평평한 파크랜드 스타일이다.

[10] 로마로 통하지 않는 골프의 길
로마[Roma(Rome)], 이탈리아(Italia)
[10-072] 치르콜로 델 골프 로마 아콰산타(Circolo del Golf Roma Acquasanta)

골프장은 로마로 통한다

🌐 소렌토에서 사흘을 보내고 폼페이를 거쳐 로마로 갔다. 우선 숙소를 구해야 마음이 좀 놓일 듯했다. 유럽 자동차 여행을 하며 대도시에서 숙소를 구하게 될 경우 둘 중 하나를 선택해야 한다. 시 외곽에 저렴한 숙소를 구하고 전철을 타고 다닐 것이냐, 아니면 중심부에 비싼 숙소를 구하고 걸어 다닐 것이냐, 우리는 늘 후자를 택했다. 대부분 주요한 유적이나 박물관 관광지 등이 도보 한 시간 정도의 거리에 다 몰려 있기 때문이다. 아무래도 바티칸에 들르는 것이 필수 코스라서 산 안젤로 성(Castel Sant'Angelo) 옆의 호텔에 투숙했다. 비쌌지만 주차장이 있고 시내 접근성이 좋았다. 이탈리아가 음식으로 유명하다고 해도 막상 먹을 만한 것을 찾기는 쉽지 않다. 로마는 중세까지 세계의 '수도'였다. 그래서 로마를 배경으로 하는 영화도 많고 시오노 나나미(塩野七生, 1937년~)의 **『로마인 이야기**(ロ―マ人の物語)**』**는 한국에서 밀리언셀러가 되기도 했다. '고대' 이미지로 직결되던 로마를 '현대'적 감각으로 복원하여 로마의 '상품 가치'를 올린 대표 주자는 영화 **〈로마의 휴일**(Roman Holiday)**〉**(1953년)일 것이다. 로마에 간 사람들은 스페인 광장에선 아이스크림을 먹고, 트레비 분수에선 동전을 던지는 루틴을 반복한다. 우리도 오드리 헵번(Audrey Hepburn, 1929~1993년)의 '로마 코스'를 복기한 후 골프장으로 향했다.

로마 시내에서 남쪽으로 불과 7킬로미터 떨어진 곳에 **치르콜로 델 골프 로마 아콰산타**(Circolo del Golf Roma Acquasanta)라는 골프장이 있다. 시내에 근접해 있어 수준이 의문스러웠지만 『골프 다이제스트』에서 이탈리아 골프장 중 4위 코스로 선정한 적도 있는 명문 클럽이라는 호텔 지배인의 말을 믿어 보기로 했다. 우려와 다르게 도심형 골프장의 번잡스러움은 없었다. 클럽하우스의 아치형 통창으로 쏟아져 들어오는 햇살이 광고의 한 장면을 연상하게 했다. 이 골프장은 이탈리아에서 가장 오래된 골프장이라는 타이틀을 내걸고 있었다. 며칠 전 피렌체에서 들렀던 치르콜로 골프 우골리노(1889년)와 치르콜로 델 골프 로마 아콰산타(1903년)가 서로 이탈리아 최초의 골프장이라고 주장하는 모양이다. 공식적인 설립 연도는 피렌체의 우글리노가 빠르다. 그런데 로마의 아콰산타가 1885년에 이미 개장되어 있었다는 사실을 입증하는 자료들을 찾아 제시했다고 한다. 전반적 수준은 확실히 로마 아콰산타가 한 단계 위였다. 게다가 이천 년 고도 로마의 역사와 분위기가 곳곳에 배어 있었다. 지중해 소나무가 특유의 뭉게구름 모양을 자랑하는 가운데 유칼리 나무(Eucalyptus)와 사이프러스 나무도 자태를 뽐내고 있었다. 아름다운 코스였다. 고개를 들면 고대 로마의 거대한 석조 건물들이 보였다. 7번 홀에서 범상치 않은 조형물이 한 눈에 들어온다. 로마 제국의 수로라고 했다. 고대 로마의 인구는 1만 명이 넘었다. 그 때의 상수도 흔적이다. 그래서 골프장 이름도 '아쿠아 산타(Acqua Santa)'가 되었다.

100년이 넘은 골프 코스라서인지 전장은 5,854미터〔6,402야드〕로 그리 길지 않았다. 장비와 기술의 발달로 골퍼들의 비거리가 빠르게 향상되고 있기 때문에 갈수록 더 짧

『로마인 이야기(ローマ人の物語)』
(1992~2006년)

TIPS
T-180
■ TRAVEL
□ GOLF

일본 여성 작가 시오노 나나미(塩野七生, 1937년~)의 장편 소설로 고대 로마의 흥망성쇠를 담고 있다. 『로마인 이야기』는 작가가 직접 취재하고 독학한 로마 역사를 바탕으로 한 소설로 15권으로 이루어져 있다. 제1권은 1992년에 일본에서 출간됐고 2006년에 15권으로 완간되었다. 1990년대 한국과 일본의 역사 분야 최고의 베스트셀러 가운데 하나였다. 로마사의 교훈을 기존의 관념을 파괴하는 도전적 해석과 소설적 상상력을 더해 재미있는 이야기체로 서술했다는 점에서 높은 평가를 받았다. 반면 역사의 일부를 지나치게 과장했다거나 제국주의, 군국주의를 미화했다는 비판도 만만치 않다.

〈로마의 휴일(Roman Holiday)〉
(1953년)

TIPS
T-181
■ TRAVEL
□ GOLF

로마를 배경으로 제작된 윌리엄 와일러(William Wyler, 1902~1981년) 감독의 영화다. 오드리 햅번(Audrey Hepburn, 1929~1993년)과 그레고리 팩(Gregory Peck, 1916~2003년)이 열연했다. 로마를 방문한 한 공주가 빡빡한 일정에 싫증을 느껴 도망쳐 나왔으나 진정제 때문에 공원에서 잠들게 되고 이를 발견한 신문기자 조가 자신의 숙소에서 공주를 재운다. 이튿날 공주임을 알게 된 조는 특종 기사를 만들고자 공주를 속이지만 이내 공주에게 애정을 느껴 몰래 찍은 사진들을 공주에게 돌려 준다. 경쾌한 분위기에 유머가 돋보이는 로맨틱 코미디다. 오드리 햅번은 이 작품으로 제26회 오스카 상 여우 주연상, 뉴욕 비평가 협회상 여우 주연상 등을 받았고 대중적으로도 큰 인기를 얻었다.

치르콜로 델 골프 로마 아콰산타
CIRCOLO DEL GOLF ROMA ACQUASANTA

ⓘ 1903년 개장, 18홀, 5,854미터 (6,402야드)
ⓘ 주소: Via Appia Nuova, 716/a, 00178 Roma, Italia
ⓘ 홈페이지: http://www.golfroma.it

10-072
ROMA(ROME)
ITALIA

게 느껴질 것 같다. 치르콜로 델 골프 로마 아콰산타가 1950년부터 1980년까지 개최해 오던 이탈리안 오픈 챔피언십을 중단하게 된 이유도 거리 때문인 것으로 보인다. 코스는 부드러운 레이아웃의 파크랜드 스타일이었다. 페어웨이는 자연스러운 곡선이 살아 있고 잔디도 비교적 잘 관리되고 있었다. 이 골프장도 다양한 나무가 높낮이를 바꾸며 페어웨이를 지키고 있어 실제보다 페어웨이가 좁아 보였다. 그린은 작지만 까다롭지는 않고 주변에 얕은 벙커가 있는 경우가 많았다. 실개천이 있어 일부 홀에서는 넘길 것인지 끊어갈 것인지 판단이 필요하다. 골프 클럽 로마 아콰산타는 이탈리아에서 우리의 기대에 가장 부응했던 골프장이다. 로마 근교에 있고 로마의 역사를 담고 있었으며 가장 이탈리아다웠다. 너무 싱거운 이탈리아 골프 여행이 이어지던 무렵, 내게는 구세주나 다름없었다. 🌐

1934년 이탈리아 골프 협회에서 발행한 잡지의 창간호 표지에 실린 치르콜로 델 골프 로마 아콰산타(Circolo del Golf Roma Acquasanta)의 클럽하우스 전경. 골프장의 역사성을 느끼게 한다. 개장 초기인 1905년의 치르콜로 델 골프 로마 아콰산타의 풍경. 오른쪽 멀리 로마 시대의 구조물이 보인다. 치르콜로 델 골프 로마 아콰산타는 이탈리아에서 가장 빼어난 골프장 가운데 하나이며 이야기도 풍부하다. 로마 시내에서 가까울 뿐더러 골프장 안에서도 고대 로마의 분위기를 느낄 수 있다. 2012년 『골프 다이제스트』에서 '이탈리아의 가장 좋은 골프장' 6위에 선정했다. 1980년대까지는 이탈리아 오픈 챔피언십이 개최되었고, 1960년 로마 올림픽 때 근대 5종 경기장으로 쓰이기도 했다.

[10] 로마로 통하지 않는 골프의 길
티레니아(Tirrenia), 이탈리아(Italia)
[10-073] 코즈모폴리턴 골프 앤드 컨트리 클럽(Cosmopolitan Golf & Country Club)

'기울어진 탑' 바로 세우기

🌐 로마를 떠날 무렵부터 우리는 서둘러 '장화 속'에서 벗어나고 싶었다. 모나코와 니스, 엑상프로방스가 다음 일정이었다. 지중해 '황금 벨트'가 우리를 부르는 것이다. 비를 피하기 위해 들어간 바티칸 우체국에서 엽서를 보내느라 너무 지체한 탓에 시속 200킬로미터로 달려간다고 해도 오늘 안에 이탈리아를 벗어날 수 없었다. 하는 수 없이 사탑(Tórre di Pisa)으로 유명한 피사(Pisa)에서 하루를 머물기로 했다. 피사에는 사탑 외에 볼 것이 없었다. 한때 제노바, 베네치아와 함께 이탈리아의 대표적 항구 도시였다는데, 지금은 한적한 시골 소도시의 느낌이다. 피사 성당(Duomo di Pisa)의 쓰러져 가는 종탑이 이 도시를 먹여 살리고 있는 셈이다. 사탑은 하얀 대리석 건물로 꼭대기 종루까지 8층이다. 높이 55.8미터에 무게는 1만 4,500톤. 1174년 3층까지 쌓아올렸을 때 한쪽 지반이 붕괴되었다고 한다. 해결 방안을 찾기 위해 수 차례 공사가 중단된다. 결국 1350년 기울어진 채 완공되었다. 이후 매년 1밀리미터 정도씩 기울어져 한때 탑의 꼭대기가 5미터나 기울어지기도 했다. 하지만 이제 '사탑'은 더는 기울지 않는다. 피사 시는 지난 1993년 프로젝트를 발주했다. 사탑이 현재 속도로 계속 기울 경우 언제 붕괴할 것인가, 그리고 붕괴를 막으려면 어떻게 해야 하는가 연구 끝에 2050년경이면 붕괴할 것이라는 결론이 나왔다. 처방은 간단했다. 탑의 기초를 강철 케이블로 묶어두고 콘크리트로 보강하는 한편 탑이 기울어지는 반대편에 납덩어리를 쌓아 두는 것이었다. 처방 공사 1년 후 탑 꼭대기 기울기가 5센티미터 정도 되돌아왔고 지금은 30센티미터 이상 돌아왔다고 한다. 800년 전 처음 건축할 당시의 기울기 정도로 돌아가고 나면 그 기울기를 유지할 것이라고 한다. 세상 모든 사람은 피사의 사탑이 붕괴되는 것을 원치 않는 것과 마찬가지로 사탑(斜塔)이 직탑(直塔)이 되는 것도 원치 않는다.

피사의 남서쪽 티레니아(Tirrenia) 지역에 **코즈모폴리턴 골프 앤드 컨트리 클럽**(Cosmopolitan Golf & Country Clubb)이 있다. 호텔에서 부설한 전형적 리조트형 골프장이었다. 넓고 평탄한 페어웨이 위에 거의 모든 홀에 약한 언듈레이션을 주었다. 매니저는 스코틀랜드형 링크스라고 주장했다. 바다가 멀지 않기 때문에 바람의 분위기는 조금 비슷했지만 코스는 스코틀랜드 링크스와는 별로 비슷한 점이 없었다. 페어웨이는 홀마다 시야에 변화가 많았다. 마운드와 길게 늘어선 워터 해저드가 '익사 공포'를 조장하고 있었다. 18홀 중 무려 11개 홀에 워터 해저드가 있다. 하지만 그린이 크고 쉬워 피사를 찾아온 관광객들이 한 번쯤 들러 기분 좋은 스코어 카드를 받아들고 갈 수 있는 코스였다. 편한 마음으로 놀다 가는 리조트 골프장답게 특색은 별로 없었다. 이탈리아에서 골프장에 대한 눈높이를 가자미 수준으로 낮췄기 때문에 별 아쉬움은 없었다. 이탈리아 사람들은 몸을 움직여 하는 스포츠보다는 **라 스칼라 극장**(Teatro alla Scala)에서의 오페라 관람이나 인

피사의 사탑(Torre di Pisa). 빈티지 엽서.

밀라노 스칼라 광장(Piazza della Scala) 앞에 있는 라 스칼라 극장(Teatro alla Scala)의 19세기 풍경.

라 스칼라 극장(Teatro alla Scala)
TIPS T-182
■ TRAVEL
□ GOLF

이탈리아 밀라노에 있는 오페라 극장으로 1778년에 당시 밀라노를 통치하던 오스트리아 여왕 마리아 테레지아(Maria Theresia, 1717~1780년)의 명으로 설립됐다. 로시니(Gioacchino A. Rossini, 1792~1868년), 베르디(Giuseppe F. Verdi, 1813~1901년), 푸치니(Giacomo Puccini, 1858~1924년) 등 이탈리아 오페라의 가장 이름난 작곡가들의 작품이 이 곳에서 초연됐으며 설립 이래 250년 동안 이탈리아의 뛰어난 음악가들을 배출했다. 아르투로 토스카니니(Arturo Toscanini, 1867~1957년)는 라 스칼라의 수석 지휘자이자 음악 감독으로 크게 기여했고, 카를로 마리아 줄리니(Carlo Maria Giulini, 1914~2005년), 클라우디오 아바도(Claudio Abbado, 1933년~2014년), 리카르도 무티(Riccardo Muti, 1941년~), 다니엘 바렌보임(Daniel Barenboim, 1942년~)이 뒤를 이었다. 파리, 빈의 오페라 하우스와 더불어 세계 3대 오페라 극장으로 꼽히기도 한다. 1차 세계 대전 때는 문을 닫았고, 2차 세계 대전 때 큰 피해를 입었던 것을 복구하여 오늘에 이른다. 오페라 시즌은 매년 12월 7일에 시작한다.

10-073
TIRRENIA
ITALIA

코즈모폴리턴 골프 앤드 컨트리 클럽
COSMOPOLITAN GOLF & COUNTRY CLUB

ⓘ 1993년 개장, 18홀 6,291미터 (6,880야드)
ⓘ 주소: Via Pisorno 60, 56128 Tirrenia-Pisa, Italia
ⓘ 홈페이지: http://www.cosmopolitangolf.it

코즈모폴리턴 골프 앤드 컨트리 클럽(Cosmopolitan Golf & Country Club)은 레지던스 호텔에서 부설한 골프장으로 투숙하며 골프를 즐길 수 있다. 코스는 평이한 편이다. 호텔은 개인 수영장, 테니스 코트도 갖추고 있다.

터 밀란의 축구 경기 관전, **자동차 경주** 등등을 좋아하는 것 같다. 로마 시대부터 원형 경기장에 모여 검투나 대전차 경주 구경을 즐겼던 전통이 이렇게 계승된 것인지도 모르겠다.

우리의 이탈리아 투어는 피사에서 끝났다. 예상했던 대로 여행이 쉽지 않은 나라였다. 우선 교통 문제다. 공사 중인 도로가 많았고 통행료 부담도 컸다. 광란의 질주를 즐기는 운전자도 많았고 1, 2, 3차선 구분 없이 마구잡이로 달리고 끼어드는 통에 정신이 없었다. 다음으로 언어 문제다. 이탈리아는 남쪽으로 갈수록 영어가 통하지 않았다. 호텔에서 방을 잡는 것까지는 어찌저찌 할 수 있었다. 그 다음은 먹통이었다. 골프장 추천조차 받기가 힘들었다. 다음으로 숙소 문제다. 사실 물가 자체가 크게 비싼 나라는 아니다. 소득이 그리 높지 않기 때문이다. 그런데 호텔비는 우리가 다닌 유럽 국가 중에서 가장 비쌌다. 로마에서 어쩔 수 없이 별 셋 정도의 호텔에 투숙했는데 숙박비는 다른 곳 평균의 세 배가 넘었다. 저렴하고 깨끗한 체인 호텔이나 B&B 같은 숙소도 찾기 힘들었다. 결정적으로 좋은 골프장이 거의 없었다. 고온 건조한 지중해성 기후와 골프장 잔디의 궁합이 잘 맞지 않고 이탈리아 사람들은 골프를 그다지 즐기지 않는다는 사실만 확인했다. 좀도둑, 소매치기를 만나지 않은 것이 위안거리였다. 🌐

이탈리아 자동차 경주

TIPS
T-183
■ TRAVEL
□ GOLF

이탈리아에서 축구 못지않게 인기를 끄는 것이 자동차 경주다. 매년 9월 밀라노 인근의 몬차(Monza) 트랙에서 세계 최대의 자동차 경주 '포뮬러 원(F1) 그랑프리' 대회가 열린다. 이 대회의 전 세계 시청자가 5억이 넘는다. 봄에는 볼로냐에서 '산 마리노 그랑프리' 대회가 열린다. 과거에는 장거리 경주 '밀레 미글리아(Mille Miglia)'가 해마다 열렸기 때문에, 지금도 이를 기념해서 구식 경주용 차들이 브레시아(Brescia)에서 로마까지 1,000마일(1,609킬로미터)을 달리는 대회가 열리기도 한다. 이탈리아 최초의 그랑프리 대회는 1908년에 열렸는데, 이것은 프랑스에 이어 세계에서 두 번째였다. 그리고 초창기의 그랑프리 경주는 거의 이탈리아와 프랑스에서 우승을 독차지하다시피 했다. 이렇게 자동차 경주가 인기를 끄는 데는 이탈리아의 경주용 자동차들이 뛰어난 것도 한몫을 하는데, 피아트 사의 페라리(Ferrari)·알파 로메오(Alfa Romeo)·란치아(Lancia), 마세라티 사의 람보르기니(Lamborghini) 등이 이름난 모델들이다.

Firenze(Florence) & Venezia(Venice), Italia

모나코, 프랑스 2　11
프로방스,
지중해에서 골프채를 씻다

골프의 정신을 찾아서—유럽 골프 인문 기행 11 〔모나코, 프랑스〕

MONACO, FRANCE 2

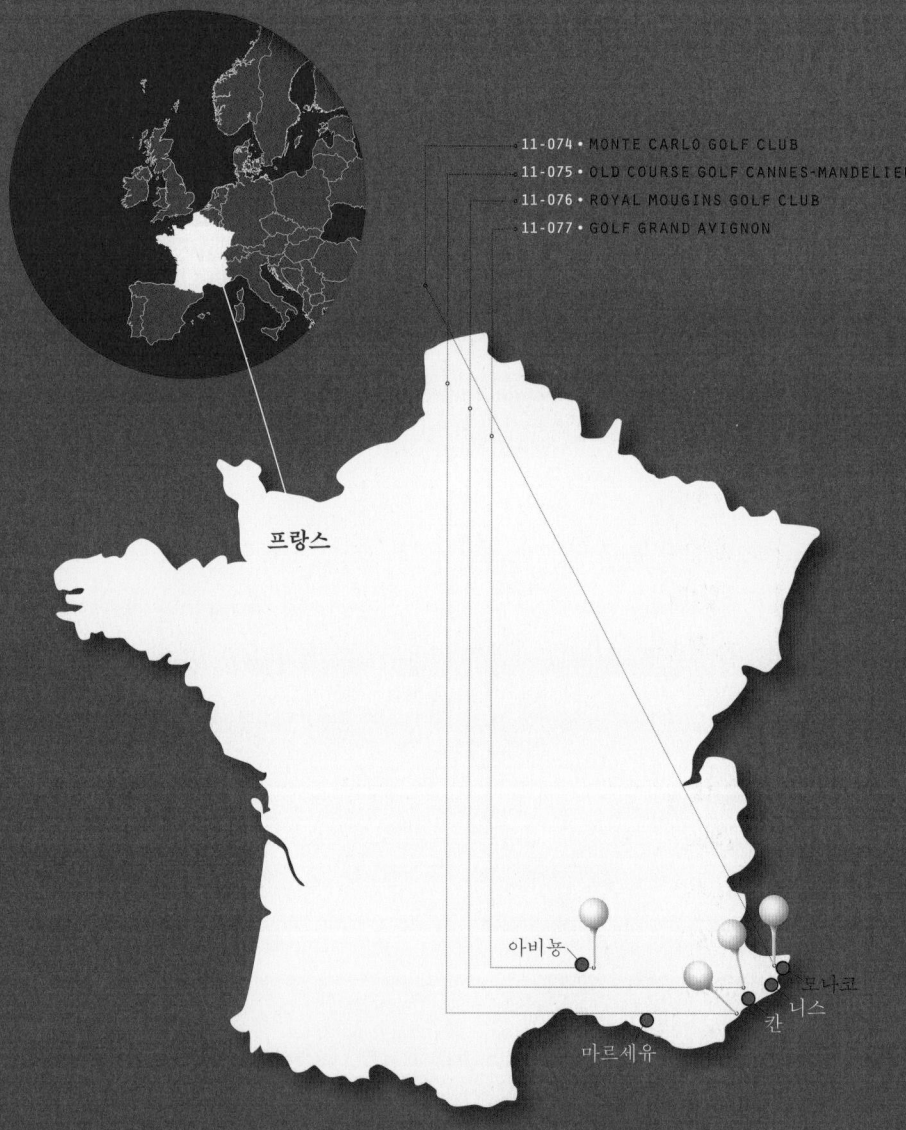

11-074 • MONTE CARLO GOLF CLUB
11-075 • OLD COURSE GOLF CANNES-MANDELIEU
11-076 • ROYAL MOUGINS GOLF CLUB
11-077 • GOLF GRAND AVIGNON

프랑스

아비뇽
모나코
니스
칸
마르세유

모나코, 프랑스 2

11
프로방스,
지중해에서 골프채를 씻다

알프스 끝자락에서 지중해를 향하여　11-074
　　　　　　　　　　　　　　　　몬테카를로 골프 클럽 Monte Carlo Golf Club
칸의 레드 카펫과 '그린 카펫'　　　11-075
　　　　　　　　　　　　　　　　올드 코스 골프 칸-망들리외
　　　　　　　　　　　　　　　　Old Course Golf Cannes-Mandelieu
코트다쥐르 무림의 '낭만 검객'　　 11-076
　　　　　　　　　　　　　　　　로열 무쟁 골프 클럽 Royal Mougins Golf Club
프로방스에서 길을 잃다　　　　　　11-077
　　　　　　　　　　　　　　　　골프 그랑 아비뇽 Golf Grand Avignon

[11] 프로방스, 지중해에서 골프채를 씻다
라뒤르비(La Turbie), 프랑스(France)
[11-074] 몬테카를로 골프 클럽(Monte Carlo Golf Club)

알프스 끝자락에서 지중해를 향하여

🌐 피사에서 니스(Nice)까지 달려가서 이틀을 푹 쉬었다. 늪과 같았던 이탈리아를 빠져나오니 긴장이 풀린 탓도 있었지만, 니스 그 자체의 차분함과 아름다운 분위기에 매료되었기 때문이다. 자갈밭 해변에서 조약돌을 줍거나 담요를 깔고 누워 햇볕 사냥에 열중했다. 아예 반라로 누운 이도 여럿 있었지만 아무도 신경 쓰지 않았다. 바캉스의 절정을 지난 태양은 그리 따갑지 않았다. 지친 몸과 마음을 지중해 볕에 말렸다. 충전이 끝난 후 이웃 나라 모나코 투어에 나섰다. 모나코의 공식 명칭은 모나코 공국(Principality of Monaco)이고 수도는 몬테카를로(Monte Carlo)다. 니스와 이탈리아 중간 지점, 지중해가 한눈에 보이는 해발 200미터 내외의 아름다운 산비탈에 위치하고 있다. 면적은 1.95제곱킬로미터로 세계에서 바티칸 시국 다음으로 작은 도시 국가다. 날씨도 좋고 경치도 말이 필요 없을 정도로 아름답다. 지중해 풍광과 잘 어울리는 왕궁, 박물관, 카지노, 호텔, 아파트 등이 언덕을 끼고 걸리버 거인국처럼 자리 잡고 있다. 카지노와 각종 국제 대회·회의 관련 수입, 초고급 요트 정박 및 관리 수입 등이 주 수입원이다. 시민들은 호텔이나 카지노, 택시, 기타 서비스업에 종사한다. 모나코에서 가장 유명한 것은 전 왕비 **그레이스 켈리**(Grace Kelly, 1929~1982년)다. 모나코 '주식회사'를 반석에 올린 CEO는 그레이스 켈리의 남편이자 현 국왕의 아버지 레니에 3세(Rainier III de Monaco, 1949~2005년)다. 레니에 3세는 문화·스포츠 분야의 대형 이벤트를 적극 개발하고 유치해 왔다. 그는 1956년 당대 최고 여배우 그레이스 켈리와 결혼했다. 이 로맨스와 결혼은 모나코를 전 세계에 알린 최고의 이벤트였다. 몬테카를로 시내를 돌아다니다 보면 도처에 그레이스 켈리의 사진이나 흔적이 남아 있다. 아직도 관광객들은 그레이스 켈리에 관심이 많고, 모나코 인들이 가장 사랑하는 사람도 여전히 그레이스 켈리다.

몬테카를로에는 유명한 **몬테카를로 골프 클럽**(Monte Carlo Golf Club)이 있다. 고지대에 있는데, 올라가는 길은 좁았고 경사는 급했다. 전망이 워낙 좋은 지역이라서 저택들이 곳곳에 자리잡고 있다. 이렇게 험한 언덕 위라면 골프장이 있다고 해도 '미니어처' 수준일 것이라는 생각이 들었다. 길을 오르다 보면 그레이스 켈리가 교통 사고로 죽었다는 사실을 실감할 수 있다. 아젤 산(Mont Agel) 정상 바로 밑 해발 900미터 지점에 위치한 몬테카를로 골프 클럽은 모나코 소유지만, 행정 구역으론 프랑스에 속한다. 몬테카를로 시내에서 차로 10분 정도 오르면 된다. 아담한 철제 정문을 지나 골프장으로 들어가면 우아하고 편안한 클럽하우스가 나타난다. 대부분의 홀에서 멀리 알프스의 연봉과 이탈리아에서 프랑스로 이어지는 지중해의 해안선을 내려다볼 수 있는 천혜의 골프장이다. 깃발 게양대에는 9개 나라의 국기가 걸려 있었다. 찾아보니 태극기도 보였다. 몬테카를로 골프 클럽은 1911년에 설립된 파71의 18홀 코스로 전장은 5,823미터〔6,368야드〕다. 15번 홀에서 보이는 해안 경관, 17번 홀 앞에 펼쳐지는 알프스 연봉의 파노라마가 압권이다. 지중해가 아무리 넓다고 해도 알프스와 지중해를 함께 품고 있는 골프장은 별로 없다. 그래서 유러피언 투어의 많은 이벤트성 행사가 이 곳에서 열

그레이스 켈리(Grace Patricia Kelly, 1929~1982년)

TIPS T-184
■ TRAVEL
□ GOLF

미국의 영화 배우로 모나코 공국의 대공 레니에 3세의 공비다. 1929년 미국 필라델피아의 명문가에서 태어났다. 뛰어난 미모와 연기력으로 인기를 끌었으며 1954년 〈갈채(The Country Girl)〉로 오스카 여우 주연상을 받았다. 1954년 영화 촬영을 위해 프랑스를 방문하면서 당시 모나코 대공이었던 레니에 3세를 만났다. 레니에 3세는 청혼 선물로 12캐럿 다이아몬드 반지를 선물했으며 이후 켈리는 영화 〈상류 사회(High Society)〉(1956년)에 이 반지를 끼고 출연했다. 1956년 결혼 이후 2명의 공주와 1명의 왕자를 낳았으며, 1982년 교통 사고로 사망했다.

🏞 몬테카를로 골프 클럽으로 올라가는 길. ☞ 모나코 왕실에서 개발하고 이벤트를 벌여 성장시킨 명소 중 하나가 몬테카를로 골프 클럽이다.

11-074
LA TURBIE
FRANCE

몬테카를로 골프 클럽
MONTECARLO GOLF CLUB

ⓘ 1911년 개장, 18홀, 파71 / 5,823미터 (6,368미터)
ⓘ 주소: Route du Mont Agel, 06320 La Turbie, France
ⓘ 홈페이지: http://www.fr.montecarlosbm.com

린다. 플레이 하기가 만만한 곳은 아니다. 페어웨이가 좁은 편인 데다가 언듈레이션은 기본이다. 블라인드 홀도 여럿 있기 때문에 섬세한 전술이 필요하다. 포대 그린도 많은데 굴곡이 심하고 빠른 편이다. 러프로 볼이 가면 낙하 지점을 분명히 확인하고 가도 찾기가 쉽지 않다. 비거리보다는 방향성과 숏 게임의 정확성 여부가 성패를 좌우한다. 하지만 스코어가 무슨 상관이랴. 이 골프장에 갔을 때 날씨만 좋다면, 무조건 '땡' 잡은 것이다. 이 골프장 티 박스에서 보이는 경관만으로도 이미 본전은 뽑은 셈이기 때문이다. 우리가 찾아간 그 날은 날씨가 하도 좋아서 눈이 부실 지경이었다. 지중해로 넘어오니 갑자기 귀족이라도 된 듯 몸과 마음이 흡족해졌다. 🌐

몬테카를로 골프 클럽(Monte Carlo Golf Club)은 아젤 산의 울창한 수목과 굴곡을 자연스럽게 활용한 파크랜드형 골프장이다. 경관이 워낙 빼어나 여러 이벤트성 행사가 이 골프장에서 개최된다.

[11] 프로방스, 지중해에서 골프채를 씻다
망들리외(Mandelieu), **프랑스**(France)
[11-075] 올드 코스 골프 칸-망들리외(Old Course Golf Cannes-Mandelieu)

칸의 레드 카펫과 '그린 카펫'

🌐 모나코는 작은 나라지만 가 볼 곳이 많다. 바빠도 **그랑 카지노**(Grand Casino)와 F1 경기장은 들러볼 만하다. 모나코는 국가 수입의 일부가 카지노에서 나온다는 이야기도 있을 정도로 카지노 산업이 발달해 있다. 그랑 카지노 건물은 왕궁보다 화려하기로 유명하다. 들어가서 구경이나 하려 했는데, 슬리퍼와 반바지 차림은 들어갈 수 없다고 하여 포기했다. 건물 앞 주차장에는 벤츠, 페라리 같은 고급 차량이 즐비하다. 바닷가 쪽으로 내려가 F1 경기장을 둘러 본 후 프랑스 칸으로 향했다. 칸(Cannes)은 영화제로 유명한 지중해의 휴양 도시다. 한국의 박찬욱 감독은 특히 칸 영화제에서 각광을 받았다.

그랑 카지노(Grand Casino)

TIPS
T-185
■ TRAVEL
□ GOLF

몬테카를로에 있는 그랑 카지노는 1878년 모나코의 샤를 3세(Charles III, 1818~1889년)가 지었다. 파리 오페라 극장의 건축가 샤를 가르니에(Charles Garnier, 1825~1898년)가 설계하고, 화려하고 사치스러운 벨 에포크(La belle époque) 양식으로 장식되었다. 처음부터 화려했던 것은 아니다. 1856년 샤를 3세가 파산의 위기를 벗어나고자 첫 번째 카지노를 지은 후, 몇 번의 실패 끝에 성공하여 1878년 현재의 화려한 건물로 대체한 것이다. 카지노가 성공하면서 샤를 3세는 1870년 즈음 모나코 공국의 세금을 면제할 수 있었다. 새로운 카지노를 중심으로 성장한 도시는 샤를 3세를 기리는 뜻에서 '몬테카를로(Monte-Carlo)'라 이름 붙였다. 모나코 정부는 여전히 대부분의 재정을 카지노에 기대고 있다. 모나코 시민들이 도박장에 들어가는 일은 금지되어 있다. 입장료를 내면 '살롱 블랑'이나 '살롱 유로페앙'에서 게임을 즐길 수 있으나, 가장 깊숙한 곳의 고급 도박장은 웬만한 부자들도 겁을 먹을 정도라고 한다. 그랑 카지노를 소재로 한 작품으로 1952년 이언 플레밍이 쓴 최초의 제임스 본드 시리즈 『카지노 로얄(Casino Royale)』과 뮤지컬 〈몬테카를로 은행을 파산시켰던 사나이〉 등이 있다.

2003년에 최민식이 열연한 〈올드보이〉로 '심사 위원 대상'을 받았고, 2009년에는 송강호 주연의 〈박쥐〉로 '심사 위원상'을 받은 바 있다. 칸에서는 영화제뿐 아니라 매년 가을 무렵 세계 최대의 텔레비전 및 오락 영상 콘텐츠 견본 시장인 **밉콤**(MIPCOM)도 열린다. 밉콤과 관련해 출장을 오는 지인들이 있어 칸에서 며칠 더 체류하기로 했다. 휴가철이 지났지만 해변의 비키니가 '철없어' 보이지 않는 날씨였다. 니스 해변이 젊고 대중적이라면 칸의 바다는 조용하고 고급스러웠다. 정박해 있는 요트들은 대체로 럭셔리해 보인다. 해안 도로를 따라 특급 호텔과 레스토랑들이 도열해 있고 골프장도 여러 곳이 눈에 띄었다. 밉콤 때문인지 칸 시내에서는 숙소를 구할 수 없었다. 인근의 소도시인 망들리외(Mandelieu)로 이동하여 어렵게 펜션을 구했다. 우리의 장기 투어 소문을 들은 지인들이 김치, 고추장 등 반찬류와 쥐포, 오징어포와 같은 안주류를 한 자루씩 가지고 왔다. 이역만리에서 친구를 만나는 일만큼 즐거운 일도 없다. 어둠이 내릴 무렵 칸 언덕에 자리 잡고 있는 조촐한, 하지만 저렴하지 않은 레스토랑에서 와인 파티를 벌였다. 해외 출장을 자주 다니는 사람들이 만사 제쳐놓고 골프장부터 찾아가면서 늘 면피성으로 날리는 멘트가 있다. "시차 적응에는 골프가 최고야." 이 분들도 예외

밉콤(MIPCOM)

TIPS
T-186
■ TRAVEL
□ GOLF

1985년부터 프랑스 칸에서 열리는 텔레비전 프로그램, 엔터테인먼트 콘텐츠 견본 시장으로 매년 10월에 개최된다. 밉콤에서는 여러 나라의 방송 프로그램 및 각종 디지털 콘텐츠의 제작, 판매, 투자, 배급 등이 이루어지며 유사 박람회 중 최대 규모를 자랑한다. 2016년 밉콤에는 세계 96개 국가에서 13,979명이 참여했다. KBS, MBC, CJ E&M 등 국내 방송사와 제작사들도 밉콤을 통해 제작한 다큐멘터리나 드라마 등을 해외에 판매하고 있다. CEO급의 전문가들이 나서는 최신 방송 및 디지털 콘텐츠와 관련된 컨퍼런스도 열린다.

☞ 칸의 바닷가는 고급스러운 분위기이고, 쉬케(Le Suquet) 언덕의 좁은 골목은 정겨운 매력이 가득하다.

11-075

MANDELIEU
FRANCE

올드 코스 골프 칸-망들리외
OLD COURSE GOLF CANNES-MANDELIEU

ⓘ 1891년 개장, 18홀, 파71 / 5,745미터 (6,283야드)
ⓘ 주소: 265 Route du Golf, 06210 Mandelieu-La Napoule, France
ⓘ 홈페이지: http://www.golfoldcourse.com

는 아니었다. 우리로서야 '불감청이오나 고소원'이었다. 못 이기는 척 시차 적응에 '동참'한다는 명분으로 숙소 인근의 골프장에 동행했다.

지척에 피에르 에 바캉스(Pierre et Vacances)라는 콘도미니엄의 부대 시설인 **올드 코스 골프 칸-망들리외**(Old Course Golf Cannes-Mandelieu)가 있었다. 노르망디 스타일의 클럽하우스가 멋스러웠다. 클럽하우스 옆의 버섯 모양의 특이한 나무 한 그루가 눈에 들어왔다. '엄브렐라 파인(umbrella pine)' 혹은 '파라솔 파인(parasol pine)'이라 부르는 **우산 소나무**였다. 이 골프장의 마스코트라고 했다. 이탈리아에서부터 등장하기 시작한 이 지중해식 소나무들은 시각적으로 페어웨이를 좁게 만드는 일종의 '해저드'였다. 올드 코스 골프 칸-망들리외는 역사가 제법 오래된 골프장이다. 1891년 러시아의 미하일 2세(Grand Duke Michael Alexandrovich of Russia, 1878~1918년)가 스코틀랜드 세인트 앤드루스에서 골프를 경험하고 돌아온 후 상사병 앓듯 골프를 그리워하게 된 모양이다. 그는 이 곳 바다와 시아뉴(Siagne) 강 사

우산 소나무
(Italian Stone Pine)

TIPS
T-187
■ TRAVEL
☐ GOLF

남부 유럽, 북부 아프리카, 지중해 연안에서 자라는 소나무의 일종. 선사 시대부터 식용으로 재배되었다. 나무 상단부가 우산 모양이라 우산 소나무라 부른다. 우리 나라에서는 '피네아 소나무'라고도 부른다.

드로(Draw)와 페이드(Fade)

TIPS
G-188
☐ TRAVEL
■ GOLF

골프에서, 홀의 형태나 바람의 방향, 장애물 등에 따라 의도적으로 휘어지게 볼을 치기도 한다. 오른손잡이를 기준으로, 드로(Draw)는 똑바로 가다가 정면의 약간 오른쪽, 즉 목표 지점이 12시라고 했을 때 1시 방향으로 볼이 출발해 왼쪽으로 휘어지면서 12시로 떨어지는 것을 말한다. 페이드(Fade)는 이와 반대로, 11시로 출발해 12시에서 떨어진다. 드로나 페이드는 각각 장단점을 가지고 있다. 드로는 볼이 떨어진 이후 굴러가는 거리(런, run)가 길기 때문에 샷 거리를 늘리는 데 유리하다. 백스핀의 양이 적어 바람의 저항을 덜 받기 때문이다. 그러나 볼이 어디서 멈출지 모르기 때문에 정확성이 떨어진다. 반대로 런이 없는 페이드는 목표 지점에 볼을 정확히 떨어뜨리기 용이하지만, 백스핀이 많아 샷 거리가 짧다는 단점이 있다.

⛳ 올드 코스 골프 칸-망들리외는 경기 중에 두 번 배를 타야 한다. 전반 2번 홀에서 3번 홀로 넘어갈 때 카트를 바지선에 싣고 수로를 건너갔다. 12번 홀에서 13번 홀로 넘어오며 다시 바지선을 타고 돌아온다.

이에 골프 코스를 짓기 시작한다. 그것이 현재의 모습으로 발전했다. 최초 18홀 코스 설계자는 알려진 바 없지만 후에 리뉴얼한 사람은 거장 해리 콜트(Harry Colt, 1869~1951년)다. 야디지 북을 확인해 보니 파 71에 전장 5,745미터(6,283야드)였다. 우리 수준에 딱 맞는 맞춤형 코스였다. 하지만 좌우측 도그 레그 홀이 많아 **드로**(Draw)나 **페이드**(Fade) 성의 티 샷을 구사하는 능력이 필요했다. 특히 다섯 개의 파 3 홀은 거리나 생김새가 아주 제각각이어서 인상적이다. 전체적으로 짧지만 정확한 클럽 선택을 요구하는 아기자기하고 매력적인 코스다. 지중해의 물을 끌어들인 아담한 운하가 골프장의 코스 전체를 양분하고 있는 것이 이채롭다. 경기 중에 두 번 배를 타야 한다. 전반 2번 홀에서 3번 홀로 넘어갈 때 카트를 바지선에 싣고 수로를 건너야 한다. 건너편에서 12번 홀까지 치고 다시 배를 타고 넘어 온다. 선착장이 자동차 도로 옆이라서 '사주 경계(四周警戒)'가 필수적이다. 골프뿐 아니라 그 밖의 볼거리도 많다. 운하의 바지선과 홀마다 뭉게구름처럼 피어 있는 100년 된 은백색 '우산송', 악어처럼 큰 입을 벌리고 있는 초대형 벙커 등이 대표적이다. 마지막 18번 홀 '그린 카펫'을 밟으니, '레드 카펫'을 밟는 칸 영화제의 배우들이 부럽지 않았다. 🌐

[11] 프로방스, 지중해에서 골프채를 씻다
무쟁(Mougins), 프랑스(France)
[11-076] 로열 무쟁 골프 클럽(Royal Mougins Golf Club)

코트다쥐르 무림의 '낭만 검객'

🌐 칸 시내에서 북쪽으로 10분 정도 이동한 급경사의 오르막 도로를 오르다 보면 중세 분위기가 물씬 풍기는 무쟁(Mougins)이 나온다. 번잡한 칸 바로 옆 동네라고 믿기 어려울 정도로 소박한 분위기의 소읍이다. 중세의 고풍스런 모습을 그대로 간직한 조용한 이 마을에는 칸 영화제에 참가하는 세계적인 스타들의 단골 레스토랑이 여럿 있다. 말년에 이 곳에서 작품 활동을 했던 피카소(Pablo Ruiz Picasso, 1881~1973년)의 흔적도 남아 있다. 이 곳에 명문 클럽이 있다는 첩보가 날아들었다. **코트다쥐르**(Côte d'Azur) 지역 내에서는 으뜸이고 프랑스 전체에서도 다섯 손가락 안에 드는 골프장이라는 데 포기할 수 없었다. 이 골프장에는 특히 프랑스 골프를 주름잡는 무림 고수들의 발길이 끊이지 않는다고 했다. **로열 무쟁 골프 클럽**(Royal Mougins Golf Club)은 중세 분위기의 마을과는 달리 모던한 리조트형 골프장이다. 1993년에 개장했기 때문에 클럽하우스와 리조트 건물이 모두 최신식이었다. 오래된 돌담으로 쌓아 올린 테라스, 코스에 흩어져 있는 올리브 나무들이

코트다쥐르(Côte d'Azur)   TIPS T-189 ■TRAVEL □GOLF

프랑스 남동부의 지중해 연안 지역으로 세계적으로 유명한 관광 휴양지다. 19세기 초부터 니스와 칸을 중심으로 휴양지가 발달하였고 이후 해안 전역으로 확대되었다. 경치가 아름다워 많은 예술가가 코트다쥐르의 마을로 여행을 오거나 머물렀다. 고흐(Vincent van Gogh, 1853~1890년)의 마을로 잘 알려진 아를(Arles), 세잔(Paul Cezanne, 1839~1906년)의 고향인 엑상프로방스(Aix-en-Provence), 마티스(Henri Matisse, 1869~1954년)가 머무른 방스(Vence), 샤갈(Marc Chagall, 1887~1985년)이 정착한 생폴드방스(Saint-Paul de Vence), 피카소가 사랑한 앙티브(Antibes) 등이 유명하다.

로열 무쟁 골프 클럽(Royal Mougins Golf Club)은 중세 분위기의 마을과는 달리 모던한 리조트형 골프장이다.

11-076

MOUGINS
FRANCE

로열 무쟁 골프 클럽
ROYAL MOUGINS GOLF CLUB

ⓘ 1993년 개장, 18홀, 6,004미터 (6,566야드)
ⓘ 주소: 424, avenue du Roi, 06250 Mougins, France
ⓘ 홈페이지: http://www.royalmougins.fr

지중해 스타일을 강조하고 있었다. 클럽하우스의 베이지색 벽과 주황색 지붕이 연초록의 필드와 절묘한 조화를 이루며 코트다쥐르의 색깔을 유감없이 드러낸다. 초기 로열 무쟁 골프 클럽은 그저 그런 동네 골프장이었다고 한다(프랑스 골프장에서 '로열'은 별 의미가 없다). 개장 10년이 되던 지난 2003년 주인이 바뀐 후, 2008년까지 5년여에 걸쳐 대대적으로 리뉴얼을 해 현재의 코스가 되었다. 클럽하우스와 코스 재단장은 물론 골프장 안에 스파와 헬스 클럽 등을 더해 리조트형으로 환골탈태했다. 덕분에 로열 무쟁 골프 클럽은 남부 프랑스 최고의 코스가 되었다.

로열 무쟁 골프 클럽은 이 인근에서는 보기 드물게 험난한 산악형 코스다. 깊은 산 속의 사원처럼 숲 속에 잠겨 있는 듯했다. 인상적인 것은 화려한 워터 해저드다. 폭포와 연못, 습지로 연결되는 8개의 실개천이 코스와 얽혀 있었다. 그러다 보니 무려 12개의 홀이 이 워터 해저드의 영향권에 들어가 있다. 공략이 어려울 수 밖에 없다. 여기에 특이한 모양의 벙커들까지 복병처럼 코스 곳곳에 숨어 있다. 티잉 그라운드의 높이도 매 홀 달라서 자주 착시 현상을 일으켰다. 정확한 거리 계산이 쉽지 않아 채를 자주 바꾸었다. 시그너처 홀은 단연 2번 홀이다. 파3(183미터) 홀인데 맞바람이 없으면 두 클

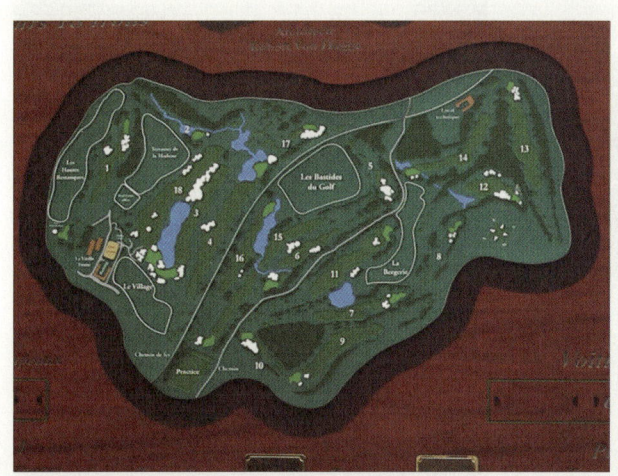 

로열 무쟁 골프 클럽은 깊은 산 속의 사원처럼 숲 속에 잠겨 있다. 폭포와 연못, 습지로 연결되는 8개의 실개천이 코스와 얽혀 무려 12개 홀이 워터 해저드의 영향권에 있다.

클럽하우스와 코스 재단장은 물론 골프장 안에 스파와 헬스클럽 등을 더해 리조트형으로 환골탈태했다. 덕분에 로열 무쟁 골프 클럽은 남부 프랑스 최고의 코스이자 프랑스 전체에서도 손꼽히는 골프장이 되었다.

럽 이상 짧게 잡아야 할 만큼 티잉 그라운드가 높은 곳에 있었다. 산꼭대기에서 계곡 쪽으로 샷을 날리는 형국이었다. 고도뿐 아니라 그린 앞에서 입을 딱 벌리고 있는 워터 해저드 때문에 거리가 조금만 짧으면 수장되고, 길면 낭떠러지 오비(OB, 장외)행이다. 모든 골퍼는 장외보다는 차라리 해저드에 빠지는 것을 선호한다. 샷이 짧아 간신히 워터 해저드를 넘겼다. 이후로도 코스 경사가 심해 페어웨이에 안착하지 못하면 공이 어디로 튈지 짐작할 수 없는 홀들이 이어졌다. 그 동안 이름도 잊고 있었던 **그늘집**이 가장 반가웠다. 샌드위치와 음료수, 스낵류를 파는 한국식 그늘집이었다. 지금까지 유럽에서 그늘집이 있는 골프장을 만난 적이 없었다. 반가운 마음에 테라스 테이블 한 자리를 차지하고 앉아 여유 있게 샌드위치를 주문했다. 마른 바게트 빵 사이에 치즈와 햄, 채소를 끼워 넣은 샌드위치는 먹는 것 자체가 곤혹스러웠다. 바게트 빵의 거친 식감과 질긴 육질로 입천장이 까지고 턱이 아팠다. 허기가 가시지 않았지만 올리브 나무 사이의 거칠고 가파른 코스가 풍기는 남프랑스의 정취는 긴 잔상을 남겼다. 이 코스가 앞으로 이어질 지중해 골프장들의 예고편이라 생각하니 더욱 가슴이 뛰었다. 멀리 열차가 오는 것이 보였다. 코스 옆을 지나는 철길이 세계 향수의 본고장인 **그라스**(Grasse) 로 통하고 있으니, 향수를 가득 실은 기차가 지나갈 때 눈을 감고 바람의 향기를 맡아 보라 했던 매니저의 말이 생각나 눈을 감았다. 🌐

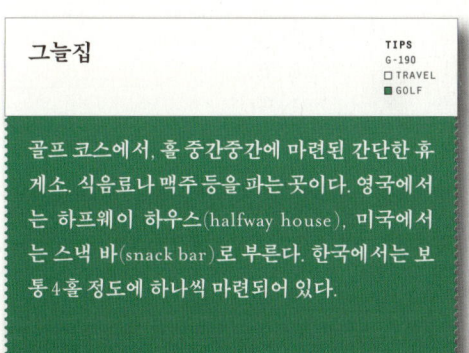

그늘집
TIPS G-190
☐ TRAVEL
■ GOLF

골프 코스에서, 홀 중간중간에 마련된 간단한 휴게소. 식음료나 맥주 등을 파는 곳이다. 영국에서는 하프웨이 하우스(halfway house), 미국에서는 스낵 바(snack bar)로 부른다. 한국에서는 보통 4홀 정도에 하나씩 마련되어 있다.

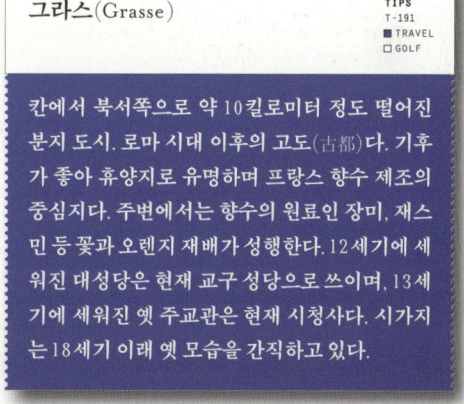

그라스(Grasse)
TIPS T-191
■ TRAVEL
☐ GOLF

칸에서 북서쪽으로 약 10킬로미터 정도 떨어진 분지 도시. 로마 시대 이후의 고도(古都)다. 기후가 좋아 휴양지로 유명하며 프랑스 향수 제조의 중심지다. 주변에서는 향수의 원료인 장미, 재스민 등 꽃과 오렌지 재배가 성행한다. 12세기에 세워진 대성당은 현재 교구 성당으로 쓰이며, 13세기에 세워진 옛 주교관은 현재 시청사다. 시가지는 18세기 이래 옛 모습을 간직하고 있다.

[11] 프로방스, 지중해에서 골프채를 씻다
베덴느(Vedène), 프랑스(France)
[11-077] 골프 그랑 아비뇽(Golf Grand Avignon)

프로방스에서 길을 잃다

🌐 남프랑스에서 지체하는 바람에 조급해졌다. 에스파냐를 거쳐 포르투갈까지의 일정이 남아 있기 때문이다. 프로방스(Provence)도 만만치 않은 복병이었다. 푸른 하늘과 뜨거운 태양, 지중해가 풍부한 색감을 품고 있는 프로방스는 그 이름만으로도 가슴 설레는 곳이다. 나는 한때 화가를 꿈꾼 적이 있다. 반 고흐(Vincent van Gogh, 1853~1890년)의 **아를**(Arles), 세잔(Paul Cezanne, 1839~1906년)의 고향 **엑상프로방스**(Aix-en-Provence), 마티스(Henri Matisse, 1869~1954년) 색채의 **방스**(Vence), 샤갈이 정착한 **생폴드방스**(Saint-Paul de Vence), 피카소의 **앙티브**(Antibes)가 지척이다. 소박하고 아름다운 자연, 다양한 문화와 풍성한 먹을거리로 전원 생활에 대한 로망을 불러일으키는 곳 또한 프로방스다. 그러다 보니 한 곳을 정하고 가기가 어려웠다. 고민 끝에 동선이 편한 아비뇽으로 갔다. **아비뇽 유수** 때문인지 어두운 감옥 도시 이미지가 있는 곳이다. 예상대로 아비뇽에는 중세 도시의 고색창연한 모습

아를(Arles) — TIPS T-192 ■TRAVEL ☐GOLF

프랑스 남부의 소도시로 '고흐가 사랑한 도시'로 유명하다. 반 고흐가 1년간 머물며 200여 점의 작품을 남겼다. 알퐁스 도데의 희곡에 비제(Georges Bizet, 1838~1875년)가 곡을 붙인 〈아를의 여인〉으로도 널리 알려져 있다. 옛날부터 교통과 문물 교류의 중심지였다. 지금은 농업과 관광이 발달했으며 다양한 로마 시대의 유적과 중세 로마네스크 양식의 건물들이 남아 있다.

엑상프로방스(Aix-en-Provence) — TIPS T-193 ■TRAVEL ☐GOLF

프랑스 남부에 있는 도시. 화가 폴 세잔의 고향이다. 엑상프로방스는 상공업의 중심지로 대교구청과 법원 등이 있는 도시인데, 세잔 역시 부유한 은행가의 아들로 태어나 1861년 파리로 떠나기 전까지 엑스-마르세유 대학교(Aix-Marseille University)에서 법률을 공부했다. 13세기에 건립된 대성당과 그라네 박물관 등 아름다운 건축물이 많다. 올리브유와 포도주 등이 생산된다.

이 살아 있었다. 외곽까지 합하면 인구가 30만이 넘는 큰 도시지만 소도시처럼 차분했다. 과거 교황청이 남아 있기 때문인지 로마 같은 분위기가 강했다. 거대한 성이 구도시를 둘러싸고 그 밖으로 론(Rhone) 강이 도도하게 흐른다. 아비뇽 유수 당시 교황은 '상가집 개' 신세였다. 교황청 외관은 허름했고 내부에도 호화로운 유물 따위는 없었다.

방스(Vence)
TIPS T-194 ■TRAVEL □GOLF

프랑스 니스, 앙티브와 인접한 방스는 온천 지대로 유명하다. 예술가, 조각가, 화가들의 본고장으로 중세 도시의 옛 자취를 그대로 간직하면서 예술의 도시로 급성장하는 곳이다. 주요 명소로는 로제르 예배당(Chapelle du Saint-Marie du Rosaire)과 로마 로드가 있다. 특히 로제르 예배당은 1911년 샤갈이 외부 조형 작업을 하였고, 1948~1951년까지는 화가 마티스가 벽화와 스테인드글라스로 내부 조형 작업을 했다.

생폴드방스 (Saint-Paul de Vence)
TIPS T-195 ■TRAVEL □GOLF

프로방스에 '고흐의 마을'인 아를이 있다면, 생폴드방스는 '샤갈의 마을'이다. 샤갈은 생폴드방스에서 여생을 보내며 지중해의 향취를 자유롭게 캔버스에 담았다. 샤갈뿐 아니라 르누아르(Auguste Renoir, 1841~1919년), 마네(Edouard Manet, 1832~1883년), 마티스, 브라크(Georges Braque, 1882~1963년), 피카소, 모딜리아니(Amedeo Modigliani, 1884~1920년) 등 많은 예술가 1900년대 초반 생폴드방스를 찾아와 몸을 기댔다. 마을 인근에는 이들 예술가들이 숙박료 대신 그림을 제공하고 묵었다는 호텔이 있다. 생폴드방스의 터줏대감이었던 샤갈은 97세의 나이로 세상을 떠날 때까지 20여 년간 이곳을 제2의 고향으로 여겼다.

앙티브(Antibes)
TIPS T-196 ■TRAVEL □GOLF

프랑스 니스와 칸의 중간에 있는 소도시. 화초, 오렌지, 올리브 등 원예가 활발하며 도기 제조의 중심지다. 기원전 4세기경 그리스 식민지로 세워진 도시이며 당시의 유적과 중세의 성채가 남아 있다. 한때 이 곳의 중심이었던 그리말디 성(Château Grimaldi d'Antibes)은 현재 앙티브 피카소 미술관(Musée Picasso d'Antibes)이 되어 피카소의 그림과 조각 240여 점과 20세기 현대 예술가들의 작품을 다양하게 소장하고 있다. 피카소는 1945년부터 1946년까지 앙티브 피카소 미술관의 시초인 그리말디 박물관에서 전시 활동에 적극 참여했으며 자신의 작품 상당수를 직접 기증했다.

아비뇽 유수 (Avignonese Captivity)
TIPS T-197 ■TRAVEL □GOLF

1309년에서 1377년까지 교황청을 로마에서 아비뇽으로 이전한 사건을 말한다. 당시 이탈리아가 귀족 가문 간의 싸움으로 혼란스러워지자 프랑스인 교황 클레멘스5세는 교황청을 아비뇽으로 옮긴다. 이후 교황은 프랑스 왕의 간섭을 받게 되었으며 교황청은 세속적으로 변질했다. 교황청은 1377년 그레고리 11세에 의해 다시 로마로 복귀된다. 하지만 1년 뒤 프랑스인 추기경들이 새 교황 우르바노 6세에 반발하면서 다른 교황(클레멘스 7세)을 선출하고 아비뇽 교황청에 머물게 했다. 로마와 아비뇽에 두명의 교황이 존재하는 '교회 대분열'의 시기가 1417년까지 계속된다.

11-077
VEDÈNE
FRANCE

골프 그랑 아비뇽
GOLF GRAND AVIGNON

ⓘ 1990년 개장, 18홀, 6,037미터 (6,602야드)
ⓘ 주소: Chemin de la Banastière, 84270 Vedène, France
ⓘ 홈페이지: http://www.golf-grand-avignon.com

구도시 언덕에 오르면 눈이 즐거워진다. 멀리 론 강과 피렌체 분위기의 시가지가 한눈에 들어온다. 정면으로 민요 〈아비뇽의 다리 위에서〉로 유명한 **생 베네제 다리**(Pont Saint Benezet)의 잔해가 보였다. 이 다리는 12세기에 만들어진 후로 붕괴와 복구가 거듭되었다. 지금은 세 개의 아치만 남아 있다.

아비뇽 시내에서 불과 10분 거리에 위치한 **골프 그랑 아비뇽**(Golf Grand Avignon)은 클럽하우스 건물이 저수지를 감싸 안고 있는 독특한 구조였다. 이 저수지는 수상 드라이빙 레인지로 이용되고 있었다. 물에 뜨는 공을 이용해 아일랜드 그린을 공략하도록 만든

다냥(Isidore Dagnan), 〈아비뇽과 생 베네제 다리 전경 (Vue d'Avignon et du Pont saint Bénezet)〉, 19세기 초, 캔버스에 유화, 아비뇽 칼베 미술관 소장.

생 베네제 다리
(Pont Saint Benezet)

TIPS
T-198
■ TRAVEL
□ GOLF

프랑스 아비뇽의 론 강에 있는 끊어진 다리로, 아비뇽 다리(Pont d'Avignon)라고도 불린다. 12세기 무렵 양치기 소년 베네제(Benezet)가 다리를 지으라는 신의 계시를 듣고 혼자서 돌을 쌓아 지었다는 전설이 전해져 온다. 아비뇽과 론 강 건너편의 도시인 빌뇌브 레 자비뇽(Villeneuve lès Avignon)을 이어 주던 다리로, 17세기 말 홍수로 절반이 떠내려가고 지금은 4개의 교각과 생 베네제를 기리는 생 니콜라 예배당만 남아 있다.

🏌 아비뇽 시내에서 불과 10분 거리에 위치한 골프 그랑 아비뇽(Golf Grand Avignon)은 클럽하우스 건물이 수상 드라이빙 레인지 구실을 하는 저수지를 감싸 안고 있는 독특한 구조였다.

연습장이었다. 바람이 늘 제방 쪽으로 불기 때문에 볼은 저절로 수거된다. 바람이 불지 않을 경우에만 보트를 이용한다고 했다. 32개의 타석이 있었는데 연습하는 사람은 딱 한 명뿐이었다. 골프 그랑 아비뇽은 아비뇽 인근 마을의 한 골프 마니아가 평평한 농경지를 사들여 3년여의 공사 끝에 1990년 완공했다. 특별한 스토리는 없었지만 규모나 코스 설계, 클럽하우스의 디자인은 훌륭했다. 특히 6,037미터[6,602야드] 전장에 펼쳐진 잔디와 조경림의 초록빛이 싱싱했다. 지중해의 중심인 프로방스 지역에는 비가 잘 오지 않고 늘 건조한 바람이 분다. 그래서 침엽수가 많고 활엽수의 경우 잎이 작고 두툼하다. 물이 귀한 곳임에도 이 골프장에는 물이 지천이었다. 수상 연습장에다가 코스 내에는 커다란 호수도 다섯 곳이나 있었다. 조경림도 다른 곳과 달리 푸르고 싱싱했다. 골프장을 건설할 때 큰 지하 수맥을 발견했다고 한다. 엄청난 지하수 덕분에 이 골프장은 건조한 지중해 연안에서 푸른 오아시스 분위기를 자아내고 있다. 코스는 농경지 위에 만들어진 골프장답게 평평한 파크랜드였다. 보기와는 사뭇 다르게 첫 홀부터 우리의 군기를 잡았다. 왼쪽으로 큰 호수가 보이는 파5 도그 레그 홀이다. 거리를 가늠하기 어렵다. 본능적으로 호수를 피해 오른쪽을 겨냥하려다 보면 울창한 숲이 걸린다. 티 샷이 정확한 길을 가야만 한다. 7번 홀을 마치자 수상 드라이빙 레인지가 다시 나타나면서 홀 간 동선이 헷갈리기 시작했다. 8번 홀을 찾지 못해 우왕좌왕하기도 했다. 8번 홀은 '프로방스 거인'이라는 별칭답게 페어웨이와 그린의 경사가 심했다. 집중력이 흐트러졌다. 특히 그린에서는 제주도의 도깨비 도로에서처럼 높낮이를 가늠하기가 어려웠다. 전반 홀에서 자주 나타나던 해저드는 사라지고 참나무 장벽이 둘러쳐진 코스가 나타나면서 거리는 길어지고 페어웨이는 좁아졌다. 누군가 페어웨이를 가리켜 '골프장의 넓고 평평한 구역으로 아마추어들이 자주 이용하지 않는 지역'이라고 유머스럽게 정의한 적이 있다. 어인 일인지 이 골프장의 페어웨이가 딱 그랬다. 넓은 페어웨이를 두고 좁고 경사진 곳만 찾아다니며 갈지자 행보를 이어갔다. 황혼 무렵에야 라운드가 끝났다. 18홀을 마치고 보니 수상 연습장 위에 클럽하우스의 불빛이 반사되어 호반 위의 골프장처럼 운치가 가득했다. 이미 가을 문턱인지라 날씨는 선선해지고 있었다. 레스토랑에서 열리고 있는 연회의 흥겨운 음악과 노천 테라스 위의 즐거운 파티 분위기는 갈 길 바쁜 여행자 마음을 더욱 초초하게 만들었다. 🌐

Cannes, France

에스파냐, 포르투갈　12
바르셀로나에서
'유럽 필드' 땅끝까지

골프의 정신을 찾아서—유럽 골프 인문 기행 12 〔에스파냐, 포르투갈〕

ESPAÑA(SPAIN), PORTUGAL

에스파냐(스페인), 포르투갈

12
바르셀로나에서 '유럽 필드' 땅끝까지

가우디에 놀라 미스 샷 남발하다!
  12-078
  클럽 드 골프 야바네라스 Club de Golf Llavaneras

'재의 목요일' 에스파냐의 빈털터리들
  12-079
  파노라미카 클럽 드 골프 Panorámica Club de Golf

복원과 재기, 나그네는 울지 않는다.
  Ed-007
  마드리드에서 톨레도까지

대서양에서의 '치유 골프'
  12-080
  산 로렌초 골프 코스 San Lorenzo Golf Course

'골프 천국'에서 보낸 한 철
  12-081
  발레 도 로보 Vale do Lobo

유럽 땅끝에서 부르는 '사랑 노래'
  12-082
  오이타보스 둔스 Oitavos Dunes

[12] 바르셀로나에서 '유럽 필드' 땅끝까지
카탈루냐(Cataluña), 에스파냐[España(Spain)]
[12-078] 클럽 드 골프 야바네라스(Club de Golf Llavaneras)

가우디에 놀라 미스 샷 남발하다!

🌐 해가 저물 무렵 아비뇽에서 출발했기 때문에 바르셀로나까지 가는 것은 무리였다. 국경 도시 페르피냥(Perpignan)에서 멈췄다. 그다지 안전하지 않다고 알려진 에스파냐로 야심한 밤에 넘어가는 것 자체가 조금은 부담스럽기도 했다. 프랑스와 에스파냐 국경은 다른 유럽 연합 국가들 사이의 자유로운 접경들과 달리 경계가 명확했다. 검문은 하지 않았지만 경비 초소가 제대로 있고 경찰들이 여기저기 서성였다. 바르셀로나에 들어설 즈음 비바람이 몰아치기 시작했다. 차에 기름은 떨어져 가는데, 주유소가 나오지 않아 애가 탔다. 경고등이 켜지고도 기름이 정말이지 거의 바닥 날 무렵에야 겨우 주유소를 만났다. 기름 값을 보고서야 이유를 짐작했다. 프랑스보다 휘발유 값이 훨씬 쌌다. 그래서 국경 가까운 곳에는 주유소를 허가하지 않는 모양이었다. 바르셀로나를 포함하는 **카탈루냐**(Cataluña) 지방은 에스파냐에서 가장 잘 사는 동네다. 이탈리아 북부처럼 분리 독립을 꿈꾸는 지역이기도 하다. **천재 건축가 가우디**(Antoni Gaudii Cornet, 1852~1926

카탈루냐(Cataluña)
TIPS
T-199
■ TRAVEL
□ GOLF

이베리아 반도 북동부 지역이다. 면적은 경기도의 약 3배 정도이며 인구는 720만 명 정도로 에스파냐 인구의 약 16%를 차지한다. 에스파냐 어뿐 아니라 카탈루냐 어를 공용어로 쓰며 중심 도시는 바르셀로나다. 이베리아 반도와 유럽 여러 나라들을 잇는 대륙의 관문이다 보니 상업과 문화 예술이 발달한 곳이다. 지금도 에스파냐 내에서 가장 부유하고 지중해권에서도 가장 현대적인 지역이다. 15세기 이전까지 카탈루냐는 별도의 독립국이었다. 1936년 자치권을 획득했으나 프랑코 정권 때 자치권을 잃고 억압 받았다. 1977년 새 헌법 제정으로 자치 정부가 수립되었다. 그러나 여전히 카탈루냐에는 에스파냐로부터 분리 독립하려는 움직임이 있다.

가우디 (Antoni Gaudi, 1852~1926년)

TIPS
T-200
■ TRAVEL
□ GOLF

바르셀로나에서 건축 교육을 받았고, 활동 역시 바르셀로나를 중심으로 한 에스파냐의 대표적인 건축가다. 고딕과 이슬람 건축 양식을 발전시켜 독자적 아르누보(Art Nouveau) 양식을 창출했다. 가우디는 자연을 관찰해 그 형태나 원리를 건축에 응용했다. 곡면을 살리고 도자기 타일 등을 이용한 섬세한 장식과 색채를 즐겨 사용했는데, 그의 건축에서 그런 요소는 구조와 분리할 수 없는 일체를 이룬다. 바르셀로나 곳곳에 그의 건축물이 남아 있는데, 구엘 공원(Park Güell)(☞ 옆·아래 사진들), 구엘 교회(Colonia Güell), 성 가족 성당(사그라다 파밀리아, Templo Expiatorio de la Sagrada Familia) 등이 유명하다. 구엘 공원과 성 가족 성당은 1984년 유네스코 세계 문화 유산에 등록되었다.

파블로 피카소
(Pablo Picasso, 1881~1973년)

TIPS T-201
■ TRAVEL
☐ GOLF

1881년 에스파냐 말라가에서 태어났다. 어려서부터 그림에 재능이 뛰어났다. 19세 때 파리로 건너가 모네, 르누아르, 피사로(Camille Pissaro, 1830~1903년) 등 인상파 작품을 접하고 고갱(Paul Gauguin, 1848~1903년)의 원시주의, 고흐의 표현주의 등에 영향을 받았다. 처음에는 파리 민중의 비참한 생활상을 청색을 주조로 그렸고, 이를 '청색 시대'라고 부른다. 1907년에 큰 충격을 불러일으킨 〈아비뇽의 처녀들(Les Demoiselles d'Avignon)〉부터 형태를 분해하는 기법이 구체화되었고, 브라크와 교유하며 입체주의를 창안했다. 전쟁의 잔학상을 담은 대벽화 〈게르니카(Guernica)〉(1937년), 〈우는 여인(Weeping Woman)〉(1937년) 등도 대표작에 꼽힌다. 2차 대전 때는 파리 레지스탕스와 교류하고, 종전 후 프랑스 공산당에 입당했다. 이후 남프랑스 바닷가에 정착해 그리스 신화에서 모티프를 얻은 드로잉과 도기, 석판화 등에 정열을 쏟았다. 6·25 전쟁을 주제로 대작 〈한국에서의 학살(Massacre en Corée)〉(1951년)을 그리기도 했다. 피카소는 바르셀로나 출생은 아니지만 10대 때 여기서 공부했고, 피카소 미술관이 있다.

호안 미로
(Joan Miro, 1893~1983년)

TIPS T-202
■ TRAVEL
☐ GOLF

1893년 에스파냐 바르셀로나에서 태어나 1911년 이후 양친이 물려 준 바르셀로나 근교의 몬트로이그(Mont-Roig)의 농장에서 주로 지냈다. 바르셀로나 미술 학교를 중퇴한 후 프란치스코 갈리 미술 아카데미(Escuela de Arte de Francesco Gali)에서 수학했다. 1918년 최초의 개인전도 바르셀로나에서 여는 등 그의 예술은 고향인 카탈루냐의 역사와 풍토에 깊이 관계되어 있다. 1919년 파리로 건너가 생활하면서 1921년 파리에서 개인전을 열었다. 1924년 브르통, 아라공, 엘뤼아르 등과 친하게 지내며 초현실주의 예술가의 일원이 되었다. 또한 야수주의와 입체주의 등 당대의 여러 양식을 받아들여 자신만의 개성 있는 양식을 만들어냈다. 〈아를르캥의 사육제(Harlequin's Carnival)〉(1924~1925년) 등 환각적이고 오토마티즘적인 회화를 거쳐 오브제와 콜라주를 시도했다. 1936년 시작된 에스파냐 내전에 자극을 받아 대벽화 〈추수(The Reaper)〉(1937년)를 파리 만국 박람회 에스파냐 공화국관에서 발표했다. 조각, 도기, 판화에서도 뛰어난 작품을 많이 남겼다.

파블로 카살스
(Pablo Casals, 1876~1973년)

TIPS T-203
■ TRAVEL
☐ GOLF

카탈루냐의 소도시 벤드렐(Vendrell)에서 교회 오르가니스트의 아들로 태어났다. 어릴 때부터 피아노, 바이올린, 오르간을 배웠다. 11세 때 바르셀로나 시립 음악 학교에 입학, 첼로에 몰두했다. 어느 날 헌책방에서 발견한 바흐의 〈무반주 첼로 모음곡〉을 10년간 연습해 전곡을 연주해 낸다. 1895년 파리에서 데뷔했고 1899년 파리 라무뢰 오케스트라(Orchestre Lamoureux)와 협연해 대성공을 거두었다. 그 후 약 15년간 파리에 살면서 바이올린의 자크 티보(Jacques Thibaud, 1880~1953년), 피아노의 코르토(Alfred Cortot, 1877~1962년)와 트리오로 일세를 풍미했다. 1920년 자비로 오케스트라를 조직, 노동자들을 위해 연주하기도 했으며 1939년 에스파냐가 프랑코 독재 정권에게 지배되자 항의의 표시로 프랑스의 작은 마을 프라드(Prades)에 틀어박혀 공식 활동을 중단했다. 1950년 그를 흠모한 여러 나라 음악가들이 프라드에 모여 〈바흐 탄생 200주기 기념 음악제〉를 개최하면서 다시 연주를 시작한 그는 푸에르토리코에서 100년에 이르는 긴 생애를 마쳤다. 오늘날 첼리스트들이 즐겨 사용하는 연주법의 상당 부분을 창안했다. 역대 첼리스트 계보는 카살스 이전과 이후로 갈린다고 할 정도로 뛰어난 첼리스트였다.

년), 20세기를 풍미한 화가 **파블로 피카소**와 **호안 미로**(Joan Miro, 1893~1983년), 첼로의 거장 **파블로 카살스**(Pablo Casals, 1876~1973년)가 모두 바르셀로나와 각별한 사람들이다. 이를테면 가우디가 설계하고 피카소와 미로는 색을 입히고 카잘스는 소리로 생명력을 불어 넣은, 내공이 충만한 도시가 바르셀로나다. 에스파냐는 가 볼 곳에 비해 워낙 땅이 넓어 자동차 여행이 힘겨운 나라다. 한 도시에서 다른 도시로 움직이는 데 네 시간 넘게 걸리는 것이 예사다. 선택과 집중이 필요하다. 우리는 시간을 아끼려고 바르셀로나 도심 카탈루냐 광장까지 차로 진입해 도심 주차 건물에 차를 댔다. 주차비 부담 때문에 거의 종종 걸음으로 다녔다. 볼 것은 많은데 관심이 달라 동반자와 헤어져 다니다가 이산 가족 신세가 되기도 했다. 바르셀로나는 확실히 가우디의 도시다. 시내를 걸어다니다 보면 일부러 찾지 않아도 여기저기 흩어져 있는 가우디의 작품들과 조우한다. 가우

가우디의 성 가족 성당 외관과 내부.

성 가족 성당(사그라다 파밀리아)

TIPS T-204
■ TRAVEL
□ GOLF

바르셀로나를 상징하는 대표 건축물로 1883년 착공해 아직까지 공사 중이다. 가우디가 설계하고 직접 건축 감독을 맡았으나 1926년 세상을 떠날 때까지 완공하지 못했다. 그만큼 심혈을 기울여 설계한 것으로, 후원금만으로 건설이 이루어지기 때문에 완공까지 시간이 얼마나 더 걸릴지 알 수 없다고 한다. 완성될 경우 교회의 규모는 폭 150미터, 깊이 60미터이며 예수 그리스도를 상징하는 중앙 돔의 높이는 170미터로 예상한다. 원래 재료는 석재인데, 가우디가 죽은 뒤 중단되었던 작업을 1953년 재개할 때부터 돌이 부족해 인조 석재와 콘크리트를 사용하고 있다. 미완성이지만 엄청난 규모와 아름다운 곡선, 섬세하게 조각된 내부 등(↑위 사진들)으로 가우디 최고의 걸작으로 꼽힌다. 가우디는 죽기 전 더딘 공사에 대해 "이 작품의 주인이신 하느님이 서두르지 않기 때문이다"라는 말을 남겼다고 한다.

카사 밀라(Casa Mila)

TIPS T-205
■ TRAVEL
□ GOLF

1895년 바르셀로나 신도시 계획 당시에 세워진 연립 주택으로 가우디의 작품이다. 라 페드레라(La Pedrera, '채석장'이라는 뜻)라고도 하며 1910년 완성했다. 그의 가장 큰 주거 프로젝트이자 지금까지 세워진 건축물 중 가장 상상력이 풍부한 건물 중 하나로, 건축물이라기보다 하나의 조각 작품으로 여겨지기도 한다. '산'을 주제로 지은 이 건물은 석회암을 연마하지 않은 상태로 쌓아올렸다. 동굴 같은 출입구와 독특한 모습의 환기탑, 굴뚝 등을 볼 때는 사람이 살 수 없을 듯 보이지만 내부에는 엘리베이터와 냉난방 시스템 등 현대적 설비가 모두 갖춰져 있다.

디 최고의 작품은 물론 **성 가족 성당**^(사그라다 파밀리아, Templo Expiatorio de la Sagrada Familia)이다. 가우디는 1926년 서거했다. 성 가족 성당은 여전히 공사 중이었다. 이 성당 관광의 핵심은 완성한 부분과 공사 중인 부분을 비교하면서 보는 것이다. 네 개의 탑과 지하 성전이 완공된 상태다. 네 개의 탑은 그리스도의 탄생을 묘사하고 있다. 워낙 높고 웅장하기 때문에 계속 사진을 찍다가는 목 디스크가 생길 지경이다. 직선을 피하면서 나무나 과일, 구름, 바람과 같은 자연의 일부를 기둥이나 지붕 등의 장식으로 구현하고 있다. 성당에서 나와 걷다 보면 몽상적 분위기의 '다세대 주택' **카사 밀라**^(Casa Mila)를 만나게 된다. 건물 외곽의 선들은 물결처럼 파도치고 건물 안팎 어디를 봐도 각진 곳이 없다. 가우디에 따르면 직선은 인간의 영역이고 곡선은 신의 영역이다. 달리 말하자면 자연에는 직선이 없다는 것이다. 그래서 가우디는 '신의 영역'에 근접한, 베토벤 같은 건축가로 평가 받는다.

바르셀로나에서 멀지 않은 곳에 **클럽 드 골프 야바네라스**^(Club de Golf Llavaneras)가 있다. 도시 그림자가 언뜻언뜻 드리우긴 했지만 산맥을 배경으로 아름다운 지중해를 바라보는 위치였다. 1945년 문을 열었고, 카탈루냐 지역에서 네 번째로 오래된 골프장이다. 주말임에도 내장객은 많지 않았다. 우리 앞에 **포백**^(4bag)인 가족 팀이 티 오프를 준비하다 **투백**^(2bag)인 우리 팀을 보더니 손가락을 까딱하며 "유(You)"라고 한다. 먼저 플레이를 하라는 몸짓이었는데 영어는 간단했고 얼굴엔 웃음기가 없었다. 에스파냐 사람

포백(4bag)과 투백(2bag)

TIPS
G-206
□ TRAVEL
■ GOLF

골프에서, 라운드 하는 골퍼들의 단위를 말한다. 골퍼 한 사람에 캐디 한 사람이 동반하는 경우 그 한 사람의 백을 메고 다니므로 원백(one bag)이라고 한다. 골퍼 두 사람에 한 사람의 캐디가 동반하면 백 2개를 카트에 싣고 다니므로 투백(two bag)이 되며, 4명 이상은 골프 가방 4개를 카트에 싣는다 하여 포백(four bag)이 된다.

12-078

BARCELONA
ESPAÑA

클럽 드 골프 야바네라스
CLUB DE GOLF LLAVANERAS

ⓘ 1945년 개장, 18홀, 파70 / 5,028미터 (5,499야드)
ⓘ 주소: Camino del Golf, 08392 Sant Andreu de Llavaneres, Barcelona, España
ⓘ 홈페이지: http://www.golfllavaneras.com

클럽 드 골프 야바네라스(Club de Golf Llavaneras)는 카탈루냐에서 네 번째로 오래된 골프장이다. 영국의 골프 코스 설계자 프레드 호트리(F. W. Hawtree)가 설계했다. 처음에 9홀로 시작하여 1989년 파68, 18홀 코스로 확장했고, 2001년 파70 전장 5,028미터의 현재 모습을 갖추었다. 야생 동식물들의 생장에 무리가 없을 정도로 친환경적으로 코스를 관리한다.

들은 대체로 표정이 없는 편이다. 고맙다는 인사를 하고 먼저 티 오프 했다. 그들은 무관심한 듯하면서도 우리의 플레이를 주시했다. 한때 무대 체질이라고 자처하기도 했건만, 이 날은 잘 맞지 않았다. 남편의 드라이버는 공의 밑둥을 때리며 하늘 높은 줄 모르고 솟아올랐고 내 티 샷은 **톱 볼**(top ball)로 물 위의 뱀처럼 페어웨이를 기어갔다. 첫 홀은 250미터의 짧은 파 4 홀이라 세컨드 샷으로 충분히 만회가 가능한 상황이었다. 그랬거늘 에스파냐 갤러리 앞에서 무너진 자존심을 회복할 기회를 잡지 못하고 불명예 더블 보기(double bogey)로 홀 아웃을 했다. 다른 골프장에 비해 장외 지역이 많았고 벙커와 러프도 거칠었다. 나무들이 페어웨이를 들락날락하며 도그 레그를 만드는 것이 가장 큰 변수였다. 거리보다 정확성이 요구되는, 장타자라면 고전할 수밖에 없는 코스였다. 레이디스 티(ladies tee)에서는 거의 **롱기스트**(longest)를 놓치지 않는 나름 장타자인 나와 가끔 존 데일리에 버금가는 비거리를 내는 맛에 장타만 시도하여 스코어를 까먹는 남편에게는 반갑지 않은 코스였다. 짧고 좁은 코스라 거리 욕심을 버리니 백스윙도 작아지고 어깨에 힘도 빠지고 스윙 템포도 느려지면서 오히려 거리가 더 나왔다. 오랜만에 공이 헤드에 착착 달라붙는 느낌이 팔을 타고 올라왔다. 골프장 레이아웃과 컨디션의 엇박자였다. 계속 필요 이상의 거리를 내며 필요 이상의 에너지를 소모했다. 평생 다시 볼 일 없는 에스파냐 사람들 앞에서 티 샷 한 번 실수했다는 이유로 나도 모르게 총알 택시 운전사처럼 초고속 플레이를 하고 있었다. 나중에 보니 2시간 58분 만에 18홀을 끝냈다. 에스파냐에 온 후 뭔가에 쫓기듯 불안해 하고 있었다. 🌐

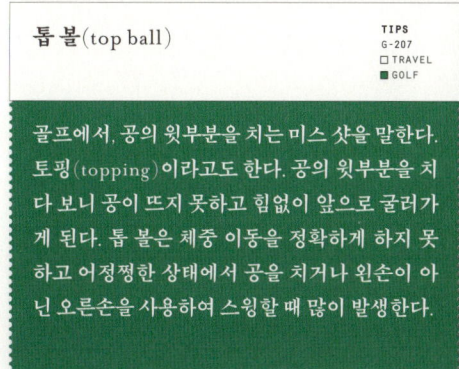

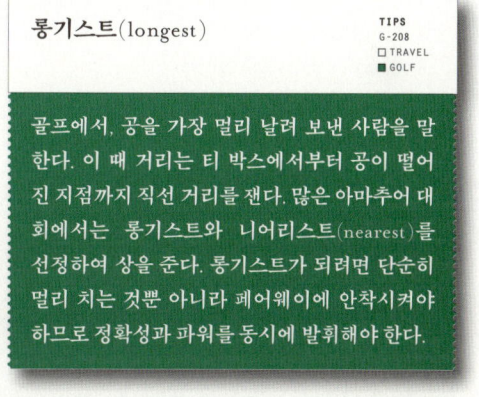

[12] 바르셀로나에서 '유럽 필드' 땅끝까지
카스테욘(Castellón)과 발렌시아(Valencia), 에스파냐(España(Spain))
[12-079] 파노라미카 클럽 드 골프(Panorámica Club de Golf)

'재의 목요일' 에스파냐의 빈털터리들

🌐 이튿날 바르셀로나 공항 근처에 유명한 골프장이 있다고 해서 찾아갔다. 골프장 터로 추정되는 곳이 있기는 했지만 군 부대로 바뀐 것인지 초소만 보이고, 그린과 페어웨이가 잡초에 묻혀 가고 있었다. 지나가던 경찰도 모른다고 했다. 다음 목적지인 그라나다(Granada)까지는 800킬로미터 넘게 달려야 했다. 그라나다에는 **알람브라**(Alhambra) **궁전**이 있다. **프란치스코 타레가**(Francisco Tárrega Eixea, 1852~1909년)의 기타 독주곡 〈**알람브라 궁전의 추억**(Recuerdos de la Alhambra)〉의 무대다. 축구팀이 유명한 발렌시아를 경유지로 정하고 출발했다. 바르셀로나에서 발렌시아(Valencia)까지는 지루하기 짝이 없는 황량한 길이 이어졌다. 다행히 중간 지점인 카스테욘(Castellón)에 에스파냐 10대 골프장 중의 하나인 **파노라미카 클럽 드 골프**(Panorámica Club de Golf)가 있었다. 마스터즈를 두 번이나 석권한 독일의 프로 선수 **베른하르트 랑거**(Bernhard Langer, 1957~)가 설계했다. 전장 6,429미터[7,031야드]의 챔피언십 코스다. 지난 1995년 문을 연, 비교적 신생 골프장이지만 조

알람브라 궁전
(Recuerdos de la Alhambra)

TIPS
T-209
■ TRAVEL
□ GOLF

에스파냐 남부 그라나다 지역에 있는 궁전과 성곽의 복합 단지로 에스파냐에 존재했던 마지막 이슬람 왕조인 나스르 왕조(Nasrid Dynasty, 1232~1492년)의 무하마드 1세 이븐 나스르(Muhammad I ibn Nasr, 1191~1273년)가 13세기 후반에 짓기 시작하여 14세기에 완성했다. 해발 740미터의 고지대에 위치하며 자연과의 조화와 특유의 아름다움으로 이슬람 문화의 백미로 꼽힌다. 알람브라(Alhambra)라는 말은 아랍어로 '붉은 색'을 뜻하는데, 햇볕에 말린 토담의 색이나 외벽 쌓기에 쓰인 벽돌색 때문에 이런 이름이 붙은 듯하다. 이 궁전은 에스파냐의 그리스도 교도들이 빼앗은 뒤에도 보존되었고, 18세기 한때 황폐화되기도 했으나 19세기 이후에 완전히 복원되어 이슬람의 높은 문화 수준을 오늘날에 전하고 있다.

경림은 울창했다. 100년은 되었음직한 올리브 나무들이 페어웨이 옆으로 몽글몽글 자리 잡았고 쥐엄나무라는 생소한 나무도 많았다. 언듈레이션이 부드러운, 전형적인 미국식 골프장으로 그린은 넓고 8개의 크고 작은 호수가 워터 해저드 구실을 하고 있었다. 133미터의 5번 홀(파3) 아일랜드 그린이 인상적이었다. 502미터의 11번 홀은 그린 앞에 거대한 호수가 있어 세컨드 샷이 부담스러웠다. 골프장은 잘 관리되어 있었고, 챔피언십 코스라서 드라이버 풀 스윙에 부담이 없었다.

프란치스코 타레가와
〈알람브라 궁전의 추억〉

TIPS
T-210
■ TRAVEL
☐ GOLF

에스파냐의 기타 연주가이자 작곡가다. 카스테욘(Castellón) 근교에서 태어났다. 근대 기타 연주법의 창시자로 불릴 만큼 뛰어난 음악성을 보였으나, 1906년 오른팔이 마비되어 연주 생활을 그만두었다. 작곡에서도 뛰어난 솜씨를 보여 〈알람브라 궁전의 추억〉(Recuerdos de la Alhambra)〉과 〈아침의 노래(Alborada)〉 등 많은 기타 독주곡과 연습곡을 남겼다. 바흐와 베토벤 등 여러 작곡가의 작품을 기타용으로 편곡하기도 했다. 〈알람브라 궁전의 추억〉은 그의 대표적인 작품으로, 떨리듯 연주하는 트레몰로 주법이 자아내는 애잔한 분위기로 유명하다. 영화 〈킬링필드(The Killing Fields)〉(1984년)의 주제가로 쓰이며 널리 알려졌다.

베른하르트 랑거
(Bernhard Langer, 1957년~)

TIPS
G-211
☐ TRAVEL
■ GOLF

독일의 골프 선수다. 독일 선수로서는 최초로 1985년, 1993년 두 차례에 걸쳐 마스터스 토너먼트에서 우승했고 역시 독일 최초의 골프 세계 랭킹 1위 타이틀도 차지했다. 1985년 제정된 유럽 프로 골프 투어 '올해의 선수상'의 최초 수상자이기도 하다. 2002년 명예의 전당에 입성했으며 현재는 시니어 투어에서 활약하고 있다.

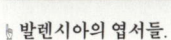
발렌시아의 엽서들.

12-079

CASTELLÓN
ESPAÑA

파노라미카 클럽 드 골프
Panorámica Club de Golf

ⓘ 1995년 개장, 18홀, 6,429미터 (7,031야드)
ⓘ 주소: Urb. Panorámica, s/n 12320 San Jordi, Castellón, España
ⓘ 홈페이지: http://www.Panoramicaclubdegolf.com

🏌 ☞ 1995년 개장한 파노라미카 클럽 드 골프(Panorámica Club de Golf)는 에스파냐 10대 골프장 중의 하나로, 마스터즈를 두 번이나 석권한 독일의 프로 선수 베른하르트 랑거가 설계했다. 지난 2005년부터 에스파냐 여자 오픈과 국제 투어를 개최하며 지중해 골프장으로 국제적인 명성을 얻었다.

발렌시아에 도착하니 이미 해가 저물고 있었다. 에스파냐 제3의 도시 발렌시아는 오렌지와 쌀 생산지로도 유명하다. 눈부신 지중해와 올리브와 오렌지 나무 그늘이 있고 **파에야**(Paella)가 맛있는, 한가로운 도시다. 하지만 우리는 이 도시에서 불의의 사건으로 유럽 투어 최대의 위기를 맞게 된다. 늦게 도착하기도 했지만 이튿날 축구 경기가 있는 탓에 시내에 빈방이라고는 없었다. 교외로 나가려다 보니 골목 어귀에 낡고 허름한 '여인숙'이 눈에 들어왔다. 엘리베이터도 없는 7층 다락방 흡연실이 비어 있었다. 담배 냄새가 진드기처럼 폐부를 파고들었다. 침대는 스프링이 늘어난 듯 푹푹 꺼지고 영어는 한 마디도 안 통했다. 손짓 발짓으로 주차장을 물어 보니 그냥 큰 길 광장에 세우면 된다고 했다. 밤 10시가 넘었지만 초저녁 분위기인 식당에서 저녁을 때웠다. 에스파냐 치즈나 샐러드, 하몽이나 홍합, 소시지, 라이스나 누들의 매콤한 맛과 적당한 간은 한국인 입맛에 잘 맞는다. 다음 날 아침, 밤새 차가 안전한 것을 확인하고 시내 투어에 나섰다. 무거운 노트북 배낭은 차에 내려놓았다. 대성당에 다녀오는 데 30분이면 족하고 시청 앞 공용 주차장은 지나가는 행인들의 발걸음이 번잡한 곳이라 위험

파에야(Paella)

TIPS
T-212
■ TRAVEL
□ GOLF

에스파냐의 전통 요리로 엄밀하게는 발렌시아(Valencia) 지방을 대표하는 음식이다. 발렌시아 어로 파에야는 '프라이팬'에 해당하며 라틴어 '파텔라(Patella)'에서 유래했다. 프라이팬에 올리브 기름을 두르고 채소, 쌀, 육류, 해산물을 넣고 볶는데, 이 때 향신료인 사프란과 토마토, 마늘, 고추 등을 첨가해 독특한 빛과 향을 낸다. 새우, 홍합, 모시조개로 모양을 내기도 한다. 8세기 이슬람 지배 이후 만들어졌으며 발렌시아 내에서 축제나 마을 행사가 있다면 절대 빠지지 않는 음식이다. 현재는 에스파냐 어디에서나 맛볼 수 있다.

할 것 같지 않았다. 시청에 무슨 행사가 있는지 도처에 경찰차가 쫙 깔려 있었다. 안심하고 대성당 구경에 나섰다. 성당에서 돌아와 보니 우리 차 주변이 산만했다. 바닥에 유리 조각이 널려 있었다. 놀라서 차를 보니 운전석 뒷좌석 유리가 산산조각이 나 있었다. 내부는 난장판이었다. 입던 옷가지들이 들어 있는 큰 가방은 있었지만 배낭 두 개와 중형 손가방이 보이지 않았다. 순간 자리에 주저앉고 말았다. 여권, 비자, 항공권, 비상금, 카드, 신분증, 수첩, 노트북 2대, 백업 메모리, 휴대폰, 카메라, 각종 기기별 충전기, 코드, 여행 수기 노트, 각국의 기념품, 책자… 등등 헤아릴 수가 없었다. 특히 여행 사진이 담긴 하드디스크와 여행기를 적어 놓은 수기 노트가 사라진 것은 너무나 치명적이었다. 다행히 피렌체에서 혹시나 하는 마음에 3차 백업을 받아 조수석 의자 아래에 깔고 다니던 메모리 디스크만이 남아 있었다. 트렁크의 골프채도 무사했다.

어떤 큰 일이 생기기 전에는 대개 조짐이라는 것이 있기 마련이다. 밀란 쿤데라(Milan Kundera, 1929년~)의 표현의 빌자면 전혀 논리적이지 않은, 우연이라고밖에 설명할 수 없는 여러 사건이나 일들이 중첩되어 일어난다. 우리도 그랬다. 바르셀로나의 유명한 골프장은 문을 닫았고, 예정에 없었던 파노라미카 골프장에 들렀고, 늦게 도착한 발렌시아 시내의 모든 호텔에 빈 방이 없었고, 후미진 뒷골목 여인숙에 마침 방이 딱 하나 있었고, 차고가 있음에도 길거리 주차장에 파킹을 했고, 아침에 파에야를 먹으며 시간을 지체했으며, 늘 지고 다니던 노트북 가방을 차에 놔뒀고, 생전 처음 오디오 가이드까지 들으며 성당 투어를 했다. 그 동안 무모하게 앞만 보고 거침없이 달려왔던 우리 부부의 세속적 삶, 6개월여 유럽 여행 최대의 위기가 찾아온 것이다. 사순절을 시작하는 **재의 수요일**처럼, 그 날은 우리 여행의 수난 시기를 시작하는 '재의 목요일'이었다. 🌏

재의 수요일(Ash Wednesday)   TIPS T-213 ■TRAVEL □GOLF

예수 부활 대축일이 오기 전 40일 동안 예수 그리스도의 수난과 죽음을 묵상하며 참회와 희생, 극기, 회개와 기도로써 부활 대축일을 준비하는 '사순 시기' 일주일 전 수요일을 가리킨다. 이 날 미사를 볼 때 참회의 상징으로 사제가 재를 축복하고 머리에 얹는 '재의 예식'에서 '재의 수요일'이라는 명칭이 생겼다. 이 예식에 쓸 재는 지난해 수난 성지 주일에 축복했던 나뭇가지를 불에 태워 만든다. 사제는 '흙에서 났으니 흙으로 돌아갈 것'을 상기시키며 신자들의 머리에 재를 얹는다.

경찰이 도처에 깔린 대낮 발렌시아 한복판에서 빈차털이를 만났다. 경찰이 있으니 안전할 것이라는 생각은 착각이었다. 차창은 산산조각 났고 모든 것이 담긴 가방 3개가 사라졌다.

[12] 바르셀로나에서 '유럽 필드' 땅끝까지
발렌시아(Valencia) → 마드리드(Madrid) → 톨레도(Toledo), 에스파냐[España(Spain)]
[Ed-007] 마드리드(Madrid)에서 톨레도(Toledo)까지

복원과 재기, 나그네는 울지 않는다

🌏 한동안 멍하게 주저앉아 있다 일어났다. 어찌되었건 수습을 해야 했다. 도난 신고, 카드 정지 신청, 차량 수리, 여권 재발급이 급선무였다. 근처에 보이는 경찰차를 불렀다. 그들은 늘 보는 일이라서인지 별 반응이 없었다. 결정적으로 의사 소통이 잘되지 않았다. 분실한 것이 무엇이냐, 왜 차에 가방을 두고 갔느냐, 분실 신고서를 발급받기 위해서는 경찰서까지 가야 한다는 이야기인 듯했다. 경찰서에 가서 어렵게 분실 신고서(police report)를 작성했다. 여권을 재발급하려면 현지 경찰서에서 발급한 분실 신고서가 필요하다. 우리 가방과 신분증을 발견하면 연락을 달라고 메일 주소를 적어 주고 카 센터를 찾아갔다. 오후 1시였다. 시에스타(siesta) 시간이니 16시 이후에 오라고 했다. 배회하다가 16시에 가 보니 이번에는 다음날 11시에 오라고 했다. 하는 수 없이 차 유리 대리점을 물어물어 찾아갔다. 내일 일찍 오면 수리 가능 여부를 알려 주겠다고 했다. 유리가 없는 차를 가지고 대사관이 있는 마드리드(Madrid)까지 350킬로미터 고속 도로를 달릴 수도 없고, 차에 다른 물건이 남아 있어 밖에다 주차를 할 수도 없었다. 막상 유리창 없이 차를 몰고 다녀 보니 속옷만 입고 돌아다니는 것만큼이나 허전하고 불안했다. 치안 상태가 좋은 고급 호텔로 가서 주차장 구석에 차를 세우고 인터넷을 이용해 한국의 지인들에게 SOS를 마구 보냈다. 하루 자고 나니 충격이 조금은 덜어지는 듯했다. 차 유리 대리점에 다시 갔다. 한 시간쯤 기다리자 우리 차에 맞는 유리가 없다고 했다. 주문하면 사흘쯤 걸릴 거라고 했다. 스위스에서 구입한 젖소 커피잔과 초콜릿 세트를 '뇌물'로 주고 선처를 부탁했다. 지성이면 감천이라고 했나. 오후에 어렵사리 차창을 구해 수리를 끝낼 수 있었다.

발렌시아에서 마드리드는 아득히 먼 길이다. 350킬로미터가 넘는데 도로 사정이 그리 좋지 않아 속도를 내기가 어려웠다. 퇴근 시간이 지난 18시 40분쯤 마드리드 한국 대사관에 도착했다. 미리 전화를 해 놓은 덕에 영사과 직원이 기다리고 있었다. 임시로 1년 단수 여권을 발급받았다. 새 여권을 보니 죽은 친구가 돌아온 듯 기뻤다. 친절하고 신속한 영사과 직원 덕분에 마음이 한결 편안해졌다. 주변의 한국 식당을 찾아가 모처럼 푸짐하게 저녁을 먹었다. 하지만 당장 숙박할 곳이 없었다. 남은 재산이라고는 동전 몇 개과 신용 카드 한 장뿐이었다. 마드리드 교외의 값싼 숙소로 가서 또 하루를 보냈다. 저녁 나절 서울서 연락이 왔다. 마드리드 외곽에 어느 분 댁이 있는데, 가정부만 있으니 가서 쉬며 사태를 수습하라는 전갈이었다. 한국에 들어가 쪽박을 차는 한이 있어도 10년을 별러 시작한 유럽 투어를 여기서 중단할 수는 없었다. 한 장 남은 카드로 가방과 노트북, 메모리와 주변 기기 따위를 장만했다. 유럽에서 노트북에 한글 등 필요한 프로그램을 깔자니 다단계 연줄 네트워크를 가동해야 했다. 그 댁에서 3박 4일 머물며 당장 필요한 것들을 얼추 복원했다. 친절하게 보살펴 준 가정부 아주머님과 작별하고 마무리 투어에 나섰다. 그저 하루빨리 에스파냐를 벗어나고만 싶었다. 에스파냐 지도를 보면 마드리드는 이베리아 반도의 정중앙에 있다. 여기서 리스본[Lisboa(Lisbon)], 바르셀로나, 발렌시아, 비고(Vigo), 그라나다, 코르도바(Cordoba), 세비야(Sevilla) 등 주요 도시들은 거의 400~500킬로미터 이상 떨어져 있다. '칼'의 도시 **톨레도**

톨레도(Toledo)

TIPS
T-214
■ TRAVEL
□ GOLF

에스파냐 중부의 도시로 과거 서고트 족[West Goths = 위시고트 족(Visigoths)] 시대의 수도. 도시의 삼면이 타호(Tajo) 강에 둘러싸여 있는 천연 요새며 이베리아 반도 역사의 주요 무대로 기독교와 유대교, 이슬람교 유적이 공존하는 곳이다. 13세기의 고딕식 성당, 이슬람풍의 왕궁과 성벽, 유대 교회 등 도시 전체가 여러 문화권 유적지다. 예부터 무기 생산지로 이름을 날렸으며 '톨레도 검'은 유명하다. 이슬람 문화권 아래에서 과학이 매우 발달했고, 12~13세기에 걸쳐 톨레도 번역 학교에서 고대 철학과 지식이 라틴어로 번역되어 유럽으로 퍼져나갔다. 1986년 유네스코 세계 문화 유산이 되었다.

(Toledo)를 거쳐 포르투갈로 가기로 했다. 과거 에스파냐의 수도였던 톨레도는 두 번째 방문이었다. 해가 기울 무렵, 걸어서 톨레도 구시가를 돌았다. 중세의 뒷골목 여기저기서 들리는 **돈 키호테**(Don Quixote)의 고함 소리와 산초(Sancho)의 웃음 소리, 로시난테(Rocinante)의 신음 소리, 나도 모르게 무릎을 꿇었던 거대 성당의 신령스러움, 실개천이 돌아나가는 외곽 능선의 노을. 그 모든 것이 지난 번 방문했을 때와 같지 않았다. 며칠이 지났지만 발렌시아 쇼크는 사라지지 않았다. 에스파냐에 대한 공포, 사람에 대한 불신을 해소하는 것이 급선무였다.

돈 키호테(Don Quixote)

TIPS
T-215
■ TRAVEL
□ GOLF

에스파냐의 작가 세르반테스(Miguel de Cervantes Saavedra, 1547~1616년)가 1605년 발표한 풍자 소설『돈 키호테(El Ingenioso Hidalgo Don Quixote de la Mancha)』의 주인공.『돈 키호테』는 17세기경 에스파냐의 라 만차(La Mancha) 마을에 사는 한 신사가 한창 유행하던 기사 이야기를 탐독한 나머지 정신 이상을 일으켜 자신을 '돈 키호테'라 이름 붙인 후 같은 마을에 사는 소작인 산초(Sancho)를 시종으로 데리고 유랑하며 겪는 모험담이다. 로시난테(Rocinante)는 그가 타던 앙상한 말의 이름이다. 환상과 현실이 뒤죽박죽 얽힌 사건들이 계속 이어지며 인간이 지닌 이상적인 면과 현실적인 면을 '돈 키호테'와 '산초' 두 사람을 통해 보여 준다.

브라운(Georg Braun, 1541~1622년)과 호겐베르크(Frans Hogenberg, 1535~1590년)가 제작한 톨레도(Toledo) 지도(1598년). 중세의 뒷골목 여기저기서 돈 키호테의 고함과 산초의 웃음 소리를 연상하며 유적이 된 도시 톨레도를 즐길 수 없었다. 여전히 발렌시아의 '쇼크'를 떨치지 못해 주차가 불안하고 주변 사람들이 두려웠다.

골프의 정신을 찾아서—유럽 골프 인문 기행 12 〔에스파냐〕 From Madrid to Toledo

[12] 바르셀로나에서 '유럽 필드' 땅끝까지
파루(Faro), 포르투갈(Portugal)
[12-080] 산 로렌초 골프 코스(San Lorenzo Golf Course)

대서양에서의 '치유 골프'

🌏 톨레도에서 외곽으로 조금 벗어나면 포르투갈로 가는 길이 나온다. 무려 700킬로미터 이상을 곧바로 직진만 하는 길이다. 이베리아 반도 내륙의 도로 주변에는 집도 나무도 거의 없다. 사막이라고 해도 좋을 만큼 아주 심심한 길이 이어진다. 잔디를 심고 깃발만 꽂으면 아무데나 다 골프장이겠다. 이따금씩 나타나는 올리브 나무가 유일한 볼거리다. 시속 150킬로미터 내외. 하염없이 가다 보니 뭔가 분위기가 달라지고 있었다. 도로 이정표의 색깔도 다르고 주변의 수목이나 농작물도 달라 보였다. 어느덧 포르투갈에 접어든 것이다. 길은 멀었지만 최악의 위기를 맞았던 에스파냐를 벗어난다는 것만으로도 마음은 편해졌다. 국경을 넘자마자 휴게소에서 포르투갈 커피를 마셨다. 지나칠 정도로 깨끗하고 한적한 분위기였다. 포르투갈은 멀고도 먼 나라다. 더구나 극동에서 보면 유럽의 변방 중 변방이다. 직항로도 거의 없고 열차나 승용차를 이용해 찾아가는 것도 쉽지 않다. 영국에서 배를 타고 건너오거나 거대하고 황량한 이베리아 반도, 에스파냐의 몸통을 가로질러 달려야 한다. 유럽에 몇 달 이상 체류하는 경우가 아니라면 여행지에 선뜻 포함시키기 쉽지 않은 나라다. 나름의 역마살을 자랑하는 우리도 포르투갈은 초행이었다. 그렇다고 포르투갈이 만만한 약소국은 아니다. 포르투갈 어 상용 인구가 1억 5,000만 명으로 중국어, 영어, 인도어 일부, 에스파냐 어 다음 수준이다. 독일어 인구와 비슷하다. 전성기 **포르투갈의 해외 식민지** 총 면적은 브라질을 포함하면 200만 제곱킬로미터로 본토 면적의 20배가 넘었다. 1974~1975년 모잠비크(Mozambique)와 앙골라(Angola)가 독립했고, 1976년 동티모르(East Timor)가 인도네시아에 병합되었고, 1999년 마카오(Makau)가 중국에 반환되었다. 포르투갈은 지도 위에서만 보면 에스파냐의 한 지방처럼 보이지만 인종도 다르고 언어도 다르다. 라틴 족보

다 켈트 족이 많아 에스파냐 사람들과는 느낌도 확연히 다르다. 해가 저물어서야 최남단의 휴양 도시 파루(Faro)에 도착했다. 파루가 속한 **알가르브**(Algarve) 지역은 포르투갈 최대의 리조트 단지이고 골프장의 '블루칩'이다.

다음 날 아침 포르투갈 랭킹 1위의 골프장 **산 로렌초 골프 코스**(San Lorenzo Golf Course)로 달려갔다. 프로 숍에서 부킹을 하며 직원들의 유창한 영어와 친절한 안내에 감격하고 말았다. 직원들은 어리둥절해 했다. 우리가 이탈리아와 에스파냐를 거쳐 이 곳에 이르기까지 언어 장벽과 불친절로 고생했던 이야기를 들려 주자 다들 폭소를 터뜨렸다. 에스파냐 어는 발음 구조가 영어와 크게 다르고, 에스파냐 어 특유의 억양이 다소 격앙된 톤이라 처음 듣는 외국인들은 불편할 수 있을 것이라며 우리를 위로했다. 포르투갈 어는 상대적으로 영어와 비슷한 점이 많은 데다가 알가르브 지역은 영국인이 휴양을 많이 오는 곳이라서 영어를 잘할 수밖에 없다는 이야기였다. 바다는 평화로웠고 푸른 하

포르투갈의 해외 식민지 정책　　TIPS T-216　■ TRAVEL　□ GOLF

포르투갈은 15세기부터 18세기 중반까지 전 세계의 바다를 돌며 항로를 개척하고 탐험과 무역을 하는 대항해 시대를 열었다. 남아메리카, 아시아, 아프리카, 오세아니아를 아우르는 식민지 제국을 건설하면서 당시 세계에서 경제, 정치, 군사적으로 가장 중요한 강대국의 하나가 되었다. 포르투갈 제국은 여러 대륙을 아우른 사상 첫 세계 제국이었고 1415년 아프리카의 세우타(Ceuta)를 정복한 후 1999년 중화인민공화국에 마카오(Macau)를 반환하기까지 근 600년간 이어진, 가장 오래 지속된 식민지 제국이기도 하다. 포르투갈의 국제적 중요성은 산업 혁명 이후인 19세기, 특히 식민지였던 브라질의 독립 이후 크게 줄어들었다. 1910년 혁명으로 포르투갈 왕가는 추방되고 제1공화국이 성립되었지만, 권위주의 정권인 이스타두 노부(Estado Novo)가 형성되었다. 1974년 카네이션 혁명 이후 대의 민주주의가 성립되었고, 식민지 전쟁도 종식되어 마지막 해외주였던 모잠비크(Mozambique)와 앙골라(Angola) 등이 독립하게 된다.

알가르브(Algarve)　　TIPS T-217　■ TRAVEL　□ GOLF

알가르브는 포르투갈 최남단의 파루(Paro) 현을 중심으로 한 지방을 통칭하는 지명이다. 바다와 인접해 있으므로 겨울에는 따뜻하고 여름에는 신선한 기후를 나타내며 경치가 아름다운 해안가가 많다. 로마에게 정복되기 전까진 페니키아 인이 정착해 살았다. 그러다 로마와 페니키아의 식민 도시 카르타고가 벌인 포에니 전쟁으로 로마 제국의 속령이 되었다. 5세기 경에는 서고트 족이 알가르브를 점령해 약 250년간 통치했다. 8세기 초 이베리아 반도가 이슬람화되면서 무슬림의 통치를 받았다가 1189년 국토 회복 운동인 레콩키스타(Reconquista) 끝에 포르투갈 왕국에 합병되었다. 포르투갈의 역사적 인물인 '항해 왕자' 엔히크(Henrique O Navegador, 1394~1460년)가 1418년경 알가르브의 사그르스(Sagres) 곶에 항해 학교를 세웠다. 국토 회복 운동 시기 가장 마지막에 합병된 곳이어서 건축, 의상, 언어 등에서 무어 인의 영향이 상대적으로 많이 남아 있다. 주요 산업은 농업과 어업이었으나 최근 관광지로 명성을 얻고 있다.

12-080
FARO
PORTUGAL

산 로렌초 골프 코스
SAN LORENZO GOLF COURSE

① 1988년 개장, 18홀, 6,238미터 (6,822야드)
② 주소: Quinta do Lago, 8135-162, Algarve, Portugal
③ 홈페이지: http://www.sanlorenzogolfcourse.com

산 로렌초 골프 코스(San Lorenzo Golf Course)는 1988년 개장했다. 퀸타 도 라고(Quinta do Lago)의 아름다운 지형과 부드럽게 물결치는 소나무 숲을 이용한 설계가 특징이다. 미국의 골프장 설계자 조셉 리(Joseph Lee)가 디자인했다. 세계 100대 골프 코스에 들어가며, 2009년에는 잡지 『골프 월드 UK』가 집계한 '유럽의 골프장' 중 27위에 랭크되었다.

늘이 적당한 구름을 품고 낮게 깔려 있었다. 긴장도 풀리는 최적의 휴양지였다. 알가르브에는 포르투갈 최고 수준의 골프장이 10여 개나 흩어져 있다. 산 로렌초는 소나무 군락지의 부드러운 언듈레이션 위에 **버뮤다 잔디**(Bermuda grass)를 식재한 골프장으로 1988년 개장했다. 코스 가운데에 위치한 클럽하우스는 외관이 물류 창고를 연상시키는 밋밋한 건물이다. 덕분에 주변의 수림과 꽃밭, 멀리 보이는 코스가 더욱 화려해 보였다.

코스는 한 홀 한 홀이 한 편의 드라마였다. 소나무와 호수, 대서양의 해안선이 어우러져 변화무쌍했다. 많은 바닷가 골프장에 가 보았지만 산 로렌초만큼 바다와 코스가 깊이 상호 작용을 하는 곳은 없었다. 후반으로 갈수록 점입가경이었다. 몽실몽실한 소나무 울타리 속의 티 박스, 넘실대는 바다와 경계를 이루는 페어웨이, 포실포실한 갈대밭에 둘러싸인 그린, 모든 것이 환상적이었다. 대서양 뒤로 넘어가는 태양을 향해

버뮤다 잔디(Bermuda grass)

TIPS
G-218
☐ TRAVEL
■ GOLF

골프장에 심는 잔디의 하나로, 본래 이름은 우산잔디(Cynodon dactylon)다. 버뮤다 잔디는 열대와 아열대 지방에서 가장 빈도 높게 쓰이는 잔디다. 산지가 아프리카 지역이라 더위와 건조한 날씨에 매우 강하고, 생장 속도도 빠르기 때문에 오전과 오후의 그린 빠르기가 다르게 나타날 수도 있다. 버뮤다 잔디는 한지형 잔디보다 유지 관리비가 적게 들고 관리도 쉬운 반면, 녹색 기간이 짧고 휴면기에는 흑갈색으로 지상부가 지저분하게 고사하며 내한성이 약하다는 단점이 있다.

드라이브 샷(Drive Shot)을 날리는 기분은 말로 표현하기 어려울 정도로 감동적이었다. 마지막 18번 홀은 대단원의 클라이막스다. 티 박스 앞에 가로 놓인 호수는 한 치의 오차도 허용하지 않았다. **드라이버 샷**(Driver Shot)의 방향성과 비거리가 동시에 충족되어야 한다. 이 골프장의 시그너처 홀 중 하나이거니와 세계적으로도 명성이 있는 홀이라고 했다. 경기를 마치고 오랜만에 클럽하우스 테라스에서 맥주를 들이키며 여유를 만끽했다. 산 로렌초의 따뜻한 햇살과 드라마틱한 코스, 여유 있고 친절한 직원들 덕에 몸과 마음이 한결 편해졌다. 🌐

몽실몽실한 우산 소나무, 넘실대는 바다와 경계를 이룬 페어웨이, 포실포실한 갈대 밭에 둘러싸인 그린. 모든 것이 환상적이었다. 대서양을 뒤로 넘어가는 태양을 향해 날리는 드라이브 샷은 표현하기 힘든 감동이었다.

드라이브 샷(Drive Shot)과 드라이버 샷(Driver Shot)

TIPS
G-219
☐ TRAVEL
■ GOLF

드라이브 샷과 드라이버 샷은 의미에서 약간의 차이가 있다. 드라이브(Drive)는 '볼을 멀리 쳐 보낸다'는 의미이고, 드라이버(Driver)는 말 그대로 1번 우드라는 특정 클럽을 지칭하므로, '드라이버 샷'이 '드라이브 샷'에 포함된다고 볼 수 있다. 골프 중계 방송을 보다가 '드라이브 거리(Driving Distance)'나 '드라이브 정확도'라는 표현을 쓰는 것은 티샷을 꼭 '드라이버'로 하지 않을 수도 있기 때문이다. 홀의 특징과 자신의 클럽별 거리에 따라 3번 우드나 하이브리드 클럽 혹은 롱 아이언까지, 프로 선수들은 티잉 그라운드에서도 다양한 클럽을 사용한다. 따라서 각 투어에서 발표하는 드라이브 거리는 드라이버 샷이 아닌 드라이브 샷의 평균 거리를 의미한다. 드라이브 거리가 측정되는 홀에서 선수가 어떤 클럽을 사용하는가는 중요하지 않기 때문이다.

[12] 바르셀로나에서 '유럽 필드' 땅끝까지
알가르브(Algarve), 포르투갈(Portugal)
[12-081] 발레 도 로보(Vale do Lobo)

'골프 천국'에서 보낸 한 철

본래 우리는 그라나다에서 알람브라 궁전을 보고 지브롤터와 **세비야**를 거쳐 포르투갈의 알가르브 지역으로 올 예정이었다. 발렌시아 봉변으로 동선이 바뀐 것이다. 감미로운 〈알람브라 궁전의 추억〉과 투우의 고향이자 오페라 〈**피가로의 결혼**(Le nozze di Figaro)〉, 〈**세비야의 이발사**(Barbiere di Siviglia)〉, 〈**카르멘**(Carmen)〉의 무대인 세비야를 못간 것도 아쉬웠지만 더 아쉬운 곳은 지브롤터였다. 지브롤터의 세계사적 의미 때문이 아니라 그저 유럽 대륙의 남쪽 끝이라는 지정학적 위치 때문에 꼭 가 보고 싶었다. 지도 위의 지브롤터는 에스파냐의 한 지역이지만 지금까지 영국의 직할 식민지로 남아 있다. 지

세비야(Séville)

TIPS T-220
TRAVEL
GOLF

에스파냐 안달루시아(Andalucía) 지방 세비야 주의 주도로 로마 시대부터 번창하여, 서고트를 거쳐 무어의 영향권 아래에서 12세기에는 이슬람 문화의 정수라 할 만한 알카사르(Alcázar) 궁전, 히랄다 탑(La Giralda) 등이 세워졌다. 1248년 페르난도 3세(Ferdinand III, 1199~1252년)의 레콩키스타로 다시 에스파냐에 속했고, 15세기 말에는 신대륙 무역의 기지로 전성기를 맞아 에스파냐 최대의 성당과 대학 등이 들어섰다. 세비야 항은 바다가 아닌 과달키비르 강에 있지만 대형 선박의 출입이 가능하여, 셰리 주(Sherry 酒), 과일, 코르크, 올리브유, 광석 등을 여러 나라에 수출해 왔다. 17세기 이후 대형 선박의 출입이 편리한 카디스(Cádiz)에 밀려, 점차 쇠퇴의 길을 걸었으나 보수적인 안달루시아 지방의 거점 도시로 명맥을 유지해 왔다. 제2차 세계 대전 후 조선업이 발달했다. 그 밖에 담배, 섬유, 농기구, 도자기 등 제조업이 활발하다. 세비야는 화가 벨라스케스(Diego Rodríguez de Silva Velâzquez, 1599~1660년)의 출생지이며, 벨라스케스를 이어 세비야 유파의 거두가 된 무리요(Bartolomé Esteban Murillo, 1617~1682년)가 활약한 곳이기도 하다. 이슬람풍의 거리 정경과 성 주간의 그리스도교 전례, 투우 등이 관광객들을 사로잡으며 세비야 대성당(Seville Cathedral)은 유네스코의 세계 유산 목록에 등재되었다.

브롤터에서 에스파냐 안달루시아 지방으로 이어지는 태양의 해변(Costa del Sol)의 풍광은 지중해 지역에서도 추종을 불허하는 '명소'로 알려져 있다. 당연히 지브롤터 주변에는 세계에서 가장 럭셔리한 클럽하우스와 코스를 겸비한 골프장도 여럿 있다. 하지만 알가르브에서 가기에는 너무 멀었고 동선도 에스파냐 쪽으로 지나치게 꼬였다. 포기하고 이 골프 천국에서 하루를 더 머물기로 했다.

〈피가로의 결혼 (Le Nozze Di Figaro)〉(1786년)

TIPS
T-221
■ TRAVEL
□ GOLF

예전에는 이발사였다가 알마비바 백작의 하인이 된 피가로와, 백작의 시녀인 수산나의 결혼 이야기를 다룬 모차르트의 오페라다. 알마비바 백작은 부인과의 관계가 소원해지자 시녀 수산나에게 밀회를 요구하고, 이에 피가로와 수산나는 백작 부인을 자신들의 편으로 만든 후 갖은 술책으로 백작의 바람기를 혼내 준 뒤, 순조롭게 부부가 된다는 내용이다. 프랑스의 극작가 보마르셰(Pierre-Augustin Caron de Beaumarchais, 1732~1799년)가 쓴 동명의 희곡을 원작으로 하며, 모차르트가 작곡한 수많은 오페라 중에서도 으뜸가는 걸작으로 평가받는다. 등장 인물의 성격 묘사를 위해 독창 아리아뿐 아니라 중창을 잘 활용했으며 음악을 이용해 인간의 심리를 묘사하는 모차르트의 천재적 기법이 돋보인다. 1786년 5월 1일 비엔나 궁정 극장(Burgtheater)에서 초연되었고 이후 유럽 전역에서 인기를 얻었다. 전 세계 수많은 오페라단의 주요 고정 공연 중 하나다.

〈세비야의 이발사(Le Barbier de Séville)〉(1816년)

TIPS
T-222
■ TRAVEL
□ GOLF

1775년 발표된 보마르셰의 동명 희곡에 체자레 스테르비니(Cesare Sterbini, 1784~1831년)가 대본을 쓰고 로시니가 작곡한 오페라. 1816년 로마에서 초연되었다. 〈피가로의 결혼〉의 전편으로 〈죄 있는 어머니(La mère coupable)〉와 함께 3부작을 이룬다. 귀족 아가씨 로시나를 사랑한 알마비바 백작은 이발사 피가로에게 도움을 청해 그녀를 손에 넣으려고 한다. 후견인인 의사 바르트로는 로시나의 재산에 눈독을 들이고 있었으므로 그들의 사랑을 방해한다. 백작은 여러 차례의 실패 끝에 그녀를 얻게 되고 바르트로는 재산을 얻게 되어 만족한다는 내용으로, 기지와 풍자가 가득한 분위기에 걸맞게 음악도 경쾌하고 선율이 풍부해 로시니의 대표작이자 이탈리아 오페라의 최고작 중 하나로 꼽힌다.

〈카르멘(Carmen)〉(1875년)

TIPS
T-223
■ TRAVEL
□ GOLF

1875년 발표된 조르주 비제의 오페라. 세비야의 성실한 경비병 돈 호세가 담배 공장에서 일하는 집시 여인 카르멘의 유혹에 넘어갔다가 투우사인 에스카미요에게로 변심한 카르멘을 참지 못하고 그녀를 찔러 죽인다는 내용이다. 초연 당시에는 경멸의 대상이었던 집시, 그것도 팜므 파탈을 주인공으로 내세운 데다가 무대 위에서 칼부림까지 일어나는 충격적인 내용으로 혹평을 받았다. 카르멘이 부르는 쿠바 풍의 사랑 노래 〈하바네라〉, 술집에서 부르는 에스파냐 집시의 멜로디 〈투우사의 노래〉, 돈 호세를 사랑하는 지고지순한 여인 미카엘라의 우아한 프랑스풍의 아리아 등은 세계적인 애창곡이 되었다.

12-081

ALGARVE
PORTUGAL

발레 도 로보
VALE DO LOBO

ⓘ 1972년 개장, 18홀, 6,059미터 (6,626야드)
ⓘ 주소: 8135-864 Vale do Lobo, Algarve, Portugal
ⓘ 홈페이지: http://www.valedolobo.com

우리는 유럽 각 국가별 베스트 골프 코스 목록과 지도 한 권을 달랑 들고 보무도 당당하게 유럽 대륙에 상륙했다. 기왕이면 다홍치마라고 가급적 각 국가별 베스트 코스들은 놓치지 않으려고 노력했다. 하지만 지척에 깔린 골프장을 애써 외면하고 동서남북으로 흩어져 있는 명문 코스들을 찾아다니는 것은 사실 무리인 경우가 많았다. 다행히 포르투갈 명문 클럽은 알가르브 지역에 옹기종기 모여 있었다. 이 지역은 겨울에 따뜻하고 여름에 선선한 포르투갈 최고의 휴양지이자 골프 마니아의 천국이다. 온 나라 골프장의 절반 이상이 이 일대에 모여 있다. 포르투갈 오픈도 격년으로 여기서 열린다. 저녁 나절 리조트 단지를 산책하다 보면 방문객을 유혹하는 골프 코스가 곳곳에 널려 있다. 하지만 영국인이 선호하는 곳이라서인지 물가는 런던 수준이었다.

포르투갈 랭킹 1위 산 로렌초 골프 코스에 이어 3~4위쯤 하는 **발레 도 로보**(Vale do Lobo)를 찾았다. 전체 36홀이며 로열(Royal) 코스와 오션(Ocean) 코스가 있다. 발레 도 로보는 알가르브 리조트 개발 초기인 1968년 문을 열었다. 영국의 골퍼 헨리 코튼(Thomas Henry Cotton, 1907~1987년)이 쌀 경작지에 토목 공사를 하고 30만 그루의 나무를 심어 아름다운 골프장으로 변모시켰다. 1997년 미국의 **로키 로케모어**(Rocky Roquemore, 1948년~)가 코스 전체를 업그레이드 하면서 영국과 미국 스타일이 공존하는 골프 클럽이 되었다. 오션 코스는 단체 팀의 예약이 꽉 차 있어 로열 코스로 갔다. 파72에 전장 6,059미터의 로열 코스는 전반적으로 기복이 심했다. 페어웨이에는 소나무 숲과 아름다운 화단이 펼쳐져 있다. 워터 해저드는 그냥 아름다운 호수 같았다. 지중해와 대서양이 만나는 곳이라 페어웨

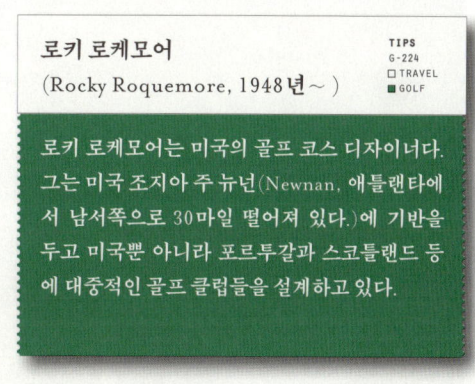

로키 로케모어
(Rocky Roquemore, 1948년~)

TIPS
G-224
☐ TRAVEL
■ GOLF

로키 로케모어는 미국의 골프 코스 디자이너다. 그는 미국 조지아 주 뉴넌(Newnan, 애틀랜타에서 남서쪽으로 30마일 떨어져 있다.)에 기반을 두고 미국뿐 아니라 포르투갈과 스코틀랜드 등에 대중적인 골프 클럽들을 설계하고 있다.

이 잔디도 짙은 녹색에 탄력이 있었다. 모처럼 카펫 위를 걷는 느낌이었다. 로열 코스는 바다와 맞닿은 절벽 위에 자리 잡고 있다. 아일랜드 홀에 가까운 9번 홀과 낭떠러지 그린의 16번 홀이 시그너처 홀로 꼽힌다. 특히 16번 홀(파3 / 204미터)은 알가르브 일대에서 가장 돋보이는 홀이다. 깎아지른 낭떠러지를 건너 커다란 벙커가 앞을 지키고 있는 그린에 한 번에 안착해야 한다. 늘 바람도 분다. 무모할지라도 과감하게 도전하는 자만이 살아 남을 수 있는 홀이다. 보기만 기록해도 16번 홀을 당당하게 떠날 수 있다는 매니저의 말은 괜한 소리가 아니었다. 맞바람을 의식해 두 클럽이나 크게 잡았던 동반자의 볼이 그린 왼쪽 끝으로 굴러 떨어졌다. 그 모습을 보고 의식적으로 오른쪽을 겨냥했는데 내 볼은 계곡으로 직행해 버렸다. 알프스 골짜기에 이어 대서양에도 내 흔적을 계곡에 묻어 버렸다. 🌐

발레 도 로보는 포르투갈에서 가장 크고 호화로운 리조트 골프장 중 하나다. 원래 농업과 어업이 주로 이루어지던 시골 마을이었던 것을 1962년경부터 개발하기 시작해 1972년 개장했다. 2002년과 2003년 두 번의 포르투갈 오픈을 개최했다.

[12] 바르셀로나에서 '유럽 필드' 땅끝까지
리스본(Lisboa(Lisbon)), 포르투갈(Portugal)
[12-082] 오이타보스 둔스(Oitavos Dunes)

유럽 땅끝에서 부르는 '사랑 노래'

🌐 알가르브에서 대서양의 정기를 만끽하고 유럽 투어 대미를 장식할 **리스본**(Lisbon)으로 향했다. 리스본은 대서양으로 돌출된 대륙의 서쪽 끝, 테주(Tejo, 영어로는 Tajo(타호)) 강 하구 구릉 지대에 아담하게 자리 잡고 있다. 대서양을 바라보고 있는 탓인지 지중해 도시들보다 밝고 화려한 건물의 색이 눈부시게 아름다웠다. 해안선에는 대서양의 파도가 요동치고 있었다. 리스본에서 북서쪽으로 한 시간쯤 여유 있게 차를 몰고 가면 유라시아 대륙 최서단 호카 곶(Cabo da Roca)에 도착한다. 천혜의 아름다움과 유럽 땅 끝이라는 상징성 때문에 우리 나라 텔레비전 광고에도 가끔 등장했던 곳이다. 중세 이후 유럽 사람들은 이 곳이 정말 세상의 끝이라 믿었고 여기에서 미지의 세계에 대한 꿈을 키웠다고 한다. 리스본에서 호카 곶으로 가는 길은 내내 절경이었다. 가다가 적당한 바닷가 마을이 나오면 어디라도 차를 세우고 대서양의 진면목을 감상할 수 있었다.

리스본(Lisbon)
= 리스보아(Lisboa)

TIPS
T-225
■ TRAVEL
□ GOLF

포르투갈 어로 리스보아(Lisboa)라 한다. 포르투갈 최대의 도시이며, 일찍이 페니키아, 그리스, 카르타고 시대부터 이름을 날린 유럽 대륙 대서양 연안의 항구 도시다. 714년 이래 이슬람의 지배를 받게 되면서 '리사보나'로 불리다가, 알폰소 1세(Alfonso I, 1073~1134년)가 이끈 레콩키스타의 영향으로 1147년 무어의 영향에서 벗어났다. 1255년 코임브라(Coimbra)에서 이 곳으로 천도한 뒤 현재까지 수도이며, 15~16세기에는 유럽 유수의 상공업 도시로 성장했다. 그러나 1755년 일어난 지진과 그에 따른 화재, 해일로 시가지의 대부분이 파괴되어 그 이전의 역사적 건축물이 그리 많지는 않다. 동부의 알파마(Alfama) 지구에는 성(聖) 조지 성(Castelo de Sao Jorge)이, 서부 벨렝(Belém) 지구에는 오래 전의 성채인 벨렝의 탑, 바스쿠 다 가마를 기념한 고딕 양식의 이에로니미테스(Hieronymites) 수도원 및 아주다(Ajuda) 궁전, 박물관 등이 있다.

짙푸른 바다와 하늘, 길게 이어지는 초원, 이름을 알 수 없는 각종 야생화, 빨간색 등대, 깎아지른 절벽과 백색으로 부서지는 파도가 소품이 되고 장단을 맞추며 호카 곶에 선 사람의 마음을 어루만져 준다. 호카 곶에서 아득하게 펼쳐지는 바다는 영화〈**일 포스티노**(Il Postino)〉의 바다보다는 소설『**노인과 바다**(The Old Man and the Sea)』의 바다를 연상시킨다. 선원들은 호카 곶을 '리스본의 바위(Roca de Lisboa)'라고도 부른다. 붉은 등대가 144미터의 절벽을 지키고 있다. 포르투갈 국민 시인 **카몽이스**(Luís Vaz de Camões, 1524~1580년)가 남긴 지극히 당연한 말이 기념비에 새겨져 있다. "이 곳에서 육지가 끝나고 바다가 시작된다(Onde a terra se acaba e o mar começa)."

〈일 포스티노(Il Postino : The Postman)〉(1996년)
TIPS T-226
■ TRAVEL
☐ GOLF

마이클 래드퍼드(Michael Radford, 1946년~)가 감독하고 필리프 누아레(Philippe Noiret, 1930~2006년)와 마시모 트로이시(Massimo Troisi, 1953~1994년) 등이 주연해 1996년 개봉한 이탈리아 영화다. 이탈리아 작은 섬의 우편배달부인 마리오가 칠레의 세계적 망명 시인 네루다에게 편지를 배달해 주면서 자신의 순수한 자아를 발견하는 과정을 감동적으로 엮어낸 작품이다. 1971년 노벨 문학상을 수상한 파블로 네루다(Pablo Neruda, 1904~1973년)가 1952년 본국 칠레에서 추방 당한 후, 이탈리아 정부가 나폴리 가까이의 작고 아름다운 섬에 그의 거처를 마련해 준 실화에 근거해 만들어졌다. 영화 감독이자 배우인 마시모 트로이시는 심장병이 있음에도 출연을 고집하여 생애 마지막 연기를 보여주고 촬영이 끝난 다음 날 사망했다.

『노인과 바다(The Old Man and the Sea)』(1952년)
TIPS T-227
■ TRAVEL
☐ GOLF

미국의 작가 어니스트 헤밍웨이(Ernest Hemingway, 1899~1961년)가 1952년 쿠바에서 발표한 중편 소설이다. 좀처럼 어획이 없던 쿠바의 늙은 어부가 85일만에 거대한 물고기를 낚는다. 이틀 간 고투한 끝에 물고기에 작살을 찍어 선측에 매어 끌고 돌아오는 길에 물고기를 노리는 상어들의 공격을 받는다. 혈투 끝에 간신히 항구에 돌아와 보니 상어들이 그 물고기를 다 뜯어먹어 머리와 뼈만 남아 있었다는 이야기다. 헤밍웨이의 걸작 중 하나로 1953년 퓰리처 상을, 1954년 노벨 문학상을 받는 계기가 되었다. 용기와 자기 극복을 통해 과감하게 죽음과 대결하는 데 인간의 존엄성이 있다는 헤밍웨이 나름의 실존 철학이 담긴 작품이다.

루이스 바스 드 카몽이스(Luís Vaz de Camões, 1524~1580년)
TIPS T-228
■ TRAVEL
☐ GOLF

카몽이스는 1524년 리스본에서 태어난 포르투갈의 민족 시인이다. 궁전에서 근무하였으나 전투에 출전하여 실명한 후, 옥중 생활을 하고 인도에서 체류하는 등 기구한 삶을 살았다. 대표작은 『우스 루지아다스(Os Lusíadas)』로, 포르투갈의 역사와 신화를 통해 국가를 찬양하는 애국적 대서사시다. 이 작품을 1545년부터 1570년까지 썼다고 한다. 서사 시인으로서는 로마의 베르길리우스(Publius Vergilius Maro, BC 70~BC 19년)와 비견되고, 서정 시인으로서는 이탈리아의 페트라르카(Francesco Petrarca, 1304~1374년)에 필적하는 시성으로 꼽는다. 서정시는 소네트를 잘 썼는데, 복잡하고 섬세한 감정을 잘 표현했다는 평을 받는다.

아마도 **엔히크 왕자**(Henrique O Navegador, 1394~1460년)나 **바스쿠 다 가마**(Vasco da Gama, 1469~1524년)와 같은 위대한 포르투갈 탐험가들은 여기서 저 바다를 내려다보며 무희와 향신료가 넘치는 파라다이스를 꿈꾸었을 것이다. 이 곳에서 항해의 역사만 돌아보고 갈 수는 없었다. 세계 100대 골프장 중 하나인 **오이타보스 둔스**(Oitavos Dunes)가 호카 곶과 신트라(Sintra)

엔히크 왕자(Henrique O Navegador, 1394~1460년)
TIPS T-229
■ TRAVEL
☐ GOLF

'항해 왕자'라고 불리는 엔히크 왕자는 포르투갈 아비스 왕가의 왕자이며 포르투갈 제국 초창기의 주요 인물이다. 아프리카를 돌아 아시아로 나가는 항해로를 개척하는 것을 지원했다. 1415년 그리스도 기사단장으로 북서 아프리카의 요충지 세우타(Ceuta)를 확보하고 카나리아(Canary), 아조레스(Azores), 마데이라(Madeira) 제도에 탐사대를 파견했다. 이는 유럽인 최초의 대서양 탐험이었다. 아프리카 서해안의 보자도르 곶(Cabo Bojador)에 탐험대를 파견하여 1434년 돌파에 성공했으며 계속 남하시켜 시에라리온(Sierra Leone) 해안까지 갔다. 또한 사그레스(Sagres)의 '왕자의 마을(Vila do Infante)'에 항해가와 지도업자들을 불러 모아 천문, 지리, 항해 관련 정보를 축적했다. 이 사그르 학파는 항해학을 크게 발전시켰으며 그들의 발견은 후에 포르투갈이 식민지를 확장하는 기반이 되었다.

바스쿠 다 가마(Vasco da Gama, 1469~1524년)
TIPS T-230
■ TRAVEL
☐ GOLF

포르투갈의 항해자며 탐험가다. 포르투갈 남서부 시네스(Sines)를 통치하던 지역 사령관의 셋째 아들로 태어났다. 내륙 도시 에보라에서 수학과 항해술을 배웠으며, 천문학을 잘 이해했고 당대의 저명한 천문학자인 아브라앙 자쿠투(Abraham Zacuto, 1450~1515)에게 수학했다. 에스파냐의 카스티야(Castilla)와의 전쟁에서 종군했으며 선원으로서도 명성을 얻었다. 포르투갈 왕 마누엘 1세 및 엔히크 왕자의 뜻을 이어 항로 발견을 시도했다. 1497년 4척으로 된 탐험대는 리스본을 떠나 남아프리카의 희망봉(Cape of Good Hope)을 돌아, 다음 해 5월 인도 캘리컷{Calicut, 현재 이름은 코지코드(Kozhikode)}에 도착했다. 이 항로는 '인도 항로'라 불리며 유럽인이 이후 수백 년 동안 아시아에서 활약하는 데 발판이 되었다. 후에 인도 반란을 진압하고 인도 총독이 되었다.

📷☞ 유럽 대륙의 서쪽 땅끝 마을 호카 곶. 지금은 유럽의 끝이라 불리지만, 먼 옛날 신대륙을 발견하기 전 그들에겐 세상의 끝이었다. 절벽 위의 등대와 십자가 기념비에서 인증 사진을 찍고 관광 안내소에서 증명서도 발급받았다.

12-082
LISBOA(LISBON)
PORTUGAL

오이타보스 둔스
OITAVOS DUNES

ⓘ 2001년 개장, 18홀, 파71 / 6,303미터 (6,893야드)
ⓘ 주소: Quinta da Marinha, Oitavos Dunes, 2750 Cascais, Portugal
ⓘ 홈페이지: http://www.oitavosdunes.pt

오이타보스 둔스(Oitavos Dunes)는 명망가이던 카를로스 몬테즈 샴팔리마우드(Carlos Montez Champalimaud, 1877~1937년)가 1908년 처음 이 땅을 개발한 이후 3대에 걸쳐 스포츠 시설을 포함한 복합 관광지로 개발되었다. 현재 소유주는 손자인 미겔 샴팔리마우드(Miguel Champalimaud)다. 오이타보스 둔스는 40여 년간 골프장을 설계해 온 아서 힐스(Arthur Hills)가 디자인했다. 기존 자연을 잘 살려 대중적이면서도 골퍼들의 도전 정신을 일깨우는 오이타보스의 코스는 지난 2011년 『골프』지가 뽑은 세계 100대 골프장 중 68위에 선정되었다.

산을 동시에 바라볼 수 있는 절묘한 위치에 우리의 유럽 골프 대장정 마무리를 축복하듯 그림처럼 펼쳐져 있었다. 2001년 오픈한 오이타보스 둔스는 파71 전장 6,303미터[6,893야드]로 세계 100대 골프장이다. 현대적 감각의 클럽하우스에 들어서면 사면의 거대한 유리창을 통해 코스 전체를 감상할 수 있다. 얼핏 보면 스코틀랜드 링크스와 흡사하다. 실제 플레이를 해 보면 링크스와 파크랜드 분위기가 다채롭게 공존한다. '우산 소나무'가 빽빽한 마운틴(mountain) 홀, 바다 바람에 깎인 부드러운 모래 언덕(dunes) 홀, 바다를 향해 열린 시사이드(seaside) 홀이 교대로 등장한다. 이 곳에서만 서식하는 야생 동식물의 생태학적 가치도 인정받았다. 오이타보스는 유럽 골프장 중에는 처음으로, 전 세계 골프장 중에서는 두 번째로 생태 보호 구역으로 지정되었다. 매니저의 표현대로 오이타보스에서는 볼이 어디로 튀고, 날씨가 어떻게 변할지 몰라 지루할 틈이 없었다. 늘 긴장할 수밖에 없는 코스였다. 핵심 변수는 바람이었다. 우리는 **에우로페**(Europe, 그리스 어 Ευρωπη) **여신**의 보우하심으로 유럽에서의 마지막 라운드를 행복하게 마무리할 수 있었다.

에우로페(Europe) 여신

TIPS
T-231
■ TRAVEL
□ GOLF

그리스 신화 속에 나오는 페니키아의 왕 아게노르(Agenor)의 딸. 그녀가 해변에서 놀고 있는 것을 보고 제우스가 흰 황소의 모습으로 둔갑하여 접근했다. 에우로페는 황소에게 납치되어 바다 건너 크레타 섬으로 가서 제우스의 세 아들인 미노스(Minos), 라다만티스(Rhadamanthys), 사르페돈(Sarpedon)을 낳았다. 나중에 크레타의 왕 아스테리오스의 아내가 되었고 죽은 뒤 여신으로서 숭배되었다. 이 황소가 하늘로 올라가 황소자리가 되었다고 전해지며 에우로페는 유럽 대륙의 이름이 되었다. '에우로페의 유괴'는 서구의 수많은 미술가가 작품의 주제로 삼았다.

사실 리스본에 입성하면서 골프보다는 포르투갈 민중 가요인 파두(Fado)에 더 관심이 쏠려 있었다. 운명 혹은 숙명이라는 의미의 파두는 항구인 리스본의 시민이 즐겨 부르는 애절한 분위기의 포크 송이다. 아리랑처럼 가슴을 후리는 단조 구성의 노래가 많고, 가수들은 대개 여성이다. 리스본에서는 '파두의 집(casa do fado)'으로 불리는 레스토랑에 가면 라이브로 들을 수 있다. 일정상 공연은 관람하기 어려워 아말리아 호드리게스(Amalia Rodrigues, 1920~1999년)의 음반을 몇 장 구입하는 것으로 아쉬움을 달랬다. │ 아말리아 호드리게스는 파두의 '여신'이다. 1940년에 데뷔해 스페인과 영국, 브라질을 돌아다니며 노래를 불렀다. 이후 파리에 가서 1954년 프랑스 영화〈과거를 가진 애정(Les Amants du Tage)〉의 삽입곡〈검은 돛배(Barco Negro)〉를 불러 세계적인 명성을 얻게 된다. 호드리게스가 곧 포르투갈 최고의 문화 유산이라는 평가를 받을 정도였다. 1999년 10월에 그이가 서거하자 포르투갈 정부는 곧바로 사흘간의 국가 애도 기간을 선포하기도 했다. 포르투갈 인들에게 호드리게스는 그저 한 사람의 가수가 아니라 20세기의 마지막 민족 영웅이자 정서적 은신처였다. 그렇다면 호드리게스에게 파두는 '무엇'이었을까?
│
"파두란 우리가 마주하고 싸울 수 없는 존재가,
아무리 발버둥치며 노력해도 바꿀 수 없는 것이,
왜냐고 물어도 결코 그 이유를 알 수 없는 것이,
답이 없다는 걸 알면서도 묻지 않을 수 없는 것이,
있다는 것을 아는 것이다."
│
첫 출처가 어디인지는 알 수 없지만, 파두에 빠져 보았다면 이 멋들어진 인용문도 한번쯤 접해 보았으리라. 리스본에 어둠이 깔리기 시작했다. 우리는 호드리게스의 말을 떠올리며 새로운 '세상 투어'를 위해 길을 나선다. 🌏

Toledo, España

180-82

SEARCHING FOR THE SPIRIT OF GOLF
EUROPEAN GOLF TRAVEL

BY
LEE DAGYEOM + CHOI YOUNGMOOK
SURYUSANBANG

골프의 정신을 찾아서

유럽 골프 인문 기행 ⓘ 이다겸·최영묵

suryusanbang

180일 간의 유럽 골프 코스 일주

🌐 유럽으로 떠나기 전에 고민이 많았다. 이루기 어려운 꿈을 상상만 하고 지낼 때는 마냥 행복했다. 어느 날 유럽으로 장기 투어를 떠난다고 잘 다니고 있는 회사에 불쑥 사표를 내밀자 다들 황당해 했다. 지인들은 "꿈꾸는 것은 네 자유지만 280일간 실제 골프 투어가 가능하겠느냐"며 우려를 표했다. 게다가 우리는 골프장 예약이나 숙박은 물론, 유럽 등지에서 어떻게 움직일 것인지 그 동선조차 전혀 결정된 바가 없었다.

이유야 어찌되었건, 한국에서는 골프장에 가는 것 자체가 시비 거리가 되기도 한다. 그럼에도 우리가 장기 투어를 떠났던 것은 내 길지 않은 골프 인생과 관련이 있다. 골프 회원권 거래소와 골프장, 골프 전문지 등 골프 업계에 근무하면서 한국의 여러 골프장을 돌아본 적이 있다. 일단 한국 골프장은 고전주의 시대의 조각상처럼 스타일이 정해져 있다. 대체로 깔끔하고 아름답지만 이 클럽이나 저 골프장이나 다 비슷하다는 생각을 지우기 어렵다. | 요즘 들어 '신흥 명문'을 자처하는 몇몇 골프장이 폼 나는 클럽하우스와 시그너처 홀을 만드는 등 나름의 정체성을 강화하지만 방문 골퍼 입장에서는 그 차이를 느끼기 어렵다. 골프장별로 나름의 이야기가 없어서 그런 것 같았다. 세계 100대 코스에 오르내리는 골프장들도 마찬가지다. 한국 골프장은 경관이 빼어나지만 사람 냄새가 나는 스토리가 별로 없다는 생각이 들었다. 골프의 역사가 짧아서라고 하지만 한국에서 골프가 시작된 지 이미 100년이 넘었다. 골프장이란 곳이, 골프라는 운동이 전 세계 사람들을 끌어당기는 근원적 매력을 골프의 본고장에 가서 확인해 보고 싶었다.

우리에게 갑자기 적당한 기회가 찾아왔다. 오랫동안의 꿈이었기 때문에 별 망설임 없이 각각 캐디 백과 여행 가방 하나씩 단출하게 짐을 꾸렸고, 1년간 오픈된 '인천—런던' 간 왕복 항공권 이외에는 아무것도 '계획'하지 않은 채 장도(壯途)에 올랐다. 현지 사정을 잘 모르는 상황에서 뭔가를 확정하고 가면 오히려 그것이 장애가 될 수 있다는 생각도 들었기 때문이다. 비용 마련을 위해 적금을 깨고, 승용차를 처분한 돈에 퇴직금까지 보탰다. 우리가 쉽게 용기를 낼 수 있었던 것은 목적지가 영국을 중심으로 한 유럽 지역이었다는 점 때문이다. 유럽은 골프뿐 아니라 산업 혁명 이후 자본주의와 사회주의, 스포츠와 문화 예술 등 현재 우리를 규정하는 거의 모든 시스템을 만든 곳이다. '유럽의 골프'를 보는 것은 당연히 '골프 속의 유럽'을 보는 일과 무관하지 않다. 골프 장기 투어가 여의치 않을 경우 얼마든지 대체재가 있는 곳이 유럽이다.

골프의 유래에 대해서는 논란이 있지만 스코틀랜드의 세인트 앤드루스 해안가 모래 언덕에서 현재와 같은 모습의 골프가 시작되었다는 사실에 대해서는 별 이견이 없다. 우리는 골프 종주국 영국에서 투어를 시작했다. 석 달 가까이 잉글랜드, 웨일스, 아일랜드, 스코틀랜드의 골프장들을 두루 섭렵한 후 유럽 대륙으로 건너가 석 달 정도를 더 돌아다녔다. 유럽 투어가 끝나는 대로 미국으로 날아가 뉴욕에서 로스앤젤레스까지 크로스 컨트리(Cross Country)를 하고 싶었다. 하지만 이 계획은 유럽 투어의 막바지 여정이었던 에스파냐 발렌시아에서 불의의 사고를 당한 후 무기한 연기했다. 그래서 280일의 골프 투어는 '180일간의 유럽 골프 인문 기행'으로 변경되었다.

골프 성지가 있고 명문 코스가 즐비한 영국 권역에서는 골프장의 명성이나 순위 위주로 돌아다녔다. 하지만 수십 개 국가가 인접해 있고 이동 루트가 복잡한 유럽 대륙에서는 그러기가 어려웠다. 역행군(逆行軍)과 순환에 빠지지 않기 위해, 그리고 더 많은 나라의 골프장을 돌아보기 위해 골프장 순위보다는 자연스런 여행 경로를 중심으로 골프장을 선택했다. 그런 연유로 우리가 유럽 대륙에서 만난 골프장들은 여러 인연에 따라 복불복으로 조우한 것이다. 사실 주말 골퍼 처지에 골프장 순위라는 것은 특별한 의미를 갖기 어렵다.『골프 다이제스트』와 같은 잡지에서 '100대 골프장'이나 '100대 코스'를 정해 발표하는 것은 그네들의 '주관적' 기준에 근거한 것일 뿐이다. 관점이 다른 사람이 보면 순위도 달라질 수밖에 없다.

정리해 놓고 보니 유럽의 문화 탐방기에 가까운 책이 되었다. 골프라는 스포츠가 유럽인의 일상 속에 깊이 뿌리내리고 있다는 점에서 당연한 것이기도 하다. 사실 처음부터 유럽의 골프장을 매개로 유럽 지역 곳곳의 문화와 속살을 깊이 들여다보자는 생각이 깔려 있기도 했다. 결과적으로 이 책『골프의 정신을 찾아서―유럽 골프 인문 기행』은 유럽의 골프와 골프장에 대한 정보보다는 유럽의 문화와 유럽인의 삶 속에서 오래된 은행나무처럼 한 자리를 차지한 골프 문화를 들여다본 책이 되었다. | 여행기는 그 속성상 다녀와서 쓰는 순간 '옛날 이야기'가 되어 버린다. 계속 업그레이드를 하려고 했지만, 여의치 않았던 부분도 많다. 그래서 이 책의 '정보' 중에서 철 지난 것이 있을 수도 있다. 하루가 다르게 세상이 변하는 요즘 같은 '초고속' 정보 사회에서는 더욱 그렇다. 유럽 여러 나라 골프장의 부킹 방법이나 코스 구성, 그린 피, 순위 등 골프장 관련 최근 정보는 어차피 인터넷에서 실시간으로 검색해 보면 다 알 수 있다.

장기간의 유럽 투어가 가능했던 것은 순전히 수많은 지인의 노골적 혹은 은밀한 지지, 지원, 격려, 후원 덕이다. 모든 분께 감사드린다. 이 지면에 이름을 남기는 것이 오히려 '결례'가 될 수 있는데도 달리 감사의 마음을 전하기도 어려운지라 몇 분의 이름을 기록해 둔다.

우리 투어의 든든한 후원군으로 물심양면 도움을 주신 영원한 '캡틴' 스카이 72 김영재 사장님께 우선 특별한 감사의 뜻을 전한다. 김 사장님이 아니었으면 투어 자체가 불가능했을 것이다. 상비 약품과 핸디캡 증명서와 각종 명문 골프장 부킹 '비결'을 제공해 주신 양창국 프로께도 감사드린다. 그리고 우리의 여정을 일간 신문 인터넷 판에 연재할 기회를 주신 김진원 교수님, 에스파냐에서 빈털터리가 되었을 때 재기의 발판을 마련해 주신 이희진 사장님, 자발적으로 파리로 날아와 프랑스 투어를 안내해 주고 동참해 주신 이상훈 교수님, 온갖 한국 음식을 칸으로 공수해 주시고 지중해 일정에 동참하셨던 정용준 교수님, 영국에서 우리의 기동 수단과 안전을 각별히 챙겨 주신 런던의 황승하 사장님과 사모님, 불발로 끝났지만 미국 크로스 컨트리 투어의 가이드를 자처하셨던 이무엽 사장님과 윤기웅 교수님의 후의도 잊을 수 없다. 가벼운 온라인 여행기에 오프라인 인쇄물의 무게를 실어 주신『여행신문』김기남 국장님과 영국 관광청 류영미 소장님께도 감사의 말씀을 드린다.

어렵게 명문 클럽 라운딩 기회를 주신 디 유러피언 클럽$^{(The\ European\ Club)}$의 팻 루디$^{(Pat\ Ruddy)}$ 회장님, 로열 트룬 골프 클럽$^{(Royal\ Troon\ Golf\ Club)}$의 매니저 할아버지, 세인트 앤드루스 올드 코스$^{(St.\ Andrews\ Old\ Course)}$의 스타터 얀$^{(Yan)}$을 비롯하여 헤아릴 수 없이 많은 유럽 골프장의 관계자 여러분께도 감사드린다. | 끝으로 창의적 편집과 헌신으로 서책의 여백에 '혼'을 불어넣는 우리 시대의 '출판 마이스터' 수류산방$^{(樹流山房)}$의 박상일 방장님, 심세중 실장님, 전윤혜 님을 비롯한 편집자들과 디자이너들께 깊은 감사의 말씀을 전한다. 이 책에는 1,500여 장의 사진과 200개가 넘는 팁, 13개의 지도 등이 꼼꼼하게 배치되어 있다. 수류산방 사람들을 통해 책은 출판사와 편집자가 완성한다는 사실을 새삼 깨닫게 되었다. 🌐

COLLAGE ILLUSTRATION BY SURYUSANBANG
SEARCHING FOR THE SPIRIT OF GOLF
EUROPEAN GOLF TRAVEL [LEE DAGYEOM + CHOI YOUNGMOOK]

수류산방, 〈골프의 정신을 찾아서〉, 근대 건축가 르 코르뷔지에(Le Corbusier, 1887~1965년)의 〈1929년 살롱 도톤느 전을 위한 렌더링과 콜라주〉 일부를 배경으로 콜라주, 2017년.

List of 82 European Golf Course

ENGLAND 1
- 01-001 • MALDEN GOLF CLUB
- 01-002 • RICHMOND PARK GOLF CLUB
- 01-003 • HAMPTON COURT PALACE GOLF CLUB
- 01-004 • NORTHWICK PARK THE MAJOR GOLF COURSE
- 01-005 • CHESTFIELD GOLF CLUB
- 01-006 • WALMER & KINGSDOWN GOLF CLUB
- 01-007 • SURREY NATIONAL GOLF CLUB
- 01-008 • ROYAL ST. GEORGE'S GOLF CLUB
- 01-009 • TENTERDEN GOLF CLUB
- 01-010 • HIGH POST GOLF CLUB
- 01-011 • HINKSEY HEIGHTS GOLF CLUB
- 01-012 • FELDON VALLEY GOLF CLUB
- 01-013 • BATH GOLF CLUB

WALES
- 02-014 • ST. PIERRE MARRIOTT HOTEL & COUNTRY CLUB
- 02-015 • WALES NATIONAL GOLF COURSE
- 02-016 • NEWPORT SANDS LINKS GOLF COURSE

IRELAND & NORTHERN IRELAND
- 03-017 • ST. HELEN'S BAY GOLF CLUB
- 03-018 • DUNMORE EAST GOLF CLUB
- 03-019 • MOUNT JULIET GOLF CLUB
- 03-020 • MOUNT WOLSELEY HOTEL, SPA & COUNTRY CLUB
- 03-021 • DRUID'S GLEN GOLF CLUB
- 03-022 • CARLOW GOLF CLUB
- 03-023 • THE EUROPEAN CLUB
- 03-024 • ROYAL DUBLIN GOLF CLUB
- 03-025 • ROYAL PORTRUSH GOLF CLUB
- 03-026 • ROYAL BELFAST GOLF CLUB

SCOTLAND
- 04-027 • TURNBERRY GOLF CLUB
- 04-028 • ROYAL TROON GOLF CLUB
- 04-029 • WESTERN GAILES GOLF CLUB
- 04-030 • ROYAL ABERDEEN GOLF CLUB
- 04-031 • MURCAR LINKS GOLF CLUB
- 04-032 • ST. ANDREWS OLD COURSE
- 04-033 • ST. ANDREWS NEW COURSE
- 04-034 • PRESTWICK GOLF CLUB
- 04-035 • MUSSELBURGH LINKS, THE OLD GOLF COURSE
- 04-036 • GULLANE GOLF CLUB
- 04-037 • MUIRFIELD GOLF CLUB
- 04-038 • NORTH BERWICK GOLF CLUB

ENGLAND 2
- 05-039 • MAGDALENE FIELDS GOLF CLUB
- 05-040 • GANTON GOLF CLUB
- 05-041 • ROYAL LIVERPOOL GOLF CLUB
- 05-042 • ROYAL BIRKDALE GOLF CLUB
- 05-043 • WOLSTANTON GOLF CLUB
- 05-044 • BELFRY GOLF CLUB

FRANCE 1 & GERMANY
- 06-045 • GOLFCLUB SOUFFLENHEIM BADEN-BADEN
- 06-046 • GOLF BLUE GREEN QUETIGNY GRAND DIJON
- 06-047 • GOLF DU CHÂTEAU DE CÉLY
- 06-048 • GOLF DE FONTAINEBLEAU
- 06-049 • ST. LEON-ROT GOLF CLUB
- 06-050 • GOLF-UND LAND-CLUB KÖLN E.V.

LUXEMBOURG & BELGIUM & NETHERLANDS
- 07-051 • KIKUOKA COUNTRY CLUB
- 07-052 • ROYAL ANTWERP GOLF CLUB
- 07-053 • ROYAL GOLF CLUB OF BELGIUM
- 07-054 • AMSTERDAMSE GOLF CLUB
- 07-055 • KONINKLIJKE HAAGSCHE GOLF & COUNTRY CLUB

GERMANY & DENMARK & SWEDEN
- 08-056 • HAMBURGER LAND-UND GOLF-CLUB E.V.
- 08-057 • ODENSE GOLFKLUB
- 08-058 • KØBENHAVNS GOLF KLUB
- 08-059 • SIMON'S GOLF CLUB
- 08-060 • BARSEBÄCK GOLF & COUNTRY CLUB
- 08-061 • MALMÖ BURLÖV GOLFKLUBB

GERMANY & AUSTRIA & SWISS
- 09-062 • BERLINER GOLF CLUB GATOW E.V.
- 09-063 • GOLFANLAGE GERHELM
- 09-064 • GUT ALTENTANN GOLF & COUNTRY CLUB
- 09-065 • SALZBURG-EUGENDORF GOLF CLUB
- 09-066 • GOLFCLUB INTERLAKEN-UNTERSEEN

ITALIA
- 10-067 • GREEN CLUB GOLF LAINATE
- 10-068 • GOLF CLUB VERONA
- 10-069 • CIRCOLO GOLF VENEZIA
- 10-070 • CIRCOLO GOLF UGOLINO
- 10-071 • CIRCOLO GOLF NAPOLI
- 10-072 • CIRCOLO DEL GOLF ROMA ACQUASANTA
- 10-073 • COSMOPOLITAN GOLF & COUNTRY CLUB

MONACO & FRANCE 2
- 11-074 • MONTE CARLO GOLF CLUB
- 11-075 • OLD COURSE GOLF CANNES-MANDELIEU
- 11-076 • ROYAL MOUGINS GOLF CLUB
- 11-077 • GOLF GRAND AVIGNON

ESPAÑA & PORTUGAL
- 12-078 • CLUB DE GOLF LLAVANERAS
- 12-079 • PANORÁMICA CLUB DE GOLF
- 12-080 • SAN LORENZO GOLF COURSE
- 12-081 • VALE DO LOBO
- 12-082 • OITAVOS DUNES

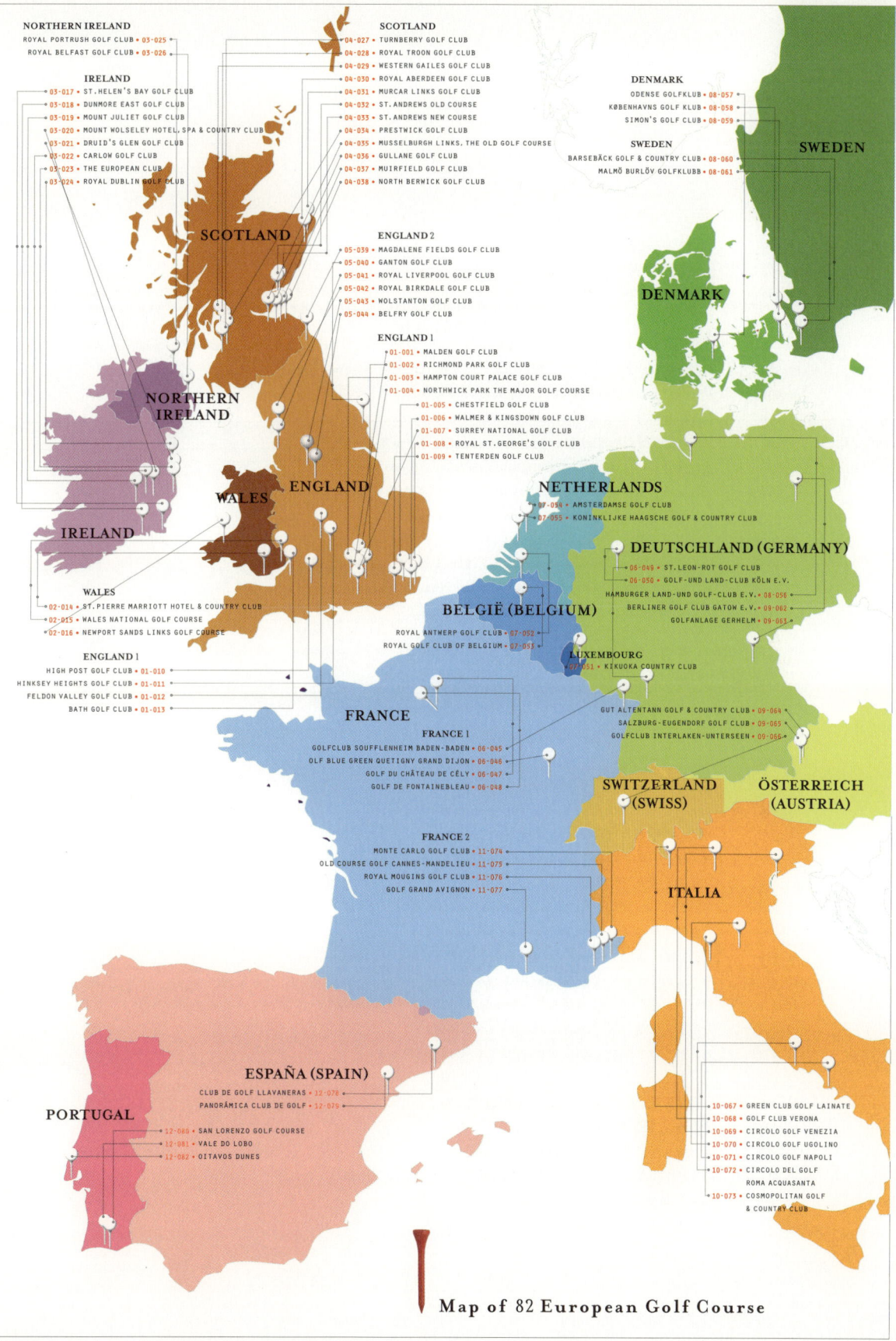

Map of 82 European Golf Course

골프장 찾아보기 [가나다 순]

[05-040]	갠튼 골프 클럽(Ganton Golf Club)	282
[04-036]	걸랜 골프 클럽(Gullane Golf Club)	263
[09-063]	골판라게 게르헬름(Golfanlage Gerhelm)	454
[11-077]	골프 그랑 아비뇽(Golf Grand Avignon)	564
[06-047]	골프 뒤 샤토 드 셀리(Golf du Château de Cély)	330
[06-048]	골프 드 퐁텐블로(Golf de Fontainebleau)	336
[06-046]	골프 블루 그린 케티니 그랑 디종(Golf Blue Green Quetigny Grand Dijon)	324
[06-050]	골프운트 란트클럽 쾰른(Golf-und Land-club Köln e.V.)	350
[10-068]	골프 클럽 베로나(Associazione Sportiva e Dilettantistica Golf Club Verona)	516
[06-045]	골프 클럽 수플렌하임 바덴바덴(Golfclub Soufflenheim Baden-Baden)	319
[09-066]	골프 클럽 인터라켄-운터젠(Golfclub Interlaken-Unterseen)	490
[09-064]	구트 알텐탄 골프 앤드 컨트리 클럽(Gut Altentann Golf & Country Club)	460
[10-067]	그린 클럽 골프 라이나테(Green Club Golf Lainate)	507
[04-038]	노스 베릭 골프 클럽(North Berwick Golf Club)	266
[01-004]	노스윅 파크 더 메이저 골프 코스(Northwick Park The Major Golf Course)	064
[02-016]	뉴포트 샌즈 링크스 골프 코스(Newport Sands Links Golf Course)	132
[03-018]	던모어 이스트 골프 클럽(Dunmore East Golf Club)	150
[03-021]	드루이스 글렌 골프 클럽(Druid's Glen Golf Club)	162
[03-023]	디 유러피언 클럽(The European Club)	172
[03-024]	로열 더블린 골프 클럽(Royal Dublin Golf Club)	182
[05-041]	로열 리버풀 골프 클럽(Royal Liverpool Golf Club)	288
[11-076]	로열 무쟁 골프 클럽(Royal Mougins Golf Club)	558
[05-042]	로열 버크데일 골프 클럽(Royal Birkdale Golf Club)	294
[03-026]	로열 벨파스트 골프 클럽(Royal Belfast Golf Club)	195
[01-008]	로열 세인트 조지 골프 클럽(Royal St. George's Golf Club)	081
[04-030]	로열 애버딘 골프 클럽(Royal Aberdeen Golf Club)	222
[07-052]	로열 앤트워프 골프 클럽(Royal Antwerp Golf Club)	370
[04-028]	로열 트룬 골프 클럽(Royal Troon Golf Club)	210
[03-025]	로열 포트러시 골프 클럽(Royal Portrush Golf Club)	188
[01-002]	리치먼드 파크 골프 클럽(Richmond Park Golf Club)	056
[03-020]	마운트 울슬리 컨트리 클럽(Mount Wolseley Hotel, Spa & Country Club)	161
[03-019]	마운트 줄리엣 골프 클럽(Mount Juliet Golf Club)	156
[05-039]	막달렌 필즈 골프 클럽(Magdalene Fields Golf Club)	276
[08-061]	말뫼 불뢰브 골프 클럽(Malmö Burlöv Golfklubb)	434
[04-035]	머셀버러 링크스(Musselburgh Links, The Old Golf Course)	258
[04-031]	머카 링크스 골프 클럽(Murcar Links Golf Club)	228
[11-074]	몬테카를로 골프 클럽(Monte Carlo Golf Club)	548
[01-001]	몰든 골프 클럽(Malden Golf Club)	050
[04-037]	뮤어필드 골프 클럽(Muirfield Golf Club)	264
[08-060]	바르세베크 골프 앤드 컨트리 클럽(Barsebäck Golf & Country Club)	426
[12-081]	발레 도 로보(Vale do Lobo)	598
[01-013]	배스 골프 클럽(Bath Golf Club)	107

[09-062]	베를리너 골프 클럽 가토(Berliner Golf Club Gatow e.V.)	446
[07-053]	벨기에 로열 골프 클럽(Royal Golf Club of Belgium)	376
[05-044]	벨프리 골프 클럽(Belfry Golf Club)	305
[12-080]	산 로렌초 골프 코스(San Lorenzo Golf Course)	592
[01-007]	서리 내셔널 골프 클럽(Surrey National Golf Club)	076
[04-033]	세인트 앤드루스 뉴 코스(St. Andrews New Course)	245
[04-032]	세인트 앤드루스 올드 코스(St. Andrews Old Course)	240
[02-014]	세인트 피에르 메리어트 호텔 앤드 컨트리 클럽 (St. Pierre Marriott Hotel & Country Club)	116
[03-017]	세인트 헬렌스 베이 골프 클럽(St. Helen's Bay Golf Club)	142
[08-059]	시몬스 골프 클럽(Simon's Golf Club)	420
[07-054]	암스테르담 골프 클럽(Amsterdamse Golf Club)	382
[08-057]	오덴세 골프 클럽(Odense Golfklub)	408
[12-082]	오이타보스 둔스(Oitavos Dunes)	606
[11-075]	올드 코스 골프 칸-망들리외(Old Course Golf Cannes-Mandelieu)	552
[05-043]	울스탠튼 골프 클럽(Wolstanton Golf Club)	300
[01-006]	월머 앤드 킹스다운 골프 클럽(Walmer & Kingsdown Golf Club)	074
[04-029]	웨스턴 게일스 골프 클럽(Western Gailes Golf Club)	216
[02-015]	웨일스 내셔널 골프 코스(Wales National Golf Course)	128
[09-065]	잘츠부르크-유겐도르프 골프 클럽(Salzburg-Eugendorf Golf Club)	468
[06-049]	장크트 레온-로트 골프 클럽(St. Leon-Rot Golf Club)	342
[01-005]	체스트필드 골프 클럽(Chestfield Golf Club)	070
[10-071]	치르콜로 골프 나폴리(Circolo Golf Napoli)	533
[10-069]	치르콜로 골프 베네치아(Circolo Golf Venezia)	521
[10-070]	치르콜로 골프 우골리노(Circolo Golf Ugolino)	528
[10-072]	치르콜로 델 골프 로마 아콰산타(Circolo del Golf Roma Acquasanta)	536
[03-022]	칼로 골프 클럽(Carlow Golf Club)	168
[07-055]	코닌클리예크 헤이그 골프 앤드 컨트리 클럽 (Koninklijke Haagsche Golf & Country Club)	390
[10-073]	코즈모폴리턴 골프 앤드 컨트리 클럽(Cosmopolitan Golf & Country Club)	540
[08-058]	코펜하겐 골프 클럽(Københavns Golf Klub)	412
[12-078]	클럽 드 골프 야바네라스(Club de Golf Llavaneras)	578
[07-051]	키쿠오카 컨트리 클럽(Kikuoka Country Club)	360
[04-027]	턴베리 골프 클럽(Turnberry Golf Club)	204
[01-009]	텐터든 골프 클럽(Tenterden Golf Club)	084
[12-079]	파노라미카 클럽 드 골프(Panorámica Club de Golf)	582
[01-012]	펠든 밸리 골프 클럽(Feldon Valley Golf Club)	100
[04-034]	프레스트윅 골프 클럽(Prestwick Golf Club)	252
[01-010]	하이 포스트 골프 클럽(High Post Golf Club)	088
[08-056]	함부르크 란트운트 골프 클럽(Hamburger Land-und Golf-club e.V.)	400
[01-003]	햄튼 코트 팰리스 골프 클럽(Hampton Court Palace Golf Club)	058
[01-011]	힝시 하이츠 골프 클럽(Hinksey Heights Golf Club)	094

골프 팁 [가나다 순]

코드	구분	용어	쪽
G-019	GOLF	『골프 먼슬리(Golf Monthly)』	089
G-063	GOLF	골프 커미티(golf committee)의 운영	224
G-190	GOLF	그늘집	561
G-053	GOLF	그레임 맥다월(Graeme McDowell)	187
G-052	GOLF	대런 클라크(Darren Clarke)	187
G-057	GOLF	도그 레그 홀(dog's leg hole)	197
G-079	GOLF	뒷땅(duff)	274
G-081	GOLF	드라이버(Driver)와 아이언(Iron)	277
G-219	GOLF	드라이브 샷(Drive Shot)과 드라이버 샷(Driver Shot)	595
G-188	GOLF	드로(Draw)와 페이드(Fade)	553
G-012	GOLF	디 오픈(The Open, 브리티시 오픈)	080
G-078	GOLF	뗏장	259
G-068	GOLF	라운드(Round)	238
G-117	GOLF	라이(lie)	363
T-085	GOLF	라이더 컵(Ryder Cup)	283
G-008	GOLF	레이디 티(lady tee 또는 woman tee)	069
G-020	GOLF	로라 데이비스(Laura Jane Davies)	091
G-051	GOLF	로리 매킬로이(Rory McIlroy)	187
G-224	GOLF	로키 로케모어(Rocky Roquemore)	599
G-208	GOLF	롱기스트(longest)	579
G-103	GOLF	리커버리 샷(Recovery Shot)	327
G-075	GOLF	마스터스(Masters)	251
G-099	GOLF	멀리건(mulligan)	321
G-007	GOLF	미니 골프장(mini golf)	063
G-014	GOLF	바비 존스(Bobby Jones)	083
G-218	GOLF	버뮤다 잔디(Bermuda grass)	593
G-211	GOLF	베른하르트 랑거(Bernhard Langer)	581
G-062	GOLF	분실구(lost ball) 찾기 '5분 제한의 룰'	223
G-152	GOLF	설원 골프장	472
G-067	GOLF	세인트앤드루스의 일곱 개 골프 코스	234
G-142	GOLF	소렌스탐(Annika Sörenstam)	425
G-143	GOLF	솔하임 컵(Solheim Cup)	425
G-073	GOLF	스윌컨 브리지(Swilcan Bridge)	249
G-060	GOLF	스타터(starter)	215
G-005	GOLF	스탠스(stance)	061
G-031	GOLF	야디지 북(yardage book)	127
G-071	GOLF	양파	241
G-151	GOLF	어니 엘스(Theodore Ernest Els)	469
G-127	GOLF	어드레스(address)	385
G-133	GOLF	어프로치(approach)	393
G-088	GOLF	얼 우즈(Earl Dennison Woods)	289
G-035	GOLF	업 앤드 다운(up & down)과 언듈레이션(undulation)	145
G-170	GOLF	업힐(uphill)	517
G-065	GOLF	영국 골프 박물관(British Golf Museum)	232
G-011	GOLF	오거스타 내셔널 골프 클럽(Augusta National Golf Club)	077
G-105	GOLF	온(On)	333
G-069	GOLF	올드 코스 예찬	239
G-076	GOLF	올드 톰 모리스(Old Tom Morris)	253
G-072	GOLF	왕립 골프 협회(R&A)	247
G-093	GOLF	우드(Wood)	299
G-086	GOLF	워커 컵(Walker Cup)	283
G-116	GOLF	워터 해저드(water hazard)	363
G-039	GOLF	월드 골프 챔피언십(WGC)	157
G-092	GOLF	웨지(Wedge)	299
G-074	GOLF	US 오픈(US Open)	251
G-032	GOLF	인랜드 코스와 링크스 코스	127
G-015	GOLF	잭 니클로스(Jack William Nicklaus)	083
G-080	GOLF	존 데일리(John Patrick Daly)	275
G-064	GOLF	캐리와 런(Carry and Run)	226
G-169	GOLF	커미티드 투 그린 프로그램(Committed to Green Program)	514
G-059	GOLF	커티스 컵(The Curtis Cup)	215
G-058	GOLF	퀄리파잉(qualifying) 골프장	215
G-050	GOLF	타이거 우즈(Eldrick Tiger Woods)	186
G-107	GOLF	톰 심슨(Tom Simpson)	337
G-207	GOLF	톱 볼(top ball)	579
G-002	GOLF	트롤리(Trolly)	053
G-016	GOLF	파크랜드 스타일(parkland style)	085
G-206	GOLF	포백(4bag)과 투백(2bag)	577
G-043	GOLF	풍선 효과(balloon effect)	170
G-054	GOLF	프레드 데일리(Frederick Daly)	191
G-089	GOLF	프로 골퍼 장정	292
G-055	GOLF	피지 스티븐슨(P.G. Stevenson)	191
G-042	GOLF	한 손 골퍼 협회(SOAG, The Society of One-Armed Golfers)	167
G-070	GOLF	홀 아웃(Hole Out)	241
T-048	GOLF	해리 콜트(Harry Colt)	183
G-010	GOLF	헨리 코튼(Henry Thomas Cotton)	072
G-077	GOLF	히코리 골프채(Hickory Golf Club)	256

여행 · 문화 팁 [가나다 순]

코드	구분	용어	쪽
T-200	TRAVEL	가우디(Antoni Gaudi)	573
T-056	TRAVEL	『걸리버 여행기(The Gulliver's Traveles)』	193
T-171	TRAVEL	곤돌라(gondola)	518
T-013	TRAVEL	〈007 골드핑거(Goldfinger)〉	082
T-191	TRAVEL	그라스(Grasse)	561
T-185	TRAVEL	그랑 카지노(Grand Casino)	550
T-184	TRAVEL	그레이스 켈리(Grace Patricia Kelly)	547
T-131	TRAVEL	금융 자본주의의 시초가 된 네덜란드	388
T-110	TRAVEL	길의 나라, 독일의 가도	344
T-175	TRAVEL	『냉정과 열정 사이(冷静と情熱のあいだ)』	524
T-129	TRAVEL	네덜란드의 안락사, 동성애, 마약 허용	387
T-130	TRAVEL	네덜란드의 해수면보다 낮은 국토	387
T-061	TRAVEL	네스 호(Loch Ness)	220
T-153	TRAVEL	노이슈반슈타인 성과 호엔슈방가우 성	473
T-227	TRAVEL	『노인과 바다(The Old Man and the Sea)』	603
T-148	TRAVEL	〈뉘른베르크의 마이스터징거〉	453
T-018	TRAVEL	뉴 세븐 원더스 재단(New 7 Wonders Foundation)	089
T-166	TRAVEL	단테의 동상과 시뇨리 광장	510
T-140	TRAVEL	덴마크 복지	418
T-139	TRAVEL	덴마크 왕실	415
T-215	TRAVEL	돈 키호테(Don Quixote)	588
T-179	TRAVEL	〈돌아오라 소렌토로(Torna a Surriento)〉	532
T-041	TRAVEL	드루이드(Druid) 사제	163
T-182	TRAVEL	라스칼라 극장(Teatro alla Scala)	539
T-001	TRAVEL	라운드 어바웃(round about)	049
T-096	TRAVEL	랭스 대성당(Cathédrale Notre-Dame de Reims)	315
T-124	TRAVEL	레오폴트 2세(Leopold II)	377
T-180	TRAVEL	『로마인 이야기(ローマ人の物語)』	535
T-181	TRAVEL	〈로마의 휴일(Roman Holiday)〉	535
T-228	TRAVEL	루이스 바스 드 카몽이스(Luís Vaz de Camões)	603
T-087	TRAVEL	리버풀(Liverpool)과 비틀스(The Beatles)	287
T-225	TRAVEL	리스본(Lisbon) = 리스보아(Lisboa)	602
T-174	TRAVEL	리알토 다리(Ponte di Rialto)	523
T-003	TRAVEL	리치먼드 공원(Richmond Park)	055
T-098	TRAVEL	마지노 선(Maginot Line)	318
T-095	TRAVEL	「마지막 수업(La Dernière Classe)」	314
T-115	TRAVEL	모젤 와인(Mosell Wine)	361
T-156	TRAVEL	몽블랑(Mont blanc)	478

T-123 ■TRAVEL 물르(Moules)	374
T-165 ■TRAVEL 밀라노 대성당(Duomo di Milano)	506
T-186 ■TRAVEL 밉콤(MIPCOM)	551
T-104 ■TRAVEL 바르비종(Barbizon) 파	329
T-230 ■TRAVEL 바스쿠 다 가마(Vasco daGama)	604
T-194 ■TRAVEL 방스(Vence)	563
T-023 ■TRAVEL 배스(Bath)	106
T-112 ■TRAVEL 베네룩스(Benelux) 3국	356
T-172 ■TRAVEL 베네치아의 가면	518
T-176 ■TRAVEL 베키오 다리(Ponte Vecchio)	526
T-101 ■TRAVEL 부르고뉴 공국(Duché de Bourgogne)	323
T-102 ■TRAVEL 부르고뉴(Bourgogne) 와인	323
T-145 ■TRAVEL 브란덴부르크 문(Brandenburger Tor)	442
T-084 ■TRAVEL 브론테 자매와 스카버러의 앤 브론테 묘지	281
T-025 ■TRAVEL 브리스틀 해협과 세번 대교	115
T-029 ■TRAVEL 비앤비(B&B, Bed & Breakfast)	123
T-100 ■TRAVEL 빅토르 위고(Victor-Marie Hugo)	322
T-045 ■TRAVEL 사뮈엘 베케트(Samuel Beckett)	177
T-149 ■TRAVEL 〈사운드 오브 뮤직(The Sound of Music)〉	458
T-163 ■TRAVEL 생 고타르 터널(Saint Gotthard Tunnel)	499
T-198 ■TRAVEL 생 베네제 다리(Pont Saint Benezet)	565
T-195 ■TRAVEL 생폴드방스(Saint-Paul de Vence)	563
T-030 ■TRAVEL 샬럿 처치(Charlotte Church)	123
T-204 ■TRAVEL 성 가족 성당(사그라다 파밀리아)	576
T-162 ■TRAVEL 세계의 알프스들	498
T-220 ■TRAVEL 세비야(Séville)	596
T-222 ■TRAVEL 〈세비야의 이발사(Le Barbier de Séville)〉	597
T-094 ■TRAVEL 셰익스피어의 고향 마을과 '오가'	308
T-160 ■TRAVEL 스위스 칼(Swiss Army Knife)	488
T-033 ■TRAVEL 스테나 라인(Stena Line)	141
T-138 ■TRAVEL 스토레벨트 다리(Storebæltsforbindelsen)	406
T-090 ■TRAVEL 스토크-온-트렌트(Stoke-on-Trent)	298
T-017 ■TRAVEL 스톤헨지(Stonehenge)	086
T-118 ■TRAVEL 시청 광장(라 그랑 플라스(La Grand-Place))	364
T-154 ■TRAVEL 신성 로마 제국(Imperium Romanum Sacrum)	474
T-113 ■TRAVEL 아돌프 다리(Pont Adolphe)	358
T-192 ■TRAVEL 아를(Arles)	562
T-197 ■TRAVEL 아비뇽 유수(Avignonese Captivity)	563
T-034 ■TRAVEL IRA(Irish Republican Army)	141
T-036 ■TRAVEL 아일랜드, 아일랜드 인	147
T-044 ■TRAVEL 아일랜드 전통음악	175
T-147 ■TRAVEL 아우토반(Autobahn)	448
T-137 ■TRAVEL 안데르센 박물관(Hans Christian Andersen Museum)	405
T-121 ■TRAVEL 안트베르펜 성모 대성당(Onze Lieve Vrouwe Kathedraal)	368
T-217 ■TRAVEL 알가르브(Algarve)	591
T-209 ■TRAVEL 알람브라 궁전(Recuerdos de la Alhambra)	580
T-158 ■TRAVEL 알레치 빙하(Aletschgletscher)	485
T-159 ■TRAVEL 알펜로제(Alpenrose)	486
T-157 ■TRAVEL 압트식 철도	481
T-196 ■TRAVEL 앙티브(Antibes)	563
T-231 ■TRAVEL 에우로페(Europe)여신	607
T-193 ■TRAVEL 엑상프로방스(Aix-en-Provence)	562
T-229 ■TRAVEL 엔히크 왕자(Henrique O Navegador)	604
T-083 ■TRAVEL 영화〈졸업〉과 삽입곡 '스카버러 페어'	281
T-119 ■TRAVEL 오줌싸개 동상(Manneken-Pis)	366
T-141 ■TRAVEL 외레순 다리(Øresundsbroen)	424
T-021 ■TRAVEL 옥스퍼드와 옥스퍼드 대학	093
T-141 ■TRAVEL 외레순 다리(Øresundsbroen)	424
T-135 ■TRAVEL 요하네스 브람스(Johannes Brahms)	399
T-187 ■TRAVEL 우산 소나무(Italian Stone Pine)	553
T-177 ■TRAVEL 우피치 미술관(Galleria degli Uffizi)	526
T-037 ■TRAVEL 워터퍼드(Waterford)	149
T-026 ■TRAVEL 웨일스 어(Welsh)	115
T-091 ■TRAVEL 웨지우드(Wedgwood)	298
T-046 ■TRAVEL 『율리시스(Ulyssys)』	177
T-132 ■TRAVEL 이준(李儁)	388
T-144 ■TRAVEL 이케아(IKEA)	432
T-178 ■TRAVEL 이탈리아 독립 준비 위원회	530
T-183 ■TRAVEL 이탈리아 자동차 경주	541
T-226 ■TRAVEL 〈일 포스티노(Il Postino : The Postman)〉	603
T-049 ■TRAVEL 자이언츠 코즈웨이(Giant's Causeway)	184
T-150 ■TRAVEL 잘츠부르크의 모차르트	467
T-213 ■TRAVEL 재의 수요일(Ash Wednesday)	584
T-024 ■TRAVEL 제인 오스틴(Jane Austen)	106
T-173 ■TRAVEL 주세페 볼피(Giuseppe Volpi)	523
T-161 ■TRAVEL 주스텐 파스(Susten Pass)	495
T-167 ■TRAVEL 줄리엣의 집(Casa di Giulietta)	512
T-114 ■TRAVEL 지브롤터(Gibraltar)와 중유럽의 지브롤터	358
T-146 ■TRAVEL 체크포인트 찰리(Checkpoint Charlie)	443
T-028 ■TRAVEL 카디프(Cardiff)	123
T-122 ■TRAVEL 카라바조(Michelangelo da Caravaggio)	368
T-223 ■TRAVEL 〈카르멘(Carmen)〉	597
T-205 ■TRAVEL 카사 밀라(Casa Mila)	576
T-199 ■TRAVEL 카탈루냐(Cataluña)	572
T-136 ■TRAVEL 칼스버그(Carlsberg, 칼스베리)	404
T-009 ■TRAVEL 『캔터베리 이야기(The Canterbury Tales)』	072
T-022 ■TRAVEL 코츠월즈(Cotswolds District)	098
T-097 ■TRAVEL 콜마르(Colmar)	316
T-038 ■TRAVEL 토머스타운(Thomastown)	154
T-214 ■TRAVEL 톨레도(Toledo)	587
T-047 ■TRAVEL 트리니티 대학(Trinity Collage)	178
T-155 ■TRAVEL 파두츠 우표 박물관(Postmuseum Liechtenstein)	477
T-203 ■TRAVEL 파블로 카살스(Pablo Casals)	574
T-201 ■TRAVEL 파블로 피카소(Pablo Ruiz Picasso)	574
T-212 ■TRAVEL 파에야(Paella)	583
T-164 ■TRAVEL 패션 도시 밀라노[(Milano/Milan)	505
T-040 ■TRAVEL 펍(Pub)	157
T-168 ■TRAVEL 페로니(Peroni)	514
T-216 ■TRAVEL 포르투갈의 해외 식민지 정책	591
T-106 ■TRAVEL 퐁텐블로 궁전(Château de Fontainebleau)	334
T-128 ■TRAVEL 풍차 마을 잔세스칸스(Zaanse Schans)	386
T-210 ■TRAVEL 프란치스코 타레가와〈알람브라 궁전의 추억〉	581
T-027 ■TRAVEL 프린스 오브 웨일스(Prince of Wales)	115
T-120 ■TRAVEL 『플란다스의 개(A Dog of Flanders)』	367
T-221 ■TRAVEL 〈피가로의 결혼(Le Nozze Di Figaro)〉	597
T-126 ■TRAVEL 필립스(Philips)	380
T-082 ■TRAVEL 하기스(Haggis)	279
T-111 ■TRAVEL 하이네(Heinrich Heine)	347
T-125 ■TRAVEL 하이네켄(Heineken)	380
T-109 ■TRAVEL 하이델베르크 대학교(Ruprecht-Karls-Universität Heidelberg)	341
T-134 ■TRAVEL 한자(Hansa) 동맹	398
T-006 ■TRAVEL 해로 스쿨(Harrow School)	063
T-004 ■TRAVEL 햄튼 코트 팰리스(Hampton Court Palace)	059
T-202 ■TRAVEL 호안 미로(Joan Miro)	574
T-108 ■TRAVEL 「황태자의 첫사랑(The Student Prince)」	340
T-066 ■TRAVEL 히스(Heath)	233

Cabo da Roca, Portugal

- 이다겸〔강릉여자고등학교와 한양대학교 신문방송학과를 졸업했다. 스카이72 골프 클럽 홍보 컨설턴트로 일했고, 에이스 골프 회원권 거래소 인터넷 팀장, 『클럽 에이스 골프』 편집장을 지냈다.〕

- 최영묵〔성공회대학교 신문방송학과 교수로 방송 미디어와 저널리즘, 커뮤니케이션 고전과 유럽 문화 읽기 등을 강의하고 있다. 한양대학교 신문방송학과에서 박사 학위를 받고 한국 방송 진흥원(현 한국 콘텐츠 진흥원) 수석 팀장, MBC 시청자 위원, 한국 방송 학회 총무 이사, 국회 미디어 발전 위원회 위원, KBS 이사를 지냈다. 주요 저서로 『방송 공익성에 관한 연구』 『시민 미디어론』, 『한국 방송 정책론』, 『비판과 정명』 등이 있으며, 공저로 『텔레비전 화면 깨기』, 『공영 방송의 이해』, 『대중문화의 이해』, 편저로 『미디어 콘텐츠와 저작권』을 냈다.〕

● SEARCHING FOR THE SPIRIT OF GOLF : EUROPEAN GOLF TRAVEL © Lee Dagyeom + Choi Youngmook ● Produced, Edited & designed by © SURYUSANBANG ● A. 1-8 Palpan-gil [128 Palpan-dong], Jongno-gu, Seoul, KOREA | T. 82 (0)2 735 1085 F. 82 (0)2 735 1089 | Producer **PARK Sangil** | Publisher & Editor in Chief **SHIM Sejoong** | Creative Director **PARK Jasohn + PARK Sangil** | Director **KIM Bumsoo, PARK Seunghee, CHOI Moonseok** | Editorial Dept. **JEON Yoonhye** | Assistant [of several stage] **KIM Youngjin, BYUN Wooseok, SONG Woori, SHIM Jisoo, KIM Jihye, KIM Eunha, KIM Youjung, MOON Youjin, KIM Minkyoung, SON Jiwon** | Printing **Korea Printech Co., Ltd** (T. 82 (0)31 932 3551-2) | **ISBN 978-89-91555-57-0** 03920, Printed in Korea, 2017.

● 골프의 정신을 찾아서—유럽 골프 인문 기행 © 이다겸 최영묵 | [글과 사진] © 이다겸 최영묵 | [편집, 팁 텍스트, 디자인] © 수류산방 ● Produced & Published by 수류산방 樹流山房 Suryusanbang | 초판 01쇄 2017년 08월 28일 | 값 39,000원 | **ISBN 978-89-91555-57-0** 03920, Printed in Korea, 2017. | ● 수류산방 樹流山房 Suryusanbang | 등록 2004년 11월 5일(제300-2004-173호) | [03054] 서울 종로구 팔판길 1-8 [팔판동 128] | T. 02 735 1085 F. 02 735 1083 | 프로듀서 **박상일** | 발행인 및 편집장 **심세중** | 크리에이티브 디렉터 **朴宰成 + 박상일** | 이사 **김범수, 박승희, 최문석** | 편집팀 **전윤혜** | [작업에 참여한 사람들(시기순)] **김영진 변우석 송우리 심지수 김지혜 김은하 김유정 문유진 김민경 손지원** | 인쇄 **코리아프린테크** T. 031 932 3551-2 |